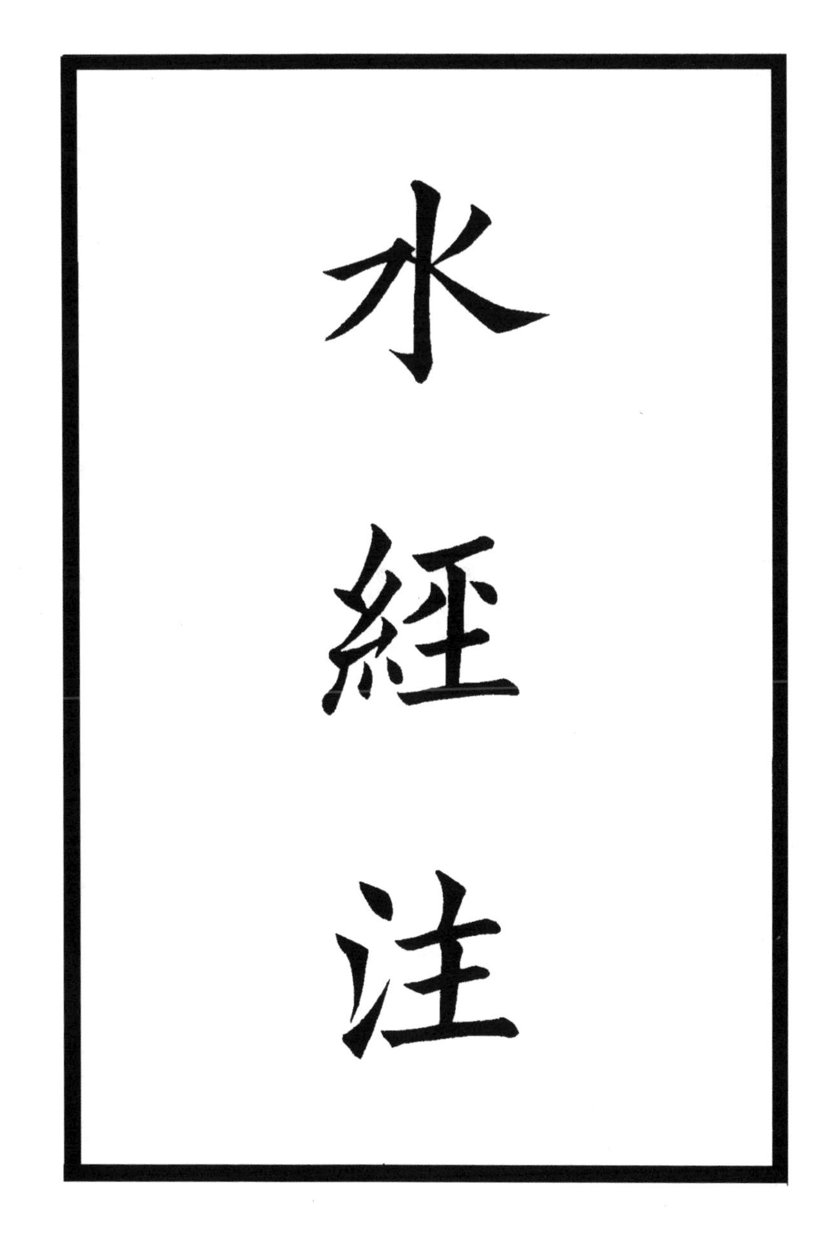
水經注

四部備要

史部

上海中華書局據長沙王氏合校本校刊

桐鄉陸費逵總勘

杭縣高時顯 吳汝霖輯校

杭縣丁輔之監造

水經注卷七　長沙王氏校本

後魏酈道元撰

濟水（朱趙有一字）

濟水出河東垣縣東王屋山爲沇水

山海經曰王屋之山（官本曰按近刻脫此四字　案朱脫趙增）聯水出焉西北流注于泰澤（官本曰按泰近刻訛作秦　案朱作秦箋曰秦澤山海經作泰澤聯作灉音聾史記夏紀兗州作沇州沇當讀如兗故聲相近趙改泰澤）郭景純云聯沇聲相近卽沇水也（趙改沇卽濟也刊誤曰山海經註云沇則濟也則當作卽今本誤）潛行地下至共山南復出于東邱　今原城東北有東邱城　孔安國曰泉源爲沇流去爲濟春秋說題辭曰濟齊也齊度也貞（朱作員箋曰一作貞趙改貞）也風俗通曰濟出常山房子縣贊皇山廟在東郡臨邑縣濟者齊也（官本曰案近刻脫此三字　案朱趙無）齊其度量也余按二濟同名（官本曰按名下近刻衍也字　案朱趙有）所出不同鄉原亦別（官本曰案原近刻訛作源　案朱趙同）斯

乃應氏之非矣 趙釋曰一清案漢書地理志河東郡垣縣禹貢王屋山在東北沇水所出其前載禹貢導沇水文俱作沛字又常山郡房子縣贊皇山石濟水所出說文云沛沇也東入海又云濟水出常山房子贊皇山東入泜漢人學有師承孟堅地志叔重說文尤精覈謹嚴千古取證應仲瑗始誤以出常山之濟爲四瀆之沛害長非之是矣而猶云二濟同名未免騎牆之見也江南徐鍇撰說文繫傳通釋云漢書房子縣贊皇山濟水所出東至廮陶入泜此非四瀆之濟四瀆之濟古皆作沛今人多亂之又云沛水今多作濟故與常山濟水相亂此則四瀆之沛楚金辨沛濟二字可謂了了足以證明孟堅而羽翼叔重然不云常山石濟而單云常山濟水猶有所敝乃元吳澄書纂言云導水章所敘冀州之濟兗州之濟實一水也濟沛二字通用說文因二字而以北濟南濟爲二水非也今說文具在何嘗有南濟北濟之分且全不考水道之源委果於自信輕毀古義厚誣前哲如此唐徐堅初學記云二濟既南北異岸相去亦踰千里渠雖習尙詞章尙能別白不似草廬解經反致淆亂也

今濟水重源出軹縣西北平地 官本曰案軹縣近刻訛作温城 案朱趙同 水有二源東源出原城東北 官本曰案近刻重一城字 案朱衍趙刪刊誤曰城字重文宜衍 昔晉文公伐原以信而原降卽此城也俗以濟水重源所發因復謂之濟源城其水南逕其城東故縣之原鄉 官本曰案漢書地理志軹縣孟康曰原鄉晉文公所圍是也此故縣卽承上文軹縣言 杜預曰沁水縣西北有原城者是也 官本曰案沁近刻訛作沇又是字訛在也字下 案朱訛趙改刊誤曰沇水縣是沁水縣之誤以隱十一年傳註校也是當作是也 南流與西源合西源出原城西 官本曰案西字近刻訛作而 案朱訛趙改刊誤曰而當作西 東流水注之 官本曰案流近刻訛作沇 案朱訛趙改刊誤曰東

沇水當作東流水水出西南東北流注于濟濟水又東逕原城南東合北水亂流東南注分爲二水一水東南流俗謂之爲衍水卽沇水也衍沇聲相近轉呼失實也官本曰案轉近刻作傳 案朱趙作傳濟水又東南逕絺城北而出于温矣官本曰案絺原本及近刻並訛作郗今考左傳蘇忿生之田絺其一也後漢志波縣有絺城在今懷慶府西南三十二里 案朱作郗趙改希刊誤曰郗說文作郗亦作絺郡國志河內郡波縣有絺城劉昭補註曰左傳曰王與鄭絺杜預曰在野王縣西南胡渭曰今河內縣西南有絺城其一水枝津南流注于溴朱箋曰音鵙溴水出原城西北原山勳掌谷官本曰案近刻脫一溴字 案朱趙不重溴字俗謂之爲白澗水南逕原城西春秋會于溴溴梁謂是水之墳梁也爾雅曰梁莫大于溴梁梁水隄也溴水又東南逕陽城東與南源合水出陽城南溪陽亦樊也一曰陽樊國語曰王以陽樊賜晉陽人不服文公圍之倉葛曰陽有夏商之嗣典樊仲之官守焉君而殘之無乃不可乎公乃出陽人春秋樊氏叛惠王使虢公伐樊執仲皮

歸于京師卽此城也其水東北流與漫流水合水出軹關南東北流又北注于湨官本曰案湨原本及近刻並訛作漫今改正　案朱訛趙改謂之漫流口湨水又東合北水亂流東南左會濟水枝渠湨水又東逕鍾繇塢北世謂之鍾公壘又東南塗溝水注之水出軹縣西南山下北流東轉入軹縣故城中又屈而北流出軹郭漢文帝元年封薄昭爲侯國也又東北流注于湨湨水又東北逕波縣故城北漢高帝封公上不害爲侯國官本曰案湨水所逕乃今濟源縣東南二十里波城不害封汲侯或波訛汲耳　趙刊誤曰箋曰孫云波縣當作汲縣案史記年表高帝十一年封公上不害爲汲侯索隱曰汲縣名屬河內案非也波汲並縣名俱屬河內郡今本史表作汲侯索隱曰漢表作汲此必古本原是波字故小司馬以汲字證之正馬班異同處不然史表既是汲侯矣又證以漢表之汲侯義可通乎道元所見故宣無誤孫汝登攻波從汲殆未之察耳趙釋曰一清案史表作波侯漢表作汲侯索隱曰波與汲並縣名屬河內蓋莫能定也善長從史表書之湨水又東南流天漿澗水注之朱漿下有水字趙刪　刊誤曰上水字衍文水出軹南臯官本曰案近刻訛作睪下同　案朱作睪趙改臯向城北城在臯上官本曰案近刻脫城字　案朱脫趙增　刊誤曰在上落城字睪當作臯與臯同俗謂之

韓王城非也京相璠曰或云今河內軹西有城名向官本曰案城近刻訛作地　案朱訛趙改刊誤曰地當作城今無杜元凱春秋釋地亦言是矣蓋相襲之向故不得以地名而無城也闞駰十三州志曰軹縣南山西曲有故向城卽周向國也傳曰向姜不安于莒而歸者矣趙釋曰全氏曰案左傳盟向之向在周圻內杜所云軹縣者也向姜之向地在莒州䢵長誤合爲一　汲郡竹書紀年曰鄭侯使韓辰歸晉陽及向二月城陽向更名陽爲河雍向爲高平卽是城也　其水有二源俱導各出一溪東北流合爲一川名曰天漿溪又東北逕一故城俗謂之治城官本曰案治近刻訛作治下同　案朱訛治改刊誤曰兩治字俱當作治水亦曰治水朱無上水字趙增刊誤曰亦曰上落水字又東流注于湨湨水又東南流右會同水水出南原下官本曰案原近刻訛作源　案朱訛趙改刊誤曰源當作原東北流逕白騎塢南　塢在原上爲二溪之會北帶深隍三面阻險惟西版築而已　東北流逕安國城西又東北注湨水湨水東南逕安國城東又南

逕毋辟邑西（世謂之無比城亦曰馬髀城皆非也朔廷以居廢太子謂之河陽庶人朱趙有也字）溴水又南注于河（朱趙有也字）

又東至温縣西北爲濟水又東過其縣北

濟水于温城西北與故瀆分南逕温縣故城西（周畿內國司寇蘇忿生之邑也春秋僖公十年狄朱作秋箋曰宋本作狄趙改狄）滅温温子奔衞周襄王以賜晉文公濟水南歷虢公臺西（皇覽曰温城南有虢公臺基趾尚存）濟水南流注于河郭緣生述征記曰濟水（官本曰案近刻脫水字案朱脫趙補出字刊誤曰濟下落出字）河內温縣注于河蓋沿歷之實證非爲謬說也濟水故瀆于温城西北東南出逕温城北又東逕虢公冢北（皇覽曰虢公冢在朱作堆箋曰宋本作在趙改在温縣郭東濟水南大冢是也）濟水當王莽之世川瀆枯竭其後水流逕通津渠勢改尋梁脉水不與昔同（趙釋曰通典曰詳水經所作殊爲詭誕全

無憑據案後漢郡國志濟水王莽末因旱渠塞不復截河南過既順帝時所撰都不詳悉其餘可知景純注解又甚疏略又曰案後漢郡國志曰因王莽末旱此渠枯竭濟但入河而已不復截流而南水經是和帝以後所撰乃云南過滎陽封邱冤句乘氏等縣並今縣地一依尚書禹貢舊道斯不詳之甚酈道元又從而注之其所纂序及注解並大紕繆一清案杜氏兩言濟水水經及注之失一在雍州風俗下一在荊州河南府濟源縣下然以經爲和帝後所撰又云順帝時撰注則云景純又云道元何無定見也禹貢錐指解之曰河北之濟因旱而枯旱止則復出河南之濟爲濁河所侵穿竇盡窒河去不復能上涌故遂絶自東漢以迄唐初凡行濟瀆者皆河水也而猶目之曰濟是鵲巢而鳩居瓠名而圜實也故杜氏力詆水經以爲不可信然滎濟故道猶可因是而得其十之七八則此書不爲無補焉黃文叔云濟水雖絶其瀆猶在雖中間經穿鑿變易或斷或續然水之附入於其瀆者猶可尋求緝之以存禹迹非無理也斯言蓋得其平又曰濟瀆之水自周以來凡數變初爲濟及導滎爲川則滎與濟合鴻溝既開滎瀆爲河所亂及滎澤又塞則所行者惟河水矣汴渠不通則鉅野以北所行惟菏汶戴村已築則東阿以下所行唯山泉溝澤之水其號爲濟者襲舊名而已水經所敘瀆同而水異水異故李宏憲云河南無濟水瀆同故黃文叔云禹迹賴此而猶存言非一端各有所當今與人論濟水苟以爲無則羣指七十二泉大小清河以相難若以爲有則又據杜佑之說詆水經不當襲舊名爲濟明道謂與公言如扶醉人扶得一邊起又倒卻一邊真可笑又可憎也古文尚書疏證又爲之解曰濟水當王莽時大旱遂枯絶不復截河南過者晉司馬彪之言也雖經枯竭其後水流逕通津渠勢改尋梁脈水不與昔同者後魏酈道元之言也通典據彪之言以折水經謂濟渠既塞都不詳悉其餘可知余讀郭璞山海經注而歎恐未足以服水經之心何則璞固有言矣今濟水自滎陽卷縣東經陳留至濟陰北東北至高平東北經濟南至樂安博昌縣入海與禹時濟瀆所經河南之道無異蓋枯而復通者所謂津渠勢改昔則自號公臺東入河出在敖倉之東南今改流自號公臺西入河出亦非故處與或禹時濟未必分南北此則分而爲二爲不同與又潛邱劄記曰黃子鴻篤信水經注者憶初晤碧山堂問曰後漢志溫縣濟水出王莽時大旱遂枯絶是河南無濟今且千六百七十餘年矣何酈道元言之詳且析也子鴻曰新莽時雖枯後復見酈氏所謂其後水流逕通津渠勢改尋梁脈水不與昔同是也祇緣杜君卿不信水經專憑司馬彪志竊以爲彪不過記一時之災變耳非謂永不截河南過也君卿云云遂

眞覺河南無濟疑誤到今尚有宗主其說者余曰枯而復通既聞命矣敢問除酈注外抑別有徵乎子鴻曰未聞余退而考杜預釋例云濟水自滎陽卷縣東逕陳留至濟陰北經高平東平至濟北東北經濟南至樂安博昌縣入海郭璞山海經注云今濟水自滎陽卷縣東經陳留至濟陰北東北至高平東北經濟南至樂安博昌縣入海張湛列子注云濟水出王屋山爲沇水東經温縣爲濟水下入黃河十餘里南渡河爲滎澤又經濟陰等九郡而入海稡此三說以覆子鴻喜獲所未聞復難余今不見河南有濟畢竟復枯于何代余復考得後漢書王景傳濟渠下章懷注云濟水出今洛州濟源縣西北東流經温縣入河渡河東南入鄭州又東入滑曹鄆濟齊青等州入海卽此渠也王莽末旱因枯涸但入河內而已似不知中有復通之事合以許敬宗對高宗濟水潛流屢絕是自唐以前濟已復枯直至今矣又曰有問濟水枯而復通畢竟在何時予曰考王景傳曰初平帝時河汴決壞未及得修建武十年陽武令張汜上言河決積久日月侵毀濟渠所漂數十許縣遠後三十五年汴渠成明帝巡行下詔曰河汴分流復其舊迹陶邱之北漸就壤墳此汴壞而濟亦壞汴治而濟亦治之徵也又考晉書傳祇傳武帝時爲滎陽太守自魏黃初大水後河濟汎溢鄧艾嘗著濟河論開石門而通之至是復侵壞祇乃造沈萊堰兗豫無水患郗超傳太和中桓温將伐慕容氏引軍自濟入河超諫曰清水入河無通運理毛穆之傳温使穆之鑿鉅野百餘里引汶會于濟此豈竟枯絕者哉大抵王莽世天災雖甚然皆不遠而復班注云云蓋以目驗者言也祇緣司馬彪下語太重若改遂枯絕爲旹枯絕則妙矣潛邱東樵之言明白如此足以祛君卿之惑其無累于桑酈也明矣又孔穎達左傳正義曰案檢水流之道今古或殊杜既考校元由據當時所見載於釋例今一皆依杜雖與水經乖異亦不復根尋也觀此則亦不以濟水爲竟枯絕也

屈從縣東南流過隤城西官本曰案隤近刻訛作墳下同　案朱訛趙改刊誤曰墳城當作隤城郡國志河內郡修武有隤城劉昭補注曰左傳隱十一年以隤與鄭又南當鞏縣北南入于河

濟水故瀆東南合奉溝水水上承朱溝于野王

城西東南逕陽鄉城北〔官本曰案此下近刻重又東南流逕陽鄉城北九字 案朱衍趙刪存流字刊誤曰下逕陽鄉城北又東南重八字文宜衍〕又東南逕李城西秦攻趙邯鄲且降傅舍吏子李同說平原君勝分家財饗士得敢死者三千人李同與赴秦軍秦軍退同死〔官本曰案近刻作李同死 案朱同趙刪〕封其父爲李侯故徐廣曰河內平皋縣有李城卽此城也于城西南爲陂水淹地百許頃蒹葭萑葦生焉號曰李陂又逕隤城西屈而東北流逕其城北又東逕平皋城南應劭曰邢侯自襄國徙此當齊桓公時衞人伐邢邢遷于夷儀其地屬晉號曰邢邱以其在河之皋勢處平夷〔官本曰案近刻訛作處勢平夷 案朱趙同〕故曰平皋瓚注漢書云春秋狄人伐邢邢遷夷儀不至此也〔官本曰案近刻脫也字 案朱脫趙增刊誤曰此下落也字孫潛校增〕今襄國西有夷儀城去襄國百餘里〔朱百上有一字趙刪刊誤曰一字衍文孫潛校〕平皋是邢邱〔朱趙作邢是丘名朱箋曰舊本作平皋是邢丘〕非國也余案春秋宣公六年赤狄伐晉圍邢邱昔晉侯送女于楚送之邢邱卽是此處

也非無城之言趙釋曰一清案師古亦曰應說非也竹書紀年曰梁惠成王三年朱作二年趙改刊誤曰竹書紀年是三年鄭城邢邱司馬彪後漢郡國志云縣有邢邱故邢國周公子所封矣漢高帝七年官本曰案近刻訛作六年朱趙同趙釋曰沈氏曰是七年案封碭郡長項佗爲侯國官本曰案佗近刻訛作伯案朱訛趙改刊誤曰史表是項佗賜姓劉氏武帝以爲縣其水又南注于河也

與河合流又東過成臯縣北又東過滎陽縣北又東至礫溪南官本曰案原本及近刻並作又東至北礫溪南北字後人所加漢書溝洫志顏師古引水經泲水東過礫谿無北字可證辯又詳註內案朱同趙改東北至溪並作礫溪刊誤曰至北二字當倒互礫溪只一處不分南北胡渭亦爲此文所誤而強名之宜其獻笑後來也說見後東出過滎澤北官本曰案滎澤原本及近刻並訛作滎陽今考此即注內所謂滎澤在滎陽縣東南者也案朱訛趙改刊誤曰全氏云滎陽是滎澤之誤注云濟水又東逕滎澤北所以釋此條之經也

釋名曰濟濟也源出河北濟河而南也晉地道志曰濟自大伾入河與河水鬬南泆爲滎澤尚書曰滎波既瀦趙作豬下同孔安國曰滎澤波水已成過瀦官本曰案近刻脫澤字過字案朱脫趙增朱增已作以刊誤曰書傳云滎澤波水以成過豬今補正下滎波之波衍文闞駰曰滎

播官本曰案近刻訛作滎波嶓案朱衍趙刪朱趙播作嶓下同澤名也故呂忱云播水在滎陽謂是水也趙釋曰一清案滎嶓之嶓當作播禹貢錐指曰滎波既豬史記作播漢書作波闞百詩云馬鄭王本竝作播播是澤名不從山作嶓可知也又說文潘水名在河南滎陽從水番聲音官切不謂叔重有此大繆此與酈以淵水爲淵水正相似也昔大禹塞其淫水而于滎陽下引河東南以通淮泗趙釋曰禹貢錐指曰河與滎瀆相亂其來已久而滎澤在西漢時依然無恙故班固云濟水軼出滎陽北地中詣滎澤也至東漢乃塞爲平地酈道元云云夫滎澤何以謂之淫水經曰滎波既豬禹方陂之以蓄其水何以塞之誕妄不足深辨全氏曰以鴻溝爲禹迹善長之繆也而張洎等宗之濟水分河東南流漢明帝之世司空伏恭薦樂浪人王景字仲通好學多藝善能治水顯宗詔與謁者王吳官本曰案原本及近刻竝訛作吳下同今改正案朱訛趙改始作浚儀渠吳用景法水乃不害此卽景吳所脩故瀆也官本曰案吳近刻訛作作案朱趙同渠流東注浚儀故復謂之浚儀渠官本曰案此下近刻有也字案朱趙有明帝永平十五年東巡至無鹽帝嘉景功拜河隄謁者官本曰案此下近刻有漢字案朱趙有靈帝建寧四年于敖城西北壘石爲門以遏渠口謂之石門故

世亦謂之石門水門廣十餘丈西去河三里石

銘云建寧四年十一月黃場石也而主吏姓名

磨滅不可復識官本曰案朱謀瑋云玉海引水經注浚儀縣竹書紀年梁惠成王三十一年三月爲大溝于北郛以行圃田之水陳留風俗傳曰縣北有浚水像而儀之故曰浚儀續述征記曰汴河到浚儀而分汴東注河南流建寧四年于敖城西北壘石爲門以遏渠口謂之石門故世亦謂之石門水門廣十餘丈西去河三里石銘云建寧四年十一月黃場石趙刊誤曰玉海所引酈注本是二條自浚儀縣竹書紀年至汴東注河南流係二十二卷渠水注汴河原作汴沙河南流原作沙南流謂沙水也繇彼卷有錯簡故其文不屬朱氏因浚儀渠而載之於此可稱極繆建寧四年以下現載本篇乃更詳錄無遺疏鹵之愆抑又甚矣魏太和中又更

脩之撤故增新石字淪落無復在者水北有石門

亭戴延之所云新築城城周三百步官本曰案城周近刻訛作周城　案朱訛趙改刊誤曰周城二字當倒互

滎陽太守所鎮者也水南帶三皇山官本曰案近刻脫皇字　案朱脫趙增刊誤曰箋曰一作三皇山案三下脫皇字三皇山卽皇室山朱氏不注于三山之下而注于皇室山之下斯爲繆矣卽皇室山亦謂之爲三室山也朱箋曰郡國志注引西征記云滎陽有廣武城在三皇山上或謂之三室山上有二城曰東廣武西廣武各在山一頭相去二百餘步濟水又東逕西

廣武城北官本曰案此十字原本及近刻竝訛作經考廣武二城敖山及滎瀆所入皆值滎陽縣之西不得與經淆紊今改正　案朱訛趙改刊誤曰十字是注混作經郡國志滎陽縣有廣武城城在山上漢所城也高祖與

項羽臨絕澗對語責羽十罪羽射漢祖中胸處也　山下有水北流入濟世謂之柳泉也濟水又東逕東廣武城北官本曰案此十字原本及近刻並訛作經　案朱訛趙改刊誤曰十字是注混作經楚項羽城之漢破曹咎羽還廣武爲高壇官本曰案近刻訛作祖朱謀㙔云宋本作俎　案趙改俎置太公其上曰漢不下吾烹之高祖不聽將害之項伯曰爲天下者不顧家但益怨耳羽從之今名其壇曰項羽堆　夾城之間有絕澗斷山謂之廣武澗　項羽叱婁煩于其上婁煩精魄喪歸矣　濟水又東逕敖山北官本曰案此八字原本及近刻並訛作經　案朱訛趙改刊誤曰八字是注混作經詩所謂薄狩于敖者也官本曰案今詩作搏獸于敖其山上有城卽殷帝仲丁之所遷也皇甫謐帝王世紀曰仲丁自亳徙囂于河上者也或曰敖矣秦置倉于其中故亦曰敖倉城也　濟水又東合滎瀆官本曰案此七字原本及近刻並訛作經又滎瀆近刻訛作滎澤　案朱訛趙改刊誤曰七字是注混作經滎澤玉海引此文作滎瀆下云瀆首受河水有石門謂之爲滎口石門也瀆首受河水官本曰案首近刻訛作水　案朱訛趙改刊誤曰瀆水之水胡渭校改首有石門謂之爲滎口石

門也而地形殊卑蓋故滎播所導（趙刊誤曰箋曰孫云書作滎波案孫汝澄之言蓋不知馬鄭王本波皆作播亦不記夏本紀滎播既都之文而爲此辭也）自此始也門南際河有故碑云惟陽嘉三年二月丁丑使河隄謁者王誨疏達河川遹荒庶土（官本曰案遹近刻訛作述 案朱作述箋曰疑作遂趙改遂）往大河衝塞（官本曰案往近刻訛作云 案朱趙作云）侵齧金隄以竹籠石葺土而爲堨（官本曰案近刻石下衍葦字 案朱趙有）壞隤無已功消億萬請以濱河郡徒疏山采石壘以爲障功業既就徭役用息未詳（趙改辛未刊誤曰箋曰玉海二十一卷內引此文無未詳二字疑衍案隸釋載此文有未詳二字蓋誤文也當作辛未詳字之半似辛其文又互易蓋詔書以辛未日下去丁丑才四十五日卽在陽嘉三年二月之明月故不再書年月也下文歲在甲子被癸丑詔書及㶟水注幽冀二州郡縣分境立石標界亦云戊子詔書事在熹平四年是其切證戊子今本水經注訛作代子據隸釋校改此未詳二字盤洲既不能發明斯義厚齋竟節去之無惑乎朱氏以爲疑衍也）詔書許誨立功府卿（官本曰案近刻訛作鄉 案朱訛趙改刊誤曰府鄉當作府卿謂少府卿也漢都水舊屬少府）規基經始詔策加命（官本曰案策近刻訛作榮 案朱同箋曰疑作策趙改策）遷在沇州乃簡朱軒授使司馬登令纘茂前緒稱遂休功登以伊洛合注大河南則緣

山東過大伾回流北岸其勢鬱懞濤怒湍急激疾一有決溢彌原淹野蟻孔之變害起不測蓋自姬氏之所常蹙昔崇鯀所不能治我二宗之所劬勞于是乃跋涉躬親經之營之比率百姓議之于臣伐石三谷水匠致治立激岸側以捍鴻波隨時慶賜說以勸之川無滯越水土通演役未踰年而功程有畢斯乃元勳之嘉課上德之宏表也昔禹脩九道書錄其功后稷躬稼詩列于雅夫不憚勞謙之勤夙興厥職充國惠民安得湮沒而不章焉故遂刊石記功垂示于後其辭云云使河隄謁者山陽東緡司馬登官本曰案緡近刻訛作昬 案朱訛趙改刊誤曰日知錄曰漢陳留郡有東昬後漢志注云陳留志曰故戶牖鄉有陳平祠山陽郡有東緡後漢志春秋時曰緡註云左傳僖公二十三年齊侯伐宋圍緡前書師古曰緡音旻左傳緡宋邑高平昌邑縣東南有東緡城史記絳侯周勃世家攻爰戚東緡以往索隱曰山陽有東緡縣屬陳留者音昬屬山陽者音旻括地志云東緡故城在兗州金鄉縣界

水經注引王誨碑辭曰河隄謁者山陽東昏司馬登是以縉爲昬誤矣酸棗令劉熊碑陰故守東昬長蘇勝則陳留之東昬也字伯志代東萊曲成王誨官本曰案曲成近刻訛作典城　案朱訛趙改刊誤曰漢書地理志東萊郡曲成縣典城字誤字子孟堅河內太守宋城向豹官本曰案近刻訛作守城向豺　案朱訛趙改刊誤曰隸釋作宋城向豹今校正字伯尹丞汝南鄧方字德山懷令劉丞字季意河隄掾匠等造陳留浚儀邊韶字孝先頌石銘歲遠字多淪缺其所滅蓋闕如也滎瀆又東南流注于濟官本曰案原本及近刻並訛作浦今改正　案朱訛趙改刊誤曰浦當作沛今無水次東得宿須水口趙須改胥刊誤曰須當作胥下同水受大河渠側有扈亭水官本曰案亭近刻訛作城　案朱作扈城趙增亭字以水字下屬刊誤曰扈城下落亭字自亭東南流注于濟今無水宿須在河之北不在此也蓋名同耳　自西緣帶山隰秦漢以來亦有通否濟水與河渾濤東注晉太和中桓溫北伐將通之不果而還義熙十三年劉公西征又命寧朔將軍劉遵考仍此渠而漕之始有激

湍東注而終山崩壅塞劉公于北十里更鑿故渠通之今則南瀆通津官本曰案今近刻訛作合案朱訛趙改刊誤曰合當作今孫潛校改川潤是導耳濟水于此又兼邲目春秋宣公十二年晉楚之戰楚軍于邲卽是水也音卞官本曰案音近刻訛作昔案朱訛趙改刊誤曰昔當作音孫潛校改趙釋曰全氏曰二字注中注京相璠曰在敖北濟水又東逕滎陽縣北官本曰案此九字原本及近刻竝訛作經今考自濟水分河東南流至此則經所謂過滎陽縣北也案朱訛趙改刊誤曰九字是注混作經曹太祖與徐榮戰不利曹洪授馬于此處也濟水又東礫石溪水注之官本曰案此十字原本及近刻竝訛作經礫石溪上又加南字胡渭禹貢錐指云上有北礫溪故此爲南礫溪石字衍考下云世謂之礫石澗則石字非衍明矣經言礫溪于滎陽縣下此亦言于滎陽縣下豈有兩滎陽縣乎後人不察前屬經文後屬注文故妄加南北二字耳案朱訛經又作南礫石溪水趙改注作礫磎水南字不刪上屬爲句刊誤曰十一字是注混作經石字衍文溪當作磎胡渭禹貢錐指以上文誤本經文又東至北礫磎爲北礫磎而不知至北二字之倒互也以此條濟水又東爲句南礫磎注之爲南礫磎注之而不知此條之非經也其言曰蔡傳曰周定王五年河徙砱礫不知在何處案溝洫志賈讓治河奏有滎陽漕渠如淳曰今礫磎口是也師古曰礫谿谿名卽水經所云泲水東過礫磎者阿誰讀誤本漢書以今爲令又加石作砱殊足使人噴飯卽以礫磎言之水經濟水東至北礫谿南東出過滎陽縣北又東句南礫谿水注之礫谿口卽南礫磎水入濟處也古之決口皆在大伾之東金元時所決漸西至明天順中河自武陟徙入原武而獲嘉之流遂絕變斯極矣滎陽今爲滎澤縣與獲嘉相對周時河徙寧遠在此耶唯漢平帝之世河侵汴濟謂從礫磎口

則可然亦無砱礫之名也此說者必有所本頃閱王伯厚河渠考引程氏曰周時河徙砱礫至漢又改頓邱東南流程氏疑即大昌及檢禹貢論其第十一篇有云周定王五年河徙故瀆漢元光三年河水徙從頓邱東南流入勃海卻無砱礫字又圖說黃瀁渠口辨引如淳註亦作今礫磎口不作砱礫則二字明係杜撰絕無根據誕妄乖繆莫此為甚而學者宗之以王伯厚之淹博亦不能正其失而且累及程氏地理之學談何容易東樵之口可謂辯矣然礫磎只一水別無南北之分既強讀又東為句以是為南礫磎矣顧何以又云北礫磎未詳蓋在河南濟北其水西注於河者耶茍不知所在亦不當強為立名以疑誤後學也（傅澤洪行水金鑑云北礫磎蓋在河南濟北其水西注于河者又云經所謂礫磎可知上有北礫磎故此為南礫磎是蓋襲用錐指而繆者）全氏云蔡九峯雖誤以今為砱然猶祇是一礫磎東樵乃分為南北二礫磎其繆又甚於九峯

水出滎陽城西南李澤澤中有水即古馮池也地理志曰滎陽縣馮池在西南是也東北流歷敖山南春秋晉楚之戰設伏于敖前謂是也逕虢亭北池水又東北逕滎陽縣北斷山東北注于濟世謂之礫石澗即經所謂礫溪矣經云濟出其南非也官本曰案濟東流而礫溪東北注之則濟至其北經不當云又東至礫溪南故道元辯之

濟水又東索水注之官本曰案此八字原本及近刻並訛作經 案朱訛趙改刊誤曰八字是注混作經

水出京縣西南嵩渚山與東關水同源分流官本曰案近刻訛作與東關分水 案朱訛趙改刊誤曰實字記引此文與東關水同源分流即古旃然水也今補正即古旃然

水也官本曰案近刻脫然字 案朱脫趙增其水東北流器難之水注之山海經曰少陘之山器難之水出焉而北流注于侵水趙釋曰一清案山海經作役水郭璞曰一作侵卽此水也其水北流逕金亭又北逕京縣故城西入于旃然之水城故鄭邑也莊公以居弟段號京城太叔祭仲曰京城過百雉國之害也趙釋曰一清案傳文是都城此句是祭仲泛言先王建侯之制故曰都城道元刪去今京不度句直改都城爲京城也城北有壇山岡朱趙岡作罡下同趙世家成侯二十年魏獻榮陽因以爲壇臺岡也趙釋曰沈氏曰史記魏獻榮椽趙因以爲檀臺榮椽木材非地也檀臺是屋非岡也審長不知何以有此誤考檀臺在襄國見于續漢志而榮陽乃韓地後之爲榮陽圖經者因造爲檀山以相附會益更繆矣其水亂流北逕小索亭西京相璠曰京有小索亭世語以爲本索氏兄弟居此故號小索者也又爲索水索水又北逕大柵城東晉榮陽民張卓董邁等遭荒鳩聚流雜保固官本曰案近刻訛作流離堡固 案朱作雜堡趙改雜堡名爲大柵塢至太平真君八年豫州刺史崔白官本曰案豫近刻訛作穎 案朱趙同無八字趙釋曰全氏曰太平真君下脫ム字魏地形志太平真君八年榮陽省併屬縣則移治或在是年但是豫州非穎州

也

自虎牢移州治此又東開廣舊城創制改築焉太和十七年遷都洛邑省州置郡趙釋曰全氏曰案胡三省曰太和十九年罷北豫州置東中府非郡也郡固先州置亦非十七年索水又屈而西流與梧桐澗水合水出西南梧桐谷東北流注于索斯水亦時有通塞而不常流也

索水又北屈東逕大索城南春秋傳曰鄭子皮勞叔向于索氏官本曰案近刻訛作水　案朱訛趙改刊誤曰索水當作索氏左傳校卽此城也晉地道志所謂京有大索小索亭漢書京索之間也

索水又東逕號亭南應劭曰滎陽故號公之國也朱有之字趙刪今號亭是矣司馬彪官本曰案近刻訛作故馬淵　案朱訛趙改刊誤曰故字衍文馬淵是司馬彪之誤郡國志曰縣有號亭俗謂之平桃城官本曰案桃近刻訛作晀　案朱作平晀趙改平晀刊誤曰平黃省曾本作乎魏晉孝文帝紀作平桃城趙釋曰全氏曰案乎晀六朝時曰平桃見魏書蓋號脫其半爲乎乎又變而爲平而晀又轉而爲桃也城內有大冢名管叔冢或亦謂之爲號晀城非也蓋號號字相類字轉失實也風俗通曰俗說高祖與項羽戰于京索遁于薄中羽追求之時鳩止鳴其上追之者以爲必無人遂得

脫及卽位異此鳩故作鳩杖以扶老案廣志楚鳩一名嘷啁朱作嘷趙改刊誤曰嘷當作嘷嘷音豪若嘷音繹非其義矣號呲之名蓋因鳩以起目焉所未詳也索水又東北流須水右入焉水近出京城東北二里榆子溝亦曰柰榆溝也又或謂之爲小索水東北流木蓼溝水注之水上承京城南淵世謂之車輪淵淵水東北流謂之木蓼溝又東北入于須水須水又東北流于滎陽城西南北注索索水又東逕滎陽縣故城南漢王之困滎陽也紀信曰臣詐降楚王宜間出信乃乘王車出東門稱漢降楚楚軍稱萬歲震動天地王與數十騎出西門得免楚圍朱無圍字趙增刊誤曰楚下落圍字羽見信大怒遂亨之信冢在城西北三里故蔡伯喈述征賦曰過漢祖之所隘弔紀信于滎陽其城跨倚岡原居山之陽王莽立爲祈隊官本曰案祈近刻訛作新案朱訛趙改刊誤曰新當作祈漢書王莽傳校備周六隊之制魏正始三年

歲在甲子被癸丑詔書割河南郡縣自鞏闕以東官本曰案鞏字近刻訛在縣字上案朱脫縣字又作鞏自趙增乙刊誤曰郡下落縣字鞏自二字當倒互詣鞏縣及伊闕也創建滎陽郡并戶二萬五千以南鄉筑陽亭侯朱筑作築陽下有城字趙改刪又朱趙亭上有鄉字刊誤曰晉書地理志筑陽縣屬順陽郡故魏武之南鄉郡也太康中改今名築字誤城字衍文李勝字公昭官本曰案近刻訛作照 案朱訛趙改刊誤曰三國志魏書曹爽傳注李勝字公昭照字誤也爲郡守故原武典農校尉官本曰案故近刻訛作顧 案朱訛趙改刊誤曰顧當作故政有遺惠民爲立祠于城北五里號曰李君祠廟前有石蹠蹠上有石的朱箋曰案會稽記縣東有射的山山有石壁方二丈的的如射侯則此石的即其類也石的銘具存其略曰百族欣戴咸推厥誠今猶祀禱焉索水又東逕周苛冢北漢祖之出滎陽也令御史大夫周苛守之項羽拔滎陽獲苛曰吾以公爲上將軍封三萬戶侯能盡節乎苛瞋目罵羽羽怒烹之 索水又東流北屈西轉北逕滎陽城東而北流注濟水杜預曰旃然水出滎陽成皋縣東入汳春秋襄公十八年楚伐鄭右師涉潁次于旃然即是水也濟渠水

斷汳溝惟承此始故云汳受旃然矣官本曰案汳近刻訛作吸　案朱訛趙改刊誤曰汳水注云陰溝即蒗蕩渠也亦言汳受旃然水又云河濟水亂汳承旃然吸是汳字之誤亦謂之鴻溝水蓋因漢楚分王指水爲斷故也郡國志曰滎陽有鴻溝水是也蓋因城地而變名爲川流之異目濟水又東逕滎澤北官本曰案此即經所謂東出過滎澤北也原本及近刻竝作滎陽澤陽字衍　案朱衍陽趙刪刊誤曰通鑑地理通釋校衍陽字故滎水所都也趙刊誤曰箋曰都疑作豬案古都豬字通用史記夏本紀大野既豬作既都孟豬作明都是也京相播曰滎澤在滎陽縣東南與濟隧合濟隧上承河水于卷縣北河南逕卷縣故城東又南逕衡雍城西朱衡作恆趙改刊誤曰恆當作衡案春秋時衡雍後改垣雍史記秦昭王四十八年韓獻垣雍以和戰國策魏王曰秦許我以垣雍魏公子無忌謂秦有鄭地得垣雍是也恆垣字近致譌春秋左傳襄公十一年諸侯伐鄭西濟于濟隧杜預闕其地而曰水名也官本曰案近刻訛作而名之水也　案朱趙同京相播曰鄭地也言濟水趙釋曰一清案下有脫文滎澤中北流至衡趙作垣雍西與出河之濟會朱箋曰濟水伏流自河而出故謂之出河之濟南

去新鄭百里斯蓋滎播朱箋曰漢志作波河濟往復徑通矣官本曰案徑近刻作逕 案朱趙作逕出河之濟卽陰溝之上源也濟隧絕焉故世亦或謂其故道爲十字溝自于岑造八激隄于河陰水脈徑斷故瀆難尋又南會于滎澤然水既斷趙增旃字刊誤曰然上落旃字民謂其處爲滎澤春秋衞侯及翟人戰于滎澤而屠懿公宏演報命納肝處也朱箋曰呂氏春秋云狄人殺衞懿公食之遺其肝宏演使返報命肝下自剖其腹納懿公之肝趙釋曰全氏曰案杜預曰戰處當在河北非此滎澤也又宣十二年楚潘黨逐魏錡及滎澤卽此矣有垂隴城濟瀆出其北春秋文公二朱作三箋曰左傳作二年趙改年晉士縠盟于垂隴者也京相璠曰垂隴鄭地今滎陽東二十里有故垂隴城官本曰案近刻脫垂字 案朱脫趙增刊誤曰當作垂隴城落垂字卽此是也世謂之都尉城蓋滎陽典農都尉治故變垂隴之名矣濟瀆又有沙城官本曰案瀆近刻訛作澤 案朱訛趙改刊誤曰澤當作瀆城左佩濟瀆竹書紀年梁惠成王九年王會鄭釐侯于巫沙者也朱無也字趙增刊誤曰者下落也字濟瀆際有故城世謂之水城官本曰案近刻

脫之字又此句之下衍非也二字　案朱趙有史記秦昭王三十二年官本曰案近刻訛作四十二年案朱訛趙改刊誤曰四當作三事在穰侯傳魏冉攻魏走芒卯入北宅趙刊誤曰箋曰竹書宅作乇案係俗本誤字朱氏引之非即故宅陽城也竹書紀年曰惠成王十三年官本曰案近刻脫成字　案朱脫趙增刊誤曰箋曰今竹書巫沙之盟是顯王十一年事案竹書惠王是梁惠成王周顯王十一年正梁惠成王十三年朱氏因刻本失去成字遂以周顯王證之非矣王及鄭釐侯盟于巫沙以釋宅陽之圍歸釐于鄭者也竹書紀年晉出公六年齊鄭伐衞荀瑤城宅陽俗言水城非矣濟水自澤東出即是始矣王隱曰河決爲滎濟水受焉故有濟隄矣謂此濟也官本曰案近刻訛作爲北濟也　案朱趙同濟水又東南逕釐城東春秋經書公會鄭伯于時來左傳所謂釐也京相璠曰今滎陽縣東四十里有故釐城也濟水右合黃水官本曰案右近刻訛作又　案朱趙作又水朱趙水上有黃字發源京縣黃堆山官本曰案近刻訛作黃淮止　案朱訛趙改刊誤曰箋曰止一作山宋本作上案寰宇記引此文作黃堆山方輿紀要云萬渚山一名小陘山水經注以爲黃堆山也全氏曰亦即黃雀山淮止二字誤也東南流名祝龍泉泉勢沸湧狀若巨鼎揚湯官本曰案近刻訛作湯湯　案朱訛趙改刊誤曰御覽引此文作巨鼎揚湯上湯字誤

西南流謂之龍項口世謂之京水也又屈而北
注魚子溝水入焉朱箋曰宋本作北注于濟魚水入焉趙依宋本改水出石暗澗東
北流又北與濕濕水合水出西溪東流水上有
連理樹其樹柞櫟也官本曰案近刻脫樹字案朱脫箋曰其下脫樹字趙增南北對生
淩空交合溪水歷二樹之間東流注于魚水魚
水又屈而西北注黃水黃水又北逕高陽亭東
又北至故市縣重泉水注之水出京城西南少
陘山官本曰案少陘近刻訛作小陸案朱同箋曰小宋本作少趙改少陘東北流又北流逕高陽
亭西東北流注于黃水又東北逕故市縣故城
南漢高帝六年官本曰案漢近刻訛作溪案朱訛趙改封閻澤赤爲侯國河南郡之屬
縣也官本曰案近刻脫河南郡之四字案朱脫四字趙補三字刊誤曰漢書地理志河南郡故市縣此文屬縣也上當補河南之三字黃水又東
北至滎澤南分爲二水一水北入滎澤下爲船
塘俗謂之郟城陂東西四十里南北二十里竹

書穆天子傳曰甲寅官本曰案近刻訛作甲辰案朱訛趙改刊誤曰穆天子傳是甲寅天子浮于滎水乃奏廣樂是也一水東北流即黃雀溝矣穆天子傳曰壬寅天子東至于雀梁者也又東北與靖水枝津合二水之會朱趙作合爲黃淵官本曰案近刻訛作泉案朱趙作泉北流注于濟水

又東過陽武縣南官本曰案原本及近刻並訛作縣北考南濟在陽武南其在陽武北者乃北濟觀道元于此下敘南濟所逕而北濟則追敘於後封邱下經本作縣南明矣今改正案朱趙作縣北

濟水又東南流入陽武縣趙增北字刊誤曰陽武縣下名勝志引此文有北字歷長城東南流蒗蕩渠出焉濟水又東北流南濟也逕陽武縣故城南官本曰案此十六字原本及近刻並訛作經今考上下文乃注內敘南濟所逕而此句則釋經所謂東過陽武縣南也案朱訛趙改南濟趙改北濟刊誤曰十六字是注混作經南濟當作北濟濟至定陶斯有南稱王莽更名之曰陽桓矣又東爲白馬淵淵東西二里朱無西趙增刊誤曰名勝志引此文作東西二里落西字南北朱趙有一字百五十步淵流名爲白馬溝官本曰案近刻淵作泉脫馬字案朱趙作泉朱無馬字趙增刊誤曰當作白馬溝落馬字又東逕房城北穆天子傳曰天子里甫田之路朱趙作圃

田下同趙刊誤曰箋曰圃一作甫案甫田卽圃田朱氏釋之實爲辭費東至于房疑卽斯城也郭注朱有云字趙刪刊誤曰云字衍文以爲趙郡房子也余謂穆王里鄭甫而郭以趙之房邑爲疆趙刊誤曰箋曰而當作田案周禮職方豫州藪曰圃田然亦可單稱圃詩曰東有甫草傳曰鄭之有原圃猶秦之有具囿史記魏公子無忌曰秦七攻魏五入囿中邊城盡拔劉伯莊曰囿讀作圃卽圃田澤也朱氏改而爲田非更爲非矣濟水又東逕封邱縣南官本曰案此九字原本及近刻竝訛作經今考此注內敘南濟所逕　案朱訛趙改刊誤曰九字是注混作經又東逕大梁城北又東朱作東左箋曰左宋本作南一作又趙改又東逕倉垣城又東逕小黃縣之故城北縣有黃亭說濟趙作倪濟刊誤曰箋曰孫云疑作臨濮案春秋哀公十三年公會晉侯及吳子于黃池杜預曰陳留封邱縣南有黃亭近濟水說濟當是倪濟之誤又謂之曰黃溝官本曰案此句之上當有脫文未詳縣故陽武之東黃鄉也故水以名縣官本曰案此句亦有脫誤朱箋曰故下疑脫因字趙增　案沛公起兵野戰喪皇妣于黃鄉天下平定乃使使者以梓宮招魂幽野于是丹蛇自水濯洗官本曰案蛇近刻訛作旐　案朱作旐箋曰丹旐當作丹蛇陳留風俗傳云有丹蛇在水自洒濯之入于梓宮趙改丹蛇入于梓宮其浴處有遺髮焉故謚曰昭靈夫人因作寢以寧神也濟水又東逕東昏縣故城北官本曰案此十一字原本及近刻竝訛作經今考亦注內敘南濟所逕　案朱訛趙改刊誤曰十一字是

注混作經陽武縣之戶牖鄉矣朱作武陽趙改陽武刊誤曰武陽當作陽武漢丞相陳平家焉平少爲社宰以善均肉稱今民祠其社平有功于高祖封戶牖侯是後置東昏縣也王莽改曰東明矣

濟水又東逕濟陽縣故城南官本曰案此十一字原本及近刻並訛作經今考亦注內敘南濟所逕　案朱訛趙改刊誤曰十一字是注混作經故武父城也城在濟水之陽故以爲名王莽改之曰濟前者也光武生濟陽宮光明照室卽其處也東觀漢記曰光武以建平元年生于濟陽縣是歲有嘉禾生一莖九穗大于凡禾縣界大熟因名曰秀

又東過封邱縣北

北濟也官本曰案此三字原本及近刻並訛作經考濟自滎澤流出有南濟北濟之分南濟行陽武封邱濟陽冤朐定陶之南而不逕其北北濟則行陽武封邱濟陽冤朐定陶之北而不逕其南作水經者敘濟水東過陽武南封邱北平邱南濟陽北冤朐定陶南道元不顯言其非因于過陽武南下敘南濟逕陽武封邱濟陽南于過封邱北平邱南濟陽北下皆以北濟釋之于過冤朐定陶南下又敘南濟所逕其北濟之逕冤朐定陶北則補敘于從乘氏縣東北流入鉅野澤下經雖舛誤注內分南濟北濟各有條理自注多訛爲經于是愈益淆紊不可讀今詳爲訂正　案朱訛趙改刊誤曰三字是注混作經自滎澤東逕滎陽卷縣之武

修亭南春秋左傳成公十年朱作十五年箋曰左傳作十年趙刪五字鄭子然盟于脩澤者也鄭地矣杜預曰卷東有武修亭趙釋曰一清案方輿紀要原武縣有武修亭或以為修魚也秦紀惠文王後七年韓魏燕齊率匈奴共攻秦秦使樗里疾與戰於修魚今本左傳成十年註作修武修武在河北漢屬河內郡卷在河南漢屬河南郡則此宜是武修亭而非修武縣板本為誤也故卷城在原武縣北七里濟水又東逕原武縣故城南官本曰案此十一字原本及近刻並訛作經考原武在陽武封邱之西乃注內敘北濟所逕不得與經淆紊今改正　案朱訛趙改又水改瀆刊誤曰十一字是注混作經濟水當作濟瀆所謂北則濟瀆是也春秋之原圃也穆天子傳曰祭父自圃鄭來謁天子夏庚午天子飲于洧上趙刊誤曰箋曰洧作湔案洧字不誤乃遣祭父如圃鄭是也王莽之原桓矣濟瀆又東逕陽武縣故城北又東絕長城官本曰案此下近刻有築也二字衍　案朱有築也二字趙築上增鄭字刊誤曰長城下落鄭字全氏校增案竹書紀年梁惠成王十二年龍賈率師築長城于西邊自亥谷以南鄭所城矣竹書紀年云朱趙無紀年二字是梁惠成王十五年築也官本曰案近刻脫成字　案朱脫趙增刊誤曰惠下落成字郡國志曰長城自卷逕陽武到密者是矣濟瀆又東逕酸棗縣之烏巢澤澤北官本曰案近刻脫一澤字又此十四字原本及近刻並訛作經考烏巢澤在陽武東封邱西亦注內敘北濟所逕　案朱訛經北澤倒以澤字

下屬趙改注刪北字刊誤曰十三字是注混作經北字衍有故市亭官本曰案近刻脫市字案朱脫趙增又澤下增北字刊誤曰澤下落北字故下落市字三國志魏書武帝紀註云袁氏輜重有萬餘乘在故市烏巢屯是也故市前漢爲縣後漢省晉太康地記曰澤在酸棗之東南朱脫在酸二字箋曰宋本作澤在酸棗趙據增昔曹太祖納許攸之策破袁紹運處也朱作軍趙改運刊誤曰軍當作運濟瀆又東逕封邱縣北官本曰案近刻脫北字案朱趙無趙下文南作大字上屬南燕縣之延鄉也其在春秋爲長邱焉應劭曰左傳宋敗狄于長邱獲長狄緣斯是也漢高帝封翟盰朱趙作旴爲侯國官本曰案近刻脫此三字案朱趙無趙釋曰一清案此處有闕文史漢表衍簡侯翟盰以十一年七月封衍地闕酈氏以盰封在延鄉未知所據且其事古傳有明徵矣地理志封邱縣注孟康曰春秋傳敗狄于長邱今翟溝是攷封邱縣志云翟溝者因翟母得名母墓在縣西南溝當墓前爲津渠所逕陳留風俗傳云漢高祖與項羽戰敗于延鄉有翟母者免其難也又魯國都記云封邱衞地之延鄉漢高祖與項羽戰敗遇翟母免難之處後以延鄉爲封邱縣以封翟母即此地也然則封于延鄉者是翟母非翟盰也又案史漢表侯功狀云盰以漢王二年爲燕令又堅守燕侯豈燕即衍聲音之轉字從而變未可知也濮水出焉濟瀆又東逕大梁城之赤亭北而東注

又東過平邱縣南

北濟也官本曰案此三字原本及近刻並訛作經案朱訛趙改刊誤曰三字是注混作經縣故衞地也春秋魯昭公

十三年諸侯盟于平邱是也縣有臨濟亭田儋死處也又有曲濟亭皆臨側濟水者官本曰案此句六字原本及近刻竝截下三字訛作經上三字仍屬注文　案朱同趙改注別增濟水二字以濟水者下屬刊誤曰臨側下落濟水二字孫潛校增

又東過濟陽縣北

北濟也官本曰案原本及近刻竝脫北字下二字訛作經今補正　案朱上濟水者下濟也竝訛經不重北字趙刪增改注刊誤曰濟水者三字衍文濟陽縣下落北字北濟也三字是注混作經自武父城北官本曰案此下原本及近刻竝有圈稱曰三字因下文郎弓圈稱陳留風俗傳故訛而致衍　案朱有箋曰案隋經籍志闞駰撰十三州志十卷漢議郎圈稱撰陳留風俗傳三卷圈稱曰下應有別文趙刪三字闞駰曰在縣西北鄭邑也東逕濟陽縣故城北圈稱陳留風俗傳曰縣故宋地也竹書紀年梁惠成王三十年城濟陽漢景帝中六年官本曰案中下近刻衍元字　案朱衍趙刪刊誤曰元字衍文封梁孝王子明爲濟川王應劭曰濟川今陳留濟陽縣官本曰案近刻脫留字　案朱脫趙增刊誤曰陳下落留字是也

又東過冤朐縣南趙釋曰一清案漢志作冤句師古曰音劬孫校曰冤朐今曹州府曹縣又東過定陶縣南

南濟也官本曰案此三字原本及近刻並譌作經案朱譌趙改刊誤曰三字是注混作經濟瀆自濟陽縣故城南趙瀆改水刊誤曰瀆當作水東逕戎城北春秋隱公二年公會戎于潛杜預曰陳留濟陽縣東南有戎城是也濟水又東北菏水東出焉官本曰案此十字原本及近刻並譌作經今考濟別出爲菏值冤朐之西乃注內追敘南濟所逕・案朱譌趙改刊誤曰十字是注混作經濟水又東北逕冤朐縣故城南呂后元年封楚元王子劉埶爲侯國趙釋曰朱氏箋曰案漢表景帝封王莽之濟平亭也濟水又東逕秦相魏冉冢南官本曰案此十一字原本及近刻並譌作經今考魏冉冢恭王陵皆值冤朐之東定陶之西亦注內敘南濟所逕案朱譌趙改朱無南字趙增刊誤曰箋曰宋本冢下有一南字案十字是注混作經冉秦宣太后弟也代客卿壽燭爲相封于穰益封于陶號曰穰侯富于王室范雎說秦秦王悟其擅權免相就封出關輜車千乘卒于陶而因葬焉世謂之安平陵墓南崩碑尚存濟水又東北逕定陶恭王陵南官本曰案此十二字原本及近刻並譌作經案朱譌趙改刊誤曰十二字是注混作經漢哀帝父也帝即位母丁太后建平二年崩上曰宜起陵于恭皇之園遂葬定陶貴震山東王莽

秉政貶號丁姬開其槨戶火出炎四五丈吏卒以水沃滅乃得入燒燔槨中器物公卿遣子弟及諸生四夷十餘萬人操持作具助將作掘平共（趙作恭）王母傅太后墳及丁姬冢二旬皆平莽又周棘其處以為世戒云時有羣燕數千銜土投于丁姬竁中今其墳冢巍然尚秀隅阿相承列郭數周面開重門南門內夾道有崩碑二所世尚謂之丁昭儀墓又謂之長隧陵蓋所毀者傅太后陵耳丁姬墳墓事與書違不甚過毀未必一如史說也墳南（官本曰案墳近刻訛作瀆案朱訛趙改刊誤曰瀆南當作墳南即丁姬墳也）魏郡治也世謂之左城亦名之曰葬城蓋恭王之陵寢也

濟水又東北逕定陶縣故城南（官本曰案此十二字原本及近刻並訛作經案朱訛趙改刊誤曰十二字是注混作經）側城東注（官本曰案此下近刻衍也字案朱趙有也字趙刊誤曰箋曰也字似譌疑當作此案也字不誤作此非）縣故三鬷國也湯追桀伐三鬷即此周武王封弟叔振鐸之邑故曹國也（朱無也字箋曰宋本作叔振鐸之邑故曹國也趙增也字）漢宣帝甘露二年更濟陰為定陶國王莽之濟平也戰國之世范蠡既

孚會稽之恥乃變姓名寓 朱趙有之字 于陶爲朱公以陶天下之中諸侯四通貨物之所交易也治產致千金富好行德子孫修業遂致巨萬故言富者皆曰陶朱公也

又屈從縣東北流

南濟也 官本曰案此三字原本及近刻並譌作經 案朱譌趙改刊誤曰三字是注混作經 又東北右合菏水 官本曰案菏原本及近刻並譌作河下同 案朱譌趙改刊誤曰河當作菏御覽寰宇記引此文校正下並同 水上承濟水 朱水下有瀆字 趙乙刊誤曰水瀆二字當倒互 于濟陽縣東世謂之五丈溝又東逕陶邱北地理志曰禹貢陶邱在定陶西南 官本曰案近刻譌作禹貢定陶西南有陶邱 案朱趙同 陶邱亭在南 趙釋曰一清案地理志濟陰郡定陶縣禹貢陶邱在西南陶邱亭在南今注以禹貢二字冠定陶之上非是又陶邱亭下似今本漢書脫在南二字當以此文補之 墨子以爲釜邱也竹書紀年魏襄王十九年薛侯來會王于釜邱者也尚書所謂 一本作曰 導菏水自陶邱北 趙釋曰一清案尚書禹貢導沇水下是東出于陶邱北又東至于菏善長所引顚倒之矣 謂此也菏水東北出于定陶縣北屈左合氾水氾水西分濟瀆東北逕濟陰郡南爾

雅曰濟别爲濋呂忱曰水決復入爲氾官本曰案爾雅乃氾字音似與此處氾水下云取其氾愛者異道元誤引廣異名也氾水又東合于菏瀆昔漢祖既定天下卽帝位于定陶氾水之陽張晏曰氾水在濟陰界取其氾愛弘大而潤下也氾水之名官本曰案近刻脫之字 案朱脫趙增刊誤曰氾水下落之字于是乎在矣菏水又東北官本曰案菏原本訛作河近刻訛作氾 案朱趙作氾逕定陶縣南又東北右合黃水枝渠渠上承黃溝東北合菏而北注濟瀆也

水經注卷七

水經注卷八　長沙王氏校本

後魏酈道元撰

濟水 官本曰按二字原本訛在經文又東上近刻又增濟水二三字表目　案朱趙同

又東至乘氏縣西分爲二

春秋左傳僖公三十一年 官本曰按原本訛作二十八年近刻訛作三十四年今據左傳改正　案朱作四箋曰左傳作三十一年趙改

一分曹地東傳于濟濟水自是東北流 官本曰按近刻訛作北東流　案朱訛趙改刊誤曰北東當作東北胡渭校改 出鉅澤 朱趙鉅作巨

其一水東南流 朱作南流箋曰宋本水下有東字趙據增 其一水從縣東北流入鉅野澤 官本曰按此十八字原本及近刻並訛入注內接出鉅澤下今考下云經所謂濟水自乘氏縣兩分東北入于鉅野也可證此屬經文　案朱訛趙改刊誤曰十八字是經混作注下文注云亦經所謂濟水自乘氏縣兩分東北入于鉅野蓋指此也

南爲菏水北爲濟瀆 官本曰按此八字原本及近刻並訛作經　案朱訛趙改刊誤曰八字是注混作經朱作荷趙改菏

逕乘氏縣與濟渠濮渠合 朱作濮瀆趙改經刪濟渠濮瀆改濮渠逕改過刊誤曰箋曰克家云濮瀆當作濮渠按濟渠二字衍十字是經混作注逕當作過 北濟自濟陽縣北東北逕煑棗城

南郡國志曰寃朐縣有蕢東城卽此也漢高祖十二年封革
朱爲侯國朱箋曰孫云史記年表蕢東靖侯赤索隱曰漢表作革朱革音棘棘子成之後北濟又東北逕寃
朐縣故城北官本曰按此十二字原本及近刻竝訛作經今考前卷注內敘北濟至濟陽止此復補敘濟陽以下北濟所逕　案朱訛趙改刊誤曰十
二字是注混作經又東北逕呂都縣故城南王莽更名之曰祁都
也又東北逕定陶縣故城北漢景帝中六年官本曰按此三字近刻作
中元六年又訛在東注下案朱趙同趙刪元字以濟水出其北東注朱箋曰宋本作流趙改流分梁于定陶置
濟陰國指北濟而定名也官本曰按近刻國訛作郡北訛作爲　案朱趙同趙釋曰一清按濟陰郡當作濟陰國考漢書諸侯王表景帝
以中六年封梁孝王子不識爲濟陰王始有濟陰之稱故地理志云濟陰郡故梁景帝六年別爲濟陰國不識立二年而薨無後則是國已除矣其時或仍屬于梁或立爲郡志不之詳也又
云宣帝甘露二年更名定陶是又爲王國矣其時以封皐子䠒後徙王楚迨元帝永光八年徙皇子山陽王康爲定陶王是爲共王王子欣卽哀帝既入繼大統立楚思王子景爲定陶王奉
共王後二年徙景王信都如淳曰不復爲定陶王立後者哀帝自以己爲後故哀帝崩無後徵立中山孝王之子衎爲帝是爲平帝其時王莽擅權與傅丁爲仇之際定陶國之廢必在斯時
故續志云濟陰郡治定陶劉昭補註惟以郡故梁景帝分置爲言而其顚末亦不暇詳也獨怪班固既詳建國之始乃遺立郡之由不幾犯張冠李戴方鑿圜枘之誚耶道元亦因仍書之誤
矣又曰一清按爲字疑誤又東北與濮水合官本曰按此七字原本及近刻竝訛作經　案朱訛又水下脫一字趙改增會字刊誤曰
箋曰謝兆申云濮水下疑有合字或會字按會字是也六字是注混作經水朱趙無上承濟水于封邱縣卽

地理志所謂濮渠水首受濟者也闞駰曰首受別濟卽北濟也其故瀆自濟東北流左迤爲高梁陂方三里濮水又東逕匡城北孔子去衞適陳遇難于匡者也又東北左會別濮水受河于酸棗縣故杜預云濮水出酸棗縣首受河竹書紀年曰魏襄王十年十月大霖雨疾風河水溢酸棗郛漢世塞之故班固云文堙棗野官本曰按近刻訛作大堙酸棗也　案朱同趙大改文下四字未改刊誤曰漢書敘傳曰文堙棗野大字誤今無水其故瀆東北逕南北二棣城間左傳襄公五年楚子囊伐陳公會于城棣以救之者也濮渠又東北逕酸棗縣故城南韓國矣圈稱曰昔天子建國名都或以令名官本曰案令近刻訛作合　案朱作姓趙改令刊誤曰箋曰古本作或以合名吳本改作姓名玉海十五卷內引此文亦作合名按當作令名如聞喜獲嘉之類或以山林故豫章以樹氏郡官本曰按近刻訛作都　案朱訛趙改刊誤曰寰宇記開封府酸棗縣下引風俗通云豫章以樹氏郡困學紀聞引此文云豫章以木氏郡何焯曰都字乃傳寫之誤樹爲木則宋人避諱也酸棗以棘名邦

故曰酸棗也漢官儀曰舊河隄謁者居之城西有韓王望氣臺孫子荊故臺賦敘曰酸棗寺門外夾道左右有兩故臺訪之故老云官本曰按故近刻訛作國　案朱趙同韓王聽訟觀臺高十五仞雖樓榭朱無箋曰謝云樓下當有榭字趙增泯滅然廣基似于山嶽召公大賢猶舍甘棠區區小國而臺觀隆崇驕盈于世以鑒來今故作賦曰蔑邱陵之邐迤亞五嶽之嵯峨言壯觀也城北韓之市地也聶政爲濮陽嚴仲子刺韓相俠累遂皮面而死官本曰按皮近刻訛作披　案朱訛趙改刊誤曰戰國策史記刺客傳竝作皮面索隱曰皮面謂以刀剌其面皮欲令人不識披字誤其姊哭之于此城內有後漢酸棗令劉孟陽碑趙釋曰一清按孟陽名能見趙明誠金石錄跋尾濮水北積成陂官本曰按積近刻訛作稱　案朱趙同趙釋曰一清按此處有脫誤陂方五里號曰同池陂又東逕胙亭東注故胙國也富辰所謂邢茅胙祭周公之胤也濮渠又東北逕燕城南官本曰案近刻訛作內　案朱訛趙改刊誤曰內當作南故南燕姞姓之國也有北燕故以南氏縣東爲陽清湖陂南北五里東西三十里亦曰燕

城湖逕桃城南卽戰國策所謂酸棗虛桃者也官本曰按虛桃近刻訛作桃虛脫者字案朱訛脫趙改增刊誤曰箋曰古本作虛桃者按者也二字宜並存若截去也字豈足成文乎漢高帝十一年封劉襄爲侯國趙釋曰全氏曰孫汝澄云劉襄所封之桃在信都道元于濁漳水篇已證之誤複于此而東注于濮俗謂之朝平溝濮渠又東北又與酸水故瀆會酸瀆首受河于酸棗縣東逕酸棗城北延津南謂之酸水竹書紀年曰秦蘇胡率師伐鄭韓襄敗秦蘇胡于酸水者也酸瀆水又東北逕燕城北又東逕滑臺城南又東南逕瓦亭南春秋定公八年公會晉師于瓦魯尚執羔自是會始也又東南會于濮世謂之百尺溝濮渠之側有漆城竹書紀年梁惠成王十六年邯鄲伐衛取漆富邱城之者也或亦謂之宛濮亭官本曰按宛近刻作菀下同又訛在濮字下案朱訛趙改刊誤曰濮菀當作宛濮春秋甯武子與衞人盟于宛濮朱作菀趙改宛刊誤曰菀左傳作宛下同杜預曰長垣西南官本曰按西近刻訛作而案朱訛趙改刊誤曰而左傳註作西近濮水也京相璠曰衛地也似

非關究（官本曰按近刻訛作菀訛趙改刊誤曰菀當作究）案朱而不知其所竹書紀年梁惠成王五年公子景賈率師伐鄭韓明戰于陽（朱箋曰一作韓）我師敗逋澤北有壇陵亭（官本曰按近刻脫有字趙增刊誤曰澤北下落有字）案朱脫亦或謂之大陵城非所究也又有桂城竹書紀年梁惠成王十七年齊田期伐我東鄙戰于桂陽我師敗逋亦曰桂陵案史記齊威王使田忌擊魏敗之桂陵齊于是彊自稱為王以令天下濮渠又東逕蒲城北故衞之蒲邑孔子將之衞子路出（趙增迎字刊誤曰出下落迎字）于蒲者也韓子曰魯以仲夏起長溝子路為蒲宰以私粟饋衆孔子使子貢毀其器焉余按家語言仲由為郈宰（官本曰按近刻訛作蒲宰案朱趙同）脩溝瀆與之簞食瓢飲夫子令賜止之無魯字（趙釋曰全氏曰韓非子本言子路為郈宰故屬之魯道元既誤引而又贅辨之不然是俗本誤郈為蒲也）又入其境三稱其善身為大夫終死衞難濮渠又東逕韋城南即白馬縣之韋鄉也史遷記曰夏伯豕韋之故國矣城西出而不方城中有六大井皆隧道下俗謂之江

井也有馳道自城屬于長垣 濮渠東絶馳道東逕長垣縣故城北 衞地也故首垣矣秦更從今名王莽改爲長固縣陳留風俗傳曰縣有防垣故縣氏之孝安帝以建光元年封元舅宋俊爲侯侯國 朱宋作來趙改刊誤曰箋曰來一作宋按宋字是也漢安帝祖母爲宋貴人漢書章帝八王傳云清河王慶母宋貴人父揚安帝追謚當陽穆侯四子皆爲列侯食邑各五千戶俊乃四列侯之一 縣有祭城濮渠逕其北 鄭大夫祭仲之邑也杜預曰陳留長垣縣東北有祭城者也圈稱又言長垣縣有羅亭故長羅縣也漢封後將軍常惠爲侯國地理志曰王莽更長羅爲惠澤後漢省并長垣有長羅澤即吳季英牧豬處也 朱箋曰壞按後漢書吳祐字季英年二十喪父居無擔石常牧豕長垣澤中後舉孝廉官河間相 又有長羅岡 朱趙作罡下同 蘧伯玉岡陳留風俗傳曰長垣縣有蘧伯鄉一名新鄉有蘧亭伯玉祠伯玉冢曹大家東征賦曰到長垣之境界兮察農野之居民覩蒲城之邱墟兮生荆棘之蓁蓁蘧氏在城之東南兮民亦嚮其邱墳 官本曰按嚮近刻譌作饗案朱趙作饗 惟令德之不朽兮身旣沒而名存昔

吳季札聘上國至衛觀典府賓亭父疇以衛多君子也 趙釋曰朱氏謀㙔箋曰左傳云延陵季子去鄭適衛說遽伯玉史狗史鰌公子荊公子發公子朝此云觀典府賓亭父疇未詳 濮渠又東分爲二瀆北濮出焉濮渠又東逕須城北 衛詩云思須與曹也毛云須衛邑矣鄭云自衛而東逕邑故思 濮渠又北逕襄邱亭南竹書紀年曰襄王七年韓明率師伐襄邱九年 官本曰按近刻訛作十年 案朱作十箋曰一作九趙改 楚庶章率師來會我次于襄邱者也濮水又東逕濮陽縣故城南 朱無又字趙增刊誤曰濮水下落又字 昔師延爲紂作靡靡之樂武王伐紂師延東走自投濮水而死矣後衛靈公將之晉而設舍于濮水之上夜聞新聲召師涓受之于是水也 濮水又東逕濟陰離狐縣故城南王莽之所謂瑞狐也 朱作狐瑞箋曰吳本作瑞狐趙改瑞狐 郡國志曰故屬東郡濮水又東逕葭密縣故城北 孫校曰太平寰宇記乘氏縣有葭密城南華縣本漢離狐縣濮水西自滑州韋城縣界入在縣五里又東入乘氏縣界 竹書紀年元公三年 官本曰案近刻訛作幽王十三年 案朱訛趙改 魯季孫會晉幽公于楚邱 官本曰按幽公近刻訛作文公 案朱訛

箋曰一作幽公趙改取葭密官本曰案取近刻訛作郎 案朱訛趙改刊誤曰郎寰宇記引此文作取遂城之趙釋曰一清按此文本作幽王十三年魯季孫會晉文公于楚邱郎葭密遂城之朱氏謀㙔箋云幽王舊本作幽公十三年宋本無十字今本竹書紀年周考王十四年魯季孫會晉幽公于楚邱無郎葭密遂城之六字寰宇記曹州乘氏縣下云竹書紀年幽公十三年季孫會晉文公于楚取葭密遂城之則知古本竹書如是然而有大可疑者史記六國年表周考王元年歲辛丑十四年甲寅當魯元公嘉之二年晉幽公柳之十年而魯世家注徐廣曰皇甫謐云元公元年辛亥終辛未得二十一年與世表參校差二歲此云三年又差一歲濮水又東北逕鹿城南郡國志曰濟陰乘氏縣有鹿城鄉官本曰按城近刻訛作乘 案朱訛趙改刊誤曰鹿乘郡國志作鹿城春秋僖公二十一年盟于鹿上京杜竝謂此亭也濮水又東與句瀆合官本曰按近刻脫此二字 案朱脫二字趙以下瀆字上屬增會字刊誤曰句瀆下落會字瀆首受濮水枝渠于句陽縣東南逕句陽縣故城南春秋之穀邱也左傳以爲句瀆之邱矣縣處其陽故縣氏焉又東入乘氏縣左會濮水與濟同入鉅野故地理志曰濮水自濮陽南入鉅野趙釋曰一清按此是應劭說非班固元文亦經所謂濟水自乘氏縣兩分東北入于鉅野也濟水故瀆又北右合洪水官本曰按此十字原本及近刻竝訛作經 案朱訛趙改刊誤曰十字是注混作經通鑑注校

水上承鉅野薛訓渚歷澤西北官本曰按此下近刻衍渚字案朱脫水衍渚趙增刪刊誤曰上承上落水字下渚字衍文又北逕闞鄉城西春秋桓公十有一年經書公會宋公于闞郡國志曰東平陸有闞亭皇覽曰蚩尤冢在東郡壽張縣闞鄉城中冢高七尺常十月祠之有赤氣出如絳民名爲蚩尤旗十三州志曰壽張有蚩尤祠趙釋曰漢志東郡壽良縣蚩尤祠在西北泲上又北與濟瀆合官本曰按近刻脫與字案朱脫趙增刊誤曰又北下脫與字孫潛校增自渚迄于北口朱趙有一字一百二十里名曰洪水桓溫以太和四年率衆北入掘渠通濟至義熙十三年劉武帝西入長安又廣其功自洪口已上又謂之桓公瀆濟自是北注也春秋莊公十八年經書夏公追戎于濟西京相璠曰濟水自鉅野至濟北是也

又東北過壽張縣西界安民亭南汶水從東北來注之

濟水又北汶水注之戴延之所謂清口也也郭緣生述征記曰清河首受洪水北注濟官本曰案注近刻訛作流　案朱訛趙增入刊誤曰北流下落入字孫潛校增或謂清卽濟也朱卽作則趙改刊誤曰則當作卽禹貢濟東北會于汶今枯渠注鉅澤鉅澤北則清口官本曰按近刻訛作水　案朱訛趙改刊誤曰清水當作清口胡渭校又鉅朱趙作巨清水與汶會也李欽曰汶水出太山萊蕪縣西南入濟是也濟水又北逕梁山東袁宏北征賦曰背梁山截汶波卽此處也劉澄之引是山以證梁父爲不近情矣山之西南有呂仲悌墓河東岸有石橋橋本當河河移故廁岸也官本曰按廁近刻作側　案朱趙作側古老言此橋東海呂母起兵所造也山北三里有呂母宅朱箋曰東觀漢記海曲呂母之子爲縣令所殺母破產結諸少年得數百人入海自稱將軍遂破海曲執縣宰斬之以其首祭子冢宅東三里卽濟水

濟水又北逕須朐城西官本曰按此九字原本及近刻並訛作經　案朱訛趙改刊誤曰九字是注混作經城臨側濟水故須朐國也官本曰按近刻作故須國風姓也　案朱同趙增朐字刊誤曰故須下落朐字春秋僖

公二十一年子魚曰[趙刊誤曰箋曰三字宜刪按非也三字是道元誤引非衍文趙釋曰朱氏謀瑋箋曰此三字宜刪一清按三字是酈氏誤引傳文]任宿須朐顓臾風姓也實司太皡與有濟之祀[官本曰按此非子魚語道元偶誤引耳朱謀瑋云左傳楚執宋公以伐宋冬會于薄以釋之子魚曰禍猶未也未足以懲君則子魚之語已卒于此其任宿須朐等語別自更端爲邾人滅須朐張本]杜預曰須朐在須昌縣西北非也地理志曰壽張西北有朐城者是也濟水西有安民亭亭北對安民山東臨濟水水東即無鹽縣界也山西有冀州刺史王紛碑漢中平四年立[趙釋曰趙氏明誠金石錄跋尾曰冀州刺史王純碑延熹四年立桑欽水經云濟水逕須句城西酈道元注濟水西有安民山山西有冀州刺史王紛碑漢中平四年立按地理書須句即今中都縣此碑在中都又其官與姓氏皆合疑其是也然以純爲紛以延熹爲中平則疑水經之誤葉氏奕苞續金石錄曰漢冀州刺史王純碑云君諱純字伯敦年五十九延熹四年八月二十八日甲寅隕殂五年十一月十八日丙申葬而立此碑也案水經王紛碑立于中平四年去延熹已二十餘年或別有王紛非王純也且隸書純紛二字絕不類而此碑純字完好更無殘泐若趙氏所云乃好奇之過君子于其所不知蓋闕如也]濟水又北逕微鄉東[官本曰按此八字原本及近刻並訛作經　案朱訛無北字趙改增刊誤曰七字是注混作經又下落北字]春秋莊公二十八年經書冬築郿京相璠曰公羊傳謂之微[官本曰按此下近刻衍在字　案朱趙同]東平壽張縣西北三十里有故微鄉魯邑也杜預曰有微子冢濟水又北分爲

二水其枝津西北出官本曰按此下近刻有焉字 案朱趙同謂之馬頰水者也孫校曰馬頰河今名小鹽河

又北過須昌縣西孫校曰今陽穀

京相璠曰須朐一國二城兩名蓋遷都須昌朐是其本秦以爲縣朱箋曰公羊作須朐左傳作須句 漢高帝十一年封趙衍爲侯國朱無封字趙增刊誤曰趙衍上落封字濟水于縣趙溝水注之濟水又北逕魚山東左合馬頰水官本曰按此十三字原本及近刻竝訛作經 案朱訛魚作漁趙改正刊誤曰箋曰克家云漁山作魚山者是按十三字是注混作經水首受濟西北流歷安民山北又西流趙溝出焉東北注于濟馬頰水又逕桃城東 春秋桓公十年經書公會衞侯于桃丘衞地也杜預曰濟北東阿縣東南有桃城官本曰按近刻脫城字 案朱脫趙增刊誤曰左傳註云有桃城落城字卽桃丘矣 馬頰水又東北流逕魚山南官本曰按近刻脫魚字 案朱脫趙增刊誤曰山南上落魚字胡渭校補山卽吾山也漢武帝瓠子歌所謂吾山平者也山上有柳舒城官本曰按柳近刻訛作抑 案朱訛趙改刊誤曰抑舒當作柳舒路

史國名紀以爲卽春秋傳之留舒也杜預曰留舒齊地留柳聲相近其說非也魏書地形志濟北郡盧縣有柳舒城按寰宇記陳州西華縣下云柳城本名媯城魏鄧艾營稻陂時柳舒爲陂長後人因目爲柳城此城疑亦是其所築魏東阿王曹子建每登之有終焉之志及其終也葬山西西去東阿城四十里官本曰按城近刻訛作水　案朱訛趙改刊誤曰箋曰宋本無西字按二西字俱不宜衍水當作城其水又東注于濟官本曰按近刻濟上衍清字　案朱衍趙刪刊誤曰清字衍文謂之馬頰口也濟水自魚山北逕清亭東官本曰按此十字原本及近刻竝訛作經　案朱訛趙改刊誤曰十字是注混作經春秋隱公四年公及宋公遇于清官本曰按此下近刻衍者也二字　案朱趙有京相璠曰今濟北東阿東北四十里有故清亭卽春秋所謂清者也是下濟水通得清水之目焉官本曰按近刻脫下字　案朱脫趙增刊誤曰是下落下字又朱趙無下水字亦水色清深用兼厥稱矣是故燕王曰吾聞齊有清濟濁河以爲固官本曰按濁近刻訛作濟　案朱訛趙改刊誤曰濟河當作濁河戰國策校改卽此水也

又北過穀城縣西

濟水側岸有尹卯壘南去魚山四十餘里是穀

城縣界故春秋之小穀城也齊桓公以魯莊公二十三年城之邑管仲焉城內有夷吾井魏土地記曰縣有穀城山山出文石陽穀之地春秋齊侯宋公會于陽穀者也 縣有黃山臺官本曰按縣近刻訛作穀 案朱訛趙改刊誤曰穀當作縣黃石公與張子房期處也又有狼水出東南大檻山狼溪官本曰按此下近刻有西狼溪三字衍 案朱衍趙刪刊誤曰狼溪西三字重文宜衍西北逕穀城西又北有西流泉出城東近山西北逕穀城北西注狼水以其流西故即名焉趙釋曰趙秉文滏水集雙溪記東平黃山之下曰浪溪酈道元水經注所謂狼溪者是也狼浪同聲因以名之浪溪東二十里而近有佛屋溪源于此築堰匯水為溪溪廣百畝上納天光下侵山根中植亭館詩以花竹命之曰雲溪一清按雲溪似即注中所謂西流泉也又西北入濟水官本曰按近刻訛作清水 案朱趙同城西北三里有項王羽之冢半許毀壞石碣尚存題云項王之墓皇覽云冢去縣十五里謬也今彭城穀陽城西南又有項羽冢非也余按史遷記魯為楚守漢王示羽首魯乃降遂以魯公禮葬羽于穀城寧得言彼也濟水又北逕周首亭西官本曰按此九字原

本及近刻並訛作經　案朱訛趙改刊誤曰九字是注混作經春秋文公十有一年官本曰按一近刻訛作二　案朱訛趙改左丘

明二云襄公二一年王子成父獲長狄僑如弟榮如埋其首于周首

之北門即是邑也朱箋曰按左傳文公十一年晉之滅潞也獲僑如之弟焚如齊襄之二年鄋瞞伐齊齊王子城父獲其弟榮如埋其首於周首之北

門今世謂之盧子城濟北郡治也京相璠曰今濟北所治盧子

城故齊周首邑也

又北過臨邑縣東

地理志曰縣有濟水祠朱趙有也字王莽之穀城亭也水有

石門以石爲之故濟水之門也春秋隱公五年齊鄭

會于石門鄭車僨濟即于此也朱作憤濟箋曰左傳作三年憤作僨趙改三改僨京相璠曰

石門齊地今濟北盧縣故城西南六十里有故石

門去水三百步蓋水瀆流移故側岸也濟水又

北逕平陰城西官本曰按此九字原本及近刻並訛作經　案朱訛趙改刊誤曰九字是注混作經孫校曰今汶上春秋襄

公十八年晉侯沈玉濟河會于魯濟尋溴梁之盟同伐齊齊侯

禦諸平陰者也杜預曰城在盧縣故城東北非也京相璠曰平陰齊地也在濟北盧縣故城西南十里 平陰城南有長城東至海西至濟河道所由名防門 去平陰三里齊侯塹防門即此也其水引濟故瀆尚存 今防門北有光里齊人言廣音與光同 趙釋曰全氏祖望曰八字注中注 即春秋所謂守之廣里者也 趙釋曰何氏曰杜氏以爲防門之塹其廣一里耳書長則以廣爲里名全氏曰杜說是也酈以聲音之變爲證非矣 又云巫山在平陰東北昔齊侯登望晉軍畏衆而歸師曠邢伯聞烏烏之聲知齊師潛遁人物咸淪地理昭著賢于杜氏東北之證矣今巫山之上有石室 趙增耆老言郭巨葬母處八字刊誤曰石室下名勝志引此文有耆老言郭巨葬母處八字今校補 世謂之孝子堂 孫校曰孝里鋪今在長清縣西南五十里與肥城接界因郭巨得名 濟水右迤遏爲湄湖 官本曰按遏近刻訛作過 案朱訛趙刪刊誤曰過字衍文 方四十餘里濟水又東北逕垣苗城西 官本曰按此十字原本及近刻竝訛作經 案朱訛經又逕作至趙改注改逕字刊誤曰十字是注混作經至胡渭校改逕孫校曰垣苗城在今長清縣西南五十里 故洛當城也伏韜北征記曰濟水又與清河合流至洛當

者也宋武帝西征長安令垣苗鎮此官本曰案垣苗近刻訛作桓遵 案朱訛趙改垣遵故俗又有垣苗城之稱官本曰按近刻訛作故俗人有桓苗之稱 案朱同趙桓改垣增城字刊誤曰桓遵人姓名當從土作垣宋書垣護之傳云伯父遵父苗高祖圍廣固遵苗踰城歸降並以爲太尉行參軍二人皆從武帝西征故城鎮遂留其名也趙釋曰一清按垣遵垣苗伯仲並爲劉武帝參軍從征長安豈可兄鎮此城弟襲其號乎且一城亦未必二人居守而城有垣苗之稱則垣遵爲誤引也又按通鑑宋紀孝武大明三年以義陽太守垣閬爲兗州刺史閬遵之子也胡三省注曰垣遵卽垣苗也武帝西征長安使遵守洛當城城據河濟之會人謂之垣苗城此是全尊鄽注之誤忘卻晉安帝義熙五年劉裕伐慕容超超尚書略陽垣遵及弟京兆太守垣苗踰城來降之文遵乃苗之兄不審梅磵何以失檢乃爾河水自四瀆口東北流而爲濟官本曰按四原本及近刻並訛作泗今改正四瀆口見卷五河水內又濟近刻訛作瀆 案朱訛泗訛瀆趙改四改清刊誤曰泗瀆口當作四瀆口見河水注瀆是清之誤河水篇云河水東分濟亦曰泲水受河也然滎口水斷石門不通始自是出東北流逕九里與清水合故泲瀆也自河入濟自泲入淮自淮達江水徑周通故有四瀆之名也彼文訛泲作沛此又訛清作瀆也魏土地記曰盟津河別流十里與清水合亂流而東逕洛當城北黑白異流涇渭殊別而東南流注也

又東北過盧縣北孫校曰盧城在今長清縣西南六十里

濟水東北與湄溝合水上承湄湖北流注濟爾雅曰水草交曰湄通谷者微犍爲舍人曰水中有草木交合也

朱箋曰按爾雅疏李巡云水中有草木交會曰湄郭景純曰微水邊通谷也釋名曰湄眉也臨水如眉臨目也趙釋曰一清按魏書慕容白曜傳作麋溝卽湄溝音同通用濟水又逕盧縣故城北官本曰按此九字原本及近刻竝訛作經案朱訛趙改刊誤曰九字是注混作經濟北郡治也漢和帝永元二年分泰山置蓋以濟水在北故也濟水又逕什城北孫校曰什城在今長清縣西南五十里城際水湄故邸閣也祝阿人孫什將家居之以避時難因謂之什城焉濟水又東北與中川水合官本曰按此十字原本及近刻竝訛作經案朱訛趙改刊誤曰十字是注混作經孫校曰中川水源出今泰山西麓西流至界首村入張夏村小嶺山又逕王宿鋪葉家莊入大清河水東南出山茌縣之分水嶺朱作縣箋曰宋本作嶺趙改嶺孫校曰山茌城在今長清縣東南五十里溪一源兩分泉流半解亦謂之分流交半水南出太山入汶半水出山茌縣西北流逕東太原郡南官本曰按東字近刻訛在逕字上考東太原係劉宋僑置案朱訛趙乙刊誤曰箋曰孫云太原劉宋僑郡按東逕二字當倒互黃省曾本校正方輿紀要云劉宋元嘉十年割濟南泰山郡立太原郡泰始三年爲後魏慕容白曜所陷魏收地形志云太原郡劉義隆置魏因之是也時又謂之東太原郡郡治山爐固官本曰按山爐地名改作山茌西者非案朱趙作山茌西趙以西下屬北與賓溪水合官本曰按近刻訛作與漢賓谷水合案朱同趙作賓溪谷水刊誤曰漢

賓谷水方輿紀要作賓溪谷水今校改下同水出南格馬山賓溪谷官本曰按近刻賓上衍漢字又脫谷字　案朱衍脫趙刪增北逕盧縣故城北陳敦戌南西北流與中川水合朱無水字趙增刊誤曰中川下落水字謂之格馬口其水又北逕盧縣故城東而北流入濟俗謂之為沙溝水孫校曰今長清沙河濟水又東北右會玉水官本曰按此九字原本及近刻並訛作經　案朱訛趙改刊誤曰案九字是注混作經水導源太山朗公谷官本曰按近刻重一谷字　案朱無水字下重谷字趙增刪刊誤曰導源上落水字下谷字重文宜衍　孫校曰朗公山在長清縣東南九十里舊名琨瑞溪有沙門竺僧朗少事佛圖澄碩學淵通尤明氣緯隱于此谷因謂之朗公谷故車頻秦書云苻堅時沙門竺僧朗嘗從隱士張巨和遊巨和常穴居而朗居琨瑞山大起殿舍連樓累閣官本曰按累近刻訛作疊　案朱訛疊趙改纍刊誤曰疊全祖望校改纍雖素飾不同並以靜外致稱即此谷也水亦謂之琨瑞水也其水西北流逕玉符山又曰玉水孫校曰玉水即今長清縣豐亭河在縣東北三十里又西北逕獵山東孫校曰獵山在長清縣東北四十里又西北枕祝阿縣故

城東野井亭西孫校曰祝阿今長清縣東北三十里野井亭在縣東北四十里春秋昭公二十五年經書齊侯唁公于野井是也春秋襄公十九年諸侯盟于祝柯官本曰按近刻訛作阿案朱同箋曰春秋作柯趙改柯左傳所謂督陽者也漢興改之曰阿矣漢高帝十一年封高邑爲侯國朱作色趙改邑刊誤曰高色史表作高邑王莽之安成者也故俗謂是水爲祝阿澗水北流注于濟建武五年耿弇東擊張步從朝陽橋濟渡兵趙釋曰一清按後漢書耿弇傳東從朝陽橋河以度章懷注云朝城在濟水北有漯河酈氏以濟渡連稱詞義乖舛卽是處也濟水又東北濼水入焉官本曰按此九字原本及近刻竝訛作經入訛作出案朱訛趙改刊誤曰九字是注混作經又入朱趙作出水出歷城縣故城西南官本曰按歷城近刻脫城字案朱脫趙增又水上竝有濼字刊誤曰漢書地理志濟南郡有歷城縣落城字泉源上奮朱作舊箋曰謝云舊疑作奮一本無舊水二字趙改奮水涌若輪孫校曰卽今趵突泉在濟南歷城西門外春秋桓公十八年公會齊侯于濼是也俗謂之爲娥姜水朱趙竝有也字趙刊誤曰箋曰娥姜一作娥英按魏書地形志濟南郡歷城縣有娥姜祠路史云祝阿故縣又有濼水俗呼姜水源有娥英之廟姜字不誤以泉源有舜妃娥英廟故也城南對山山上有舜祠山下有大穴謂之舜井抑亦茅山禹井

之比矣書舜耕歷山亦云在此孫校曰歷山在歷城縣南五里所未詳也其水北
爲大明湖西卽大明寺寺東北兩面側湖此水
便成淨池也池上有客亭左右楸桐負日俯仰目對魚鳥官本曰按此下近刻衍極字　案朱趙有趙刊誤曰箋曰極下脫一字或是極望按依文自足無煩增補水木明瑟可謂濠梁之性
物我無違矣　湖水引瀆東入西郭東至歷城西而
側城北注陂水上承東城歷祀下泉官本曰按陂近刻作湖　案朱趙同又朱箋曰李云祀疑作祠趙改祠泉源競發官本曰按近刻脫泉字　案朱趙無其水北流逕歷城
東又北引水爲流杯池　州僚賓燕公私多萃其上　分
爲二水右水北出左水西逕歷城北西北爲陂
謂之歷水與濼水會又北歷水枝津官本曰按此六字近刻訛作自水枝津合水　案朱同趙刪會自水三字作與濼水枝津合以末水字下屬刊誤曰會自水三字衍文首受歷水于歷城東東
北逕東城西而北出郭又北注濼水又北聽水
出焉濼水又北流注于濟謂之濼口也濟水又

東北官本曰按此句之下朱謀㙔云脫一經字據華不注山乃華水之源非濟水所逕箋說非也又此五字原本及近刻竝訛作經華不注山官本曰案此四字原本及近刻亦竝訛作經　案朱訛趙改上增經字刊誤曰箋曰脫一經字按九字是注混作經孫校曰山在歷城縣東北十五里單椒秀澤不連邱陵以自高虎牙桀立孤峯特拔以刺天青崖翠發望同點黛山下有華泉故京相璠春秋土地名曰官本曰按曰字近刻訛在春字上名下復衍也字　案朱訛衍趙改刪刊誤曰曰字衍文也字誤當作曰華泉華不注山下泉水也　春秋左傳成公二年齊頃公與晉郤克戰于鞍齊師敗績逐之三周華不注逢丑父與公易位將及華泉驂絓于木而止丑父使公下如華泉取飲齊侯以免韓厥獻丑父郤子將戮之呼曰自今無有代其君任患者有一于此將爲戮矣郤子曰人不難以死免其君我戮之不祥赦之以勸事君者乃免之卽華水也　北絕聽瀆二十里注于濟

又東北過臺縣北

巨合水南出雞山西北北逕巨合故城西耿弇之討張步也守巨里卽此城也三面有城西有深坑朱趙作坑字同坑西卽弇所營也與費邑戰斬邑于此巨合水又北合關盧水官本曰按此下近刻衍關盧二字　案朱趙有水導源馬耳山北逕博亭城西西北流至平陵城官本曰案陵近刻訛作陸　案朱訛趙改刊誤曰漢書地理志濟南郡有東平陵縣續志屬濟南國陸字誤當作陵與武原水合水出譚城南平澤中世謂之武原淵官本曰按近刻訛作泉　案朱趙作泉北逕譚城東俗謂之布城也官本曰按布近刻訛作有　案朱作有趙改古刊誤曰齊乘云東平陵城在濟南東七十五里春秋譚國齊滅之古城在西南龍山相對有當作古又北逕東平陵縣故城西故陵城也後乃加平譚國也齊桓之出過譚譚不禮焉魯莊公九年卽位又不朝十年滅之城東門外有樂安任照先碑趙釋曰一清按名勝志引此注云城東有漢相劉衡碑又有樂安任照先碑今本無劉衡碑之目蓋有脫失矣濟南郡治也官本曰按近刻脫郡字　案朱脫趙增刊誤曰濟南下落郡字漢文帝十六年置爲王國景帝二年爲郡王莽更名樂安官本曰按此下近刻衍郡字　案朱衍趙刪刊誤曰郡字衍文其水又北逕巨合城東

漢武帝以封城陽頃王子劉發爲侯國官本曰按發下近刻衍于字　案朱趙有于字趙釋曰沈氏曰史漢表俱無于字又按漢表云平原索隱亦云皆爲誤也後漢書章懷註云巨里聚一名巨合城在齊州全節縣東南全節唐改卽漢東平陵也其水合關盧水西出注巨合水官本曰按西近刻訛作而　案朱訛趙改刊誤曰而當作西巨合水西北逕臺縣故城南朱趙不重巨合水三字漢高帝六年封東郡尉戴野爲侯國王莽之臺治也趙釋曰一清按高祖功臣表臺定侯戴野日知錄漢書濟南郡之縣十四一曰東平陵二曰鄒平三曰臺四曰梁鄒後漢書濟南郡十城其一曰東平陵其四曰臺其七曰梁鄒其八曰鄒平後人讀漢書誤從鄒字絕句因以鄒爲一縣平臺爲一縣齊乘遂謂漢濟南郡後漢改爲鄒平又以臺平臺爲二縣此不得其句讀而妄爲之說也漢志常山郡有平臺縣是史子叔封邑亭林之說是也其水西北流白野泉水注之水出臺城西南白野泉北逕留山西北流而右注巨合水巨合水朱趙不重此三字又北聽水注之水上承濼水東流北屈又東北流注于巨合水亂流又北入于濟濟水又東北合芹溝水官本曰按此九字原本及近刻並訛作經　案朱訛趙改刊誤曰九字是注混作經水出臺縣故城東南西北流逕臺城東又西北入于濟水

又東北過菅縣南

濟水東逕縣故城南 趙縣上增菅字刊誤曰東逕下落菅字 漢文帝四年 官本曰按近刻訛作景帝二年 案朱趙同 封齊悼惠王子罷軍爲侯國 朱箋曰按漢表管共侯罷軍經文菅字當作管師古注曰罷音皮波反趙刊誤曰史漢表皆作管共侯罷軍誤也管城縣自漢迄隋皆爲中牟縣地開皇十六年始立管城縣是以班志僅于中牟縣註云筦叔邑續志亦于中牟下云有管城而已罷軍王子必有封邑故非鄉亭可知且屬齊地菅字爲是齊乘云菅城在章邱臨濟鎮北記引晉太康志以菅叔之後封于此齊滅菅故其子孫仕齊按書稱致辟管叔古史謂管叔鮮罪大無後管夷吾出自周穆王至夷吾始顯豈管叔之後耶鄭州管城乃管叔所封魯有管邑大夫采地惟齊無管城此即漢之菅縣而傳寫致誤于氏之言切而當矣趙釋曰全氏曰于欽云菅史漢表皆誤爲管故索隱以爲滎陽又表是文帝四年封 右納百脈水 官本曰按此下近刻衍百脈二字 案朱趙有 水出土鼓縣故城西 官本曰按鼓原本及近刻並訛作穀今據漢書改正 案朱訛趙改刊誤曰土穀漢書地理志作土鼓方輿紀要云土鼓城或譌爲土穀城水經注云云此蓋世本之繆何足據也 水源方百步百泉俱出故謂之百脈水

其水西北流逕陽邱縣故城中 官本曰按陽近刻訛作楊下同 案朱訛趙改刊誤曰楊邱漢書地理志作陽邱下同 漢孝文帝四年 官本曰按文帝近刻訛作景帝 案朱趙同 以封齊悼惠王子劉安爲陽邱侯 趙釋曰一清按漢表陽邱侯安以文帝四年封而史表無之史表有瓜邱侯寧國索隱曰縣在魏郡地理志魏郡無瓜邱則斥邱之誤也漢表云氏邱侯寧國氏邱亦斥邱之譌又按氏邱侯封十一年而薨十五年侯偃嗣十年爲景帝三年反誅楊邱侯封十二年而薨十六年侯偃嗣十一年爲景帝四年坐出國界耐爲司寇嗣侯名爲

偃其封薨與嗣總差一年一似氏邱之郎楊邱者未知史表脫一人也抑漢表多一人也世謂之章邱城非也城南有女郎山山上有神祠俗謂之女郎祠左右民祀焉其水西北出城北逕黃巾固蓋賊所屯故固得名焉百脈水又東北流注于濟濟水又東官本曰按近刻訛作東又　案朱趙同有楊渚溝水趙重一水字出逢陵故城西南二十里官本曰按出逢陵近刻訛作逕於陵又脫二十里三字案朱訛脫趙改增刊誤曰寰宇記引此文作出逢陵故城西南二十里於陵漢縣後魏改曰逢陵魏書地形志濟南郡逢陵縣有於陵城道元蓋從其新制書之後人據班志改曰於陵非矣西北字是二十里之譌西北朱有二字趙改二十里三字逕土鼓城東又西北逕章邱城東又北逕甯戚城西官本曰按近刻脫戚城二字　案朱脫趙增而北流注于濟水也趙無而字

又東過梁鄒縣北

隴水趙刊誤曰箋曰孫云當作瀧水瀧有龍雙二音按隴水字不誤魏書地形志東清河郡繹幕縣有隴水寰宇記淄州淄川縣有籠水古名孝水引輿地志云齊孝婦顏文姜緝籠蓋泉則知籠水古名後更爲隴耳若作瀧水則是嶺表之昌樂瀧矣孫汝澄之說非也又按方輿紀要孝婦河在鄒平縣東引輿地志云戰國時齊人顏文妻事姑孝常遠汲以供姑嗜一日甘泉湧于室內常以繢籠蓋之籠發而泉湧因名籠水集異記作顏文姜誤寰宇記文亦有訛脫南出長城中北流至

般陽縣故城西南與般水會水出縣東南龍山俗亦謂之爲左阜水西北逕其城南王莽之濟南亭也應劭曰縣在般水之陽故資名焉官本曰按故近刻訛作縣　案朱趙作縣其水又南屈西入隴水隴水朱趙不重隴水二字北逕其縣西北流至萌水口官本曰按此下近刻衍萌字　案朱趙有水出西南甲山趙刊誤曰箋曰孫云甲山當作萌山按方輿紀要云明水亦曰萌水出淄川縣西南夾谷山又云夾谷山一名祝其山又謂之甲山其陽即齊魯會盟處萌水出焉濟南府志云甲山在淄川縣西南四十里萌山在縣西北二十五里蓋甲山萌水所出而萌山其經流也孫說非是東北逕萌山西東北入于隴水隴水又西北至梁鄒東南與魚子溝水合水南出長白山東柳泉口官本曰按柳近刻訛作抑　案朱訛趙改刊誤曰抑泉當作柳泉淄川縣志云柳泉在縣北十五里旁植高柳可飲可憩漢書地理志北海郡有柳泉縣即其地也山即陳仲子夫妻之所隱也孟子曰仲子齊國之世家兄戴祿萬鍾仲子非而不食避兄離母家于於陵即此處也其水又逕於陵縣故城西王莽之於陸也世祖建武十五年更封則鄉侯侯霸之子昱爲侯國官本曰按近刻

脫之子昱三字　案朱趙同趙釋曰一清按後漢書侯霸傳建武十三年薨帝親自臨弔下詔追封諡則鄉哀侯何緣有十五年更封之事本傳又云子昱嗣昱後徙封於陵侯是霸之子非霸也善長誤矣 其水北流注于隴水隴水即古袁水也故京相璠曰濟南梁鄒縣有袁水者也隴水又西北逕梁鄒縣故城南又北屈逕其城西漢高祖六年封武虎爲侯國 朱箋曰史記作武儒漢書作武虎趙釋曰一清按史表作武儒此從漢表 其水北注濟 朱趙有其字 城之東北又有時水西北注焉

又東北過臨濟縣南

縣故狄邑也王莽更名利居漢記安帝永初二年改從今名以臨濟故地理風俗記云 官本曰按此下近刻衍有字　案朱衍有趙改古刊誤曰有當作古孫潛校改 樂安太守治晏謨齊記曰有南北二城隔濟水南 朱作南水箋曰一本作水南趙改水南 城即被陽縣之故城也北枕濟水地理志曰侯國也如淳曰一作疲音罷軍之罷也 朱趙無一作疲三字朱音下有減字箋曰漢志注如淳曰被一作疲音罷軍之罷減字疑衍又曰孫云按史記劉燕封披陽侯索隱曰披音皮劉氏音皮彼反趙刪減字釋曰一清按漢志注如淳曰一作疲史表作披索隱曰蕭該披音皮劉氏音皮彼反 史記建元以來王子侯者年表

曰漢武帝元朔四年封齊孝王子敬侯劉燕之國也今渤海僑郡治濟水又東北迆爲淵渚謂之平州官本曰按此十三字原本及近刻竝訛作經　案朱訛趙改州下增坑刊誤曰十三字是注混作經齊乘引此文作平州沉沉是坑之誤今校補漯沃縣側有平安故城官本曰按縣字近刻訛在安字下　案朱訛趙改刊誤曰箋曰溼沃縣名屬千乘郡而平安縣在其次按溼沃當作濕沃縣字全氏校移濕沃之下俗謂之會城非也趙釋曰一清按漯水注云伏琛曰千乘城在齊城西北一百五十里隔會水卽漯水之別名故濕沃縣側之城俗謂之會城也以此按地理志千乘郡有平安縣侯國也趙釋曰全氏曰地理志有此語而侯表中無以平安封者蓋失之一清按孝成許皇后傳后姊子平安剛侯謁則是平安之封邑可知但侯表中無之耳王莽曰鴻睦也應劭曰博昌縣西南三十里有平安亭朱作安平趙乙刊誤曰安平當作平安故縣也世尚存平州之名矣濟水又東北逕高昌縣故城西案地理志朱趙有曰字千乘郡有高昌縣漢宣帝地節四年封董忠爲侯國世謂之馬昌城非也官本曰按非近刻訛作此　案朱訛趙改刊誤曰箋曰此也舊本作北也按孫潛校改作非也濟水又東北逕樂安縣故城南官本曰按此十二字原本及近刻竝訛作經　案朱訛趙改刊誤曰十二字是注混作經伏琛齊記曰博昌城西北五十里有南北二城相去三十里隔時濟二水指此爲博昌北城非

也樂安與博昌薄姑分水俱同西北薄姑去齊城六十里樂安越水差遠驗非尤明班固曰千乘郡有樂安縣應劭曰取休令之名矣漢武帝元朔五年封李蔡爲侯國趙釋曰全氏曰按漢表李蔡封安樂是瑯邪之昌縣非千乘之樂安也史表作樂安而索隱曰表在昌可證也一清按全說非也李蔡封樂安侯史漢李廣傳功臣表衞青傳及百官公卿表凡七見惟漢書功臣表作安樂耳故師古以表爲誤蓋封在樂安而食邑于昌亦或是博昌與樂安同屬千乘並非瑯邪之昌轉寫者脫失耳禹貢錐指曰樂安故城在今博興縣東隋改樂安曰博昌五代唐曰博興元和志博昌縣淸水在北去縣百步按此經舊在高昌下今據薄姑利縣俱南直臨淄而樂安故城在博昌縣東北則此經乃錯簡故移于利縣之後甲下邑之前一清按東樵不知此條是注所謂先經起事乃有錯簡之疑郎寶非也今仍其舊城西三里有任光等冢光是宛縣人官本曰按近刻脫宛字　案朱脫趙增刊誤曰後漢書任光傳云南陽宛人落宛字不得爲博昌明矣濟水又經趙作逕薄姑城北後漢郡國志曰博昌縣有薄姑城地理書趙作志曰呂尚封于齊郡薄姑薄姑故城在臨淄縣西北五十里近濟水史遷曰獻公徙薄姑官本曰按獻公近刻訛作胡公　案朱趙同趙釋曰一清按齊世家是獻公城內有高臺春秋昭公二十年朱作二十二年箋曰按左傳昭公二十年趙刪下二字齊景公飲于臺上曰古而不死何樂如之晏平仲對曰昔爽鳩氏始居之季萴因之有逢伯陵又因之朱趙

無又字 薄姑氏又因之而後太公 朱趙有又字 因之臣以爲古若不死爽
鳩氏之樂非君之樂即于是臺也 濟水又東北逕狼牙
固西而東北流也
又東北過利縣西
地理志 朱趙有曰字 齊郡有利縣王莽之利治也晏謨曰縣在齊城北
五十里也 官本曰按齊近刻訛作濟又脫也字 案朱作濟趙改齊刊誤曰濟城當作齊城又朱趙無也字
又東北過甲下邑入于河 孫校曰郭注山海經曰今濟水自滎陽卷縣東經陳留至濟陰北東北至高平東北經濟南至樂安博昌縣入海今碣石也諸水所出又與水經違錯
濟水東北至甲下邑南東歷琅槐縣故城北 地
理風俗記曰博昌東北八十里有琅槐鄉故縣也 山海經
曰濟水絕鉅野注渤海入齊琅槐東北者也 官本曰按齊原本及近刻並訛作濟今改正 案朱訛趙改刊誤曰入濟山海經作入齊 又東北河水枝津注之水
經以爲入河非也斯乃河水注濟非濟入河又

東北入海官本曰按此五字原本及近刻並訛作經今考經言濟水入河其文已終觀此下仍辯經濟水入河之非可證五字屬注文甚明　案朱趙作經

郭景純曰濟自滎陽至樂安博昌入海今河竭濟水仍流不絕經言入河二說並失然河水于濟漯之北別流注海今所輟流者惟漯水耳趙輟改綴刊誤曰輟當作綴師古註漢書曰綴言不絕也綴流微涓藻注而已輟流則竟絕矣其義非矣郭或以爲濟注之即實非也官本曰按即近刻訛作事　案朱趙同尋經脈水不如山經之爲密矣

其一水東南流者朱趙無南字過乘氏縣南官本曰按近刻脫南字　案朱脫趙增刊誤曰乘氏縣下吳琯本有南字孫校曰今定陶

菏水分濟于定陶東北官本曰按菏字近刻訛作河下同　案朱訛趙改刊誤曰河水當作菏水胡渭校改趙釋曰一清按漢志濟陰郡下云禹貢菏澤在定陶東傅寅尚書集解云許氏說文菏水出山陽湖陵南正與孔傳同而班固以爲在定陶何也蓋在定陶者其澤也在湖陵者其流也其流與泗合正在單州之魚臺魚臺在單州東北百里而近正古湖陵地也而孟豬在雎陽東北則所謂被孟豬者導菏流之在定陶魚臺間者以被之于南也東南右合黃溝朱作汲箋曰李云疑作黃溝趙改溝枝流俗謂之界溝也北逕已氏縣故城西官本曰按已近刻訛作元　案朱作元趙改已刊誤曰箋曰元氏縣孫云與常山別按此是戎州己氏邑前漢置已氏縣屬梁國續志屬濟陰郡春

秋分記以爲卽戎伐凡伯于楚邱之地非衞文公所徙之邑元氏是已氏之誤孫汝澄不察云與常山別蓋不悟元氏之非矣又北逕景山東衞詩所謂景山與京者也毛公曰景山大山也趙釋曰全氏曰按此非衞詩之景山歐陽忞輿地廣記曰今拱州楚邱非衞之所遷縣有景山京岡皆後人附會又北逕楚邱城西郡國志曰成武縣有楚邱亭杜預云楚邱在成武縣西南衞懿公爲狄所滅衞文公東徙渡河野處曹邑齊桓公城楚邱以遷之故春秋稱邢遷如歸衞國忘亡朱作志云箋曰志云當作忘亡趙改忘亡卽詩所謂升彼虛矣以望楚矣望楚與堂景山與京故鄭玄言觀其旁邑及山川也趙釋曰程氏公說春秋分記曰戎州已氏邑在今拱州楚邱縣戎蓋昆吾之後別在夷狄周衰入于此天王使凡伯聘魯由雒邑道楚邱至仙源逮其歸戎乃要而伐之楚邱在河南宜爲周魯往來之地以其逼近宋都故在二漢晉屬梁國杜誤以此爲卽僖二年衞所城之邑于隱七年釋云在濟陰城武縣于僖二年城楚邱則釋云衞邑是以城楚邱爲前日戎伐王使之楚邱矣水經亦以戎伐凡伯于楚邱爲衞文公徙居于此按濟陰城武縣卽今開德之衞南蓋隋大業初改從此名謂梁郡有楚邱縣故以別之衞爲狄所滅東徙渡河野處曹邑文公徙居楚邱曹邑在今滑之白馬衞南爲近二邑不出邦城之中斯文公所由徙也又衞南之楚邱在河北凡伯安有踰河北道衞南而使于魯耶故衞南之楚邱爲衞所城之邑而拱州之楚邱則戎州已氏邑云顧氏炎武日知錄曰春秋隱公七年戎伐凡伯于楚邱以歸杜氏曰楚邱衞地在濟陰城武縣西南夫濟陰之城武此曹地也而言衞非也蓋與僖公二年城楚邱同名而誤按衞國之封本在汲郡朝歌懿公爲狄所滅渡河而東立戴公以廬于漕杜氏曰漕衞下邑詩所謂思須與漕者無城郭之稱而非曹國之曹也僖公二年城楚邱杜氏曰楚邱衞邑詩所謂作于楚宮而非戎伐凡

伯之楚邱也但云衛邑而不詳其地然必在滑縣開州之間滑在河東故唐人有魏滑分河之錄矣水經注乃曰楚邱在城武西南卽衛文公所徙誤矣彼曹國之地齊桓安得取之而封衛乎以曹名同楚邱之名又同遂爲一爾一清按亭林之見與克齋合前輩立說大氐必有依仿克齋遂于春秋之學本史記體制撰分記九十卷疆理書尤稱詳覈然謂濟陰城武縣卽開德之衛南誤也濟陰郡宋時爲曹州地方輿紀要云曹州曹縣東南四十里有楚邱城春秋時戎州己氏之邑左傳隱公七年戎伐凡伯于楚邱又襄公十年宋享晉侯于楚邱蓋在曹宋閒漢置己氏縣屬梁國是卽杜氏所云在濟陰城武縣者也楚邱在漢爲己氏縣屬梁國後漢屬濟陰郡隋屬梁郡開皇六年改從今名唐屬宋州宋建州爲應天府號南京楚邱縣隸焉拱州崇寧四年建于開封府襄邑縣領縣二襄邑柘城克齋云今拱州楚邱蓋當日會以楚邱屬也迨元始屬曹州明初省入曹縣衛南屬滑州後改隸澶州文獻通考云崇寧四年建州爲北輔五年升爲開德府太平寰宇記澶州衛南縣下云衛文公自曹邑遷楚邱卽此城也漢爲濮陽縣地隋開皇十六年于此置楚邱縣後以曹州有楚邱縣改名衛南此在衛之南垂故以名縣又云楚邱城在縣西北四里詩云定之方中作于楚宮城冢記云齊桓築楚邱之城卽此也是卽亭林所謂不詳其地必在滑縣開州之間者也兩地懸殊何乃混而爲一乎杜注于隱七年戎伐凡伯之邑釋曰衛地在濟陰城武縣西南于僖二年所城則曰衛邑本自不錯惟于戎伐下多衛地二字爲不合耳然酈氏之說亦本漢志山陽郡成武縣下云有楚邱亭齊桓公所城遷衛文公于此子成公徙濮陽東郡濮陽縣下云衛成公自楚邱徙此故帝邱顓頊墟蓋篤信班固而不暇詳審爾泗水篇注云又東逕山陽郡城武縣之楚邱亭北而不別具一語以釋之于瓠子水篇濮陽西南十五里之鉏邱亭以沮楚同音以爲楚邱非也了之合而觀之眞可謂滑突矣

又東北逕成武城西

又東北逕郈城東疑郈徙也所未詳矣趙釋曰全氏曰郈是魯邑如何徙此蓋郜城之誤

又東北逕梁邱城西官本曰按邱近刻訛作山朱訛趙改刊誤曰山當作邱　案　地理志曰昌邑縣有梁邱鄉春秋莊公三十二年宋人齊人會于梁邱者也

趙釋曰朱氏謀㙔箋曰孫汝澄云按春秋宋公齊侯遇于梁邱杜預曰高平昌邑縣西南有梁邱鄉又
東北于乘氏縣西而北注菏水菏水又東南逕
乘氏縣故城南縣邱春秋之乘邱也故地理風俗記曰理下
朱有志字趙刪刊誤曰志字衍文濟陰乘氏縣故宋乘邱邑也趙釋曰全氏曰乘邱非乘氏乘氏非宋地乃魯地一清按地理
志濟陰郡乘氏縣師古注引應劭曰春秋敗宋師于乘邱此酈亭之所本漢孝景中五年官本曰按中下近刻衍元字案朱衍趙刪刊誤曰景帝稱元年又
稱中元年二年以至六年改後元年凡中後字下不得別加元字也此不學人所妄添故前後有加元字者悉刪去之封梁孝王子買爲侯
國也地理志曰乘氏縣泗水東南至睢陵入淮
郡國志曰乘氏有泗水此乃菏澤也官本曰按菏澤近刻訛作河濟下同案
朱訛趙改刊誤曰兩河濟俱當作菏澤尚書有導菏澤之說自陶邱北東至
于菏無泗水之文又曰導菏澤被孟豬孟豬在
睢陽縣之東北闞駰十三州記曰不言入而言
被者明不常入也水盛方乃覆被矣澤水淼漫
俱鍾淮泗官本曰按淮近刻訛作睢案朱趙作睢故志有睢陵入淮之言以

通苞泗名矣然諸水注泗者多不止此可以終歸泗水便得擅通稱也或更有泗水亦可是水之兼其目所未詳也

又東過昌邑縣北孫校曰在今金鄉

菏水又東逕昌邑縣故城北地理志曰縣故梁也漢景帝中六年官本曰按中下近刻衍元字　案朱衍趙刪分梁爲山陽國官本曰按此下近刻衍漢字　案朱趙有武帝天漢四年更爲昌邑國以封昌邑王髆官本曰按近刻訛作賀　案朱趙作賀趙釋曰一清按諸侯王表天漢四年封者是哀王髆亦見武五子傳乃賀之父也道元誤矣賀廢國除以爲山陽郡王莽之鉅野郡也後更爲高平郡趙釋曰一清按晉志高平國晉初分山陽置宋志云晉武帝泰始元年更名後漢沇州治官本曰按近刻脫治字　案朱脫趙增刊誤曰續志兗州山陽郡昌邑刺史治落治字縣令王密懷金謁東萊太守楊震震不受是其慎四知處也大城東北有金城城內有沇州刺史河東薛季像碑官本曰按季近刻訛作棠　案朱訛趙改刊誤曰棠隸釋載此文作季下云表勤棠政言紀薛甘棠之政棠非薛名何焯亦云如此以郎中拜剡令甘露降園熹平四年遷州明年甘露復降殿前樹從

事馮巡主簿華操等相與褒樹表勒棠政次西有沇州刺史茂陵楊叔恭碑官本曰按陵近刻訛作陽　案朱訛趙改刊誤曰茂陽是茂陵之誤兩漢志右扶風有茂陵縣從事孫光等以建寧四年立西北有東太山成人班孟堅碑建和十年尚書右丞拜沇州刺史從事秦閏等官本曰按閏近刻訛作闔　案朱訛趙改刊誤曰箋曰闔字似誤當作閏案隸釋載此文作閏刊石頌德政碑咸列焉

又東過金鄉縣南

郡國志曰山陽有金鄉縣菏水逕其故城南朱作河趙改菏刊誤曰河當作菏世謂之故縣城北有金鄉山也趙釋曰一清按郡國志山陽郡金鄉縣劉昭註引晉地道記曰縣多山所治名金山鑿而得金故名今注云金鄉山縣蓋以山得名

又東過東緡縣北

菏水又東逕漢平狄將軍扶溝侯淮陽朱鮪冢官本曰按此十八字原本及近刻並訛作經菏訛作濟　案朱訛趙改又朱趙菏作濟下同刊誤曰十八字是注混作經孫校曰筆談云今之衣冠非古惟朱鮪石室所刻衣冠真漢制也宋幅有朱長舒之墓五字墓北有石廟菏水又東逕東緡縣故城北故

宋地春秋僖公二十三年齊侯伐宋圍緡十三州記曰山陽有東緡縣鄒衍曰余登緡城以望宋都者也後漢世祖建武十一年封馮異長子璋爲侯國（朱趙有也字）

又東過方與縣北爲菏水

菏水東逕重鄉城南（官本曰按此八字原本及近刻竝譌作經又菏譌作濟　案朱譌趙改刊誤曰八字是注混作經又朱趙菏作濟孫校曰今魚臺）左傳所謂臧文仲宿于重館者也菏水又東逕武棠亭北（孫校曰亭在今魚臺縣北二十五里）公羊以爲濟上邑也城有臺高二丈許（官本曰按臺字近刻譌在高字下　案朱趙同）其下臨水昔魯侯觀魚于棠謂此也在方與縣故城北十里經所謂菏水也菏水又東逕泥母亭北（朱水上無菏字趙增刊誤曰水上落菏字孫校曰郡國志方與有泥母亭或曰古甯母亭在縣東北三十六里穀亭鎮）春秋左傳僖公七年秋盟于甯母謀伐鄭也菏水又東與鉅野黃水合菏澤別名也（官本曰按澤近刻譌作濟　案朱譌趙改刊誤曰濟當作澤）黃水上承鉅澤諸陂澤有濛淀盲陂（官本曰按盲近刻譌作育　案朱趙作育淀作澱朱箋曰育一作昔）黃湖水

東流謂之黃水又有薛訓渚水自渚歷薛村前分爲二流一水東注黃水一水西北入澤卽洪水也黃水東南流水南有漢荊州刺史李剛墓剛字叔毅山陽高平人官本曰按平近刻訛作車　案朱作車箋曰按郡國志山陽郡有高平縣此作高車誤趙改高平熹平元年卒見其碑有石闕祠堂石室三間椽架高丈餘鏤石作椽瓦屋施平天造方井側荷梁柱官本曰按荷近刻訛作菏　案朱訛趙改刊誤曰菏隸釋載此文作荷四壁隱起雕刻爲君臣官屬龜龍麟鳳之文朱脫麟字趙增刊誤曰龜龍下落麟字隸釋校增劉昭郡國志補注曰北征記云彭城北六里有山臨泗有宋桓魋石槨皆青石隱起龜龍麟鳳之象與此相似古人制作多如此也飛禽走獸之像作制工麗不甚傷毀趙釋曰洪氏适隸圖曰右荊州刺史李剛石室殘畫象一軸高不及咫長一丈有半所圖車馬之上橫刻數字云君爲荊州刺史時前後導有騶騎有步卒標榜皆湮沒在後一車碑失其半止存東郡二字向前一車車前有榜惟郡太守三字可認前後亦有騶騎步卒及沒字榜又一車僅存馬足泰半無碑少前六騎形狀結束胡人也其上亦刻數字惟烏桓二字可認漢長水校尉主烏桓騎又有護烏桓校尉此以烏桓爲導騎必二校中李君嘗歷其一所圖列女傳三事其一三人車一馬一無鹽醜女齊宣王侍郎凡三榜車前一榜無字其一四人三榜惟梁高行梁使者二榜有字此二列女武梁碑中亦有之其一四人樊姬楚莊王孫叔敖鄭女凡四榜後有一榜而闕其人予聞閩人李丙仲南得此碑于西州馮方圓仲宛轉假借書欲絕筆而得之酈氏所載古碑百餘惟李剛魯峻二墓有圖畫趙氏雖云嘗得魯君畫像而碑錄中無其目此碑自來好古之士未之見也隸釋所有僅七種除武梁之外餘碑他無別本

數十年後紙敝墨渝耽古之士撫卷太息亦猶今之閱水經也黃水又東逕鉅野縣北何承天曰鉅野湖澤廣大南通洙泗北連清濟舊縣故城正在澤中故欲置戍于此城城之所在則鉅野澤也衍東北出爲大野矣 昔西狩獲麟于是處也皇覽曰山陽鉅野縣官本曰按野近刻訛作澤 案朱訛趙改刊誤曰澤當作野漢書地理志校有肩髀冢重聚大小與闞冢等朱闞作闕箋曰史記注引皇覽作闞冢趙改闞傳言蚩尤與黃帝戰克之于涿鹿之野身體異處故別葬焉 黃水又東逕咸亭北 春秋桓公七年經書焚咸邱者也水南有金鄉山官本曰按近刻脫山字 案朱脫趙增刊誤曰下云焦氏山東即金鄉山此落山字縣之東界也金鄉數山皆空中穴口謂之隧也戴延之西征記曰焦氏山北數里官本曰按里近刻訛作山下復衍有字 案朱訛趙改刊誤曰下山字當作里又朱趙有有字漢司隸校尉魯峻官本曰按近刻訛作恭 案朱趙同趙又增冢字刊誤曰魯恭下落冢字金石錄校增趙釋曰一清案魯恭當作魯峻其墓碑云君諱峻字仲嚴山陽昌邑人金石錄跋尾云魯峻碑其他地理書如方輿志寰宇記之類皆作峻惟水經誤轉寫爲恭隸釋曰漢故司隸校尉忠惠父魯君碑在濟州任城縣魯君名峻歷郎中謁者河內丞侍御史頓邱令九江守議郎太尉長史御史中丞司隸校尉遭母憂自乞拜議郎服竟還拜屯騎校尉靈帝熹平元年卒明年葬門生丁直等三百二十人謚之曰忠惠其子徽立石作銘

水經亦載此碑但誤以爲名恭爾案酈注止言
魯冢及石祠石廟而不言有碑也詳見下

穿山得白蛇白兎不葬更葬山南鑿而得金故曰金鄉山趙刪鄉字刊誤曰此鄉字衍文劉昭郡國志補註引晉書地道記曰縣多山所治名金山山北有鑿石爲冢深十餘丈隧長三十丈傍卻入爲室三方云得白兎不葬更葬山南鑿而得金故曰金山故冢今在或云漢昌邑所作或云秦時其言與西征記異而是注下亦云有冢謂之秦王陵即所謂秦時冢也

山形峻峭冢前有石祠石廟四壁皆青石隱起自書契以來忠臣孝子貞婦孔子及弟子七十二人形像像邊皆刻石記之文字分明趙釋曰隸續魯峻石壁殘畫像跋曰右二石並廣三尺崇二尺此石上下三横首行一牓云祠南郊從大駕出時次有大車帳下騎鮮明小史騎凡十六牓大車之上一牓三字上兩字略有左畔偏傍似是校尉騎字車前兩旁鮮明八騎步于中者四人一牓鈴下二字三十餘騎如魚鱗然列兩行横車之後後有駙馬二匹牓曰持駙馬又帳下一騎小史持幢四騎次横牓曰薦士一人有牓奏曹書佐主簿車各一牓有車馬又騎史僕射二騎鈴下二騎各有牓第三横冠劍接武十有五人人一牓蓋闕里之先賢也字而不名次石上横兩牓云君爲九江太守時車前導者八人後騎石損其半少前一牓云功曹史導有車馬車前二騎其牓湮滅中横但刻雲氣下横十有六人形象標牓與前石同後漢志大駕鹵簿五校在前案魯峻碑嘗歷九江太守終于屯騎校尉從駕南郊乃屯騎之職藏此者不知爲何人碑既有九江標牓又有屯騎職掌更有先賢形像定爲魯峻石壁所刻其誰曰不然考孔子家語史記七十子傳邽子斂名巽梁子魚名鱣商子木名瞿左子行名郢縣子期名成樊子遲名須顏子柳名辛冉子產名季顏子路名無繇叔子其者叔仲會也史作子期子魯者姓冉名孺子象者姓縣名亶子景伯者子服何也唐劉懷玉作孔聖真宗錄以子服景伯在七十子之間求子斂者疑是漆雕哆地皇侯鉦書七作柒韓勑碑書漆作𣻌漆雕哆字子斂恐此求字是漆之省文縣子期史作子祺姓駟者恐是壤駟赤子偃恐是言游如顏子思襄子魯襄子思數人姓氏分明與史家異同〔缺一字〕家不能次以爲兩魯棖史記作申棠家語作申續檀

弓以中詳爲顓孫子張之〔缺二字〕地音聲如此則傳聞異辭無足疑者又二石長過于前其一之上橫畫圖人物如武梁畫象主坐客拜侍于前後者六人又主客二人列坐侍者四人中橫三車如雍邱令畫一車導騎二一車兩人在前一車一人在後屋下之人三五賓主三車有標牓皆湮滅下橫十有七人如前石所圖聖門高弟人亦一牓一字不可認其一則上橫七騎皆右馳中橫二車一有一導騎一則倍之末有五人在屋下二稚子在屋上下橫兩氈車皆駕以一馬又一車有導騎二末有五人在屋下立車皆有牓惟四導騎者上下各口字粗可認上曰君下曰郎魯君再爲議郎豈謂是乎以其冠劍人物絕類九江石壁所畫疑此二石亦是魯祠四壁者汪聖錫家有此碑後漢志列侯會耕祠導從中鮮明卒米氏畫史朱浮墓石壁人物有鮮明隊或者不能細認先賢姓氏但見有鮮明數牓遂謂是朱浮墓畫象非也 又有石牀長八尺磨瑩鮮明叩之聲聞遠近時太尉從事中郎傅珍之諮議參軍周安穆折敗石牀各取去爲魯氏之後所訟二人並免官焦氏山東卽金鄉山也有冢謂之秦王陵山上二百步得冢口塹深十丈兩壁峻峭廣二丈入行七十步得埏門門外左右皆有空可容五六十人謂之白馬空埏門內二丈得外堂外堂之後又得內堂觀者皆執燭而行雖無他雕鏤然治石甚精或云是漢昌邑哀王冢所未詳也東南有范巨卿冢名件猶存 官本曰按名件近刻作石柱 案朱趙作石柱趙刊誤曰隸釋載此文作名件猶存自記云范巨卿碑至今尚在恐名件二字水經誤也宋時寫本誤以石柱爲名件以盤洲之淹博猶不敢妄下雌黃如此 巨卿名式山陽之金

鄉人漢荊州刺史與汝南張劭長沙陳平子石交號爲死友矣

（趙釋曰一清按隸釋云故廬江太守范府君之碑在濟州任城魏明帝青龍三年縣長薛君鄉人翟循等所立也）黃水又東南逕任城郡之亢父縣故城西（朱無南字趙增刊誤曰又東下落南字孫潛校增孫校曰今濟寧州）夏后氏之任國也漢章帝元和元年別爲任城在北（趙釋曰一清按續志任城國劉昭補註云章帝元和元年分東平爲任城）王莽之延就亭也縣有詩亭春秋之詩國也（朱箋曰後漢郡國志亢父縣有郚亭）王莽更之曰順父矣地理志東平屬縣也世祖建武二年封劉隆爲侯國其水謂之桓公溝（官本曰按水近刻訛作中　案朱趙作中）南至方與縣入于菏水菏水又東逕秦梁夾岸積石一里高二丈言秦始皇東巡所造因以名焉

菏水又東過湖陸縣南東入于泗水

澤水所鍾也尚書曰浮于淮泗達于菏是也（官本曰按說文菏字下亦引禹貢浮于淮泗達于菏　案朱菏作河趙同釋曰一清案達于河之河當依說文改作菏字黃公紹韻會舉要曰菏或作荷余案舊注尚書導菏澤被孟豬集韻亦作菏案淮泗入河必導于汴世謂汴是隋煬帝始通而疑禹貢有浮于淮泗達于河之文說者牽合傅會或指爲溝引河水入泗安知非禹之迹或謂當時必有可達之理蔡氏書傳亦莫知所折衷

今案說文菏是音柯注引禹貢浮于淮泗達于菏與導菏澤同則是達于菏非達于河也許慎所見蓋古文尚書後人傳寫之誤不知從草例以禹貢上下文達于河爲句改菏爲河陸德明又以河音如字遂啓後人淮泗不能達河之疑然陸氏于菏澤下注徐音柯又工可切于浮于淮泗達于河下亦注云說文作菏工可切水出山陽湖陵南則非九河之河明矣如字之音陸氏誤也近世惟新安王氏曰濟入河溢爲滎會于菏注于泗則河爲菏益明矣新安王氏是王炎晦叔尚書全解古文尚書疏證曰案浮于淮泗達于菏今本作河二孔無傳疏止陸德明引說文作菏余考之菏字是也蓋菏者澤名爲濟水所經又東至于菏者是在豫之東北即徐之西北舟則自淮而泗自泗而菏然後由菏入濟以達于河此徐之貢道也或曰曷不詳言之余曰以上文兗州浮于濟漯達于河次青州便浮于汶達于濟不復言達于河矣又次徐州浮于淮泗達于菏亦不復言達于濟矣至揚州則沿于江海達于淮泗且不復言達于菏矣不復言者蒙上文也一層脫卸一層雖由當日水道之自然而其敘法從變字法從簡真屬聖經之筆直言達于河不識其何途之從惟言達于菏而水道歷歷然在目一字之長有助不小禹貢錐指曰青承兗曰達于濟則由濟入漯可知矣徐承青曰達于菏則由菏入濟可知矣揚承徐曰達于淮泗則由淮入泗由泗入菏可知矣淮通泗泗通菏菏通濟濟通河四州之貢道無不由濟者若閻以順推胡以逆泝可互相發明也錐指又曰漢志山陽郡湖陵縣下云禹貢浮于淮泗達于河水在南漢時湖陵縣安得有黃河此河字明係菏字之誤水在南謂菏水在南也酈道元泗水注引此文云菏水在南水經濟水篇言菏水東過湖陸縣南東入泗皆確證不獨許慎說文作菏也

太守得其郡營廣樂大司馬吳漢圍茂茂將其精兵突至湖陵 東觀漢記曰蘇茂殺淮陽 朱箋曰孫云按史記索隱 與劉永相會濟陰山陽濟兵于此處也 官本曰按近刻訛作陸 案朱趙作陸 曰胡陵縣屬山陽章帝改曰胡陸

又東南過沛縣東北

濟與泗亂故濟納互稱矣官本曰按近刻濟訛作沛互訛作亍 案朱作沛作于趙仍沛字改于爲兩刊誤曰于作兩卽上文所謂濟與泗亂是也東觀漢記安平侯蓋延傳曰延爲虎牙大將軍與永等戰永軍反走官本曰按近刻訛作與戰水軍反走 案朱訛趙與下增永等二字水改永刊誤曰籤曰水軍一作永等卽劉永也按當作永軍軍字不誤溺水者半復與戰官本曰按復近刻訛作後 案朱訛趙改刊誤曰後當作復連破之遂平沛楚臨淮悉降延令沛脩高祖廟置嗇夫祝宰樂人因齋戒祠高廟也

又東南過留縣北

留縣故城翼佩泗濟宋邑也春秋左傳所謂侵宋呂留也故繁休伯避地賦曰朝余發乎泗洲夕余宿于留鄉者也張良委身漢祖始自此矣終亦取封焉城內有張良廟也

又東過彭城縣北獲水從西來注之官本曰按獲原本訛作雅近刻遂訛作睢注同今改正獲水見卷之二十三 案朱趙作睢下同

濟水又南逕彭城縣〔朱趙有之字〕故城東北隅不東過也獲水自西注之城北枕水湄濟水又南逕彭城縣故城東〔官本曰案此十一字原本及近刻並訛作經 案朱訛趙改刊誤曰十一字是注混作經〕不逕其北也〔官本曰案其下近刻衍縣字 案朱趙有〕蓋經誤證

又東南過徐縣北

地理志曰臨淮郡漢武帝元狩五年置治徐縣王莽更之曰淮平縣曰徐調故徐國也〔官本曰按近刻脫故徐二字 案朱脫趙增刊誤曰漢書地理志曰徐故國莽曰徐調寰宇記引班志云故徐國也此文徐調下落故徐二字〕春秋昭公三十年吳子執鍾吾子遂伐徐防山以水之遂滅徐徐子奔楚楚救徐弗及遂城夷以處之張華博物志錄著作令史茅溫所爲送〔官本曰按此三字當有脫誤未詳〕劉成國徐州地理志云〔朱趙作曰〕徐偃王之異言徐君宮人娠而生卵以爲不祥棄之于水濱孤獨母有犬名曰鵠倉獵于水側得棄卵銜以來歸孤獨母以爲異〔官本曰按近刻脫孤字 案朱脫趙增刊誤曰當作孤獨母落孤字〕覆煖之遂成兒生時偃故以爲

名徐君宮中聞之乃更錄取長而仁智襲君徐國後鵠倉臨死生角而九尾實黃龍也偃王葬之徐中官本曰按葬近刻訛作昔　案朱作昔箋曰昔字誤謝云疑作厝墫云當作葬按博物志云偃王葬之徐梁界內是也趙改厝今見有狗壟焉偃王治國仁義著聞欲舟行上國乃通溝陳蔡之閒官本曰按通近刻訛作導　案朱趙作導得朱弓矢以得天瑞遂因名為號自稱徐偃王江淮諸侯服從者三十六國周王聞之遣使至楚令伐之偃王愛民不鬭遂為楚敗北走彭城武原縣東山下百姓隨者萬數因名其山為徐山山上立石室廟有神靈民人請禱焉依文即事似有符驗但世代綿遠難以詳矣今徐城外有徐君墓昔延陵季子解劍于此所謂不違心許也

又東至下邳睢陵縣南入于淮

濟水與泗水渾濤東南流官本曰按渾濤近刻訛作澤洶　案朱訛趙改刊誤曰箋曰澤宋本作渾按洶當作濤朱氏失箋至角城同入淮經書睢陵誤耳

水經注卷八

水經注卷九

長沙王氏校本

後魏酈道元撰

清水　沁水　淇水　蕩水　洹水

清水出河內脩武縣之北黑山

黑山在縣北朱作地箋曰宋本地作北一作境趙改北白鹿山東清水所出也上承諸陂散泉積以成川南流西南屈朱同官本趙作西南流屈曲刊誤曰箋曰御覽引此作南流屈曲案今御覽引此作西南流屈曲朱氏所引尚失西字瀑布乘趙作垂巖懸河注壑二十餘丈雷赴之聲官本曰案赴近刻作扑案朱作扑趙改撲震動山谷左右石壁層深官本曰案近刻脫石字案朱無箋曰疑脫一石字趙增獸跡不交隍中散水霧合視不見底南峯北嶺多結禪棲之士東巖西谷又是剎靈之圖竹柏之懷與神心妙遠官本曰案近刻訛作達案朱訛趙改刊誤曰達吳琯本作遠仁智之性共山水效深更爲勝處也其水歷澗飛流官本曰案飛流近刻訛作流飛案朱訛趙改刊誤曰箋曰御覽引此作清泠洞觀案流飛御覽作飛流

(朱氏失引)清泠洞觀(朱無泠字趙增)謂之清水矣溪曰瑤溪又曰瑤溯清水又南(官本曰案近刻脫清字 案朱脫趙增)與小瑤水合水近出西北窮溪(官本曰案西下近刻衍溪字 案朱趙衍)東南流注清水(官本曰案注下近刻衍之字 案朱趙有)清水又東南流吳澤陂水注之水上承吳陂于脩武縣故城西北脩武故甯也亦曰南陽矣(官本曰案南近刻訛作朝 案朱訛趙改刊誤曰當作南陽)馬季長曰晉地自朝歌以北至中山為東陽朝歌以南至軹為南陽故應劭地理風俗記云河內殷國也周名之為南陽又曰晉始啓南陽今南陽城是也秦始皇改曰脩武徐廣王隱竝言始皇改之漢書云案韓非書秦昭王越趙長平(官本曰案近刻脫趙字 案朱脫趙增刊誤曰越下落趙字漢書地理志註校補)西伐脩武時秦未兼天下脩武之名久矣余案韓詩外傳言武王伐紂勒兵于甯更名甯曰脩武矣魏獻子田大陸還卒于甯是也漢高帝八年封都尉魏遫為侯國亦曰大脩武有小故稱大小脩武在東漢祖與滕公濟自玉

門津而宿小脩武者也大陸卽吳澤矣魏土地記曰脩武城西北二十里有吳澤水官本曰案澤近刻訛作溝 案朱訛趙改刊誤曰溝當作澤陂南北二十許里東西三十里官本曰案西近刻訛作則 案朱訛趙改刊誤曰東則當作東西名勝志校改西則長明溝入焉官本曰案近刻訛作蔡溝入焉 案朱作蔡溝趙改界溝刊誤曰蔡溝當作界溝溝下落水字水有二源北水上承河內野王縣東北界溝趙界改光刊誤曰界溝當作光溝此文互見沁水篇分枝津爲長明溝官本曰案近刻訛作爲長明溝分枝津 案朱趙同東逕雍城南寒泉水注之水出雍城西北泉流南注逕雍城西春秋僖公二十四年王將以狄伐鄭富辰諫曰雍文之昭也京相璠曰今河內山陽西官本曰山上近刻衍出字 案朱衍趙刪有故雍城又東南注長明溝溝水又東逕射犬城北漢大司馬張揚爲將楊醜所害眭固殺醜屯此官本曰案眭近刻譌作雎下同 案朱作張陽雎固箋曰魏志作張揚眭固趙改欲北合袁紹典略曰眭固字白菟或戒固曰將軍字菟而此邑名犬菟見犬其勢必驚宜急去固不從官本曰案固近刻訛作菟 案

朱趙作薨漢建安四年官本曰案近刻訛作興平四年　案朱趙作興平趙釋曰一清案魏書武帝紀事在建安四年興平改元僅二年酈氏誤記也魏太祖斬之于此以魏种為河內太守守之兗州叛太祖曰惟种不棄孤及走太祖怒曰种不南走越北走胡不汝置也朱作不置汝也箋曰一作不汝置也趙依改射犬平禽之公曰惟其才也釋而用之官本曰惟近刻訛作難　案朱趙作難趙釋曰一清案魏書作唯何氏焯曰此正可與史參異同耳長明溝水東入石澗官本曰案長上近刻衍故字　案朱衍趙刪刊誤曰故字衍文東流蔡溝水入焉水上承州縣北朱箋曰漢志河內郡有州縣白馬溝東分謂之蔡溝官本曰案謂近刻訛作為　朱同趙改刊誤曰為當作謂　案東會長明溝水又東逕脩武縣之吳亭北朱作具亭箋曰宋本作吳亭趙改吳亭東入吳陂朱有又字趙改水刊誤曰又當作水次北有苟泉水入焉水出山陽縣故脩武城西南同源分派裂為二水南為苟泉北則吳瀆二瀆雙導俱東入陂山陽縣東北二十五里有陸真阜南有皇母馬鳴二泉東南合注于吳陂也次陸真阜之東北得覆釜堆

堆南有三泉相去四五里參差次合官本曰案近刻訛作合次　案朱趙同

南注于陂　泉在濁鹿城西建安二十五年魏封漢獻帝爲

山陽公濁鹿城卽是公所居也陂水之北際澤側有隤

城官本曰案近刻訛作陂澤側有隤地也　案朱同箋曰地疑作城趙陂改際地改城不刪也刊誤曰陂當作際孫潛校改　春秋隱公十一年

王以司寇蘇忿生之田攢茅隤十二邑與鄭者也官本曰案近刻譌作王以攢茅隤十

二邑與司寇蘇忿生者也　案朱趙同趙釋曰何氏曰案左傳乃是以蘇忿生之田與鄭蘇公武王之司寇注誤記　京相璠曰河內脩武縣

北有故隤城實中今世俗謂之皮垣朱作壝箋曰宋本作垣趙改垣方四百步實中

高八丈際陂北隔水朱趙有一字十五里俗所謂蘭邱也方二百步西

朱趙有一字十里又有一邱際山官本曰案山近刻訛作陂　案朱作陂箋曰陂舊本作三宋本作山或疑作之趙改山　世

謂之勑邱方五百步形狀相類疑卽古攢茅也杜預曰二邑在

脩武縣北所未詳也又東長泉水注之源出白鹿山

東南伏流逕朱趙有一字十三里重源濬發于鄧城西

北官本曰案此下近刻又有東南伏流四字係衍文　案朱趙有　世亦謂之重泉水也又逕七

賢祠東左右筠篁列植冬夏不變貞萋魏步兵校尉陳留阮籍中散大夫譙國嵇康晉司徒河內山濤司徒琅邪王戎黃門郎河內向秀建威參軍沛國劉伶始平太守阮咸等同居山陽結自得之遊時人號之爲竹林七賢官本曰案此下近刻有也字　案朱趙有孫校云七賢觀在輝縣西南六十里後廢爲寺向子期所謂山陽舊居也後人立廟于其處廟南又有一泉東南流注于長泉水郭緣生述征記所云白鹿山東南二十五里有嵇公故居以居時有遺竹焉蓋謂此也其水又南逕鄧城東名之爲鄧瀆又謂之爲白屋水也昔司馬懿征公孫淵還達白屋卽于此也其水又東南流逕隤城北又東南歷澤注于陂陂水東流官本曰案陂近刻訛作泉　案朱趙作泉謂之八光溝而東流注于清水謂之長清河而東周永豐塢官本曰案近刻訛作城　案朱訛趙改刊誤曰城黃省曾本作塢有丁公泉發于焦泉之右次東朱趙有又字得焦泉

泉發于天門之左天井固右官本曰案近刻訛作石朱訛趙改刊誤曰石當作右案天門山石自空狀若門焉廣三丈高兩匹深丈餘更無所出世謂之天門也東五百餘步中有石穴西向裁得容人官本曰案此下近刻有平得二字係衍文案朱有箋曰二字疑誤孫云或作平行趙改平行東南入徑至天井趙釋曰一清案太平御覽河北天門山引水經注曰俗謂之百家巖巖可容百家故以為名山有石穴狀如門纔得通人自平地東南入便至天井與此文不同直上三匹有餘扳躡而升至上平東西二百步官本曰案東字近刻譌在平字上案朱同箋曰一作平東趙依改南北七百步四面險絕無由升陟矣上有比邱釋僧訓精舍寺有十餘僧官本曰案有十近刻訛作十有案朱訛趙改刊誤曰孫潛校本作寺有十餘僧給養難周多出下平有志者居之寺左右雜樹疎頒官本曰案近刻作挺案朱趙作挺有一石泉方丈餘清水湛然常無增減山居者資以給飲北有石室二口朱作間箋曰古本作二口吳改作二間趙改口舊是隱者念一之所今無人矣泉發于北阜南流成溪世謂之焦泉也官本曰案近刻脫之字案朱脫趙增刊誤曰世謂下落之字次東得魚鮑泉次東得張波泉次東得三淵泉梗河參連官本曰案河近刻訛作柯案朱作柯箋曰古本作梗河參連女宿相屬吳改作柯

煒案隋天文志梗河三星在大角北李云女宿卽須女四星此蓋謂魚鮑張波三淵之三泉如梗河之參連並焦泉爲四似女宿之相屬也趙改河

是四川在重門城西並單川南注也重門城昔齊王芳爲司馬師廢之宮于此卽魏志所謂送齊王于河內重門者也城在共縣故城西北二十里城南有安陽陂次東又得卓水陂次東官本曰案次近刻訛作穴朱訛趙改刊誤曰穴當作次案有百門陂官本曰案近刻作北門陂案朱趙作北門趙釋曰一清案北門陂卽百門陂也魏書地形志林慮郡共有卓水陂柏門山柏門水南流名太清水金史地理志衛州蘇門有百門陂蘇門卽漢志之共縣隋曰共城金改蘇門今河南衛輝府之輝縣也縣西北七里有蘇門山亦曰百門山有百門泉左傳定公十四年晉人敗鄭師及范氏之師于百泉卽百門泉矣百與北音相近致訛陂方五百步在共縣故城西漢高帝八年封盧罷師爲共侯官本曰案近刻訛作封旅罷師爲共嚴侯國案朱同箋曰煒案史記年表云八年封盧罷師爲共侯謚曰莊此旅字當作[illegible]卽盧字古通用嚴避明帝諱趙改旅爲[illegible]餘不改卽共和之故國也共伯既歸帝政逍遙于共山之上山在國北所謂共北山也朱箋曰莊子云共伯得乎共首司馬彪注云厲王之難共伯卽于王位十四年大旱屋焚召公卜之曰厲王爲祟乃立宣王共伯復歸于宗逍遙得意共山之首仙者孫登之所處袁彥伯竹林七賢傳嵇叔夜嘗採藥山澤遇之于山冬以被髮自覆夏則編草爲裳彈一絃琴

而五聲和其水三川南合謂之清川又南逕凡城東司馬彪袁山松郡國志曰共縣有凡亭官本曰案近刻訛作汎亭 案朱趙作汎周凡伯國春秋隱公七年經書王使凡伯來聘是也杜預曰汲郡共縣東南有凡城今在西南 其水又西南與前四水總爲一瀆又謂之陶水南流注于清水清水又東周新豐塢又東注也趙釋曰一清案太平寰宇記修武縣下引水經注云五里泉在脩武鄉今本無之

東北過獲嘉縣北

漢書稱越相呂嘉反武帝元鼎六年巡行于汲郡中鄉得呂嘉首因以爲獲嘉縣後漢封侍中馮石爲侯國縣故城西有漢桂陽太守趙越墓冢北有碑越字彥善縣人也累遷桂陽郡五官將尚書僕射遭憂服闋守河南尹建寧中卒碑東又有一碑碑北有石柱石牛羊虎俱碎淪毀莫記 清水又東周新樂城城在獲嘉縣故城東北卽汲之新中鄉也官本曰案之近刻訛作水 案朱訛趙改刊誤曰箋

曰孫云汲水當作汲郡案非也水當作之漢書地理志註校改

又東過汲縣北

縣故汲郡治晉太康中立　城西北有石夾水飛湍濬急官本曰案此下近刻衍也字　案朱趙有人亦謂之磻溪言太公嘗釣于此也官本曰案嘗近刻訛作常　案朱趙作常城東門北側有太公廟廟前有碑碑云太公望者朱作君箋曰宋本作者趙改者河內汲人也縣民故會稽太守杜宣白令崔瑗曰太公本生于汲官本曰案本近刻作甫　案朱作甫趙改刊誤曰甫隸釋載此文作本舊居猶存君與高國同宗太公載在經傳今臨此國宜正其位以明尊祖之義于是國老王喜廷掾鄭篤功曹邠朱作邵箋曰舊本作邠趙改邠勤等咸曰宜之遂立壇祀爲之位主城北二十里有太公泉泉上又有太公廟廟側高林秀木翹楚競茂相傳云太公之故居也晉太康中范陽盧無忌爲汲令立碑于其上趙釋曰金石錄跋尾曰晉太公碑略云太公望者此縣人大晉受命四海統一太康二年縣之西偏有盜發冢而得竹策之書藏書之年當秦坑儒之前八十六歲又云其周志曰文王夢天帝服元禳以立于令狐之津帝曰昌賜汝望文王再拜稽首太公于後亦再拜稽首

文王夢之夜太公夢之亦然其後文王見太公而詢之曰而名爲望乎答曰唯爲望文王曰吾如有所於汝見太公言其年月與其日且盡道其言臣以此得見也文王曰有之有之遂與之歸以爲卿士又曰其紀年曰康王六年齊太公卒參考年數蓋一百一十餘歲案前世所傳汲冢諸書獨有紀年穆天子傳師春等不載所謂周志者不知爲何書而杜預左氏傳後敘云汲冢書凡七十五卷皆藏祕府預親見之以此知不特十餘萬言其亡逸見于今者絕少也碑汲縣令盧無忌立後題太康十年三月云太公避紂之亂屠隱市朝遯釣魚水何必渭濱然後磻溪苟愜神心曲渚則可磻溪之名斯無嫌矣清水又東逕故石梁下梁跨水上橋石崩褫餘基尚存清水又東與倉水合水出西北方山官本曰案近刻訛作上案朱作上趙上上增山字山西有倉谷官本曰案近刻脫有字案朱作山西倉谷趙作方山在衛縣西有倉谷刊誤曰方上山名勝志引此作方山上寰宇記衛州衛縣下引水經注云方山在衛縣是也元豐九域志衛州汲郡防禦古跡引水經注云方山西有倉谷落有字谷有倉玉珉石故名焉其水東南流潛行地下又東南復出俗謂之雹水東南歷坶野朱箋曰一作牧野自朝歌以南南暨清水土地平衍據皋跨澤悉坶野矣郡國志曰朝歌縣南有牧野竹書紀年曰周武王率西夷諸侯伐殷敗之于坶野詩所謂坶野洋洋檀車煌煌者也有殷大夫比干冢前有

石銘題隸云殷大夫比干之墓所記惟此今已中折不知誰所
誌也趙釋曰曹氏安太師比干錄曰案衛輝府舊志云殷少師比干墓在汲縣西北一十五
里墓前有殷比干墓四字碑年深石斷字畫不全世傳以爲孔子所書今此碑見存竊
觀其體勢與周穆王時書吉日癸巳石刻相類其爲古筆無疑謹用摹鋟以暴于世云葉氏弈
苞續金石錄曰比干墓碑在汲縣漢隸釋文漢隸字源辨其繆然比干爲三古殺身成仁之第
一人而尼父是其族孫爲之標識宜也以疑傳疑存之亦無不可洪氏曰大觀中會稽石國佐
有此四字比水經又闕其三字畫清勁乃東漢威靈時人所書收碑如歐趙皆未之見予案今
存四字乃隸書決非宣聖之筆洪說當不繆也一清案漢隸釋文洪文惠公撰集郎葉氏所引
之文是也亦見隸續漢隸字源乃宋檇李婁機彥發所纂其言曰水經云朝歌縣南牧野比干
冢前有石銘隸云殷大夫比干之墓今只四字復不完石公弼跋云殷比干墓四字在今衛州
比干墓上世傳孔子書然隸始于秦非孔子書必矣字畫勁古當是漢人書又比干錄尚有銅
盤銘十六字左林右泉後崗前道萬世之寧茲焉是寶亦是先聖古文篆書以寧云唐開元中
爲耕地者所得至元延祐戊午衛輝府路學正王公悅臨摹汝帖推官張淑記之汲尹王元恕
勒石是則善長所不及知也好古之士安得長存天地間哉太和中高祖孝文皇帝南巡親幸其墳而
加弔焉刊石樹碑列于墓隧矣趙釋曰金石錄跋尾曰後魏孝文帝弔比干文其首已殘缺惟元載字可識其下云歲御次乎
閼茂望舒會于星紀十有四日日惟甲申按爾雅云歲在戌曰閼茂又鄭康成注月令仲冬者
日月會于星紀後魏孝文以太和十八年十一月甲申經比干墓親爲弔文樹碑而刻之是歲
甲戌其說皆合其未嘗改元而稱元載者孝文以是歲遷都洛陽蓋以遷都之歲言之也又云
碑陰盡紀侍從羣臣官爵姓名一清案是碑文載太師比干錄及衛輝府志文繁不錄德甫所
云碑首殘缺惟元載字可識今其碑云惟
皇構遷中之元載正以宅洛之歲言之也雹水又東南入于清水清
水又東南逕合城南朱趙不重清水二字故三會亭也以淇清合

河故受名焉清水又屈而南逕鳳皇臺東北官本曰案鳳近刻訛作屬案朱趙作屬南注朱趙有之字也

又東入于河

謂之清口官本曰案近刻訛作河案朱訛趙改刊誤曰河黃省曾本作口即淇河口也蓋互受其名耳地理志曰清河水出內黃縣南趙釋曰一清案漢志魏郡內黃縣清河水在南無清水可來所有者惟鍾是水耳蓋河徙南注清水瀆移匯流逕絕官本曰案匯近刻訛作惟案朱訛趙改刊誤曰姜宸英校本唯作匯餘目尚存官本曰案近刻脫此二字案朱脫趙增刊誤曰餘目下落尚存二字故東川有清河之稱相嗣不斷官本曰案此下近刻有目尚存故東川六字係衍文重出案朱衍趙刪刊誤曰六字衍文曹公開白溝遏水北注方復故瀆矣

沁水出上黨涅縣謁戾山

官本曰案涅近刻訛作沮案朱作沮箋曰沮當作涅宋本作洹後漢郡國志上黨郡涅縣注引山海經云謁戾之山沁水出焉南流注于河郭云在涅趙改涅

沁水即涅水也官本曰案涅近刻訛作洎案朱作洎趙改涅刊誤曰說文洎灌釜也不云是水名寰宇記云沁水出沁州緜上縣覆甑嶺濁

漳水注云有涅水西出覆甑山東流與西湯谿水合水出涅縣西山湯谷又東逕涅氏縣故城南縣氏涅水也然則沁水與涅水同源合注洎當作涅或言出穀遠縣羊頭山世靡谷三源奇注逕瀉一隍又南會三水歷落出左右近溪歷落朱作歷洛趙改沿歷刊誤曰歷洛孫潛校改作沿歷參差翼注之也

南過穀遠縣東又南過陭氏縣東官本曰案陭氏屬上黨猗氏屬河東原本及近刻陭並訛作猗注內同今改正　案朱趙作猗下同孫校曰元和志冀氏縣本漢陭氏縣地沁水在縣東一里

穀遠縣王莽之穀近也　沁水又南逕陭氏縣故城東劉聰以詹事魯繇爲冀州治此也　沁水又南歷陭氏關又南與驫驫水合水出東北巨駿山朱趙作峻下同朱箋曰峻御覽作駿乘高瀉浪觸石流響世人因聲以納稱西南流注于沁沁水又南與秦川水合水出巨駿山東帶引衆溪積以成川又西南逕端氏縣故城東昔韓趙魏分晉遷晉君于端氏縣卽此是也　其水南流入

于沁水

又南過陽阿縣東

沁水南逕陽阿縣故城西魏土地記曰建興郡治陽阿縣郡西四十里有沁水南流沁水又南與濩澤水合水出濩澤城西白澗嶺下官本曰案近刻脫濩字 案朱趙出下竝無濩字 東逕濩澤墨子曰舜漁濩澤應劭曰澤在縣西北又東逕濩澤縣故城南蓋以澤氏縣也 竹書紀年梁惠成王十九年晉取玄武濩澤者也 其水際城東注又東合清淵水水出其縣北官本曰案縣近刻訛作城 案朱趙作城 東南逕濩澤城東官本曰案近刻作經澤城東 案朱作經澤城東趙經改逕 又南入于澤水朱同趙改濩澤水下同刊誤曰當作濩澤水落濩字下同 澤水又東得陽泉口水出鹿臺山官本曰案水字近刻訛在口字上 案朱同趙口下又增水字刊誤曰出上落水字 山上有水淵而不流其水東逕陽陵城南 即陽阿縣之故城也漢高帝七年封

卞訢爲侯國朱作下訢趙改卞訢刊誤曰箋曰𩑶案謝本作卞訢考史漢表竝無其人惟琴操云卞和獻玉于楚王封爲陵陽侯辭不受退而作歌案史記高祖功臣侯表陽河齊哀侯以中謁者從入漢以郎中騎從定諸侯侯五百戶功比高胡侯索隱陽河縣名屬上黨地理志上黨郡有陽阿縣續志同魏書地形志高都郡領縣二高都陽阿二漢屬上黨晉罷後復屬方輿紀要云陽阿城在高平縣南六十里河字是阿字之誤齊哀侯漢表作齊侯其石齊又是謚而失其姓與是注下訴均爲不同下訢當作卞訢河水注云河水又東北逕陽阿縣故城西漢高帝六年封郎中萬訢爲侯國雖彼文以上黨之陽阿證平原之阿陽出于舛繆然載筆之于書可知陽阿爲訢封國與馬班可參同異（一今漢書侯表多脫誤）卞萬互差要是傳寫之訛耳朱氏不察紛紛牽引甚無謂也趙釋曰一清案史表作齊哀侯漢表作齊侯其石卞訢封邑當屬平原之阿陽非此陽阿也詳河水篇注水歷嶕嶢山東官本曰案近刻訛作焦燒山東　案朱同趙改刊誤曰箋曰焦宋本作燋𥶡寰宇記引此文作嶕嶢東都賦注云嶕嶢高也若從火作燋燒果何義乎下與黑嶺水合水出西北黑嶺下卽開隥也朱作蹬趙改隥刊誤曰穆天子傳云西絕鈃隥卽禹貢之岍山馬融本作開山隥郭璞註云阪也玉篇云或作蹬當從古文作隥其水東南流逕北鄉亭下官本曰案鄉近刻訛作卿　案朱訛趙改刊誤曰卿當作鄉孫潛校改又東南逕陽陵城東南注陽泉水官本曰案注近刻訛作逕　案朱訛趙改刊誤曰逕黃省曾本作注陽泉水又南注蕤澤水澤水又東南官本曰案此下近刻衍又字　案朱趙有又字並不重澤水二字有上澗水注之水導源西北輔山東逕銅于崖南歷析城山北山在蕤澤南禹貢所謂砥柱析城

至于王屋也山甚高峻上平坦下有二泉東濁西清左右不生草木數十步外多細竹其水自山陰東入濩澤水濩澤水又東南注于沁水沁水又東南陽阿水左入焉水北出陽阿川南流逕建興郡西官本曰案近刻訛作而　案朱訛趙改刊誤曰而當作西孫潛校改又東南流逕午壁亭東而南入山其水沿波漱石官本曰案其水二字近刻訛在又東南流句之上　案朱趙同瀨潤八丈環濤轂轉西南流入于沁水沁水又南朱趙不重沁水二字五十餘里沿流上下朱沿作汾趙改又增流字刊誤曰箋曰汾宋本作沿案寰宇記引此文作沿流上下落流字步徑裁通官本曰案徑近刻訛作逕　案朱趙作逕小竹細筍被于山渚蒙蘢茂密奇爲翳薈也朱蘢作籠茂作拔趙改刊誤曰箋曰拔宋本作茂奇宋本作最　案蒙籠當從艸作蒙蘢奇字義通下云青青彌望奇可翫也是其詞例也

又南出山過沁水縣北

沁水南逕石門官本曰案此下近刻衍也字　案朱衍也趙改世刊誤曰也當作世謂之沁口魏

土地記曰河內郡野王縣西七十里有沁水左
逕沁水城西趙刊誤曰箋曰左逕舊本作逕在案左逕二字不誤附城東南流也官本曰案原本此下
有南逕石門四字係衍文　案朱趙無石門是晉安平獻王司馬孚之爲魏
野王典農中郎將之所造也按其表云臣孚言
臣被明詔興河內水利臣既到檢行沁水源出
銅鞮山官本曰案鞮近刻訛作堤　案朱訛趙改刊誤曰堤當作鞮屈曲周迴水道九百里
朱無里字箋曰御覽引此作九百里趙增里字自太行以西王屋以東層巖高峻
天時霖雨衆谷走水小石朱作口箋曰宋本作小石趙改石漂迸木門
朽敗稻田汎濫歲功不成臣輒按行去堰五里
以外方石可得數萬餘枚臣以爲累方石爲門
官本曰案近刻脫累字　案朱趙無若天暘旱官本曰案暘近刻作亢　案朱趙作亢增堰進水若天
霖雨陂澤充溢則閉防斷水朱趙作閉石朱箋曰御覽引此注作閉防斷水空渠
衍澇足以成河雲雨由人經國之謀暫勞永逸

聖王所許願陛下特出臣表敕大司農府給人工勿使稽延以贊時要臣孚言詔書聽許于是夾岸累石結以爲門用代（朱作伐箋曰御覽引此注作用代木門趙改代）木門枋故石門舊有枋口之稱矣（孫校曰枋口水在今濟源東北三十里）溉田頃畮之數間二歲月之功（官本曰案間二訛舛朱謀瑋云當作間關案朱作二箋曰玉海引此亦作間二似疊一字當作間關趙改間關）事見門側石銘矣水西有孔山山上石穴洞開穴內石上有車轍牛跡著舊傳云自然成著（官本曰案著近刻訛作者案朱訛趙改刊誤曰者寰宇記引此文作著）非人功所就也其水南分爲二水一水南出爲朱溝水沁水又逕沁水縣故城北（官本曰案沁水縣近刻脫水字案朱脫趙增刊誤曰漢書地理志河內郡有沁水縣落水字）蓋藉水以名縣矣春秋之少水也京相璠曰晉地矣又云少水今沁水也沁水又東逕沁水亭北世謂之小沁城沁水又東（官本曰案近刻脫又字案朱脫趙增）右合小沁水水出北山臺渟淵南流爲臺渟水東南入沁

水官本曰按東南近刻訛作南東案朱訛趙乙刊誤曰南東二字當倒互沁水又東倍澗水注之水北出五行之山南流注于沁水

又東過野王縣北

沁水又東邘水注之官本曰按邘近刻訛作刊下同案朱趙不誤孫校曰邘水出懷慶府城北三十里逕邘城西水出太行之皐朱無水字趙增刊誤曰出上落水字山即朱作則箋曰宋本作即趙改即五行之異名也淮南子曰武王欲築宮于五行之山周公曰五行險固德能覆也內貢迴矣使吾暴亂則伐我難矣君子以為能持滿高誘云今太行山也在河內野王縣西北上黨關朱趙有也字詩所謂徒殆野王道傾蓋上黨關即此山矣其水南流逕邘城西故邘國朱作關箋曰宋本作邘國趙改國也城南有邘臺春秋僖公二十四年王將伐鄭富辰諫曰邘武之穆也京相璠曰今野王西北三十里有故邘城邘臺是也今故城當太行南路道出其中漢武帝封李壽為侯國趙釋曰一清案漢表是征和二年封邘水又東南逕孔子廟東

廟庭有碑魏太和元年孔靈度等以舊宇毀落上求脩復野王令范衆愛河內（朱作中箋曰宋本作河內趙改內）太守元真刺史咸陽公高允表聞立碑于廟治中劉明別駕（朱無別字箋曰宋本作別駕趙增別字）呂次文（官本曰按近刻作父案朱作父趙改文）主簿向班虎荀靈龜以宣尼大聖非碑頌所稱宜立記焉云仲尼傷道不行欲北從趙鞅聞殺鳴鐸（官本曰按近刻作犢案朱趙同）遂旋車而反及其後也晉人思之于太行嶺南爲之立廟蓋往時迴轅處也余按諸子書及史籍之文竝言仲尼臨河而歎曰丘之不濟命也夫是非太行迴轅之言也碑云魯國孔氏官于洛陽因居廟下以奉蒸嘗斯言是矣（官本曰按是近刻訛作至案朱趙作至）蓋孔氏遷山下（官本曰按氏近刻訛作因案朱趙作因）追思聖祖故立廟存饗耳其猶劉累遷魯立堯祠于山矣非謂迴轅于此也邘水東南逕邘亭西京相璠曰又有亭在臺（朱作橋箋曰一作臺趙改臺）西南三十里今是亭在邘城東南七八里蓋京氏之謬耳（朱謬上有所字趙刪刊誤曰所字衍文）或更有之余所不詳其水又南

流注于沁沁水東逕野王縣故城北秦昭王四十四年白起攻太行道絕而韓之野王降始皇拔魏東地置東郡衞元君自濮陽徙野王（官本曰案濮近刻訛作漢朱作漢箋曰當作濮趙改濮）案卽此縣也漢高帝元年爲殷國二年爲河內郡（官本曰案近刻脫郡字案朱脫趙增）王莽之後隊縣曰平野矣魏懷州刺史治皇都遷洛（官本曰案近刻訛作治案朱訛趙改刊誤曰治當作洛魏孝文帝自代遷洛陽魏書地形志懷州天安二年置太和十八年罷）省州復郡水北有華嶽廟廟側有攢柏數百根對郭臨川負岡蔭渚青青彌望奇可翫也懷州刺史頓邱李洪之之所經構也廟有碑焉是河內郡功曹山陽荀靈龜以和平四年造天安元年立沁水又東朱溝枝津入焉又東與丹水合（孫校曰丹河在懷慶府城東北十五里源出澤州界內穿太行名曰丹口南流三十里入沁河）水出上黨高都縣故城東北阜下俗謂之源源水山海經曰沁水之東有林焉名曰丹林丹水出焉卽斯水矣丹水自源東北流又屈而東注左會絕水地

理志曰高都縣有莞谷丹水所出東南入絕水是也絕水出泫氏縣西北楊谷朱作陽趙改楊刊誤曰陽谷當作楊谷故地理志曰楊谷絕水所出東南流左會長平水朱箋曰舊本無會字水出長平縣西北小山東南流逕其縣故城趙釋曰一清案魏書地形志邵郡皇興四年置領蕃平縣即斯縣也泫氏之長平亭也史記曰秦使左庶長王齕攻韓取上黨上黨民走趙趙軍長平使廉頗爲將後遣馬服君之朱無之字箋曰舊本無若字有之字吳本以之字改作君字趙增之字子趙括代之秦密使武安君白起攻之括四十萬衆降起起坑之于此上黨記曰長平城在郡之南秦壘在城西二軍共食流水澗相去五里秦坑趙衆收頭顱築臺于壘中因山爲臺崔嵬桀起今仍號之曰白起臺朱無之字趙增刊誤曰號下御覽引此文有之字城之左右沿山亘隔南北五十許里東西二十餘里悉秦趙故壘遺壁舊存焉趙刊誤曰箋曰克家云舊疑作猶案舊字不誤漢武帝元朔二年以封將軍衞青爲侯國官本曰案近刻脫國字　案朱脫趙增刊誤曰侯下落國字趙釋曰全氏曰衞將軍所封國索隱曰汝南其子

封宜春侯亦在汝南然則非上黨之長平也一清案史記秦始皇本紀五年將軍驁攻魏定酸棗燕虛長平裴駰曰地理志汝南有長平縣故城在今陳州西六十里其水東南流注絕水朱無水字趙增刊誤曰其下落水字絕水又東南流逕泫氏縣故城北竹書紀年曰晉烈公元年趙獻子城泫氏絕水東南與泫水會水導源縣西北泫谷朱作玄趙改泫刊誤曰章懷後漢書註曰泫氏縣名屬上黨西有泫谷水故以爲名元當從水作泫後魏改泫氏縣爲元氏然谷名當仍其舊東流逕一故城南俗謂之都鄉城又東南逕泫氏縣故城南官本曰案近刻脫縣字　案朱脫趙增世祖建武六年封萬普爲侯國而東會絕水亂流東南入高都縣右入丹水趙釋曰一清案漢志丹水入泫泫即絕也絕水南至壄王入沁蓋長分爲二水與班固異上黨記曰長平城在郡南山中趙釋曰一清案劉昭郡國志補注引上黨記曰白起城在郡南山中百二十里長平城即白起城也丹水出長平北山南流秦坑趙衆流血丹川由是俗名爲丹水斯爲不經矣丹水又東南流注于丹谷即劉越石扶風歌所謂丹水者也趙釋曰危林曰劉琨扶風歌曰朝發廣莫門暮宿丹水山文選李善注引晉宮闕名曰洛陽城廣莫門北向漢書上黨高都縣莞谷丹水所出也蓋即酈元之說予案上黨去雒千五百里朝發雒城暮宿高都雖有乘風之翼躡景之足不能如是之疾且其詩曰顧瞻望宮闕寧有天井關頭可睇德陽殿角

平者地志宏農有丹水縣丹水出上雒冢領山東至析入均者斯爲近之耳晉書地道記曰縣有太行關丹溪爲關之東谷途自此去不復由關矣丹水又逕二石人北（官本曰案人近刻訛作入　案朱訛趙改刊誤曰入當作人古人字與入相似）而各在一山角倚相望南爲河內北曰上黨二郡以之分境丹水又東南歷西巖下巖下有大泉湧發洪流巨輸（朱作洪源巨輸箋曰宋本作洪流巨輸埠案疑當作洪流巨輸趙從之）淵深不測蘋藻茭芹（官本曰案茭近刻訛作冬　案朱趙同趙刊誤曰箋曰冬字疑誤案孫潛云冬虋冬也字不誤）竟川含綠雖嚴辰肅月無變暄萋（官本曰案無變近刻訛作燕麥　案朱趙同）丹水又南白水注之水出高都縣故城西所謂長平白水也東南流歷天井關　地理志曰高都縣有天井關蔡邕曰太行山上有天井關在井北遂因名焉故劉歆遂初賦曰馳太行之險峻入天井之高關太元十五年晉征虜將軍朱序破慕容永于太行遣軍至白水去長子（朱趙有一字）百六十里白水又東天井溪水會焉水出天井關（趙釋曰一清案章懷後漢書注曰太行山上天井關南有天井泉水三所）北流注白水

世謂之北流泉白水又東南流入丹水謂之白水交丹水又東南出山逕鄈城西城在山際俗謂之期城非也司馬彪郡國志曰山陽有鄈城京相璠曰河內山陽西北六十里有鄈城竹書紀年曰梁惠成王元年趙成侯偃韓懿侯若伐我葵卽此城也丹水又南屈而西轉光溝水出焉丹水又西逕苑鄉城北南屈東轉逕其城南東南流注于沁謂之丹口竹書紀年曰晉出公五年丹水三日絕不流幽公九年丹水出相反擊卽此水也沁水又東光溝水注之（朱趙有也字）水首受丹水東南流界溝水出焉又南入沁水沁水又東南流逕成鄉城北（朱趙不重沁水二字）又東逕中都亭南左合界溝水（官本曰案左近刻訛作又　案朱趙作又）水上承光溝東南流長明溝水出焉又南逕中都亭西而南流注于沁水也

又東過州縣北官本曰案州原本及近刻竝訛作周注內故州也同今改正　案朱趙作周

縣故州也朱趙作周趙釋曰一清案水經多以州爲周如武周泉周之類此是漢志河內郡之州縣而水經以爲周鄉故以縣故州也釋之後人併注之州字亦改從周春秋左傳隱公十有一年周以賜鄭公孫段官本曰案此三字上有脫文當云昭公三年晉以州田賜鄭公孫段六國時官本曰案此三字誤當作其後二字公孫段事在昭公三年去隱公十一年甚遠　趙釋曰何氏曰此注多誤文韓起又不逮六國時且亦未嘗徙居之全氏曰周以賜鄭下有脫文蓋州本溫地蘇忿生叛王王以賜鄭而鄭不能有也晉啓南陽州入焉趙氏郤氏欒氏遞有之昭公三年晉以賜鄭公孫段七年復歸之晉而韓宣子以易原縣于宋樂大心然其後仍屬晉公家宋行人樂祁之死晉人止其尸于州以求盟是也史記韓宣子晚居州然則宣子雖不逮六國時而未始不居州也其文不見于左而見于史義門覈之未盡韓宣子徙居之有白馬溝水注之水首受白馬湖湖一名朱管陂陂上承長明溝湖水東南流逕金亭西分爲二水一水東出爲蔡溝一水南注于沁也官本曰案注近刻訛作流　案朱作流趙下增注字刊誤曰南流下落注字孫潛校增

又東過懷縣之北官本曰案近刻作過邢邱　案朱作過邢丘箋曰一曰懷縣之北趙改懷縣之北

韓詩外傳曰武王伐紂到邢邱更名邢邱曰懷朱箋曰據今韓詩作懷甯春秋時赤翟伐晉圍懷是也王莽以爲河內故河內郡治也舊三河

之地矣韋昭曰河南河東河內爲三河也縣北有沁陽城

沁水逕其南而東注也

又東過武德縣南又東南至滎陽縣北東入于河

沁水于縣南水積爲陂通結數湖有朱溝水注之其水上承沁水于沁水縣西北自枋口東南流官本曰案枋近刻訛作方案朱訛趙改刊誤曰方口當作枋口奉溝水右出焉又東南流右泄爲沙溝水也其水又東南于野王城西枝渠左出焉官本曰案出近刻訛作水案朱訛趙改刊誤曰水當作出以周城溉東逕野王城南又屈逕其城東而北注沁水朱溝自枝渠東南逕州城南又東逕懷城南又東逕殷城北郭緣生述征記曰河之北岸河內懷縣有殷城或謂楚漢之際殷王卬治之官本曰案卬近刻訛作卬下同案朱訛趙改非也余按竹書紀年云秦師伐鄭次于懷城殷官本曰案此下近刻重一殷字案朱重趙刪刊誤曰殷字重文宜衍卽是城也然則殷之爲

名久矣官本曰案近刻脫則字案朱脫趙增刊誤曰然下落則字知非從邛始昔劉曜官本曰案近刻訛作聰案朱趙作聽趙釋曰全氏曰郭默嘗附劉曜非劉聰以郭默爲殷州刺史督緣河諸軍事治此官本曰案督上近刻衍都字案朱趙有朱溝水又東南注于湖湖水右納沙溝水朱朱溝下無水字湖水下有又字趙增刪刊誤曰朱溝下落水字湖水下又字衍文水分朱溝南派東南逕安昌城西漢成帝河平四年封丞相張禹爲侯國趙釋曰全氏曰張禹所封在汝南地理志汝南郡安昌縣下云侯國外戚恩澤侯表亦云是汝南方輿紀要安昌城在信陽州西北七十里漢縣屬汝南郡亦見淮水注今城之東南有古冢時人謂之張禹墓余按漢書禹河內軹人徙家蓮勺朱作芍趙改勺鴻嘉元年禹以老乞骸骨官本曰案近刻脫骨字案朱趙同自治冢塋起祠堂于平陵之肥牛亭官本曰案近刻陵下又有平字衍案朱衍趙刪刊誤曰下平字衍文近延陵奏請之詔爲徙亭哀帝建平二年薨遂葬于彼此則非也沙溝水又東逕隰城北朱無水字趙增刊誤曰沙溝下落水字春秋僖公二十五年取太叔于溫殺之于隰城是也京相璠曰在懷縣西南又逕殷城西東南流入于陂陂水又値武德縣南至滎陽縣北

官本曰案近刻脫此九字　案朱脫趙增刊誤曰值當作直又直下落武德縣南至滎陽縣北九字全祖望校補方輿紀要懷慶府武陟縣下云沁河在縣東一里自河內縣流入又南達于河其入河之處名南賈口支流復自縣東北引灌田二千餘頃禹貢錐指曰沙溝即秦溝之下流古濟水由此入河故謂之濟渠沙溝當在今武陟縣界也今懷慶府河內縣東有武德城又有丹河在府東北二十五里名曰丹口南流三十里入沁河沁水入河之處在武德縣界而爲陂水之所直也

東南流入于河先儒亦咸謂是溝爲濟渠故班固及闞駰竝言濟水至武德入河蓋濟水枝瀆條分所在布稱亦兼丹水之目矣

淇水出河內隆慮縣西大號山

山海經曰淇水出沮洳山官本曰案洳近刻訛作如　案朱訛趙改水出山側頹波瀨注衝激橫山山上合下開可減六七十步巨石磥砢交積隍澗趙作閒傾瀾漭湯盪官本曰案漭近刻訛作漭　案朱趙作漭朱箋曰御覽引此作傾瀾渀盪勢同雷轉激水散氛曖若霧合又東北沾水注之官本曰案沾近刻訛作活下沾臺訛作玷臺　案朱訛趙改刊誤曰活水當作沾水全氏曰漢書地理志上黨郡壺關縣下云沾水東至朝歌入淇此即沾縣所以得名也有沾縣因有沾城魏書地形志樂平縣有沾城是也有沾城因有沾臺晉書誤以沾城爲玷城而是注亦訛沾臺爲玷臺何超晉書音義從而實之賴有胡梅磵不錯

今校正 水出壺關縣東沾臺下石壁崇高昂藏隱天泉流發于西北隅與金谷水合金谷卽沾臺之西溪也東北會沾水朱無沾字趙增刊誤曰會下落沾字又東流注淇水趙淇水作于淇淇水又逕南羅川朱本不重淇水二字又歷三羅城北官本曰案三原本及近刻並訛作之考寰宇記共城縣治西北六十里大山中有羅門卽山峽逕東之所內有南羅中羅北羅三城可證之乃三字之誤 案朱訛趙改刊誤曰之全祖望校改三東北與女臺水合朱合上有會字趙刪刊誤曰會合義複衍會字水發西北三女臺下東北流注于淇趙釋曰一清案漢志上黨郡壺關縣下沾水東至朝歌入淇淇水又東北歷淇陽川官本曰案歷近刻訛作逕 案朱趙作逕逕石城西北城在原上帶澗枕淇 淇水又東北西流水注之水出東大嶺下西流逕石樓南在北陵石上練垂桀立亭亭極峻其水西流水也又東逕馮都壘南世謂之淇陽城在西北三十里淇水又東出山分爲二水水會立石堰官本曰案近刻脫一水字 案朱脫趙增刊誤曰會上落水字遏水以沃白溝左爲菀朱作苑箋曰舊本作菀趙改菀

水右則淇水自元甫城東南逕朝歌縣北 竹書紀年晉定公十八年 官本曰案近刻訛作二十八年 案朱訛趙改刊誤曰二字衍文竹書紀年校 淇絕于舊衛即此也淇水又東右合泉源水 官本曰案近刻訛作太和泉源水 案淇水又東下朱趙有屈而西轉逕頓邱北故闞駰云頓邱在淇水南又屈逕頓邱西爾雅曰山一成謂之頓邱釋名謂一頓而成邱無高下大小之殺也詩所謂送子涉淇至于頓邱者也魏徙九原西河土軍諸胡置五軍于邱側故其名亦曰五軍也八十七字今依官本移後淇水又北下太和泉源水五字朱趙同朱箋曰此下自水有二源至更相通注河清止九百十五字吳本誤入于十三卷㶟水注中今移接于此趙刊誤曰太和泉源水五字中有脫文太和下是言頓邱郡廢置之由泉源水當連下水有二源趙釋曰一清案太和下有缺文魏書地形志頓邱郡晉武帝置頓邱縣太和中併汲郡此必言頓邱郡縣廢置之由故有太和二字太和為魏孝文帝年號朱氏僅知正其錯簡惜不知指其缺失也 水有二源一水出朝歌城西北東南流 官本曰案近刻脫流字 案朱趙無流字趙北下增一出二字刊誤曰東南上落一出二字 老人晨將渡水而沈吟難濟紂問其故左右曰老者髓不實故晨 朱作暑箋曰謝云宋本作晨寒 㙮案當作畏寒趙改畏 寒也紂乃于此斮脛而視髓也其水南流東屈逕朝歌城南 晉書地道記曰本沫邑也詩云爰采唐矣沫之鄉矣殷王武丁始遷居之為殷都也 趙釋曰一清案禹貢錐指曰殷本紀曰武乙復去亳徙河北此即紂都朝歌也武丁自鄴南復遷于亳至武乙則又自亳遷于朝歌淇水注引晉書地道記謂武丁遷居沫邑蓋誤以武乙為武丁耳 紂都在

禹貢冀州大陸之野官本曰案禹貢二字近刻訛在紂都上　案朱趙同趙釋曰一清案此句甚費尋思蓋抄變漢書地理志而誤者班固于鉅鹿郡鉅鹿縣下云禹貢大陸澤在北紂所作沙邱臺在東北七十里酈氏率筆書之今尚書具在烏有是耶史記殷本紀武乙立殷復去亳徙河北蓋四世至紂不復再遷河北卽朝歌也杜佑曰衞縣西二十五里有古朝歌城劉昫曰紂所都朝歌城在衞縣西今直隸大名府濬縣河南衞輝府淇縣交界之地也卽此矣有糟邱酒池之事焉有新聲靡樂號邑朝歌孫校曰山海經有朝歌之山當是以此得名非紂樂也晉灼曰史記樂書紂作朝歌之音朝歌者歌不時也故墨子聞之惡而迴車不逕其邑論語比考讖曰官本曰案近刻訛作論撰考讖曰　案朱訛趙增語字刊誤曰論語撰考讖是緯書落語字邑名朝歌顏淵不舍七十弟子揜目宰予獨顧由蹷墮車官本曰案蹷近刻訛作蹷下同朱趙作蹷　案宋均曰子路患宰予顧視凶地故以足蹷之使墮車也今城內有殷鹿臺紂昔自投于火處也竹書紀年曰武王親禽帝受辛朱作卒箋曰當作辛舊本無此字㙔案書泰誓稱商王受則呼其名也史記名辛是爲帝辛天下謂之紂竹書亦名受而沈約注一曰受辛呂氏春秋云紂名受德孟子墨子尸子皆稱紂謚法殘義損善曰紂蓋死後人謚之也趙改辛于南單之臺遂分天之明南單之臺蓋鹿臺之異名也武王以殷之遺民封紂子武庚于茲邑分其地爲三曰邶鄘衞使管叔蔡叔霍叔輔之爲三監叛周討平以

封康叔爲衞箕子佯狂自悲故琴操有箕子操逕其墟父母之邦也不勝悲作麥秀歌後乃屬晉（官本曰案此四字近刻訛在有紂之餘風下　案朱同趙改在地居河淇之間下說見下）地居河淇之閒戰國時皆屬于趙男女淫縱有紂之餘風（官本曰案餘近刻作遺　案朱趙作遺又朱此下有後乃屬晉四字今移上）土險多寇（官本曰案土近刻訛作山　案朱訛趙改刊誤曰箋曰宋本作晉土嶮舊本作晉王嶮埤謂晉字屬上句若言土嶮不成文理或是山字乃通案朱氏此條可謂亂道土嶮謂地土嶮岨耳地理志云土陋而嶮文理未嘗不成也後魏書崔延伯傳云荊州土險蠻左爲寇正與此文土險多寇相證晉字阿誰曾連下讀耶全祖望曰後乃屬晉四字當移在戰國時皆屬于趙之上不然三家分晉趙乃在後若云造父之國則又不得云戰國時也）漢以虞詡爲令朋友以難治致弔詡曰不遇盤根錯節何以別利器乎

又東與左水合謂之馬溝水水出朝歌城北東流南屈逕其城東（官本曰案逕近刻訛作至　案朱訛趙改刊誤曰至當作逕）又東流與美溝合水出朝歌西北大嶺下（官本曰案此卽二源之一）東流逕駱駝谷（官本曰案東流近刻訛作更出　案朱作更出趙改東出刊誤曰更當作東）于中逶迤九十曲故俗有美溝之目矣歷十二㟧㟧流相承泉響不斷返水捍注捲復深隍（官本曰案近刻訛作倦後深隍　案朱訛倦後趙改湰浚刊誤曰箋曰倦後二字訛誤未詳案）

隍閒積石千通水穴萬變（朱千作下）（廣韻潫水回旋貌經典釋文春秋左氏傳音義曰浚深也淃後當作潫浚萬作爲箋曰古本作積石千通宋本作水穴萬變趙改從古宋本）觀者若思不周賞（趙刊誤曰箋曰疑作苦思案若字不誤）情乏（朱作之箋曰疑作乏趙改乏）圖狀矣其水東逕朝歌城北（官本曰案東近刻訛作更　案朱訛趙改刊誤曰更當作東）又東南流注馬溝水又東南注淇水爲肥泉也故衛詩曰我思肥泉茲之永歎毛注云同出異歸爲肥泉爾雅曰歸異出同曰肥釋名曰本同出時所浸潤水少（官本曰案近刻脫水字　案朱趙無）所歸枝散而多（官本曰案歸下近刻有各字　案朱趙有）似肥者也犍爲舍人曰水異出流行合同曰肥今是水異出同歸矣博物志謂之澳水詩云瞻彼淇澳菉竹猗猗毛云菉王芻也竹編竹也（朱箋曰毛傳作篇竹爾雅作萹蓄趙改萹竹）漢武帝塞決河斬淇園之竹木以爲用寇恂爲河內伐竹淇川治矢百餘萬以輸軍資（朱輸作溢箋曰溢當作益御覽引此作輸後漢書寇恂傳作以給軍士趙改益）今通望淇川無復此物惟王芻編草

趙編改薵刊誤曰編當作薵郡國志云共縣淇水出劉昭補註云有綠竹草唐韻薵竹草名不異毛興官本曰案近刻訛作注　趙刊誤曰箋曰謝云宋本作不異毛注案詩地攷引此文是興字又言澳隈也鄭亦不以爲津源而張司空專以爲水流入于淇非所究也然斯水卽詩所謂泉源之水也官本曰案泉源近刻訛作源泉　案朱訛趙改刊誤曰源泉詩作泉源故衞詩云泉源在左淇水在右衞女思歸指以爲喻淇水左右蓋舉水所入爲左右也趙釋曰一清案泉源水入淇卽今衞輝府輝縣之衞河也道元詳其水而逸其名淇水又南歷枋堰舊淇水口官本曰案近刻訛作南　案朱訛趙改刊誤曰南當作口東流逕黎陽縣界南入河地理志曰淇水出共東至黎陽入河溝洫志曰官本曰案此下近刻衍在字　案朱趙有遮害亭西朱趙有一字十八里至淇水口是也官本曰案近刻脫也字　案朱脫趙增刊誤曰是下落也字漢建安九年魏武王于水口下大枋木以成堰遏淇水東入白溝以通漕運故時人號其處爲枋頭是以盧諶征艱賦曰後背洪枋巨堰深渠高

隄者也自後遂廢魏熙平中復通之故渠歷枋城北官本曰案枋近刻訛作楊　案朱訛趙改刊誤曰楊城當作枋城東出今瀆破故堨官本曰案近刻作堰　案朱趙作堰其堰悉鐵柱木石參用其故瀆南逕枋城西又南分爲二水一水南注清水水流上下更相通注河清水盛官本曰案水有二源至此句清字止舊刻訛在㶟水注內八風谷之緇石也緇字下原本不誤北入故渠自此始矣一水東流逕枋城南東與菀口合朱作宛趙改菀刊誤曰宛口寰宇記作菀口下菀水菀城竝同全氏曰卽博物志之澳水澳菀聲相近菀水上承淇水于元甫城西北自石堰東菀城西官本曰案東下近刻衍注字　案朱衍趙刪屈逕其城南又東南流歷土軍東北官本曰案土軍原本及近刻竝訛作五軍考土軍漢書地理志屬西河郡北魏立吐京郡吐京卽土軍音聲之轉魏討九原西河吐京諸叛部出配郡縣置吐京民於此但魏書作吐京道元猶用土軍字耳　案朱趙作五下同得舊石逗官本曰案近刻訛作沮　案朱訛沮趙改逗刊誤曰沮當作逗與逗同穀水注云又枝流入石逗是也義與石竇通故五水分流世號五穴口今惟通并朱作井箋曰宋本作弁趙改弁爲二水官本曰案近刻脫水字　案朱趙無水字一水西注淇水謂之天井溝一水逕土軍東

分爲蓡溝東入白祀陂朱作祠趙改祀下同刊誤曰箋曰宋本作白紀舊本作白祀未詳孰是案方輿紀要云同山在濬縣西南四十五里其麓綿亘四十餘里形若游龍高處如龍脊曰龍脊岡龍脊之左有山曰白祀淇水所逕多溢爲陂祀字是也又南分東入同山陂溉田七十餘頃二陂所結即臺陰野矣菀水東南入淇水淇水右合宿胥故瀆瀆受河于頓邱縣遮害亭東黎山西北會淇水處立石堰遏水令更東北注官本曰案令近刻訛作今　案朱訛趙改刊誤曰今當作令魏武開白溝因宿胥故瀆而加其功也故蘇代曰決宿胥之口魏無虛頓邱即指是瀆也淇水又東北流謂之白溝逕雍榆城南春秋襄公二十三年叔孫豹救晉次于雍榆者也官本曰案榆下近刻衍城字　案朱衍趙刪刊誤曰春秋經無城字衍文淇水又北逕其城東官本曰案近刻脫又北二字　案朱趙無東北逕同山東又東北逕帝嚳冢西官本曰案又字下近刻有北逕其城東五字係衍文　案朱趙有世謂之頓邱臺非也皇覽曰帝嚳冢在東郡濮陽頓邱城南臺陰野中者也　又北逕白

祀山東歷廣陽里逕顓頊冢西俗謂之殿王陵非也

帝王世紀曰顓頊葬東郡頓邱城南廣陽里大冢者是也淇

水又北屈而西轉逕頓邱北故闞駰云頓邱在

淇水南官本曰案此下近刻有又屈逕頓邱西六字係訛舛衍文　案朱趙有爾雅曰山一成謂之頓邱

釋名謂一頓而成邱無高下小大之殺也詩所謂送子涉淇至

于頓邱者也魏徙九原西河土軍諸胡官本曰案土軍原本及近刻竝訛作出軍係後人所改　案朱作出

趙改土刊誤曰出軍當作土軍漢書地理志西河郡有土軍縣魏書地形志有吐京郡卽土軍也置土軍于邱側官本曰案此土軍原本及近刻竝訛作五

軍下同　案朱趙同故其名亦曰土軍也官本曰案此上八十一字近刻訛在前淇水又東之下右合泉源水之上　案朱趙八十一字俱在前淇

水又東下趙釋曰一清案魏書地形志有南北吐京郡後徙其民于此故有吐京之名土軍五軍蓋吐京之變音又屈逕頓邱縣故

城西官本曰案又屈二字近刻訛在上頓邱在淇水南下　案朱趙同古文尚書以爲觀地矣蓋太康

弟五君之號曰五觀者也竹書紀年晉定公三十一年城頓邱

皇覽曰頓邱者城門名頓邱道世謂之殿皆非也蓋因邱而爲

名故曰頓邱矣淇水東北逕枉人山東牽城西官本曰案枉近

刻訛作柱　案朱作柱箋曰當作枉隋圖經曰枉人山谷名山陽三山或云紂殺比干於此山因得名古凡伯國地也隋書地志云汲郡黎陽有大伾山枉人山趙改枉春秋

左傳定公十四年朱四作三箋曰春秋作十四年趙改四公會齊侯衛侯于牽者也杜

預曰黎陽東北有牽城卽此城矣　淇水又東北逕石柱

岡東北注矣

東過內黃縣南爲白溝朱趙東上並有又字孫校曰元和郡縣志內黃縣本漢舊縣黃澤在縣西北五里永濟渠本名白渠隋煬帝導爲永濟渠一名御河北去縣二百步

淇水又東北逕并陽城西　世謂之辟陽城非也卽郡

國志所謂內黃縣有并陽聚者也　白溝又北左合蕩水官本曰案近刻訛作陽水　案朱訛趙改刊誤曰陽水當作蕩水亦曰湯水方輿紀要大名府內黃縣下云湯水在府西南自河南湯陰縣流入縣境合洹水入於衛河一名黃雀溝互見蕩水注

又東北流逕內黃縣故城南縣右對黃澤郡

國志曰縣有黃澤者也官本曰案近刻脫也字　案朱脫趙增刊誤曰者下落也字　地理風俗

記曰陳留有外黃故加內史記曰趙廉頗伐魏取黃卽此縣

屈從縣東北與洹水合

白溝自縣北逕戲陽城東世謂之羛陽聚官本曰案近刻訛作義陽郭　案朱趙同趙刊誤曰後漢書光武帝紀作羛陽章懷註云羛陽聚名羛與義同詳本卷趙釋曰一清案後漢書光武帝紀幸內黃大破五校於羛陽降之章懷註云羛陽聚名屬魏郡左傳云晉荀盈如齊逆女還卒於戲陽杜預註云內黃縣北有戲陽城戲與羛同義陽郭當作羛陽聚說文羛字下云墨翟書義從弗魏郡有羛陽鄉讀若錡則羛與義字可通用也春秋昭公十年趙釋曰沈氏曰是九年晉荀盈如齊逆女還卒戲陽是也白溝又北逕高城亭東洹水從西南來注之朱東下有又字趙改又東刊誤曰東又二字當倒互又北逕問亭東即魏界也魏縣故城官本曰案近刻脫魏字縣故城三字訛在應劭曰下　案朱脫訛趙增改刊誤曰漢志註引應劭語無縣故城三字當移在應劭曰之上縣故城上又落魏字應劭曰魏武侯之別都也城內有武侯臺王莽之魏城亭也左與新河合洹水枝流也白溝又東北逕銅馬城西蓋光武征銅馬所築也故城得其名矣白溝又東北逕羅勒城東又東北漳水注之謂之利漕口官本曰案魏志建安十八年鑿渠引漳水入白溝以通河是也自下清漳白溝淇河咸得通稱也

又東北過館陶縣北又東北過清淵縣西

白溝水又東北逕趙城西又北阿難河出焉蓋魏將阿難所導趙釋曰一清案元和志云魏將李阿難以利衡瀆遂有阿難之稱矣官本曰案遂近刻訛作首 案朱趙作首白溝又東北逕空陵城西又北逕喬亭城西東去館陶縣故城十五里縣卽春秋所謂冠氏也魏陽平郡治也其趙作淇水又屈逕其縣北又東北逕平恩縣故城東 地理風俗記曰縣故館陶之別鄉也漢宣帝地節三年置官本曰案近刻訛作元康三年置 案朱趙同趙釋曰沈氏曰是地節三年封一清案宣帝地節四年改明年元爲元康廣漢以神爵元年病死無子絶元帝初元元年紹封弟子嘉伯卽廣漢也以封后父許伯爲侯國地理志王莽之延平縣矣 其水又東過清淵縣故城西官本曰案其水近刻訛作淇水下同 案朱趙作淇下同又歷縣之西北爲清淵故縣有清淵之名矣趙釋曰一清案漢志魏郡清淵縣應劭曰清河在西北世謂之魚池城非也其水又東北逕榆陽城北漢武帝官本曰案近刻訛作昭帝 案朱趙作昭封太常江德爲侯國文穎曰邑在魏郡清淵趙釋曰一清案褚表作潦陽小司馬曰表在清河漢表作轑陽侯江喜地理志

清河無潦陽或是魏郡清淵縣又褚表江德以捕淮陽反者公孫勇侯是武帝非昭帝世謂之清淵城非也

又東北過廣宗縣東爲清河

清河東北逕廣宗縣故城南和帝永元五年官本曰案和帝近刻訛作順帝案朱趙作順封皇太子萬年爲王國趙釋曰沈氏曰范史章八王少子廣宗殤王萬歲以和帝永元五年封注未覈田融言趙立建興郡于城內置臨清縣于水東自趙石始也清河之右有李雲墓雲字行祖甘陵人好學善陰陽舉孝廉遷白馬令中常侍單超等立掖庭民女亳氏爲后后家封者四人賞賜巨萬雲上書移副三府曰官本曰案副近刻訛作列案朱訛趙改孔子云帝者諦也今尺一拜用不經御省官本曰案近刻訛作者案朱訛趙改是帝欲不諦乎帝怒下獄殺之後冀州刺史賈琮朱作瑤箋曰後漢書作賈琮趙改琮使行部過祠雲墓刻石表之今石柱尚存俗猶謂之李氏石柱 清河又東北逕界城亭東 水上有大梁謂之界城橋英雄記曰公孫瓚擊青州黃巾賊大破之還屯廣宗袁本初自往征瓚合戰于界橋南二十

里紹將麴義官本曰案麴近刻作鞠 案朱趙作鞠破瓚于界城橋斬瓚冀州刺史嚴

綱又破瓚殿兵于橋上卽此梁也世謂之鬲城橋蓋傳呼失實

矣清河又東北逕信鄉西趙增縣故城三字刊誤曰信鄉下落縣故城三字以河水篇注參校地理

風俗記曰甘陵西北十七里有信鄉故縣也清河又趙有東字北

逕信成縣故城西應劭曰甘陵西北五十里有信成亭

故縣也趙置水東縣于此城故亦曰水東城清河又東北

逕清陽縣故城西漢高祖置清河郡治此景帝中三年

官本曰案此五字近刻訛作中元二年景帝六字 案朱訛趙止刪元字釋曰沈氏曰本表是三年封皇子乘爲王國王莽之平

河也官本曰案平河近刻訛作河平 案朱訛趙改刊誤曰河平漢書地理志作平河漢光武建武二年西河鮮于

冀爲清河太守作公廨未就而亡後守趙高計功用二百萬五

官黃秉功曹劉適言四百萬錢于是冀乃鬼見白日道從入府

與高及秉等對共計校定爲適秉所割匿冀乃書表自理其略

言高貴不尚節趙釋曰一清案太平廣記引水經作貴尚小節畝壟之夫而箕踞遺類研密失

機婢妾其性媚世求顯偷竊很鄙有辱天官官本曰案近刻訛作偷竊銀艾鄙辱天官　案朱趙同趙釋曰一清案太平廣記引水經作偷竊很鄙有辱天官易讖負乘誠高之謂臣不勝鬼言謹因千里驛聞付高上之便西北去三十里車馬皆滅不復見秉等皆伏地物故高以狀聞詔下還冀西河田宅妻子焉兼爲差代以弭幽中之訟官本曰案弭近刻訛作旌　案朱趙作旌趙釋曰一清案太平廣記引水經作弭漢桓帝建和二年官本曰案近刻訛作延和元年　案朱作延和元年趙改建和仍元年刊誤曰延和當作建和趙釋曰沈氏曰是三年改清河爲甘陵王國以王妖言徙其年立甘陵郡治此焉

又東北過東武城縣西

清河又東北逕陵鄉西應劭曰東武城西南七十里有陵鄉故縣也後漢封太僕梁松爲侯國故世謂之梁侯城遂立侯城縣治也清河又東北逕東武城縣故城西官本曰案故字近刻訛在縣字上　案朱訛趙改刊誤曰縣故城卷中恆有故縣二字當倒互史記趙公子勝號平原君以解邯鄲之功受封于此定襄有武城故加東矣清河又東北逕

復陽縣故城西漢高祖七年封右司馬陳胥爲侯國 趙釋曰一清案陳胥所封索隱曰是南陽地理志南陽郡復陽縣侯國然清河郡亦有復陽縣一清案方輿紀要復陽城在棗彊縣西南十八里漢縣屬清河郡後漢時省陸澄曰爲枯絳水所湮此卽陳胥之封邑非南陽之復陽也南陽之復陽闞駰曰故湖陽之樂鄉元帝元延二年置安得以爲陳胥封邑小司馬誤矣 王莽更名之曰樂歲地理風俗記曰東武城西北三十里有復陽亭故縣也世名之曰檻城非也清河又東北流 官本曰案清河下近刻有水字 案朱趙有 逕棗彊縣故城西史記建元以來王子侯者年表云漢武帝元朔二年封廣川惠王子晏爲侯國也應劭地理風俗記曰東武城縣西北五十里 官本曰案近刻脫縣字 案朱趙無 有棗彊城故縣也

又北過廣川縣東

清河北逕廣川縣故城南 官本曰案河近刻訛作水 案朱訛趙改刊誤曰水當作河 闞駰曰縣中有長河爲流 官本曰案近刻脫中字 案朱脫趙增刊誤曰縣下落中字以漢志校補 故曰廣川也水側有羌壘姚氏之故居也今廣川縣治清河又東北逕歷縣故城南 地理志信都之屬縣也王莽更名曰

歷寧也應劭曰廣川縣西北三十里有歷城亭故縣也今亭在縣東如北官本曰案近刻訛作如此　案朱訛趙改刊誤曰箋曰如當作而案如往也之也此當作北如北言自東往北也古傳如而字通用然非所論於此也水濟尚謂之爲歷口渡也

又東過脩縣南又東北過東光縣西

清河又東北左與張甲屯絳故瀆合阻深隄高鄣無復有水矣又逕脩縣故城南屈逕其城東脩音條趙釋曰全氏曰三字注中注王莽更名之曰脩治官本曰案近刻訛作治脩　案朱訛趙乙刊誤曰漢書地理志作脩治郡國志曰故屬信都清河又東北左與橫漳枝津故瀆合官本曰案橫近刻訛作黃　案朱訛趙改又朱作板津趙改枝津刊誤曰箋曰板津宋本作枝津案黃漳當作橫漳卽衡漳也朱氏失箋又東北逕脩國趙釋曰一清案脩是縣名非國名也道元誤矣故城東漢文帝封周亞夫爲侯國故世謂之北脩城也清河又東北逕邸閣城東城臨側清河晉脩縣治城內有縣長魯國孔明孫校曰他處作孔翔碑清河又東至東光縣西南逕胡蘇亭趙釋曰劉昭郡國志補注曰東光有胡蘇

亭胡蘇河之名見爾雅地理志東光有胡蘇亭者也官本曰案近刻脫地理志東光有胡蘇亭九字及也字案朱趙同者下有是字趙釋曰一清案二字上下有脫誤世謂之羌城非也又東北右會大河故瀆又逕東光縣故城西後漢封耿純爲侯國初平二年黃巾三十萬人入渤海官本曰案近刻作北海案朱同趙改又趙脫人字公孫瓚破之于東光界追奔是水斬首三萬流血丹水卽是水也

又東北過南皮縣西

清河又東北無棣溝出焉東逕南皮縣故城南又東逕樂亭北地理志之臨樂縣故城也趙刊誤曰箋曰之疑作云案之字不誤王莽更名樂亭晉書地道志太康地記樂陵國有新樂縣卽此城矣又東逕新鄉城北卽地理志高樂故城也王莽更之曰爲鄉矣無棣溝又東分爲二瀆無棣溝又東逕樂陵郡北官本曰案逕下近刻有于字案朱有趙刪刊誤曰于字衍文又東屈而北出又東轉逕苑鄉縣故城南官本曰案近刻訛作逕宛鄉故城南案朱訛趙改增刊誤曰方輿紀要順德府任縣苑鄉城

云本漢南欒縣地後爲閑廢之所謂之苑鄉志云石勒置縣於此又改爲清苑縣後魏時廢魏書地形志任縣有苑鄉城苑鄉當作苑鄉下落縣字趙釋曰一清案此縣名不見兩漢晉魏史志未詳處所又東南逕高成縣故城南官本曰案高成近刻作高城 案朱訛趙改與枝瀆合枝瀆上承無棣溝官本曰案近刻脫枝字瀆訛作溝 案朱訛趙改不補枝字刊誤曰上溝字當作瀆即上枝瀆也南逕樂陵郡西又東南逕千童縣故城東史記建元以來王子侯者年表曰故重也一作千鍾漢武帝元朔四年封河閒獻王子劉陰爲侯國趙刊誤曰箋曰舊本作靖王案史表是獻王而漢書景十三王傳河閒嗣王亦無諡靖者應劭曰漢靈帝改曰饒安也趙釋曰一清案史表千鍾侯劉搖一云劉陰索隱曰一作重漢表作重侯擔在平原地理志有重邱也若渤海之千童別是一縣漢志注應劭曰靈帝改曰饒安者也道元混而一之滄州治枝瀆又南東屈東北注無棣溝無棣溝又東北逕一故城北世謂之功城也又東北逕鹽山東北入海春秋僖公四年官本曰案近刻脫此二字 案朱趙無齊楚之盟于召陵也管仲曰昔召康公賜命先君太公履官本曰案賜近刻作錫 案朱趙同北至于無棣蓋四履之所也京相璠曰舊說無棣在遼西孤竹縣一說參差未知所定然管仲以責楚

無棣在此方之爲近既世傳已久官本曰案近刻訛作以文案朱趙作以久以已通且以聞見書之清河又東北逕南皮縣故城西十三州志曰章武有北皮亭故此曰南皮也王莽之迎河亭官本曰案迎近刻訛作逆案朱訛趙改刊誤曰逆河漢書地理志作迎河莽多忌諱故以逆爲迎也史記惠景侯者年表云漢景帝後七年官本曰案近刻訛作文帝後元年中案朱訛趙改景帝後元中刊誤曰文帝當作景帝與下竇廣國之封其誤同年字以後文校衍趙釋曰一清案史漢表竇彭祖與竇廣國皆以景帝後七年封非文帝也又文景改年只稱後元年後二年中元年中二年耳則亦不當云後元年中也後元非紀年之號此襲史表而誤者也他處引史有年數者皆據史改正而特存其說于此封孝文后兄子彭祖爲侯國朱趙有漢字建安中魏武擒袁譚于此城也

清河又北逕北皮城東官本曰案近刻脫北字案朱脫趙北逕二字乙說見下左會滹沱別河故瀆官本曰案近刻訛作左會譚地別瀆案朱訛趙改譚地爲滹沱刊誤曰箋曰地宋本作池案北逕二字當倒互譚地是滹沱之誤謂之合口官本曰案近刻脫口字案朱脫趙增刊誤曰謂之合下落口字此文當與濁漳水篇注參校城謂之合城也官本曰案城謂近刻訛作故謂案朱趙同地理風俗記曰南皮城北五十里有北皮城卽是城矣官本曰案近刻脫此四字作有北皮城也案朱趙同

又東北過浮陽縣西官本曰案過近刻訛作逕案朱訛趙改刊誤曰逕當作過

清河東北流官本曰案近刻脫清字流字案朱脫趙補清字刊誤曰河上落清字浮水故瀆出焉按史記趙之南界有浮水焉浮水在南而此有浮陽之稱者蓋浮水出入津流同逆混并清漳二瀆河之舊道浮水故迹又自斯別是縣有浮陽之名也官本曰案浮陽近刻訛作浮水案朱訛趙改首受清河于縣界東北逕高成縣之苑鄉城北官本曰案高成近刻訛作高城苑訛作宛案朱訛趙改刊誤曰高城漢書地理志作高成宛鄉當作苑鄉又東逕章武縣之故城北官本曰案近刻脫北字案朱脫趙增刊誤曰故城下落北字孫潛校增漢景帝後七年朱趙作文帝後元中趙釋曰一清案此注誤文說見前封孝文后弟竇廣國為侯國王莽更名桓章晉太始中立章武郡治此浮水故瀆又東逕篋山北魏土地記曰朱魏下有氏字趙刪刊誤曰氏字衍文高成東北五十里有篋山長七里浮瀆又東北逕柳縣故城南漢武帝元朔四年封齊孝王子劉陽為侯國地理風俗記曰高成縣東北五十里有柳亭故縣也世謂之辟亭非也浮瀆又東北

逕漢武帝望海臺[趙釋曰一清案一統志武帝臺在鹽山縣東北七十里水經注浮水所經蓋南臺也下章武縣臺乃是北臺]又東注于海應劭曰浮陽縣[官本曰案近刻脫陽字案朱脫趙改縣爲陽刊誤曰縣當作陽]浮水所出入海朝夕往來曰再[官本曰案朝夕近刻作潮汐案朱趙同]今溝無復有水也清河又北分爲二瀆枝分東出又謂之浮瀆清河又北逕浮陽縣故城西[官本曰案近刻脫縣字案朱脫趙增刊誤曰浮陽下落縣字]王莽之浮城也建武十五年更封驍騎將軍平鄉侯劉歆爲侯國[官本曰案近刻脫驍字案朱脫趙增刊誤曰驍騎將軍劉歆見後漢書岑彭傳落驍字]浮陽郡治又東北滹沱別瀆注焉[朱作潭趙改滹刊誤曰潭字誤寫當作滹後竝同]謂之合口也[官本曰案口近刻訛作河案朱訛趙改]

又東北過濊邑北

濊水出焉[官本曰案濊水詳濁漳水注內]

又東北過鄉邑南

清河又東分爲二水枝津右出焉東逕漢武帝

故臺北魏土地記曰（官本曰案魏下近刻衍氏字　案朱衍趙刪）章武縣東（朱趙有一字）百里有武帝臺南北有二臺相去六十里基高六十丈俗云漢武帝東巡海上所築又東注于海清河又東北逕紵姑邑南俗謂之新城非也

又東北過窮河邑南（官本曰案過近刻訛作逕　案朱訛趙改刊誤曰逕當作過）

清河又東北逕窮河邑南俗謂之三女城非也東北至泉州縣北入滹沱（官本曰案州近刻訛作周　案朱趙作周下同）水經曰笥溝東南至泉州縣與清河合自下爲派河尾也（官本曰案原本訛作水經曰笥溝泉周縣東南與清河合者自下爲清河下邑也近刻曰又訛作白自又訛作目考沽河經文云又東南至雍奴縣西爲笥溝又東南至泉州縣與清河合東入于海清河者派河尾也今據以訂此文之舛誤　案朱訛趙作水經曰笥溝至泉周縣東南與清河合者目爲清河下邑也刊誤曰箋曰曰當作白簿當作溝案曰字不誤目下之下衍文沽水篇經云又東南至雍奴縣入笥溝又東至泉州縣與清河合此即酈氏所稱經曰者也本文東北至泉州縣北入滹沱水句經曰句笥溝下落至字連下讀若依朱氏所云曰作白不知燕趙之境有白溝亦有笥溝而無白笥溝其誤審矣）又東泉州渠出焉（官本曰案近刻渠訛作泉泉州渠詳鮑邱水注內　案朱訛泉趙改水刊誤曰箋曰泉當作縣案孫潛校改作水泉周水即泉州渠魏書武帝紀鑿渠自呼沱入泒水名平虜渠又從泃河口鑿入潞河名泉州渠以通海詳見沽水注中朱氏改泉周縣非是）

又東北過漂榆邑入于海

清河又東逕漂榆邑故城南俗謂之角飛城趙記云石勒使王述煑鹽于角飛卽城異名矣魏土地記曰高城趙作成縣東北朱趙有一字百里北盡漂榆東臨巨海民咸煑海水藉鹽爲業卽此城也清河自是入于海

蕩水出河內蕩陰縣西山東趙釋曰何氏曰蕩廣韻作簜從竹

蕩水出縣西石尚山泉趙作東流逕其縣故城南縣因水以取名也晉伐成都王穎敗帝于是水之南盧綝四王起事曰官本曰案綝近刻訛作林 案朱訛趙改刊誤曰隋書經籍志晉四王起事四卷晉廷尉盧綝撰林當作綝惠帝征成都王穎戰敗時舉輦司馬八人輦猶在肩上軍人競就殺舉輦者乘輿頓地帝傷三矢朱作失箋曰一作矢趙改矢百僚奔散唯侍中嵇紹扶帝士將兵之帝曰吾吏也勿害之衆曰受太弟命惟不犯陛下一人耳遂斬之血汙帝袂將洗之帝曰嵇侍中血勿洗也此則嵇延祖殞

命之所

又東北至內黃縣入于黃澤

羑水出蕩陰西北韓大牛泉地理志曰縣之西山羑水所出也羑水又東逕韓附壁北又東流逕羑城北　故羑里也史記音義曰牖里在蕩陰縣廣雅牖獄犴也（官本曰案近刻訛作廣雅稱獄犴也朱訛趙改刊誤曰稱全氏校改牖）　案　夏曰夏臺殷曰羑里周曰囹圄皆圜土昔殷紂納崇侯虎之言囚西伯于此散宜生南宮括見文王乃演易用明否泰始終之義焉羑城北水積成淵方（朱趙有一字）十餘步深一丈餘東至內黃與防水會水出西山馬頭澗東逕防城北　盧諶征艱賦所謂（朱作爲箋曰當作謂趙改謂）越防者也其水東南流注于羑水又東歷黃澤入蕩水地理志曰羑水至內黃入蕩者也蕩水又東與長沙溝水合其水導源黑山北

谷官本曰案黑近刻訛作里 案朱訛趙改刊誤曰里山當作黑山見淸水注東流逕晉鄙故壘北謂之晉鄙城名之爲魏將城昔魏公子無忌矯奪晉鄙軍于是處故班叔皮遊居賦曰過蕩陰而弔晉鄙責公子之不臣者也 其水又東官本曰案其近刻訛作淇 案朱訛趙改刊誤曰淇水當去水傍作其卽長沙溝水也非出隆慮之淇水謂之宜師溝又東逕蕩陰縣南又東逕枉人山官本曰案枉近刻訛作杜 案朱作杜箋曰杜當作枉趙改枉東北至內黃縣官本曰案近刻訛作澤 案朱訛趙改刊誤曰郡國志曰內黃縣有黃澤內黃縣名非澤名澤當作縣右入蕩水亦謂之黃雀溝是水秋夏則泛春冬則耗蕩水又逕內黃城南官本曰案近刻脫蕩字 案朱脫趙增其又增東刊誤曰水上落其字又下落東字陳留有外黃故稱內也東注白溝

洹水出上黨泫氏縣

水出洹山山在長子縣也

東過隆慮縣北

縣北有隆慮山昔帛仲理之所遊神也縣因山以取名漢高帝

六年封周竈為侯國應劭曰殤帝曰隆故改從林也縣有黃華水（官本曰案近刻脫華字下同　案朱脫趙增刊誤曰黃水御覽玉海引隋圖經並作黃華水下同）出于神囷之山黃華谷北崖上（官本曰案近刻脫上字　案朱作地崖無上字趙地改北下山改上刊誤曰箋曰地宋本作北案山隋圖經作上）山高十七里水出木門帶帶即山之第三級也去地七里懸水東南注壑直瀉巖下狀若雞翹故謂之雞翹洪蓋亦天台赤城之流也（官本曰案近刻脫之字　案朱脫趙增又朱箋曰史游急就章曰春草雞翹鳧翁濯顏師古注云雞翹雞尾之曲垂也又漢輿服志云鸞旗者編羽旄列繫幢旁世謂之雞翹）其水東流至谷口潛入地下東北（朱趙有一字）一十里復出名柳渚渚周四五里是黃華水重源再發也東流葦泉水注之水出林慮山北澤中（官本曰案山近刻訛作川　案朱訛又脫水字趙改增刊誤曰出上落水字川當作山）東南流與雙泉合水出魯般門東下流入葦泉水葦泉水又東南流注黃華水謂之陵陽水又東入于洹水也（趙釋曰盧氏世南北堂書鈔引水經注曰黃華谷內西洪邊有一洞深數丈去地千餘仞俗謂之聖人穴太平寰宇記引水經注云黃華

谷西北有洞穴謂之聖水窟今本無之

又東北出山過鄴縣南官本曰案過近刻訛作逕朱訛趙改刊誤曰逕當作過案洹水出山東逕殷墟北官本曰案東近刻訛作連朱訛趙改刊誤曰連當作東案竹書紀年曰盤庚即位自奄遷于北蒙曰殷官本曰案北蒙近刻訛作此遂案朱訛趙改刊誤曰此遂全氏校改北蒙案竹書紀年盤庚十四年自奄遷于北蒙曰殷史記正義曰括地志云相州安陽縣本盤庚所都即北蒙殷墟南去朝歌城百四十六里是也此遂字誤昔者項羽與章邯盟于此地矣洹水又東枝津出焉東北流逕鄴城南謂之新河又東分爲二水一水北逕東明觀下官本曰案近刻脫一水二字案朱脫趙北下增水字刊誤曰北下落水字下南水字可證昔慕容儁夢石虎齧其臂寤而惡之購求其尸而莫之知官本曰案近刻訛作莫知之案朱趙同後宮嬖妾言虎葬東明觀下于是掘焉下度三泉得其棺剖棺出尸尸僵不腐儁罵之曰死胡安敢夢生天子也使御史中尉陽約官本曰案陽近刻作楊案朱同趙改數其罪而鞭之此蓋虎始葬處也又北逕建春門石梁不高大治石工密舊橋首夾建兩石柱螭矩趺勒甚

佳（官本曰案矩近刻訛作短箋曰宋本作矩恐當作距趙改矩 案朱作短）乘輿南幸以其作制華妙致之平城東側西闕（朱作屈箋曰宋本作闕趙改闕）北對射堂綠（朱趙作淥）水平潭碧林側浦可遊憩矣（官本曰案側浦近刻訛作浦側憩訛作意 案朱訛趙改刊誤曰浦側當倒互作側浦意當作憩）其水西逕魏武玄武故苑（官本曰案近刻其水下有際其二字係衍文 案朱趙有趙其改淇刊誤曰全氏云其水當加水作淇淇水經云屈從縣東北與洹水合是也）苑舊有玄武池以肄舟楫有魚梁釣臺竹木灌叢今池林絕滅略無遺跡矣 其水西流注于漳南水東北逕女亭城北（趙南水下增又字刊誤曰東北上落又字）又東北逕高陵城南東合坰溝又東逕鸕鷀陂（趙有黃衣水注之五字刊誤曰鸕鷀陂下名勝志引此文有黃衣水注之五字今校增）北與台陂水合陂東西三十里南北（官本曰案此下有脫文下云注白溝河溝上承洹水亦訛脫不可考 趙釋曰一清案下有脫文）注白溝河溝上承洹水北絕新河北逕高陵城東又北逕斥邱縣故城西 縣南角有斥邱（朱箋曰舊本作赤丘趙南上增西字刊誤曰地理志魏郡斥邱縣應劭曰斥邱在西南落西字）蓋因邱以氏縣故乾侯矣春秋經書昭公二十八年公如（朱作始之箋曰當作公如趙改公如）晉次于乾侯也漢高帝

六年封唐厲朱作廣箋曰案史記斥丘侯唐厲趙改厲爲侯國王莽之利丘矣又屈逕其城北官本曰案近刻訛作北城趙改刊誤曰北城當作城北案朱訛東北流注于白溝洹水自鄴東逕安陽縣故城北徐廣晉紀曰石遵自李城北入斬張豺于安陽是也官本曰案近刻李訛作孚豺訛作豹案朱訛趙改刊誤曰孚城當作李城張豹當作張豺方輿紀要云晉永和五年石虎沒其下張豺擅命虎子遵時出鎮關右至李城舉兵趣鄴晉書載記作季城誤也魏土地記曰鄴城南四十里有安陽城城北有洹水東流者也洹水又東至長樂縣左則枝溝出焉官本曰案近刻訛作側則溝出焉案朱訛趙改則爲白刊誤曰則當作白洹水又東逕長樂縣故城南按晉書地理志曰魏郡有長樂縣也

又東過內黃縣北東入于白溝

洹水逕內黃縣北孫校曰堯城縣本漢內黃地洹水在縣北四里東流注于白溝世謂之洹口也官本曰案口近刻訛作水案朱趙同許慎說文呂忱字林竝云洹水出晉魯之閒趙釋曰一清案俗本說文作齊魯之閒當以此注正之昔聲伯夢

涉洹水或與己瓊瑰而食之官本曰案己近刻訛作其朱趙同又瑰趙作瓌下同案泣而又爲瓊瑰盈其懷矣官本曰案爲近刻訛作與　案朱訛趙改從而歌曰濟洹之水贈我以瓊瑰歸乎歸乎瓊瑰盈吾懷乎後言之之暮而卒官本曰案近刻脫之字　案朱脫趙增卽是水也

水經注卷九

珍倣宋版印

水經注卷十

長沙王氏校本

後魏酈道元撰

濁漳水　清漳水趙下增補淦水補洛水二目

濁漳水出上黨長子縣西發鳩山官本曰按此下原本及近刻有之漳水焉四字因注文漳水二字訛作經後人又加之焉二字耳　案朱有趙刪刊誤曰之漳水焉四字衍文孫校不衍四字改漳爲湅加入字作發鳩山之湅水入焉云下條注湅水曰出發鳩山故知此漳水是湅水之訛戴校並刪此句末是也

漳水出鹿谷山官本曰按原本及近刻脫漳水二字及山字太平御覽引此注云漳水出鹿谷山據以訂正　案朱脫趙增與發鳩連麓而在南淮南子謂之發苞山故異名互見也孫校曰發苞疑發句之訛說文云湅水出發鳩山濁漳出上黨長子鹿谷山然則出發鳩者湅水也詳注云云正以淮南子徑說濁漳出發苞而釋明之耳左則陽泉水注之右則繖蓋水入焉官本曰按繖近刻訛作散　案朱趙同三源同出一山但以南北爲別耳

東過其縣南

又東堯水自西山東北流逕堯廟北又東逕長

子縣故城南周史辛甲所封邑也朱箋曰劉向別錄云辛甲事紂七十五諫而不聽去之周文王以爲公卿封之長子漢志注云長讀作長短之長春秋襄公十八年晉人執衛行人石買于長子即是縣也秦置上黨郡治此朱趙有也字其水東北流入漳水

漳水東會于梁水梁水出南梁山趙出南作南出刊誤曰出南二字當倒互孫校曰地形志長子有長灤水東流至梁川北入濁漳北流逕長子縣故城南官本曰按逕近刻作至案朱訛趙改刊誤曰至當作逕竹書紀年曰梁惠成王十二年鄭取屯留尚子涅官本曰按近刻訛作沮案朱訛趙改刊誤曰箋曰沮一作沮疑作則按非也蓋是涅字之誤尚子即長子之異名也梁水又北入漳水

屈從縣東北流官本曰按此下近刻衍注字案朱衍趙刪刊誤曰注字衍文

陶水南出陶鄉官本曰按近刻訛作南出南陶案朱訛趙改刊誤曰全氏云南陶當作陶鄉魏書地形志長子縣羊頭山下有神農泉北有穀關即神農得嘉穀處有泉北流至陶鄉名陶水合羊頭山水北流入濁漳是也北流逕長子城東朱作至趙改逕刊誤曰至當作逕西轉逕其城北東注于漳水

又東過壺關縣北又東北過屯留縣南官本曰按此八字近刻移在後潞縣北之

上又脫南字　案朱趙八字見後孫校曰星衍詳注有不得先壺關而後屯留之辨則下文漳水東逕屯留縣南至有絳水注之四句經文也故地理志引之戴君以注所辨求其說不得乃欲取注中東逕屯留縣南移作經文何太割裂也

漳水東逕屯留縣南又屈逕其城東東北流有絳水注之官本曰按此下近刻有絳字　案朱趙有水西出穀遠縣東發鳩之谷謂之爲濫水也官本曰按謂之下近刻有絳水西出穀遠縣七字係複上衍文　案發鳩之谷趙改之發鳩谷朱衍七字趙謂之絳改又有一存西下五字刊誤曰之字當移在發鳩之上全氏云謂之絳水四字誤文宋槧本是又有一水今校正胡東樵不識因以濫水爲絳水之源大非又案也朱作屯箋曰宋本作也道改也東逕屯留縣故城南故留吁國也官本曰按吁近刻訛作子　案朱訛趙改刊誤曰子當作吁潞氏之屬春秋襄公十八年晉人執孫蒯于純朱箋曰左傳注純音屯留是也其水東北流入于漳孫校曰屯留絳水自寄氏界來入濁漳因名交漳故桑欽云絳水出屯留西南官本曰按出近刻訛作逕　案朱缺一字趙作出刊誤曰箋曰孫云水下當有逕字按漢書地理志注是出字東入漳趙釋曰禹貢錐指曰宋張垍云降水即濁漳也字或作絳地理志上黨郡屯留縣下云桑欽言絳水出西南東入海酈道元引此文作入漳一清按後鉅鹿縣下引地理志信都國信都縣下班固原文云入海則此漳字明是道元所改也觀其自相詰難知之以絳水爲入漳絳瀆爲入海然絳瀆自是漳水一時之徙流非禹貢之絳水蓋班志之誤道元未敢頌言之漳水又東涷水注之官本曰按涷原本及近刻並訛作陳下同今據說文改正　案朱訛趙改刊誤曰陳

當作涑說文校正 水西出發鳩山 官本曰按西出近刻訛作出西 案朱訛趙改刊誤曰出西二字當倒互 東逕余吾縣故城南 漢光武建武六年封景丹子尚爲侯國 官本曰按子尚近刻訛作尚子 案朱訛趙改刊誤曰尚子二字當倒互後漢書景丹傳校 涑水又東逕屯留縣故城北 竹書紀年梁惠成王元年韓共侯趙成侯遷晉桓公于屯留史記趙肅侯奪晉君端氏而徙居之此矣 其水又東流注于漳故許愼曰水出發鳩山入漳 官本曰按原本及近刻竝訛作關 案朱作關趙改河說見下 從水東聲也 官本曰按東原本及近刻竝訛作章 案朱訛趙改刊誤曰關當作河章當作東說文校正 漳水又東北 官本曰按近刻脫此三字 案朱脫趙增刊誤曰漳水下落又東北三字孫潛校增 逕壺關縣故城西又屈逕其城北故黎國也有黎亭縣有壺口關故曰壺關矣呂后元年立孝惠後宮子武爲侯國漢有壺關三老公乘輿 趙釋曰危林曰漢書戾太子傳作壺關三老茂顏師古曰荀悅漢紀作令狐茂今漢紀無而白帖引上黨郡記曰漢史稱壺關三老令狐茂然漢武故事曰壺關三老鄭茂上書宋知誰信又漢書王尊傳有湖三老公乘興上書訟王尊治京兆功效善長以茂爲興大誤一淸按王伯厚曰今漢紀脫令狐茂三字又御覽引上黨郡記令狐徵君隱城東山中疑卽茂也 上書訟衛太子卽邑人也 縣在屯留東不得先壺關而

後屯留也漳水歷鹿臺山孫校曰鹿臺山出山海經又地形志襄垣郡建義分上黨之屯留置有鹿臺山與銅鞮水合官本曰按近刻脫銅字　案朱脫趙增刊誤曰當作銅鞮水落銅字水出銅鞮縣西北石隥山趙釋曰一清按太平寰宇記銅鞮縣下引水經注云銅鞮水出覆釜山經襄垣縣道又石梯山下引水經注云銅鞮縣有石梯山高一千九百尺今本無之魏書地形志鄉郡銅鞮縣有銅鞮城石梯水東行入漳然則銅鞮水即石梯水而石梯山亦疑即石磴山也東流與專池水合水出八特山朱無水字特作持箋曰當作八特潘尼西道賦云羊虁八特成皋黃馬是也趙增水改特刊誤曰箋曰八持當作八特按出上落水字東北流入銅鞮水銅鞮水又東南合女官本曰按合近刻訛作逕　案朱趙作逕趙釋曰一清按下有脫文諫水水西北出好松山官本曰按近刻脫出字　案朱脫趙增刊誤曰西北下落出字趙釋曰一清按太平寰宇記上黨縣有八諫水引水經云諫水源出上黨縣西魏書地形志上黨郡寄氏縣有八禮泉上黨谷即八諫水也又朱趙不重水字官本增以女諫爲水名孫校曰好松山出山海經東南流北則葦池水與公主水合而右注之南則榆交水與皇后水合而左入焉亂流東南注于銅鞮水朱無水字趙增刊誤曰銅鞮下落水字銅鞮水又東逕李憙墓朱趙無又字不重墓字墓前有碑碑石破碎故李氏以太和元年立之其水又東逕故城北城在山阜之上下臨岫壑東西北

三面阻袤二里世謂之斷梁城卽故縣之上虒亭也銅鞮水

又東逕銅鞮縣故城北城在水南山中晉大夫羊舌赤

銅鞮伯華之邑也漢高祖破韓王信于此縣朱趙有也字銅鞮水

又東南流逕頃城西趙刊誤曰箋曰頃一作項按朱氏下文既引後魏地形志長子有頃城而此又云一作項何無定見也

卽縣之下虒聚也地理志曰縣有上虒亭下虒聚者也朱箋曰後魏地形志長子有應城傾城幸城而前漢地志銅鞮縣有上虒亭下虒聚則後魏之傾城卽漢之銅鞮也銅鞮水又南逕胡邑西

朱無水字趙增刊誤曰銅鞮下落水字又東屈逕其城南又東逕襄垣縣入

于漳漳水又東北流逕襄垣縣故城南王莽之上

黨亭

潞縣北朱潞上有又東北過屯留縣七字箋曰宋本無屯留縣三字案屯留與潞縣俱屬上黨郡趙作又東北過屯留縣南刊誤曰箋曰謝兆申云宋本無屯留縣三字全氏曰謝耳伯所見是誤本非真宋本也上文注云壺關在屯留東不得先壺關而後屯留則經文以屯留置壺關之後明矣道元所以糾之柰何謂經無此文乎但今本屯留縣下脫去南字耳今從官本移前又東過壺關縣北下

縣故赤翟潞子國也其相豐舒有儁才而不以茂德晉伯宗數

其五羿使荀林父滅之 闞駰曰有潞水爲冀州浸卽漳水也余案燕書王猛與慕容評相遇于潞川也評障錮山泉官本曰按近刻脫評字 案朱脫趙增障錮朱趙作鄣固刊誤曰鄣固上落評字全氏校增鬻水與軍入絹匹水二石趙刊誤曰箋曰入宋本作人案人古字與入相似然此是入字不是人字十六國春秋亦作入無佗大川可以爲浸官本曰按近刻脫無字 案朱脫趙增刊誤曰佗上落無字何焯校增所有巨浪長湍惟漳水耳故世人亦謂濁漳爲潞水矣縣北對故臺壁官本曰按近刻訛作壁臺下同 案朱訛趙乙刊誤曰臺壁地名在今潞城縣北魏書地形志并州漢晉治晉陽晉末治臺壁是也二字當倒互下竝同漳水逕其南本潞子所立也世名之爲臺壁朱趙有世字慕容垂伐慕容永于長子軍次潞川永率精兵拒戰阻河自固垂陣臺壁一戰破之卽是處也 漳水于是左合黃須水口官本曰按合近刻訛作右 案朱訛趙改刊誤曰左右全氏云當作左合水出臺壁西張諱巖下 世傳巖赤則土罹兵害朱趙罹作離刊誤曰箋曰宋本作惟按法言羅謂之離易小過飛鳥離之義自通也故惡其變化無常恆以石粉汙之令白是以俗目之爲張諱巖 其水南流

逕臺壁西又南入于漳漳水又東北歷望夫山

孫校曰地形志上黨樂陽晉泰中分長子寄氏置有望夫嶺絳水所出 山之南有石人竚于山上狀有懷于

雲表因以名焉有涅水 官本曰按涅近刻訛作洹 案朱訛趙改刊誤曰洹當作涅 西出覆甑

山而東流與西湯溪水合水出涅縣西山湯谷

朱無水字趙增刊誤曰出上落水字 五泉俱會謂之五會之泉交東南流

謂之西湯水又東南流注涅水涅水又東逕涅

縣故城南 官本曰按近刻涅下有氏字考地理志上黨郡涅氏後漢爲涅縣 案朱趙有氏字不重涅水二字 縣氏涅水也

東與白雞水合 朱無水合二字趙增刊誤曰白雞下落水合二字孫潛校增 水出縣之西山

東逕其縣北東南流入涅水涅水又東南 官本曰按此下近刻

衍與字 案朱衍趙刪刊誤曰與字衍文 武鄉水會焉水源出武山 朱作武山趙增鄉字刊誤曰武山當作武

鄉山晉書載記云石勒居武鄉北原山下是也 西南逕武鄉縣故城西而南得清

谷口 官本曰按而南下近刻衍出字 案朱衍趙刪 水源出東北長山清谷西南

與轉輡白壁二水合 官本曰按近刻輡訛作軨壁訛作璧 案朱作軨璧趙改輡壁刊誤曰軨當作輡璧當作壁黃省曾本校

南入武鄉水又南得黃水口黃水三源同注一壑東南流與隱室水合水源西北出隱室山東南注黃水官本曰按源近刻訛作流黃訛作潢　案朱訛趙改刊誤曰流當作源箋曰克家云潢水疑作湼水按非也即上文黃水耳又東入武鄉水武鄉水又東南注于湼水湼水又東南流注于漳水漳水又東逕磻陽城北倉谷水入焉官本曰按谷近刻訛作石下同　案朱訛趙改刊誤曰石當作谷下同水出林慮縣之倉谷溪東北逕魯班門西雙闕昂藏官本曰按近刻脫雙字　案朱趙無趙西字下屬石壁霞舉左右結石脩防崇基仍存北逕偏橋東即林慮之嶠嶺抱犢固也石隥西陛陟踵脩上五里餘崿路中斷四五丈中以木爲偏橋劣得通朱作道箋曰宋本作通趙改通行亦言故有偏橋之名矣自上猶須攀蘿捫葛方乃自津山頂趙津改臻刊誤曰津當作臻即庾衮眩墜處也官本曰按原本及近刻並訛作即庾眩墜處也考晉書庾衮傳衮適林慮山石勒來攻乃相與登大頭山而田于其下將收穫命子怞與之下山中塗目眩墜崖而死可證此舉庾衮眩墜事庾誤作庚又脫衮字　案朱訛趙改刊誤曰箋曰庚眩未詳或當是爰眩之譌地志所謂猨眩之岸也按閻若璩云晉書庾衮傳衮字叔褒適林慮山石勒來攻乃相與登大頭山而田于其下將收穫命子怞與

之下山中塗目眩瞀墜崖而卒殆是卽庾衮眩墜處也朱氏不知妄爲附會亦由未記晉書耳倉谷溪水又北合白木溪溪水出壺關縣東白木川東逕百畮城北蓋同仇池百頃之稱矣朱箋曰後漢書云白馬氐勇戇抵冒貪貨死利居於河池一名仇池方百頃四面斗絶仇池記云仇池百頃周囘九千四十步天形四方壁立千仞凡二十一道可攀緣而上又東逕林慮縣之石門谷又注于倉溪水朱作蒼趙改倉刊誤曰蒼當作倉卽倉谷溪水也倉溪水又北逕磻陽城東而北流注于漳水漳水又東逕葛公亭北而東注朱趙作去矣

又東過武安縣趙增南字刊誤曰武安縣下落南字以清漳水經文參校補

漳水于縣東官本曰漳水下近刻衍逕字漳水下有逕字按漳水於縣東自足成文不煩添補趙刊誤曰箋曰謝云宋本清漳水自涉縣東南來注之官本曰按近刻脫漳字又注下衍流字案朱脫衍趙增乙刊誤曰清水當作清漳水注流當倒互作流注世謂決入之所爲交漳口也官本曰按爲近刻訛作謂案朱同趙改刊誤曰下謂字當作爲趙釋曰全氏曰按地理志則是濁漳入清漳清漳入河不如酈言杜君卿曰清漳今爲濁漳所奪李宏憲曰清不勝濁故也

又東出山過鄴縣西

漳水又東逕三戸峽爲三戸津張晏曰三戸地名也在梁期西南孟康曰津峽名也在鄴西四十里趙釋曰一清按裴駰史記集解引張說梁期作梁淇引孟說四十里作三十里詳見下又東汙水注之官本曰按汙近刻訛作汗　案朱訛趙改刊誤曰箋曰汗宋本作汻按史記項羽本紀羽使蒲將軍日夜引兵渡三戸軍漳南與秦戰羽悉引兵擊秦軍汙水上徐廣曰在鄴西索隱曰汙音于郡國志鄴縣有汙城劉昭補註引水經注證之汻字非也水出武安縣山東南流逕汙城北官本曰按汙城近刻訛作于城　案朱訛趙改昔項羽與蒲將軍英布濟自三戸破章邯于是水汙水東注于漳水漳水又東逕武城南世謂之梁期城梁期在鄴北俗亦謂之兩期城皆爲非也司馬彪郡國志曰鄴縣有武城武城卽期城矣趙釋曰一清按梁期城在鄴北而三戸津在鄴西漳水先逕武城而後梁期武城一名期城與梁淇地望相近詿長故以俗傳爲非矣漳水又東北逕西門豹祠前祠東側有碑隱起爲字祠堂東頭石柱勒銘曰趙建武中所脩也官本曰按建近刻訛作達　案朱趙不誤魏文帝述征賦曰羨西門之嘉迹忽遙睇其靈宇漳水右與枝水合趙釋曰全氏曰漢志魏郡武始縣漳水東至邯鄲入漳指此水也然漳水入漳其說不甚分明當如張晏所云漳水之別注云枝水蓋本之晏也其水上承

漳水于邯會西而東別與邯水合水發源邯山東北逕邯會縣故城西北注枝水 官本曰按枝原本及近刻並訛作漳今改正 案朱趙作漳 故曰邯會也張晏曰漳水之別自城西南與邯山之水會今城旁猶有溝渠存焉 漢武帝元朔二年封趙敬肅王子劉仁爲侯國 其水又東北入于漳昔魏文侯以西門豹爲鄴令也引漳以溉鄴民賴其用其後至魏襄王以史起爲鄴令又堰漳水以灌鄴田咸成沃壤百姓歌之魏武王又堨漳水迴流東注號天井堰二十里中 官本曰按近刻脫二十二字 案朱脫趙增刊誤曰御覽引此文里中上有二十字今校補 作十二墱墱相去三百步令互相灌注一源分爲十二流皆懸水門陸氏鄴中記云水所溉之處名曰堰陵澤 官本曰按近刻作晏陂澤 案朱趙同 故左思之賦魏都 朱趙有也字 謂墱流十二同源異口者也 魏

武之攻鄴也引漳水以圍之獻帝春秋曰司空鄴城圍周四十里初淺而狹如或可越審配不出爭利望而笑之司空一夜增脩廣深二丈引漳水以注之遂拔鄴本齊桓公所置也故管子曰築五鹿中牟鄴以衞諸夏也後屬晉魏文侯七年始封此地（官本曰按此近刻訛作趺 案朱作趺箋曰宋本作始封此地趙改此）故曰魏也（趙釋曰一清按左傳閔公元年晉侯賜畢萬魏以爲大夫卜偃曰魏大名也史記魏世家晉獻公之十六年也文侯乃桓子之孫蓋畢萬之後索隱曰系本桓子生文侯斯其傳云孺子𤠔是魏駒之子與此系代亦不同也今注云文侯始封此地獨不記詩之魏風乎蓋誤證也）漢高帝十二年置魏郡治鄴縣王莽更名魏城後分魏郡置東西部都尉故曰三魏　魏武又以郡國之舊引漳流自城西東入逕銅雀臺下伏流入城東注謂之長明溝也渠水又南逕止車門下　魏武封于鄴爲北宮宮有文昌殿　溝水南北夾道枝流引灌所在通溉東出石竇堰下（官本曰按近刻脫堰字 案朱脫趙增刊誤曰石竇下落堰字地形志校補）注之隍水（官本曰按隍近刻訛作湟 案朱訛湟趙改洹刊誤曰湟水當作洹水）故魏武登臺賦曰引長

明瀆街里謂此渠也石氏于文昌故殿處造東西太武二殿于濟北穀城之山官本曰按穀近刻訛作殿朱作殿箋曰當作穀趙改穀案採文石爲基一基下五百武直宿衛屈柱趺瓦趙刊誤曰箋曰屈柱似是屋柱之訛按屈柱曲柱也與趺瓦字對趺瓦今所謂筒瓦其形半圓悉鑄銅爲之金漆圖飾焉又徙長安洛陽銅人置諸宮前以華國也城之西北有三臺皆因城爲之基官本曰按近刻訛作之爲基朱同箋曰當作城爲之基趙依改案巍然崇舉其高若山建安十五年魏武所起平坦略盡春秋古地云葵邱地名今鄴西三臺是也官本曰按近刻脫三字案朱脫趙增刊誤曰當作鄴西三臺落三字謂臺已平或更有見意所未詳中曰銅雀臺官本曰按中上近刻有其字案朱有其字無雀字趙刪增刊誤曰箋曰謝云銅下當有雀字按通鑑注引此文無其字宜衍高十丈有屋百一間官本曰按一近刻作餘案朱趙作餘臺成命諸子登之並使爲賦陳思王下筆成章美捷當時亦魏武望奉常王叔治之處也昔嚴才與其屬攻掖門脩聞變車馬未至便將官屬步至宮門太祖在銅雀臺望見之曰彼來者必王叔治也相國鍾繇曰舊京城有變九卿各居其府卿何來也脩曰

食其祿焉避其難居府雖舊非赴難之義時人以爲美談矣石虎更增二丈趙石上有其後二字刊誤曰通鑑註引此文石虎上有其後二字今校補立一屋連棟接榱朱作檐箋曰宋本作榱趙改榱彌覆其上盤迴隔之名曰命子窟又于屋上起五層樓高十五丈去地二十七丈又作銅雀于樓巔舒翼若飛南則金虎臺官本曰按虎近刻訛作雀　案朱訛趙改刊誤曰金雀當作金虎事見魏書武帝紀李善文選魏都賦註云銅雀園西有三臺中央銅雀臺高十丈有屋一百一間亦曰中臺南有金虎臺高八丈有屋一百九間亦曰南臺北則冰井臺亦高八丈亦曰北臺有屋一百四十五間上有冰室室有數井藏冰及石墨又有粟窖及鹽窖其言三臺名義制度詳晰如此溫飛卿有金虎臺詩云碧草連金虎青苔蔽石麟初學記引陸翽鄴中記作金獸臺時避虎諱故作獸而劉逵文選註曰南有金鳳臺則誤也劉獻廷廣陽雜記曰方聲遠云考鄴都三臺碑記銅雀已沒水中冰井尚餘其半金鳳上有真武閣乃獨存耳按齊文宣本紀天保九年八月改銅雀曰金鳳金武曰聖應冰井曰崇光則金鳳銅雀一也何以碑記之訛若此唐人避諱故以虎爲武高八丈有屋朱趙有一字百九間北曰冰井臺亦高八丈有屋朱趙有一字百四十五間官本曰按近刻脫五字　案朱趙無上有冰室室有數井井深十五丈藏冰及石墨焉石墨可書又然之難盡亦謂之石炭又有粟窖及鹽窖官本曰按近刻訛作及監脫窖字　案朱訛脫趙改增刊誤曰箋曰監疑作鹽按李善文選註作鹽窖黃省曾本作鹽窖此落窖字以備不虞今窖上猶有石銘存焉左思魏都賦曰三臺列峙而崢嶸者也

城有七門南曰鳳陽門中曰中陽門次曰廣陽門東曰建春門朱作漢春箋曰一作建春趙改建北曰廣德門次曰廄門西曰金明門一曰白門鳳陽門三臺洞開高三十五丈石氏作層觀架其上置銅鳳頭高一丈六尺東城上石氏立東明觀觀上加金博山謂之鏘天北城上有齊斗樓官本曰按斗近刻訛作午案朱作午箋曰宋本作斗趙改斗超出羣樹孤高特立其城東西七里南北五里飾表以塼百步一樓凡諸宮殿門臺隅雉皆加觀榭層甍反宇官本曰按近刻訛作及字案朱訛趙改飛檐拂雲圖以丹青色以輕素當其全盛之時去鄴六七十里遠望若亭巍若仙居魏因漢祚復都洛陽以譙為先人本國許昌為漢之所居長安為西京之遺跡鄴為王業之本基故號五都也今相州刺史及魏郡治漳水自西門豹祠北逕趙閱馬臺西基高五丈列觀其上石虎每講武于其下升觀以望之虎自朱趙有於字臺上放鳴鏑之矢以為軍騎出入之節矣漳水又北逕祭陌西

戰國之世俗巫爲河伯取婦祭于此陌魏文侯時西門豹爲鄴令約諸三老曰爲河伯娶婦幸來告知官本曰按幸近刻訛作卒　案朱訛趙改吾欲送女皆曰諾至時三老廷掾賦斂百姓取錢百萬巫覡行里中有好女者祝當爲河伯婦官本曰按祝近刻訛作呪　案朱趙作呪刊誤曰箋曰呪字誤史記作云是當爲河伯婦按廣韻呪詛也通作祝書無逸厥口詛祝疏云以言告神謂之祝不當引史記以相難也以錢三萬聘女沐浴脂粉如嫁狀豹往會之三老巫掾與民咸集赴觀巫嫗年七十從十女弟子豹呼婦視之以爲非妙令巫嫗入報河伯投巫于河中有頃曰何久也又令三弟子及三老入白竝投于河豹磬折曰官本曰按磬近刻訛作聲　案朱作聲箋曰當作磬趙改磬三老不來奈何復欲使廷掾豪長趣之皆叩頭流血乞不爲河伯取婦淫祀雖斷地留祭陌之稱焉又慕容儁投石虎尸處也田融以爲紫陌也趙建武十一年造紫陌浮橋于水上爲佛圖澄先造生墓于紫陌建武十五年卒十二月葬焉卽此處也漳水又趙釋曰一清按鄴中記曰鄴城西三里桑梓苑有宮臨漳水又下疑落南字對趙氏臨漳宮宮

在桑梓苑多桑木故苑有其名三月三日及始蠶之月虎帥皇后及夫人採桑于此今地有遺桑墉無尺雉矣漳水又北滏水入焉官本曰按滏近刻訛作溢又太平御覽引水經注曰滏水發源出石鼓山南巖下泉奮湧湲滾如湯其水冬溫夏冷崖上有魏世所立銘水上有祠能興雲雨滏水東流注于漳謂之合河文當在此句之下原本及近刻並脫落　案朱作溢趙改滏刊誤曰溢當作滏滏水見前壺關縣注漳水又東逕梁期城南地理風俗記曰鄴北五十里有梁期城故縣也趙釋曰一清按史記項籍本紀注引張晏說作梁淇索隱曰淇當作湛晉八王故事云王浚伐鄴前至梁湛蓋梁湛在鄴西四十里闞駰十三州志曰鄴北五十里梁期城故縣也蓋本之應劭漢武帝元鼎五年封任破胡爲侯國晉惠帝永興元年驃騎王浚遣烏丸渴末逕至梁期侯騎到鄴成都王穎遣將軍石超討末爲末所敗于此也官本曰按近刻脫也字　案朱趙無又逕平陽城北竹書紀年曰梁惠成王元年鄴師敗邯鄲師于平陽者也官本曰按近刻脫敗字　案朱脫趙增刊誤曰鄴師下落敗字寰宇記云臨漳縣有平陽故城孫之騄考定竹書曰今本無之司馬彪郡國志曰鄴有平陽城即此地也

又東過列人縣南

漳水又東右逕斥邱縣北即裴縣故城南王莽更名之曰即是也地理風俗記曰列人縣西南六十里有即裴城故縣也漳水又東北逕列人縣故城南王莽更名之爲列治也竹書紀年曰梁惠成王八年惠成王伐邯鄲取列人者也于縣右合白渠故瀆白渠水出魏郡武安縣欽口山（朱水下有水字趙刪刊誤曰水字重文宜衍）東南流逕邯鄲縣南又東與拘澗水合（官本曰按澗原本及近刻並訛作潤下同今據漢書改正 案朱訛趙改刊誤曰漢書地理志作拘澗水潤字誤下並同）水導源武始東山白渠（趙白上增入字刊誤曰漢書地理志云拘澗水東北至邯鄲入白渠落入字）北俗猶謂是水爲拘河也拘澗水又東（官本曰按原本及近刻並訛作白渠水又東今改正 案朱趙同）又有牛首水入焉水出邯鄲縣西堵山東流分爲二水洪湍雙逝澄映兩川漢景帝時七國悖逆（官本曰按七近刻訛作六 案朱趙同）命曲周侯酈寄攻趙圍邯鄲相捍七月（官本曰案近刻訛作日 案朱趙同趙釋曰漢書趙幽王友酈商二傳俱作七月此文誤也）引牛首拘水灌城城壞王自殺

其水東入邯鄲城逕溫明殿朱作尉箋曰宋本作殿趙改殿南漢世祖擒王郎幸邯鄲晝臥處也　其水又東逕叢臺南六國時趙王之臺也郡國志曰邯鄲有叢臺故劉劭趙都賦曰結雲閣于南宇立叢臺于少陽者也今遺基舊墉尚在　其水又東歷邯鄲阜張晏所謂邯山在東城下者也單盡也城郭從邑故加邑邯鄲之名蓋指此以立稱矣故趙郡治也長沙耆舊傳稱桓楷爲趙郡太守嘗有遺囊粟于路者行人挂囊粟于樹莫敢取之卽于是處也其水又東流出城又合成一川也又東澄而爲渚渚水東南流官本曰按近刻訛作沁水東南涓案朱同箋曰涓宋本作流趙改流不改沁釋曰全氏曰顧景范曰今城南五里有渚河城西半里有沁河合流爲西河蓋是二水名注拘澗水趙釋曰漢志魏郡武始拘澗水東北至邯鄲入白渠又東入白渠趙釋曰漢志趙國邯鄲縣堵山牛首水所出東入白渠又東故瀆出焉一水東爲澤渚　曲梁縣之雞澤也國語所謂雞丘矣　東北通澄朱作登箋曰宋本作澄趙改澄湖白渠故瀆南出所在枝分右

出卽邯溝也歷邯溝縣故城東蓋因溝以氏朱作名箋曰宋本作氏趙改氏縣也地理風俗記曰卽裴城西北二十里有邯溝城故縣也又東逕肥鄉縣故城北竹書紀年曰梁惠成王朱作惠王箋曰宋本作梁惠成王趙增成字八年伐邯鄲取肥者也晉書地道記曰太康中立以隸廣平也渠道交徑互相纏縻朱作靡趙改縻刊誤曰靡黃省會本作縻與白渠同歸逕列人右會漳津今無水地理志曰白渠東至列人入漳是也

又東北過斥漳縣南

應劭曰其國斥鹵故曰斥漳漢獻帝建安十八年魏太祖鑿渠引漳水東入清洹以通河漕名曰利漕渠漳津故瀆水斷舊溪東北出官本曰按舊字近刻訛在斷字上案朱趙同涓流濗注而已朱箋曰玉篇云濗莫歷切淺水也尚書所謂覃懷底績至于衡漳者也孔安國曰衡橫也言漳水橫

流也官本曰按言下近刻衍覃字　案朱衍趙刪刊誤曰覃字衍文孔安國傳云漳水橫流入河又東北逕平恩縣故城西應劭曰縣故館陶之別鄉漢宣帝地節三年置官本曰按近刻訛作元帝元康三年置　案朱作元趙改宣元康同趙刊誤曰元帝當作宣帝別見淇水館陶縣注中趙釋曰一清按許伯封已見淇水篇館陶縣下注此複出是地節三年以封后父許伯爲侯國王莽更曰延平也官本曰按平近刻訛作年　案朱訛趙改

又東北過曲周縣東又東北過鉅鹿縣東

衡漳故瀆東北逕南曲縣故城西地理志廣平有南曲縣官本曰按近刻訛作曲周縣　案朱訛趙改應劭曰平恩縣北四十里有南曲亭故縣也又逕曲周縣故城東地理志曰漢武帝建元四年置王莽更名直周余按史記大將軍酈商以高祖六年封曲周縣爲侯國又考漢書同官本曰按近刻訛作史記同　案朱訛趙改刊誤曰箋曰孫云史記二字疑誤按史記當作漢書蓋曲周置縣與酈商封國班史志傳異文耳趙釋曰全氏曰五字注中注是知曲周舊縣非始孝武嘯父官本曰按近刻訛作蓋商　案朱趙同趙釋曰孫氏潛曰蓋商下有缺文下文注云冀州人在縣市補履數十年云云是列仙傳嘯父事非酈商也冀州人在縣市補履數十年官本曰按近刻脫十字　案朱脫趙增刊誤曰列仙傳作數十年落十字人奇其不老求其術而不能得也

衡漳又北逕巨橋邸閣西邸朱作秖趙改柢刊誤曰秖當作柢柢閣卽邸閣也柢邸字通舊有大梁橫水故有巨橋之稱昔武王伐紂發巨橋之粟以賑殷之饑民服虔曰巨橋倉名許慎曰官本曰按近刻脫此三字　案朱脫趙增刊誤曰按史記殷本紀裴駰集解引服虔曰巨橋倉名許慎曰鉅鹿水之大橋有漕粟也則鉅鹿水之大橋本叔重說今補此三字鉅鹿水之大橋也今臨側水湄左右方一二里中狀若邱墟蓋遺囤故窖處也衡水又北逕鉅鹿縣故城東　應劭曰鹿者林之大者也尚書曰堯將禪舜納之大麓之野烈風雷雨不迷致之以昭華之玉而縣取目焉趙釋曰一清按此是緯書　路溫舒縣之東里人父為里監門使溫舒牧羊澤中取蒲牒用寫書卽此澤也鉅鹿郡治秦始皇二十五年滅趙以為鉅鹿郡漢景帝中元年官本曰按近刻重一元字　案朱重趙刪　為廣平郡武帝征和二年官本曰按近刻訛三年　案朱趙作三　以封趙敬肅王子為平干國官本曰按近刻訛作為廣平侯國　案朱趙同趙釋曰一清按漢志鉅鹿郡秦置又廣平國武帝征和二年置為平干國宣帝五鳳二年復故莽曰富昌蓋郡國竝列不得如酈所言又沈氏曰敬肅王子偃以征和二年立為平干王卽廣平也然是王國非侯國善長又誤　世祖中興更為鉅鹿也趙釋曰一清按續志鉅鹿郡劉昭補註云建武十三年省廣平國以

其縣屬非更廣平爲鉅鹿也或曰爲乃屬字之誤 鄭玄注尚書引地說云大河東北流過絳水千里至大陸爲地腹如志之言大陸在鉅鹿 趙釋曰一清按漢志鉅鹿郡鉅鹿縣下云禹貢大鹿澤在北與康成說同 地理志曰水在安平信都 趙釋曰全氏曰此地理志非班志安帝改信都曰安平則是安帝以後之書一清按全說是孔穎達尚書正義曰地理志云降水在信都案班固漢書以襄國爲信都云云則知此地理志非班志明矣然漢志信都國信都縣下云禹貢絳水亦入海而趙國襄國下不及絳水孔氏之云未知所指桑欽亦有地理志上黨郡屯留下引桑欽言或是也 鉅鹿與信都相去不容此數也水土之名變易世失其處見降水則以爲絳水故依而廢讀或作絳字非也今河內共北山 官本曰按近刻訛作北共山 案朱訛趙乙刊誤曰漢書地理志河內郡共縣下云北山淇水所出清水注云共縣故城即共和故國共山在國北所謂共北山也北共二字當倒互 淇水出焉 官本曰按淇水下近刻有共水二字係衍文 案朱趙有 東至魏郡黎陽入河近所謂降水也降讀當如郲降于齊師之降 官本曰按郲近刻訛作城 案朱訛趙改刊誤曰城當作郲此春秋之郲國也 蓋周時國于此地者 官本曰按近刻脫此字 案朱脫趙增刊誤曰地上落此字 惡言降故改云共耳 官本曰按云近刻訛作之 案朱訛趙改刊誤曰之當作云 又今河所從 趙改徙刊誤曰從當作徙 去大

陸遠矣館陶北屯氏河其故道與余按鄭玄據尚書有東過洛汭至于大伾北過降水至于大陸推次言之故以淇水爲降水共城爲降城所未詳也稽之羣書共縣本共和之故國官本曰按本上近刻衍故字案朱衍趙删刊誤曰上故字衍文是有共名不因惡降而更稱官本曰按近刻脫因字案朱脫趙增刊誤曰不下落因字禹著山經淇出沮洳淇澳衛詩列目又遠當非改絳華爲今號但是水導源共北山官本曰按近刻訛作共出北案朱訛趙改刊誤曰箋曰出朱本作山按當作共北山玄欲成降義官本曰按欲下近刻有因字義訛作議案朱趙有因字朱訛議趙改義刊誤曰議當作義故以淇水爲降水耳卽如玄引地說官本曰按黎陽鉅鹿非千里之逕直信都于大陸者也官本曰按此語有舛誤惟屯氏北出館陶事近之矣按地理志云絳水發源屯留下亂漳津是乃與漳俱得通稱故水流間關所在著目信都復見絳名而東入

于海尋其川脈無他殊瀆而衡漳舊道與屯氏相亂官本曰按近刻脫氏字　案朱趙無乃書有過降之文官本曰按近刻脫文字　案朱脫趙增刊誤曰之下落文字與地說千里之誌官本曰按近刻地說二字在與字上　案朱趙同趙釋曰一清按與字誤卽之途致與書相鄰河之過降當應此矣下至大陸不異經說自甯迄于鉅鹿出于東北皆爲大陸語之纏絡厥勢眇矣九河既播八枝代絕官本曰按枝近刻訛作牧　案朱訛趙改刊誤曰牧當作枝漢書敘傳云北亡八支遺迹故稱往往時存故鬲般列于東北徒駭瀆聯漳絳同逆之狀粗分陂障之會猶在按經考瀆自安故目矣趙釋曰禹貢錐指曰冀州疏曰春秋魏獻子田于大陸焚焉還卒于甯杜氏嫌鉅鹿絕遠以爲汲郡脩武縣吳澤也甯卽脩武然此二澤相去甚遠所以得爲大陸者以爾雅廣平曰陸但廣而平者則名大陸故異所而同名焉此說允當脩武今獲嘉縣縣西北有吳澤陂其旁近地卽大陸也水經濁漳注曰鄭元注尙書引地說云大河東北流過絳水千里至大陸爲地腹今淇水東至黎陽入河近所謂降水蓋以淇口應北過降水之文也道元疑之曰黎陽鉅鹿非千里之徑是矣而其下又云自甯迄於鉅鹿出於東北皆爲大陸則以南北兩大陸聯爲一地以應千里之數何其無定見也信如鄭言則淇口在黎陽西南距脩武二百餘里河之所經當先大陸而後降水矣鄭說亦豈可通乎又曰正義曰地理志降水在信都縣漢以襄國爲信都在大陸之西或降水發源在此下尾至今之信都故得先過降水乃至大陸鄭

以降讀爲下江反聲轉爲共河內共縣淇水出焉東至魏郡黎陽縣入河此近降水周時國于此地者惡言降故謂之共此鄭胸臆不可從也案襄國今爲邢臺縣界絕無降源孔說非是酈注濁漳引鄭玄尚書注言降水字不當作絳是也而讀降爲郕降于齊師之降以淇水爲降水共城爲降城則繆一清按道元極辨康成降水共城之失未嘗附和雷同東樵規之似未允當惜河水篇注脫去釋禹貢北過降水之文大致不明啓人疑惑耳

漳水又歷經縣故城西水有故津謂之薄落津趙釋曰一清按續志安平國經西有漳水津名薄落津地理志無經縣鉅鹿郡堂陽縣下云嘗分爲涇縣涇即經蓋前漢已置是縣旋廢而後漢復置之又方輿紀要趙州寧晉縣有楊氏廢縣云周禮職方冀州藪曰楊紆水經注楊紆即大陸澤或曰古有楊城澤流紆回城下因曰楊紆漢置楊氏縣治焉又云胡盧河在縣東南二十里即禹貢之大陸澤呂氏春秋九藪趙之大陸其一也酈道元以爲即楊紆藪亦謂之薄落水亦謂之廣阿澤其上流即漳水也自順德府南和任縣達隆平而東北匯大小鞏川以注于縣境而趙州西境及滹沱河以南諸水亦悉東南流至縣境匯爲大澤每至夏秋之交霖潦爲患則漳水滹沱南北交注泛濫甚廣東注深冀及阜城獻縣以東至交河縣而合于滹沱丁度曰胡盧河橫漳之別名也冀北之大川胡盧河其最矣宛溪去今未遠所引水經注今本無之蓋從他書採錄耳漢志冀州藪曰楊紆師古曰爾雅曰秦有楊紆而此以爲冀州未詳其義及所在也楊紆爾雅作楊陓郭璞註云今在扶風汧縣西邢昺疏曰周禮雍州澤藪曰弦蒲即此楊陓蓋相承之繆也道元河水注云高誘以爲楊紆秦藪非也楊紆不屬雍州則當屬冀方矣足正鞏說之失也呂氏春秋云秦之陽華或者以陽華爲楊陓乎然禹貢曰九澤既陂爾雅乃有十藪周秦同域時有焦穫秦有楊紆是多一澤矣呂覽淮南仍作九藪或以州言或以國言雖各不同要是九而非十昔袁本初還自易京上已届此率其賓從趙釋曰後漢書袁紹傳作賓徒禊飲于斯津矣衡漳又逕沙邱臺東紂所成也在鉅鹿故城東北七十里趙武靈王與秦始皇並死于此矣又

逕銅馬祠東漢光武廟也朱趙無也字更始三年秋光武追銅馬于館陶大破之遂降之賊不自安世祖令其歸營乃輕騎行其壘賊乃相謂曰蕭王推赤心置人腹中安得不投死乎遂將降人分配諸將衆數十萬人故關西號世祖曰銅馬帝也祠取名焉廟側有碑述河內脩武縣張導字景明以建和三年爲鉅鹿太守趙釋曰一清按建和漢和帝年號張景明爲袁紹說冀州牧韓馥讓位事在獻帝初平二年相距四十餘年不應如是之久建和字誤當作建安魏書臧洪傳云洪答陳琳書曰昔張景明親登壇喢血奉辭奔走卒使韓牧讓節主人得地然後但以拜章朝主賜爵獲傳之故旋時之閒不蒙觀過之貸而受夷滅之禍則景明作郡宜在建安初年而亦爲紹所殺漳津泛濫土不稼穡導披按地圖與丞彭參掾馬道嵩等原其逆順揆其表裏脩防排通以正水路功績有成民用嘉賴題云漳河神壇碑而俗老耆儒猶揭斯廟爲銅馬劉神寺官本曰按揭近刻訛作謁　案朱訛趙改刊誤曰箋曰謁當作謂按隸釋載此文作揭是碑頃因震裂餘半不可復識矣又逕南宮縣故城西漢惠帝元年趙釋曰沈氏曰是高后六年以封張越人子買爲侯國王莽之序中趙釋曰一清按漢志作序下隋人諱忠故改之也趙釋曰按全氏曰此下有脫文當補列葭水出焉五字列葭水即長

蘆涇水也愚謂非也此處無脫誤列葭水漢志注于南和南和在經縣之西南乃其上游也長蘆水水經注始見于列人列人今肥鄉由肥鄉而曲周而廣宗廣宗漢經縣而南宮而堂陽以達於信都至下博列葭水注之在今深州之城長蘆水至經縣爲薄落津續志鉅鹿郡廮陶有薄落亭可知其水亦注甯晉泊中矣據道元注薄落津有長蘆涇水之稱至堂陽乃變列葭之名若此云列葭水出焉下又云列葭水注之于義豈可通乎近代復以衡漳爲胡盧河宋史河渠志云胡盧河源于西山西山卽今廣平順德二府以西之山在漢爲鉅鹿郡廣平國地葭水至深州合于胡盧河而長蘆本有薄落之稱故後世變呼爲胡盧漢志有列葭無長蘆固知長蘆之卽絳水也

其水與隅醴通爲衡津官本曰按隅說文作湡 案趙改湡刊誤曰隅當作湡寰宇記邢州龍岡縣下云湡水一名澧水說文音隅師古音耦趙釋曰一清按太平寰宇記邢州龍岡縣下云湡水一名澧水俗謂之百泉水出縣東平地以其導源總納衆泉合成一川故也亦謂之鴛鴦水魏都賦所云鴛鴦交合當作交谷劉昱曰鴛鴦水在南和縣西交谷水在鄴南又南和縣下引水經注云北有和城縣故此云南也鴛鴦水在縣北五里水經注云南和西官治東有便水一名鴛鴦水又沙河縣下云沙河卽湡水也水經云湡水出趙國襄國按胡三省通鑑注引水經此句下有東過沙河縣五字宋白曰沙河卽湡水也漢志趙國襄國渠水所出東北至任入𣸣又有蓼水馮水皆東至朝平入湡師古曰湡音藕又音牛吼反說文湡水出趙國襄國之西山東北入𣸣渠水字誤𣸣卽漳也列子牛缺下之邯鄲遇盜于耦沙之中卽湡水也又龍岡縣下云蓼水一名達活水水經云蓼水出襄國西石井岡岡上有井大如車輪按朱氏弁曲洧舊聞云去鉅鹿郡西北一舍有泉水經名達活源流深長廣輪數百步享其利又內邱縣下引水經云中邱有蓬鵲之山案全氏曰漢志常山郡中邱縣蓬山長谷諸水所出東至張邑入濁說文亦云水出中邱蓬山長谷卽蓬鵲之山也諸水是渚水之誤入濁是入湡之誤內邱有渚水亦名礪水張縣後省入任縣其地一名曰渚陽城城在渚水之陽也晉書段疾陸眷攻石勒屯渚陽卽此又龍岡縣下引水經云鵲山有穴出雲母其西有龍騰溪鶴渡嶺按太平御覽引水經注曰石勒時大旱沙門佛圖澄于石井岡掘得死龍長尺餘潰之以水良久乃蘇呪而祭之龍騰而上天卽雨降因名龍岡凡此諸所引文今本皆無之

又有長蘆淫水之名絳水之稱

矣今漳水既斷絳水非復纏絡矣又北絳瀆出焉今無水故瀆東南逕九門城南又東南逕南宮城北又東南逕繚城縣故城北十三州志曰經縣東五十里有繚城故縣也左逕安城南故信都之安城鄉也更始二年和戎卒正邳彤官本曰按近刻訛作和城太守邳彤 案朱趙並同趙釋曰全祖望曰按後漢書光武帝紀王莽和戎卒正邳彤亦舉郡降注引東觀記曰王莽分鉅鹿為和戎郡卒正職如太守邳彤傳亦作成字注又引東觀記為證太守之稱善長之率筆耳與上會信都南安城鄉上大悅即此處也故瀆又東北逕辟陽亭漢高帝六年封審食其為侯國趙釋曰一清按漢書張陳王周傳云辟陽近淄川疑非趙地審食其封邑當是泒水篇之辟陽城城陽頃王子節侯壯亦封辟土侯是也王莽之樂信也地理風俗記曰廣川西南六十里有辟陽亭故縣也絳瀆又北逕信都城東散入澤渚西至于信都城東連于廣川縣之張甲故瀆同歸于海故地理志曰禹貢絳水在信都東入于海也趙釋曰禹貢錐指曰漢志雜採古記故漳絳二水竝存實一川也漳絳本入河及河徙之後漳絳循河故道而下故酈元云水流閒關所在著稱信都復見絳

名而東入于海也然漢志信都之絳水則又有別志云故漳河在北東入海禹貢絳水亦入海蓋縣北故漳卽禹河之故道而絳水出其南則漳水之徙流酈元之所謂絳瀆者也蓋漢時信都之漳水徙從其縣南故地志以此爲絳水而目縣北之瀆曰故漳河其後漳又復北道故水經敘漳水仍自信都縣西東北過下博縣而酈元云絳瀆今無水唐人遂謂之枯洚通典云清河郡經城縣界有枯洚渠北入信都郡界是也此渠乃漳水一時之徙流漢志以爲禹貢之絳水大繆而杜佑據以分冀兖之界自後說經者動稱枯洚以證導河之所過皆班固禹貢二字誤之也

又北過堂陽縣西

衡水自縣分爲二水官本曰按縣近刻訛作堰 案朱趙同其一水北出逕縣故城西趙逕改經刊誤曰逕縣當作經縣郡國志經屬安平國地理志堂陽縣下云嘗分逕縣卽經縣也世祖自信都以四千人先攻堂陽降水者也水上有梁謂之旅律渡商旅所濟故也其右水東北注出石門門石崩褫餘基殆在謂之長蘆水蓋變引葭之名也趙引改列刊誤曰引葭漢書地理志作列葭趙釋曰太平寰宇記滄州清池縣下引水經云長蘆水出列人縣以其水旁多蘆葦故名今本無之一清按太平寰宇記邢州南和縣下云列家水在縣西南十里下至狠溝河今邢臺沙河南和之界有東西狠河卽百泉之支流下流入澧亦謂之小澧河卽注上云其水與湡澧通爲衡津者也樂史所云與漢志合是沙邱堰以下後人又有長蘆之一稱而道元下文仍以列葭之名歸之長蘆水東逕堂陽縣故城南應劭曰縣在堂水之

陽穀梁傳曰水北爲陽也今于縣故城南官本曰按縣字近刻訛在故字下　案朱訛趙乙刊誤曰故縣二字當倒互更無別水惟是水東出可以當之斯水蓋包堂水之兼稱矣長蘆水又東逕九門城北官本曰按城近刻訛作波又脫北字　案朱作波趙改陂又朱趙無北字刊誤曰箋曰謝云宋本作坡一作城按通鑑註引此文作九門陂一統志九門故城在藁城縣西北本戰國時趙邑漢置九門縣屬常山郡後漢至晉因之後魏併常山郡治此北齊縣廢陂在縣境故即縣以名之趙釋曰一清按九門陂在漢九門縣陂即縣以受氏九門本趙邑見史記趙世家漢爲縣屬常山郡後漢晉因之後魏徙常山郡治此北齊廢自漢迄拓跋朝無省併之事道元云故縣中閒必有遷徙而史志不之詳也故縣也又東逕扶柳縣故城南官本曰按扶柳原本及近刻並訛作扶都今據漢書改正　案朱訛趙改刊誤曰漢書地理志信都國有扶柳縣都字誤世祖建武二十年封寇恂子損爲侯國官本曰按損近刻訛作揖　案朱訛趙改刊誤曰揖後漢書作損又東屈北逕信都縣故城西信都郡治也漢高帝六年置景帝中二年官本曰按近刻脫中字　案朱趙無趙釋曰一清按劉敞曰景帝前二年初封王子彭祖爲廣川王都信都四年徙趙國除爲信都郡中二年封王子越爲廣川王傳國至王汝陽廢當甘露四年也百官表成帝永始二年有信都太守是廣川國除爲郡矣後漢志劉昭註云安平故信都高帝置又志云景帝增六郡若信都爲高帝置則又不及此數疑當云景帝前二年爲廣川國四年爲信都郡中二年復爲廣川國宣帝甘露四年復故也爲廣川惠王越國王莽更爲新博朱箋曰舊本作傳下同縣曰新博亭光武自薊至信都是也

明帝永平十五年更名樂成[趙釋曰一清按漢志作樂安誤也當以續志酈注正之]安帝延光中改曰安平城內有漢冀州從事安平趙徵碑又有魏冀州刺史陳留丁紹碑青龍三年立[趙釋曰一清按丁紹見晉書良吏傳在惠帝之末去魏代已遠寰宇記冀州信都縣下引郡國縣道記亦云信都城內有曹魏冀州刺史陳留丁紹頌德碑青龍三年立疑別是一人]城南有獻文帝南巡碑[官本曰按近刻脫文字 案朱脫趙增刊誤曰是後魏獻文帝落文字]其水側城北注又北逕安陽城東又北逕武陽城東十三州志曰扶柳縣東北有武陽城故縣也

又北爲博廣池池多名蟹佳蝦歲貢王朝以充膳府又北逕下博縣故城東而北流注于衡水也

又東北過扶柳縣北又東北過信都縣西

扶柳縣故城在信都城西衡水逕其西[官本曰按絳瀆之左出者北逕信都城東長蘆水自扶柳城南屈北逕信都城西而漳水則逕扶柳城西不得逕信都城西水經之文誤故道元正之]縣有扶澤澤中多柳故曰扶柳也[趙釋曰一清按漢志註此是闞駰說]衡水又北逕昌城縣故城西地理志[朱趙有曰字]信都有昌城縣[官本曰按今漢書作昌成無土旁 案朱上成下城趙並作成]漢武帝

以封城陽頃王子劉差爲侯國 趙釋曰一清按史表云昌侯劉差索隱曰志屬琅琊漢表同而地理志信都國昌成縣下云侯國王子侯表廣川繆王子節侯元以宣帝神爵三年封爲昌成侯而琅琊郡昌縣下無之道元誤矣 闞駰曰昌城本名阜城矣應劭曰堂陽縣北三十里有昌城故縣也世祖之下堂陽昌城人劉植率宗親子弟據邑以奉世祖是也 朱阜下作成餘作城趙竝作成 又逕西梁縣故城東 地理風俗記曰扶柳縣西北五十里有西梁城 官本曰按近刻脫西字 案朱脫趙增 故縣也世以爲五梁城蓋字狀致謬耳 衡漳又東北逕桃縣故城北 漢高祖十二年封劉襄爲侯國 趙釋曰一清按史表云項氏親賜姓 王莽改之曰桓分也 合斯洨故瀆斯洨水首受大白渠大白渠首受綿蔓水綿蔓水上承桃水水出樂平郡之上艾縣東流世謂之曰桃水東逕靖陽亭南故關城也又北流 朱作及趙改又刊誤曰及當作又 逕井陘關下注澤發水 朱逕作至箋曰宋本作逕趙改逕趙釋曰太平寰宇記平定軍平定縣下云澤發水一名畢發水一名阜漿水一名妒女泉郡國志云子推妹也水經注云澤發水逕董卓壘東今本無之 亂流東北逕常山蒲吾縣

西而桃水出焉南逕蒲吾縣故城西又東南流逕桑中縣故城北世謂之石勒城蓋趙氏增城之官本曰按城近刻訛作成　案朱訛趙改故擅其目俗又謂之高功城官本曰按近刻脫俗字城下有也字　案朱趙同地理志曰侯國也趙釋曰一清按漢書王子侯表宣帝地節二年封趙頃王子廣漢爲桑中戴侯桃水又東南流逕綿蔓縣故城北王莽之綿延也世祖建武二年封郭況爲侯國自下通謂之綿蔓水綿蔓水又東流逕樂陽縣故城西右合井陘山水水出井陘山世謂之鹿泉水官本曰按此下近刻有也字　案朱趙有東北流屈逕陳餘壘西官本曰按近刻訛作而　案朱訛趙改刊誤曰而當作西俗謂之故壁城昔在楚漢韓信東入餘拒之于此不納左車之計悉衆西戰信遣奇兵自間道出立幟于其壘師奔失據遂死泜上其水又屈逕其壘南又南逕城西東注綿蔓水趙釋曰全氏曰漢志常山郡元氏縣下云沮水首受中丘窮泉谷東至堂陽入橫河而水經無聞及讀郭氏山經注曰泜水今出中邱窮泉谷乃悟泜水之誤爲沮水也一清按太平寰宇記趙州臨城縣下引水經注云泜水東出房子城西出白土細滑如膏可用濯綿色奪霜雪光彩鮮潔異于常綿俗以爲美談言

房子之纊也抑亦如蜀錦之得濯江矣按御覽引此注云故歲貢其綿以充御用又縣有百暢亭水經注云泜水東逕百暢亭又漢志常山郡房子縣贊皇山石濟水所出東至廮陶入泜石邑縣井陘山在西洨水所出東南至廮陶入泜寰宇記鎮州石邑縣下云洨水一名童水引注水經云洨水出常山郡石邑縣又獲鹿縣下飛龍山引水經注云洨水東逕飛龍山北是井陘口今又名土門又趙州平棘縣下引水經云洨水又東逕平棘縣南有石橋跨水闊四十步長五十步橋東有兩碑又石柱下引水經云平棘城南門夾道有兩石柱翼路若闕焉洨水卽洨水也洨汶字近致訛又九域志邢州古蹟干言山引水經云泜水又東南逕干言山邶詩云出宿于干飲餞于言是也趙州沃州城引水經云沃水東至沃州城入于沃湖按魏書地形志鉅鹿郡廮陶縣有沃州城又趙州有平州城引水經云槐水又逕平山南按地形志趙郡房子縣有平州城寰宇記平棘縣下引水經注云槐水出黃石山山海經曰泜水東流注于彭水顧景范曰水經以爲一名槐水者也又寰宇記趙州高邑縣下引水經注云漢章帝北巡至高邑亦光武卽位于此有石壇壇有圭頭碑卽帝所建章懷後漢書注引水經注曰亭有石壇壇有圭頭碑其陰云常山相狄道馮龍所造壇廟之東枕道有兩石翁仲相對焉凡此引文今本皆無之

綿蔓水又屈從城南俗名曰臨清城非也地理志曰侯國矣

趙釋曰一清按王子侯表宣帝地節二年封趙頃王子說爲樂陽繆侯

王莽更之曰暢苗者也

官本曰按暢近刻訛作申 案朱訛趙改刊誤曰漢書地理志作暢苗申字誤

東觀漢記曰

官本曰按記近刻訛作書 案朱趙作書

光武使鄧禹發房子兵二千人以銚期爲偏將軍別攻真定宋子餘賊拔樂陽稾肥壘者也

官本曰按拔近刻訛作援 案朱作援箋曰墷按漢書光武自薊至信都使禹發奔命得數千人令自將之別攻拔樂陽則援字亦誤當作拔趙改拔

綿蔓水又東逕烏子堰枝津出焉

趙釋曰一清按漢志太原郡上艾縣綿蔓水東至蒲吾入虖沱水而注略焉

又東謂之大

白渠地理志所謂首受綿蔓水者也白渠水趙釋曰全氏曰漳水所入有白渠有大白渠猶斯洨之與洨不可混也今于常山之大白渠芟去大字則何以別于武安之白渠又東南逕關縣故城北官本曰按關原本及近刻竝訛作開今改正 案朱訛趙改刊誤曰漢書地理志常山郡有關縣方輿紀要以爲卽春秋之欒也哀公四年齊國夏伐晉取欒蓋欒武子之封邑矣漢以爲關縣建武中以張況爲常山關長卽斯縣也開字誤 地理志朱趙有曰字常山之屬縣也又東爲成郎河 水上有大梁謂之成郎橋 又東逕耿鄉南世祖封前將軍耿純爲侯國世謂之宜安城 又東逕宋子縣故城北又謂之宋子河 漢高帝八年封許瘛爲侯國官本曰按瘛近刻訛作瘈 案朱訛趙改刊誤曰瘈史記侯表作瘛 王莽更名宜子昔高漸離擊筑傭工官本曰按近刻脫高字傭訛作傳 案朱脫訛趙增改刊誤曰當作高漸離落高字傳工當作傭工史記校正 自此入秦朱箋曰史記高漸離擊筑而歌宋子傳客之聞于始皇帝 又東逕敬武縣故城北按地理志朱趙有曰字鉅鹿之屬縣也漢元帝封女敬武公主爲湯沐邑闞駰十三州記曰楊氏縣北四十里有敬武亭官本曰按近刻脫敬字 案朱脫趙增刊誤曰當作敬武亭落敬字 故縣也今其城實中小邑耳故俗名之曰敬武壘卽古邑也 白渠水又東

朱無水字趙增刊誤曰白渠下落水字謂之斯洨水地理志曰大白渠東南至下曲陽入斯洨者也官本曰按近刻訛作東至曲陽入洨河者也案朱訛趙改留河字刊誤曰班志原文是東南至下曲陽入斯洨河今補三字東分爲二水枝津右出焉東南流謂之百尺溝又東南逕和城北世謂之初邱城非也漢高帝十一年封郎中公孫昔爲侯國官本曰按昔近刻訛作耳案朱趙同趙釋曰全氏曰和成乃王莽所分鉅鹿之支郡見于東觀漢記在下曲陽一作戎而常山別有禾成則公孫耳所封王莽更名鄗爲禾成亭是也是注上言敬武下言貰城是鉅鹿之和成非禾成也注引侯表繆矣又東南逕貰城西官本曰按貰近刻訛作育下同案朱訛趙改漢高帝六年封呂博爲侯國朱箋曰按史記年表有貰侯呂漢表貰侯合傳功封同此云呂博互異未詳地志鉅鹿有貰縣無育縣趙釋曰一清按史表貰齊侯呂徐廣曰呂一作台漢表貰齊侯合傳胡害是侯不姓呂而注云呂博豈字近合傳故耶百尺溝東南散流逕歷鄉東而南入泜湖東注衡水也斯洨水自枝津東逕貰城北又東積而爲陂謂之陽縻淵淵水左納白渠枝水俗謂之泜水朱趙作祗水趙釋曰朱氏箋曰李克家云疑作泜水水承白渠于藁城縣之烏子堰官本曰按近刻脫城字案朱脫趙增刊誤曰漢書地理志真定國有藁城縣落城字又東逕肥纍

縣之故城南又東逕陳臺南臺甚寬廣今上趙釋曰全氏曰下有脫文陽臺屯居之又東逕新豐城北按地理志云鉅鹿有新市縣侯國也趙釋曰一清按王子侯表元帝元鳳五年以封廣川繆王子康侯吉功臣表景帝以封趙內史王棄之皆國于此王莽更之曰樂市趙釋曰一清按漢志分註作市樂疑彼文誤而無新豐之目所未詳矣趙釋曰一清按史記趙世家悼襄王四年龐煖將趙楚魏燕之銳師攻秦蕞不拔移攻齊取饒安徐廣曰蕞在新豐饒安在勃海又云饒屬北海安屬平原此新豐非咸陽之新豐今藁城縣東北有新豐城隋置新豐縣屬鉅鹿郡蓋錄舊名蕞地無考漢表書王子侯有前侯信濟北貞王子表云平原師古曰字或作菆側流反史記建元以來王子侯表前作叢徐廣曰一作散字誤也蓋即菆字索隱曰叢音緅亦以為菆字菆叢皆與蕞字相近未審其的其水又東逕昔陽城南世謂之曰直陽城非也本鼓聚矣春秋左傳昭公十五年晉荀吳帥師伐鮮虞圍鼓三月鼓人請降穆子曰猶有食色不許軍吏曰獲城而弗取勤民而頓兵何以事君穆子曰獲一邑而教民怠將焉用邑也官本曰按近刻無也字有邑以賈怠不如完舊八字係後人以左傳之文增改案朱趙同賈怠無卒棄舊不祥鼓人能事其君我亦能事吾君率義不爽好惡不愆城可獲也官本曰按近刻無也字有而民知義所五字亦後人以左傳增改案朱趙同有死義趙作命而無二心不亦可乎鼓人告食

竭力盡而後取之克鼓而返不戮一人以鼓子鳶鞮歸旣獻而返之鼓子又叛荀吳略東陽使師僞糴負甲息于門外官本曰按近刻脫外字案朱脫趙增襲而滅之以鼓子鳶鞮歸使涉佗守之者也十三州志曰今其城昔陽亭是矣京相璠曰白狄之別也下曲陽有鼓聚故鼓子國也趙釋曰一清按顧氏日知錄曰水經注一卷昔陽城兩見一在下曲陽一在沾縣誤也方輿紀要云晉州昔陽亭在州東南應劭曰下曲陽有鼓聚昔陽亭左傳昭公二十二年鼓叛晉荀吳略東陽使師僞糴者負甲以息于昔陽之門外遂襲克之此鼓子所都之昔陽也又有昔陽城爲肥子所都在今山西樂平縣東南五十里左傳昭公十二年晉荀吳入昔陽滅肥以肥子緜臯歸杜預曰樂平沾縣東有昔陽城此肥子所都之昔陽也如紀要之云亦或異地而同名矣白渠枝水又東逕下曲陽城北官本曰按枝原本及近刻並訛作泜復脫下字案朱訛脫趙改增刊誤曰泜當作枝曲陽上落下字此是鉅鹿之屬縣又逕安鄉縣故城南地理志曰侯國也趙釋曰一清按王子侯表元帝竟寧元年封趙哀王子喜爲安鄉孝侯是也又東逕貰縣官本曰按近刻訛作育縣案朱訛趙改入斯洨水斯洨水又東逕西梁城南又東北逕樂信縣故城南地理志朱趙有曰字鉅鹿屬縣侯國也趙釋曰一清按王子侯表宣帝神爵三年封廣川繆王子彊爲樂信頃侯又東入衡水趙釋曰一清按漢志真定國緜曼縣斯洨水首受大白渠東至鄡入河蓋卽衡水也衡水又北爲袁

譚渡 蓋譚自鄴往還所由故濟得厥名

又東北過下博縣之西

衡水又北逕鄡縣故城東 竹書紀年梁惠成王三十年秦封衞鞅于鄡改名曰商卽此是也故王莽改曰秦聚也地理風俗記曰縣北有鄡阜蓋縣氏之 趙釋曰一清按後漢書光武帝紀注引竹書紀年云衞鞅封鄡續志鉅鹿郡鄡縣漢志作鄡師古曰音苦幺反鄡字是鄡字之誤觀班志綿曼縣下分注作鄡可見若衞鞅封邑在宏農之商縣地理志云秦相衞鞅邑也史記秦本紀孝公二十二年封鞅爲列侯號曰商君正義曰商州商洛縣又本傳正義曰於商在鄧州內鄉縣東七里古於邑也然則何得云在鉅鹿之地乎全氏曰蕭該誤音鄡爲鄡臧矜又誤音爲鄡按鄡是太原之邑鄡是鉅鹿之邑竝屬趙秦何由得取其地以封鞅乎王莽以鄡爲秦聚固非道元謂莽以鄡爲秦聚尤繆蓋析縣之南鄉有鄡亭通武關見王莽傳卽鄧弈招降析宗之處正商於之地豈鉅鹿之謂乎通典舊唐書作鄡寰宇記作鄡亦非

又右逕下博縣故城西 王莽改曰閏 朱箋曰舊本作潤 博應劭曰太山有博故此加下 趙釋曰章懷後漢注曰在博水之下故曰下博 漢光武自滹沱南出至此失道不知所以遇白衣老父曰信都 趙有郡字 爲長安守去此八十里世祖赴之任光開門納焉漢氏中興始基之矣尋求老父不得 官本曰按老父近刻訛作父老趙改刊誤曰父老何焯校改老父 案朱訛 識者以爲神衡

漳又東北歷下博城西逶迤東北注謂之九崢官本曰按近刻訛作爭箋朱作爭趙改崢刊誤曰九崢之名亦見濡水注此水逶迤屈曲似之故同其稱當從山作崢趙釋曰一清按寰宇記引信都記云謂之九崢曲卽今衡水縣之鹽苦二河西逕樂鄉縣故城南王莽更之曰樂邱也又東引葭水注之官本曰按近刻作列葭水注也箋朱同趙改刊誤曰也當作之方輿紀要校趙釋曰全氏曰漢志廣平國南和縣列葭水東入湡說文湡水出趙國襄國東入湡籍長略湡不敘輙說文尚存其迹耳一清按漢書武五子燕刺王傳使人祠葭水台水晉灼曰葭音家寰宇記因作列家水也列葭水見漢志水經注作引葭水竊意引長也葭蘆也故變引葭爲長蘆引之與列字形相似正可與班書參異同耳

又東北過阜城縣北又東北至昌亭與滹沱河會

經敘阜城于下博之下昌亭之上考地非比于事爲同勃海阜城又在東昌之東故知非也官本曰按後漢安平國之阜城卽前漢信都國之昌城故道元明其非勃海之阜城也趙釋曰全氏曰按此是後漢安平國之阜城乃前漢信都國之昌成故注明其非勃海之阜城也而魏書地形志武邑郡阜城下云前漢屬勃海後漢屬安平蓋合二縣而爲一非也漳水又東北逕武邑郡南魏所置也又東逕武強縣北又東北逕武隧縣故城南按史記秦破趙將扈輒于武隧斬首十萬卽于此處也

王莽更名桓隧矣白馬河注之水上承滹沱東逕樂鄉縣北饒陽縣南趙釋曰一清按章懷後漢書注曰呼沱河舊在饒陽南至魏太祖曹操因饒河故瀆決令北注新溝水所以今在饒陽縣北又東南逕武邑郡北而東入衡水謂之交津口衡漳又東逕武邑縣故城北王莽之順桓也晉武帝封子于縣以為王國後分武邑武隧觀津為武邑郡治此趙釋曰一清按晉志無武邑郡地形志云武邑郡晉武帝置又云魏所置注前後兩仍其說宜以此文為正也衡漳又東北右合張平口故溝上承武強淵淵之西南官本曰按此下近刻衍之字案朱衍趙刪刊誤曰西南下之字衍文側水有武強縣故治故淵得其名焉東觀漢記曰光武拜王梁為大司空以為侯國者宿云邑人有行于途者見一小蛇疑其有靈持而養之名曰擔生長而吞噬人里中患之遂捕繫獄擔生負而奔邑淪為湖縣長及吏咸為魚矣今縣治東北半里許落水朱無里字箋曰宋本作半里許趙增里字淵水又東南結而為湖又謂之郎君淵耆宿又言縣淪之日其子

東奔又陷于此故淵得郎君之目矣淵水北通謂之石虎口又東北爲張平澤澤水所泛北決堤口謂之張刀溝北注衡漳官本曰按近刻訛作衡河　案朱趙同謂之張平口亦曰張平溝水溢則南注朱箋曰溝水溢三字古本宋本俱無今吳本增之水耗則輟流衡漳又逕東昌縣故城北經所謂昌亭也王莽之田昌也俗名之曰東相官本曰按近刻脫曰字　案朱脫趙增刊誤曰名之下落曰字吳琯本校增蓋相昌聲韻合故致茲誤矣西有昌城故目是城爲東昌矣衡漳又東北左會滹沱故瀆謂之合口趙釋曰一清按史記正義引水經曰漳水一名大漳水兼有濅水之目也漢志魏郡武安縣濅水東北至東昌入虖沱河過郡五行六百一里師古曰濅子袵反說文濅水出魏郡武安東入滹沱水從水㝲聲㝲籀文侵字即衡漳也又謂之橫河衡漳又東北分爲二川當其水洪朱箋曰謝云舊本作決吳本作洪水蕩洪也處名之曰李聰淀

又東北至樂成陵縣北別出官本曰按近刻訛作別出北　案朱作別出北趙加瀆字刊誤曰注云衡漳於縣無別出之瀆北下落瀆字趙釋曰一清按注云陵字是桓帝所加此亦經文晚出之證

衡漳于縣無別出之瀆出縣北者官本曰按近刻脫出字案朱脫趙增刊誤曰縣上落出字乃滹沱別水分滹沱故瀆之所纏絡也衡漳又東分爲二水左出爲向氏口瀆水自此決入也官本曰按近刻訛作溝水自始決水也、案朱訛趙改刊誤曰箋曰始宋本作此按溝水當作瀆水即虖沱故瀆也下水字當作入衡漳又東逕弓高縣故城北漢文帝封韓王信之子韓隤當官本曰按近刻訛作高帝封韓信兄子韓隤當　案朱趙同趙釋曰沈氏曰漢表是文帝十六年封信傳是十四年封非高帝黃慎中本作景帝亦非且是信孼子非兄子也爲侯國王莽之樂成亭也趙釋曰一清按漢志河閒國分註莽改樂成爲陸信弓高爲樂成今本落亭字當以水經注補之衡漳又東北右合柏梁溠水上承李聰淀東北爲柏梁溠東逕蒲領縣故城南官本曰按蒲近刻訛作扶　案朱訛趙改漢武帝元朔三年封廣川惠王子劉嘉官本曰按近刻脫惠字　案朱趙同趙釋曰一清按王子侯表是惠王爲侯國朱箋曰按史記劉嘉封蒲領侯地理風俗記云脩縣西北八十里有蒲領鄉故縣也趙釋曰太平寰宇記阜城縣下云故蒲領城水經云今滄州魯城縣東北六十里漳河西岸又有北蒲領故城蓋因漢末黃巾之亂有蒲領人流寓于彼遂立此城今本無之又東北會桑社枝津官本曰按社近刻訛作杜下同案朱作杜箋曰宋本作社趙改社又東北逕弓高城

北又東注衡漳謂之柏梁口衡漳又東北右會
桑社溝溝上承從陂世稱盧達從薄亦謂之摩
訶河 官本曰按近刻訛作訶摩河 案朱趙同趙釋曰一清按此卽漢志代郡鹵城縣下之從河也訶摩當作摩訶梵語謂大爲摩訶蓋言大河也 東南
通清河西北達衡水春秋雨泛 官本曰按此下近刻有漳澤津渚今五字係衍文 案朱趙有
觀津城北方二十里盡爲澤藪蓋水所鍾也其
瀆逕觀津縣故城北樂毅自燕降趙封之于此邑號望
諸君王莽之朔定亭也又南屈東逕竇氏青山南側
堤東出青山卽漢文帝竇后父少翁冢也少翁是縣人 官本曰按近刻脫少翁二字作卽是縣人 案朱同趙卽上加一翁字釋曰一清按唐書宰相世系表竇建德傳竇后父安成侯充今誤本水經注作少消寰宇記引隋圖經作后父青舊唐書竇建德傳遣使往灌津祠竇青之墓青是其名消乃青之誤文而下云民號青山或山以人名受氏也 遭秦之亂漁釣隱身 朱作魚趙改漁刊誤曰魚劉昭郡國志補註引決錄注作漁 墜淵而死景帝立后遣使者填以葬父起大墳于觀
津城東南故民 朱作名箋曰舊本作民趙改民 號曰青山也又東逕董仲舒
廟南仲舒廣川人也世猶謂之董府君祠春秋禱祭不輟舊

溝又東逕脩市縣故城北官本曰按脩近刻訛作循下同　案朱趙不誤朱作溝趙改瀆刊誤曰溝當作瀆漢宣帝本始四年封清河綱王子劉寅爲侯國王莽更之曰居寧也俗謂之温城非也地理風俗記曰脩縣朱作循趙改脩刊誤曰漢書地理志勃海郡有脩縣應劭曰音條循字誤下並同西北二十里有脩市城故縣也又東會從陂陂水南北十里東西六十步子午潭漲淵而不流亦謂之桑社淵從陂南出夾堤東派逕脩縣故城北東合清漳漳泛則北注澤盛則南播津流上下互相逕通官本曰按近刻訛作道　案朱訛趙改從陂北出東北分爲二川一川北逕弓高城西而北注柏梁淀朱二川下無一川二字趙分爲二下增一字刊誤曰分爲二句下落一字孫潛校增一川東逕弓高城南又東北楊津溝水出焉官本曰案楊近刻作陽下同又此下原本及近刻有左瀆北入衡漳謂之楊決口凡十一字係後條注文訛舛在此今刪　案朱趙作陽又朱溝作清箋曰宋本作溝趙改溝又朱趙有十一字趙刊誤曰決當作津衡水東逕阜城縣故城北樂成縣故城南趙刊誤曰樂成兩漢爲河閒國治至桓帝始加陵字此文尚仍舊稱說見下河閒郡治地

理志曰故趙也漢文帝二一年官本曰按近刻脫此二字　案朱脫趙增刊誤曰漢文帝下黃省曾本有二年字考漢志良是別爲國應劭曰在兩河之間也景帝九年封子德爲河間王是爲獻王王莽更名郡曰朔定縣曰陸信褚先生曰漢宣帝地節三年封大將軍霍光兄子山爲侯國也趙釋曰一清按此是褚表之繆而道元誤承之者褚先生云樂成侯霍山索隱曰表在平氏志屬南陽今按漢表霍山封樂平非樂成也表云東郡後褚先生又云樂平侯許翁孫而小司馬無說漢表許延壽封樂成侯翁孫疑是延壽字故表云平氏平氏樂成均屬南陽郡南陽之樂成其地無考大約與平氏相近地理志南陽樂成下云侯國而河間國之樂成無說則非列侯食邑可知第褚少孫去宣帝世不遠不應參錯乃爾抑或後人傳寫之誤使兩家封邑對換一字道元引之小司馬釋之均未細覈班書耳然班固于霍山樂平封邑下云東郡地理志東郡清縣顏師古註引應劭曰章帝更名樂平則何以宣帝時卽有此封不可曉也互見漯水篇章帝官本曰按近刻訛作漢宣帝三字　案朱訛趙改章留漢字刊誤曰宣帝是章帝之誤封子開于此桓帝官本曰按桓帝上近刻亦衍漢字　案朱趙有追尊祖父孝王開爲孝穆王趙作皇以其邑奉山陵故加陵曰樂成陵也官本曰按近刻脫成字　案朱脫趙增刊誤曰全氏云此三字縣也是水經特筆以見縣本以樂成陵三字結名與史志可參異同陰溝水篇有樂成陵令許嬰碑今城中有故池方八十步舊引衡水北入城注池池北對層臺基陛荒蕪不存古意也

又東北過成平縣南官本曰按近刻此下有合清河三字　案朱趙有朱箋曰吳本增下三字

衡漳又東逕建成縣故城南官本曰按漳近刻訛作津　案朱訛趙改刊誤曰津當作漳按地理志故屬勃海郡褚先生曰漢昭帝元鳳二年封丞相黃霸爲侯國也趙改宣帝五鳳釋曰全氏曰按本表曰沛而善長以爲勃海成平縣故城在北漢武帝元朔三年封河間獻王子劉禮爲侯國趙釋曰一清按索隱曰表在南皮今漢表作平城侯禮又不云在南皮皆爲脫誤也王莽之澤亭也城南北相直衡漳又東右會楊津溝水趙楊改陽下並同刊誤曰楊當作陽水自陂官本曰按此三字近刻訛作自澤水案朱同趙澤改溝刊誤曰澤水吳琯本作枝水亦誤當作溝即陽津溝也東逕阜城南地理志勃海有阜城縣王莽更名吾城者趙增也刊誤曰者下落也字非經所謂阜城也建武十五年世祖更封大司馬王梁爲侯國楊津溝水又東北逕建成縣左入衡水謂之楊津口官本上條刪十一字云是後條注文卽謂此也衡漳又東左會滹沱別河故瀆趙釋曰一清按漢志勃海郡成平縣下云滹沱河民曰徒駭又河間國樂成縣虖沱別水首受虖沱河東至東光入虖沱河又弓高縣下云滹沱別河首受滹沱河東至平舒入海代郡鹵城下云虖沱河東至參合入虖沱別按別下脫水字以漢志註弁水經驗之可證也又東北入清河趙入改合刊誤曰入胡渭校改合謂之合口又逕南皮縣之北

皮亭而東北逕浮陽縣西東北注也官本曰按近刻訛作之案朱趙同趙東北上加浮水二字刊誤曰東北上落浮水二字全氏校補

又東北過章武縣西又東北過平舒縣南東入海

清漳逕章武縣故城西官本曰按逕近刻作自案朱趙同故濊邑也枝瀆出焉謂之濊水東北逕參戶亭官本曰按戶近刻訛作后下同案朱訛趙改刊誤曰漢書地理志勃海郡有參戶縣后字誤下同分爲二瀆應劭曰平舒縣西南五十里有參戶亭故縣也世謂之平虜城枝水又東注謂之蔡伏溝又東積而爲淀一水逕亭北又逕東平舒縣故城南代郡有平舒城故加東地理志朱趙有曰字勃海之屬縣也魏土地記曰章武郡治故世以爲章武故城非也又東北分爲二水一右出爲淀官本曰按一下近刻有水字案朱趙有又淀並作澱一水北注滹沱謂之濊口清漳亂流而東注于海趙增與字刊誤曰清漳上落與字趙釋曰一清按漢志則濁漳自鄴以下皆清漳之流而水經注皆以爲濁漳與漢志戾至此忽敘入清漳蓋欲應漢志濁漳入清漳清漳入河之說然不云入河而云入海是又與漢志異

今清漳注尾又缺而無以辨之

清漳水出上黨沾縣西北少山大要谷官本曰按要近刻訛作䑐　案朱作䑐趙改䙅刊誤曰䑐字誤當作䙅漢書地理志北地郡有大䙅縣師古曰䙅即古要字是注亦云大要谷可互證也南過縣西又從縣南

屈

淮南子曰清漳出謁戾山官本曰按謁近刻作揭　案朱訛趙改刊誤曰揭當作謁高誘云山在沾縣今清漳出沾縣故城東北俗謂之沾山官本曰按近刻訛作漳山　案朱趙作漳後漢分沾縣爲樂平郡官本曰按近刻脱後字　案朱趙無治沾縣水出樂平郡沾縣界故晉太康地記曰樂平縣舊名沾縣官本曰按近刻訛作舊名清漳縣　案朱訛趙刪縣字刊誤曰縣字衍文漢之故縣矣官本曰按近刻脱縣字　案朱脱趙增名字其山亦曰鹿谷山水出大要谷南流逕沾縣故城東不歷其西也又南逕昔陽城左傳昭公十二年晉荀吳僞會齊師者假道于鮮虞遂入昔陽杜預曰樂平沾縣東有昔陽城者是也趙釋曰全氏曰既云僞會齊師則不在樂平沾縣明矣杜既誤註而道元因之一清按昔陽有二此本杜說然其事則大有可疑者

據傳是晉荀吳僞會齊師乘其無備也而入其國都是役也實滅肥傳故申之曰晉伐鮮虞因肥之役也入昔陽是一事滅肥又一事至昭二十二年負甲息于昔陽之門外遂滅鼓此與假途滅虢事絕相類昔陽非肥國都宜在鉅鹿之下曲陽不應在上黨之沾縣也道元蓋襲杜註而不之察耳顧棟高春秋大事表杜註正訛曰昭十二年傳晉荀吳僞會齊師者假道于鮮虞遂入昔陽秋八月壬午滅肥杜註鮮虞在中山新市縣昔陽肥國都樂平沾縣東有昔陽城又云鉅鹿下曲陽縣西有肥累城高氏曰漢沾縣屬上黨郡晉屬樂平郡地在太行之東去中山絕遠劉炫駁杜曰齊在晉東僞會齊師當自晉而東行假道鮮虞遂入昔陽則昔陽在鮮虞之東明矣樂平沾縣在中山新市西南五百餘里何當假道于東北之鮮虞而反入西南之昔陽也既入昔陽而別言滅肥則肥與昔陽不得爲一安得以昔陽爲肥國之都昔陽既是肥都何以復言鉅鹿下曲陽有肥累城謂肥名取于彼乎肥爲小國境必不遠豈肥名取鉅鹿之城而建都于樂平之縣也二十二年傳云荀吳使師僞糴者負甲以息于昔陽之門外遂襲鼓滅之則昔陽之爲鼓都信矣何以復云肥都㫒說也孔穎達嘗反復辨之意在回護杜氏輾轉支離至末後之說仍依然折而入于劉蓋杜見滅肥之役文繫于昔陽之下遂疑昔陽爲肥都而不復記其乖于滅鼓之傳今按前後漢志及水經注所稱皆同劉說當從之案高氏此論極爲精細肥國都當以杜註鉅鹿下曲陽爲是樂平沾縣之說非也劉炫云鼓都在眞定府晉州州治卽隋鼓城縣開皇十八年以昔陽縣改置是知昔陽爲鼓都非肥都也肥都在眞定府藁城縣西南七里魏收志藁城有肥累城卽杜註鉅鹿下曲陽之肥累城也若沾縣之昔陽乃在今山西平定州樂平縣東五十里俗呼夕陽城相去絕遠矣

其水又南得梁榆水口水出梁榆城西大嵰山水有二源北水東南流逕其城東南注于南水 官本曰按近刻脫于字 案朱脫趙增刊誤曰注下落于字方輿紀要校增 南水亦出西山東逕文當城北又東北逕梁榆城南 卽閼與故城也秦伐趙閼與 官本曰按趙近刻訛作韓

案朱趙同惠文王使趙奢救朱作敵箋曰宋本作救或作攻趙改救之奢納許歷之說破秦于閼與謂此也司馬彪袁山松郡國志竝言涅縣有閼與聚盧諶征艱賦曰訪梁榆之墟郭朱趙墟作虛趙刊誤曰箋曰謝云宋本作虛郭案寰宇記是郭字通鑑註引此文可乎閼與之舊都官本曰按近刻訛作平　案朱訛趙改闞駰亦云閼與今梁榆城是也官本曰按闞駰二字近刻訛作桓字　案朱訛趙改袁豹刊誤曰箋曰桓字誤似是松字謂袁松也全氏云非也蓋是袁豹漢高帝八年封馮解散爲侯國官本曰按近刻作爲閼氏侯國當是後人據史記所增　案朱趙同趙釋曰全氏曰閼氏非閼與侯表有誤文索隱曰在安定亦非一清按史漢表之閼氏索隱以爲安定蓋即地理志安定郡之烏氏縣也續志作烏枝古篆文烏與於相似後人又加一門疑馮解散之封宜在彼全氏以小司馬爲非未之審耳其水左合北水官本曰按左近刻訛作右　案朱趙同北水又東南入于清漳清漳又東南與轑水相得轑水出轑陽縣西北轑山官本曰按轑陽近刻訛作轑河下同　案朱趙同下同南流逕轑陽縣故城西南東流至粟城注于清漳也趙釋曰初學記儀州下引水經注曰黃岩水出遼山縣西黃岡下寰宇記遼州遼山縣下引注水經云清谷口水源出東北長山清谷亦云縣西南黃巖山轑水出也今本無之一清按轑山當作轑陽河東圖云漢爲涅縣地後漢于此置陽阿縣俱屬上黨郡晉改爲轑陽縣屬樂平郡後魏太武併入武鄉明帝改轑陽爲遼陽隋初改置遼山縣屬并州因縣西北轑山爲名注中轑河之名不知何昉遼陽水從平城縣西北八賦嶺下出名八賦水經遼陽城名遼陽水又東合清漳爲漳水也元和志云後

漢於此置轑河縣今續志無之

東過涉縣西屈從縣南官本曰按涉近刻作沙漢志亦作沙沙涉字形相似而三國志有涉長之稱今從原本　案朱趙作沙趙釋曰一清按兩漢志本作沙縣至三國時始有涉名魏書云太祖割鄴涉長梁岐以縣降是也

按地理志朱趙有云字魏郡之屬縣也漳水于此有涉河之稱蓋名因地變也官本曰按近刻脫河字蓋字　案朱脫趙增刊誤曰寰宇記引此文作有涉河之稱蓋名因地變也增二字

東至武安縣南黍窖邑入于濁漳趙釋曰朱氏謀㙔箋曰謝云此下疑脫注

趙補滏水

山海經北山經曰又北三百里曰神菌之山滏水出焉而東流注于歐水御覽引水經注滏水發源出石鼓山南巖下泉源奮涌若滏之揚湯矣其水冬温夏冷崖上有魏世所立銘水上有祠能興雲雨又東流注于漳謂之合河又曰水經注云浮圖澄別傳曰石虎時自正月不雨至

六月澄日詣滏祠稽首暴露即日二白龍降于祠下于是雨徧千里劉昭郡國志補註引水經鄴西北滏水熱故名滏口滏亦合漳之大川也

趙補洛水

初學記邢州下引水經注曰洛水一名漳水俗名千步又水經注曰洛水東逕柏暢亭又洛州下引水經注曰狗山頂上有狗迹今在臨洛縣西又水經注曰洛水東北逕廣平縣故城東水積于大澤之中爲澄泉南北四十里東西二十里亦謂之黃塘泉寰宇記磁州武安縣下引水經注云洛水出易陽縣西山洛州永年縣下云風土記云南易水本名漳水源出三門山西自肥鄉縣界流入趙地記云六國時此水名易水

埤蒼及水經云洛水之目不知誰改俗謂山之
下地名洛洛水因經之故曰洛水九域志邢州古
跡引水經云洛水東流逕曲梁城按曲梁城見
漳水篇列人縣注中蓋清濁二漳會流于滹沱
斯有洛水之目今文絶無此水然蛛絲馬跡猶
可尋求也

水經注卷十

水經注卷十一　長沙王氏校本

後魏酈道元撰

易水　滱水（趙下列補滹沱水補泒水補滋水三目）

易水出涿郡故安縣閻鄉西山

易水出西山寬中谷（官本曰按此道元所謂北易今名中易水）東逕五大夫城南昔北平侯王譚不從王莽之政（官本曰按從近刻作同　案朱趙作同）子與生五子並避時亂隱居此山故其舊居世以爲五大夫城卽此（趙釋曰一清按下有脫字）岳讚云五王在中龐葛連續者也（朱作龐葛建續箋曰謝云宋本作龐葛連續趙改連續）易水又東（朱趙無又字）左與子莊溪水合水北出子莊關南流逕五公城西（孫校曰五公城在滿城縣）屈逕其城南五公卽王與之五子也（官本曰按卽近刻作猶　案朱同趙改刊誤曰猶全氏校改卽）光武卽帝位封爲五侯元才北平侯益才安憙侯（官本曰按憙近刻訛作喜　案朱趙作喜）顯才蒲陰侯仲才新市侯季才爲唐侯所謂中山五王也（官本曰案近刻作中山之五王也　案朱趙有之字）俗又以五公名居

矣 趙釋曰厄林曰漢書無北平侯惟元后弟譚字子元河平二年封平阿侯薨子仁嗣初莽幼孤平阿侯譚多稱莽久之封莽新都侯仁素剛直莽憚之爲安漢公迫仁自殺謚剌侯子述嗣按此則譚亦憐愛莽矣所不同於莽者平阿侯仁也與豈仁之同生乎考兩漢書譚諸子蕫賢傳有去疾哀帝時侍中有閎亦見張步傳莽東郡太守隗囂傳有向莽安定大尹馬嚴傳有仁子術卽譚傳之述也莽九江連率馬援傳有仁子磐馮爵士擁富貲東觀記以爲述子者凡此皆介特同根盤跨維城彼九族之降心若四體之無骨獨與父子自竄北鄙絕意閭朝澗泉共清林風愈引若非酈氏幾于無聞矣檢太平御覽兩引河北記曰易縣有五公城王譚不從王莽譚子與生五子避隱于此世祖並封爲侯所謂中山五侯也其西三十里有五大夫城水經注蓋引其說若此言非爽王氏再世有二五侯矣全氏曰善長可謂輕信者矣王譚封平阿不封北平其妄一也譚以特進卒歷其弟商根枋政而莽始繼之譚之墓木拱矣安得不同其政乎其妄二也莽之凶暴其子稍不順卽殺之豈容五才遠引其妄三也且其封爵何以皆在北平等縣其妄四也班范荀袁並不一及其妄五也方叔蓋疑之而未敢質言日知錄曰兄弟二名而用其一字者世謂之排行起自晉末漢人所未有也水經注昔北平侯王譚不同王莽之政云云是後人追撰妄說東漢人二名者亦少又案寰宇記五公城事出河北記也

二城並廣一里許俱在岡阜之上 岡朱趙作罡趙刊誤曰箋曰罡當作岡按罡岡音同通用注例作罡字 上

斜而下方 官本曰按二城以下十八字近刻訛在後館之于此下案朱斜作邪趙改衺刊誤曰邪孫潛校改衺又朱趙十八字在後此處有二館之城澗曲泉清山高林茂風煙披薄觸目栖情方外之士尚憑依舊居取暢林木三十三字從官本移後 其水東南入于易水易水

又東 朱趙無東字 右會女思谷水水出西南女思澗東

北流注于易謂之三會口易水又東屆關門城

西南 卽燕之長城門也 與樊石山水合水源西出

廣昌縣之樊石山官本曰案縣上近刻衍鄉字　案朱衍趙刪刊誤曰鄉字衍文東流逕覆釜山下東流注于易水易水又東歷燕之長城又東逕漸離城南　蓋太子丹館高漸離處也　易水又東逕武陽城南官本曰按近刻脫城字　案朱脫趙增刊誤曰武陽下落城字孫潛校增蓋易自寬中歷武夫關東出是兼武水之稱　故燕之下都擅武陽之名左得濡水枝津故瀆　武陽大城東南小城卽故安縣之故城也漢文帝封丞相申屠嘉爲侯國趙釋曰一清按史記文帝後三年封　城東西二里南北一里半　高誘云易水逕故安城南城外東流官本曰案近刻脫城字　案朱趙並無下城字趙移南于東下刊誤曰下云今水被城東南隅城南之南當移在東字下卽斯水也　誘是涿人事經明證官本曰按近刻訛作事明經證　案朱訛趙改刊誤曰明經二字當倒互今水被城東南隅官本曰按被近刻訛作破　案朱訛趙改刊誤曰破當作被世又謂易水爲故安河　武陽蓋燕昭王之所城也東西二十里南北十七里故傳逮述游賦曰出北薊歷良鄉登金臺觀武陽兩城遼廓舊迹冥

芒蓋謂是處也易水東流而出于范陽

東過范陽縣南又東過容城縣南孫校曰范陽今涿州房山之地容城今屬順天

易水逕范陽縣故城南官本曰按逕下近刻衍出字復脫南字案朱衍脫趙刪增刊誤曰出字衍文故城下落南字

秦末張耳陳餘爲陳勝略地燕趙命蒯通說之官本曰按命字近刻訛在燕趙上案朱訛趙改范陽先下是也漢景帝中二年官本曰案近刻訛作中元三年案朱同趙刪元字封匈奴降王代爲侯國趙釋曰一清按史表端侯代以景帝中二年封漢表作靖侯范代范字羨文王莽之順陰也官本曰按近刻訛作之通順也案朱訛趙改刊誤曰漢書地理志作順陰昔慕容垂趙釋曰全氏曰當作慕容德酈氏誤記之爲范陽也戍之即斯官本曰案此十三字近刻訛在後臺北有蘭馬臺之上又即斯下當有脫文案朱趙在後趙刊誤曰御覽引此文作即斯臺也今補正意欲圖還上京阻于行旅造次不獲遂中官本曰案此十六字近刻訛在後可得而尋下又上下當有脫文未詳案朱趙在後中作心

易水又東與濡水合水出故安縣西北窮獨山南谷官本曰案此道元所謂北濡今名北易水案朱脫水字趙增刊誤曰出上落水字東流與源泉水合水發北溪東南流注濡水官本曰按南流近刻訛作西北案朱訛趙改刊誤曰北黃省曾本作流東西字亦誤當作東南

濡水又東南逕樊於期館西是其授首于荆軻處

也濡水又東南流逕荊軻館北昔燕丹納田生之言趙刊誤曰箋曰生宋本作光案王楙野客叢書曰先生之語古亦有單稱一字者叔孫通與諸弟子共爲朝儀曰叔孫生眞聖人也梅福曰叔孫先非不忠也又觀張釋之龔遂等傳所謂王生結韈公卿數言鄧先皆此意也田光爲時所尊貴戰國策鞠武曰燕有田光先生者鄙故曰田生也朱氏欲改生爲光殆未識斯義耳尊軻上卿館之于此二館之城朱箋曰二館謂樊於期荊軻並有一城趙釋曰一清按此句上下有脫文澗曲泉清山高林茂風煙披薄觸可棲情朱棲作怡趙改刊誤曰怡情黃省曾本作栖情方外之士尚憑依舊居取暢林木官本曰按二館以下三十三字近刻訛在前俗又以五公名居矣之下案趙刊誤曰箋曰木一作水按木字不誤又此三十三字朱趙在前此處有二城並廣一里許俱在罡阜之上上袤而下方十八字濡水又東逕武陽城西北官本曰按近刻脫武字案朱脫箋曰疑脫范字趙增范字舊堨濡水枝流南入城逕柏冢西冢垣城側即水塘也四周塋域深廣有若城焉官本曰按近刻柏訛作相垣訛作亘域訛作城案朱趙同城趙改域其水側有數陵墳高壯望若青邱詢之古老訪之史籍並無文證以私情求之當是燕都之前故墳也或言燕之墳塋斯不然矣其水之故瀆南出屈而東轉又分爲二瀆官本曰按此下近刻有一水東注金臺陂七字係重出衍文案朱趙有一水逕故安城西側城南注易水

夾塘崇峻邃岸高深左右百步有二一釣臺官本曰按近刻脫有字二訛作一案朱訛脫趙改增刊誤曰名勝志引此文作有二釣臺今補正參差交峙朱作跱箋曰宋本作峙趙改峙迢遞相望更爲佳觀矣其一水東出注金臺陂朱趙無注字陂朱趙不重陂字東西六七里南北五里官本曰按近刻訛作東西六七十步南五十步案朱趙無有金二字餘並同有金北側陂西北有釣臺高丈餘朱箋曰太平御覽引此云高十丈趙改高十餘丈方可四十步趙十下有餘字陂北十餘步有金臺臺上東西八十許步南北如減官本曰按此下近刻有高十餘丈四字係重出衍文案朱趙有又趙改如爲加刊誤曰如御覽引此文作加黃省曾本亦是加字又朱此下有昔慕容垂之爲范陽也戍之卽此臺十四字趙同此改斯又增也字說見前從官本移北有小金臺官本曰按近刻脫此五字案朱脫趙增刊誤曰御覽引此文作北有小金臺臺北有蘭馬臺今補正臺北有蘭馬臺並悉高數丈秀峙相對翼臺左右水流徑通官本曰按徑近刻作逕案朱作經趙改徑長廡廣宇周旋被浦朱作周旋浦渚箋曰瑋按御覽作周旋陂浦宋本作周旋被浦趙改同宋本棟堵咸淪柱礎尚存是其基構可得而尋朱趙此下有意欲圖還上京阻於行旅造次不獲遂心十六字官本移前訪諸耆舊咸言昭王禮賓廣延方士至如郭隗樂毅之徒鄒衍劇辛之儔宦遊歷說之民自遠而屆者多矣不欲令諸侯之客伺隙燕邦故修連趙作建下都

館之南垂言燕昭創之于前子丹踵之于後故雕牆敗館尚傳鐫刻之石官本曰按近刻訛作名案朱訛趙改刊誤曰名字誤全氏曰當作石雖無經記可憑官本曰按近刻訛作雖無紀可憑案朱同箋曰御覽作雖無經記可憑察其古跡似符宿傳矣趙增經字記仍作紀察其古跡似符宿傳矣官本曰按近刻脫宿字案朱脫趙增釋曰蔡氏夢弼草堂詩箋曰春秋後語燕昭王曰安得賢士以報齊讎郭隗曰王能築臺于碣石山前尊隗爲師天下賢士必自至如其言作臺以金玉崇之號黃金臺述異記臺在幽州燕王故城中上谷圖經臺在易水東南十八里其說不同周氏密齊東野語曰燕臺世多以爲昭王而王隱以爲燕丹何也後見水經注云固安縣有黃金臺舊言昭王禮賢廣延方士故修建下都館之南陲燕昭創于前子丹踵于後以此知王隱以爲燕丹者蓋如此也朱氏彝尊曰下舊聞曰按隋上谷圖經酈道元注水經金臺在易州明矣京師故迹傳是後人所築然自六朝至今垂之載記形之歌詠當並存不廢也巵林曰文選注引上谷圖經曰黃金臺在易水東南十八里燕昭王置千金于臺上以延天下之士又王隱晉書曰段匹磾討石勒進屯故安縣故太子丹黃金臺據此金臺蓋有兩也酈氏以長廡被浦間館連都昭創于前丹踵于後然則曲樹鋪金虎臣畢擊高臺蓄寶駿骨先來豈亦昭貽孫謀丹繩祖武者乎一清案一統志今都城及定興安肅皆有黃金臺惟在易州者爲有據餘皆後人所爲也濡水自堰又東逕紫池堡西屈而北流又有渾塘溝水注之水出遒縣西朱箋曰遒舊本作酋漢地志作遒趙改遒下同自馬山南溪中東南流入濡水濡水又東至塞口古累石堰水處也濡水舊枝分南入城東大陂陂方四里今無水陂內有泉淵而不

過郡三行五百里幷州浸方輿紀要云郡三謂代上谷涿也〔淶水不經上谷三郡代涿勃海紀要亦誤〕水經巨馬河篇云河出代郡廣昌縣淶山注云卽淶水也又云淶水上承故瀆于迺縣北垂重源再發結為長潭自成淵渚謂之巨馬河亦曰渠水是篇注云濡水合渠許慎曰濡水入深深渠二號卽巨馬之異名正與彼文相照涉水篇有源源水沁水篇有[illegible][illegible]水泗水篇有涓涓水獲水篇有淨淨溝是其名例矣故知道元所見之說文與世本大異古漆字似淶字隸續云地皇候鉦書七作來韓勑碑書漆作淶是其明證若涑字又漆字重文傳寫之訛朱氏不察反致疑于酈注之深深渠吳本改正之淶水真所謂深入酒國以不狂為狂者也趙釋曰一統志方順河自完縣發源曰祁水卽古濡水也元和志濡水在北平縣西五里舊志源出伊祁山俗名祁水古濡水有二方順河為南濡其北濡卽北易下流為定興縣之沙河一清按覲此則知道元此注之繆南濡會蒲蘇諸水合于寇河何曾至范陽與淶水合耶方順河卽曲逆水也後人醜其名故易之是則易水與諸水互攝通稱東逕容城縣故城北趙東上有巨馬水又四字刊誤曰東逕上落巨馬水又四字全氏校補渾濤東注至勃海平舒縣與易水合官本曰按道元敘北易既會北濡入淶與淶水同逕容城至平舒與南易合以下則敘南易源流然二易混舉幾于不分非尋求端緒竟似訛舛故附釋之闞駰曰涿郡西界代之易水而是水官本曰案此南易水出代郡廣昌縣東南郎山東北燕王仙臺東臺有三峯甚為崇峻騰雲冠峯高霞翼嶺岫壑沖深含朱作合箋曰一作含趙改含煙罩霧耆舊言燕昭王求仙處其東謂之石虎岡朱趙作罡下同范曄漢書云中山簡王焉之窆也官本曰按近刻脫焉字案朱趙無厚其葬採

涿郡山石以樹墳塋陵隧碑獸並出此山官本曰按此下近刻有謂之石虎山山六字係重出衍文　案朱趙同有所遺二石虎後人因以名岡山之東麓官本曰按近刻脫山字　案朱脫趙增罡字即泉源所導也經所謂閻鄉西山官本曰案近刻西訛作曲脫山字　案朱同箋曰經文作閻鄉西山趙依經文改其水東流有𣻌趙作濊水南會渾波同注俗謂之爲雹河司馬彪郡國志曰雹水出故安縣世祖令耿況趙釋曰全氏曰范史是況子弇擊故安西山賊吳耐蠡符雹上十餘營皆破之即是水者也易水又東逕孔山北山下有鍾乳穴穴出佳乳採者篝朱趙作構火尋沙朱作路箋曰古本作炒一作沙趙改沙入穴里許渡一水潛流通注官本曰案近刻訛作潛通流注　案朱趙同其深可涉于中衆穴奇分令出入者疑迷不知所趣每于疑路必有歷記返者乃尋孔以自達矣上又有大孔豁達洞開官本曰按豁近刻訛作壑　案朱訛趙改刊誤曰壑當作豁故以孔山爲名也其水又東逕西故安城南官本曰按城下近刻衍其字　案朱衍趙刪即閻鄉城也歷送荊陘北官本曰按送近刻訛作逕　案朱訛趙改刊誤曰逕字誤黃省曾本作送寰宇記引九州記曰送荊陘在易縣西南三十

里卽荊軻入秦之路也耆舊云燕丹餞荊軻于此因而名焉世代已遠非所詳也遺名舊傳不容不詮庶廣後人傳聞之聽易水又東流屈逕長城西又東流南逕武隧縣南新城縣北官本曰按隧近刻作遂下同案朱同趙改史記曰趙將李牧伐燕取武隧方城是也俗又謂是水爲武隧津官本曰案近刻脫是字案朱脫趙增刊誤曰謂下落是字名勝志校增津北對長城門謂之汾門官本曰案汾近刻作分下同案朱同趙改史記趙世家云孝成王十九年趙與燕易土以龍兌汾門與燕官本曰按近刻脫王字上字案朱脫趙增刊誤曰孝成下落王字趙與燕易下落土字史記校補燕以葛城武陽與趙卽此也趙釋曰一清按史記趙世家云孝成王十九年趙與燕易土以龍兌汾門臨樂與燕正義曰邢子勵趙記云龍山有四麓各有一穴大如車輪春風出東秋風出西夏風出南冬風出北案蓋謂龍兌也汾門括地志云易州永樂縣有徐水出廣昌嶺流至北平縣東南歷石門中俗謂之龍門蓋汾字之誤也案括地志之言非也龍門見濾水博陵縣注亦曰汾水門朱作分水門箋曰原作門門誤今據郡國志改正趙改汾水門又謂之梁門矣易水東分爲梁門陂易水又東梁門陂水注之水上承易水于梁門東入長城東北入陂陂水北接范陽陂陂在范

陽城西十里方朱趙有一字十五里俗亦謂之爲鹽臺陂陂水南通梁門淀方三里淀水東南流出長城注易官本曰按近刻脫城字案朱脫趙增刊誤曰長下落城字孫潛校增謂之范水易水自下有范水通目又東逕范陽縣故城南卽應劭所謂范水之陽也易水又東逕樊輿縣故城北朱趙無東字漢武帝元朔五年封中山靖王子劉條趙釋曰一清按漢表作脩脩有條音爲侯國王莽更名握符矣地理風俗記曰北新城縣東二十里有樊輿亭朱重有字趙刪刊誤曰箋曰克家云有字或作東按何焯云有字衍故縣也易水又東逕容城縣故城南朱趙無又字漢高帝六年封趙將夜朱作夕箋曰一作夜趙改夜釋曰一清案漢表作將夕此從史表于深澤趙釋曰一清案索隱曰縣名屬中山此卽地理志中山國深澤縣莽曰翼和者也而注文容城是涿郡之屬縣王莽更之曰深澤嗇長乃合二郡國之縣爲一誤矣涿郡有南深澤不云是侯國寰宇記深澤縣下云南深澤城郡國縣道記云在東南二十五里以城名言之卽是涿郡之屬縣以去國里數校近卽此是中山之屬縣方輿紀要深澤縣下云南深澤城在縣東南五十七里十道志云漢置深澤縣屬中山國今縣治是也又于滹沱河南置南深澤縣屬涿郡此城是後漢廢深澤縣而南深澤如故二縣川土相鄰趙侯之封邑當在此總非新莽所改名容城之深澤也漢志中山國北新城桑欽言易出西北東入滱一統志北新城故城在安肅縣西南二十里漢置闞駰曰河間有新城故加北後魏去北字北齊仍曰北

新城尋省入清苑景帝中三年以封匈奴降王唯徐盧于容城官本曰按唯近刻訛作攜案
朱作攜徐盧箋曰史記作唯徐盧吳依漢書改之趙同官本釋曰一清按史表唯徐盧是胡名漢表作攜侯徐盧攜又是諡攜唯聲相近百官公卿表太初三年容城侯唯塗光爲太常唯塗
即唯徐光乃盧之孫皆爲侯國王莽更名深澤也朱趙無也字易水又東埿水
注之官本曰按埿近刻訛作渥下同案朱訛趙改下同刊誤曰寰宇記引作泥下大泥澱小泥澱並同泥卽埿之省與渥相似水上承二
陂于容城縣東南朱趙水上有其字謂之大埿淀小埿淀其
水南流注易水朱無其字趙增刊誤曰水上落其字謂之埿洞口官本曰按洞近刻訛作同案朱訛
趙改刊誤曰寰宇記晏元獻公類要引此文皆作泥洞口水側有渾埿城趙刊誤曰渾渥城當作渾泥城金泰和四年改渾渥城爲渥城縣與
隋人之置毛州之誤正同易水逕其南東合滱水故桑欽曰易水
出北新城西北官本曰按西近刻訛作城案朱訛趙改刊誤曰下城字當作西孫潛校改東入滱自
下滱易互受通稱矣趙釋曰全氏曰按桑欽之言與漢志大相參錯滱入易易不入滱其入滱者支流耳善長蓋以互受通稱
調停之一清案漢志涿郡中水縣應劭曰在易滱二水之間故曰中水酈說本此易水又東逕易京南漢末
公孫瓚害劉虞于薊下時童謠云燕南垂趙北際惟有此中可
避世瓚以易地當之故自薊徙臨易水謂之易京城在易城西

四五里趙建武四年石虎自遼西南達易京以京障（朱趙作鄣）至固令二萬人廢壞之今者城壁夷平（官本曰按城近刻訛作地 案朱訛趙改刊誤曰地當作城即易京城也）其樓基尚存猶高一匹餘（朱箋曰小爾雅云二丈爲兩倍兩爲匹是四丈爲一匹也）基上有井世名易京樓卽瓚所保也（官本曰案保近刻訛作堡 案朱訛趙改刊誤曰堡當作保）故瓚（朱趙有所字）與子書云袁氏之攻狀若鬼神衝梯舞于樓上鼓角鳴于地中卽此樓也

易水又東逕易縣故城南

昔燕文公徙易卽此城也闞駰稱太子丹（朱作太子子丹趙改燕太子丹刊誤曰黃省曾本作燕太子丹今校正）遣荊軻刺秦王與賓客知謀者祖道于易水上燕丹子稱荊軻入秦太子與知謀者（官本曰案近刻無此十四字係後人妄刪攷渭水注內記太子丹事亦引燕丹子曰當是古書之逸者 案朱作燕太子稱荊入秦太子與知謀者趙改增刊誤曰箋曰謝兆申云宋本無燕太子稱以下十三字當刪之按此亦妄說也燕太子當作燕丹子渭水注引燕丹子曰秦王爲機發之橋蓋襲用其書也風蕭蕭之歌高漸離宋如意之事皆出于燕丹子故知耳伯之非荊下落軻字）皆素衣冠送之于易水之上荊軻起爲壽歌曰風蕭蕭兮易水寒壯士一去兮不復還高漸離擊筑宋如意和之（朱作知趙改和刊誤曰知黃省曾本作和又朱箋曰燕策史記俱無宋意事唯陶淵明詠荊軻詩云漸離擊悲筑宋意唱高聲與此有之）爲壯聲士髮皆衝冠爲

哀聲士皆流涕疑于此也余按遺傳舊跡多在武陽似不餞此也漢景帝中三年封匈奴降王僕䵣朱箋曰按漢功臣表䵣注音怛吳本改作[黑宗]誤今正之趙釋曰師古曰䵣音怛爲侯國也

又東過安次縣南朱箋曰漢地理志安次縣屬勃海郡今東安縣

易水逕縣南鄚縣故城北官本曰按鄚近刻訛作鄭朱箋曰鄚在今任邱縣北東至文安縣與滹沱合史記蘇秦曰燕長城以北易水以南正謂此水也是以班固闞駰之徒咸以斯水謂之南易

又東過泉州縣南官本曰按泉近刻訛作東　案朱訛趙改刊誤曰箋曰案漢地理志東州亦屬勃海郡古本作泉州誤也孫云東州縣在今河間縣境內案黃省曾本作泉州字不誤也沽水篇經云又東南至泉州縣與清河合東入海注云清淇漳洹滱易淶濡沽滹沱同歸于海則是易水亦至泉州合清河入海也漢志泉州縣屬漁陽郡今通州武清縣地正直沽入海之處方輿紀要曰樂史云易水有三源流經易州南三十里者曰中易水出州西北三十里窮獨山者謂之濡水亦曰北易水出州西南六十里石獸岡者謂之雹水亦曰南易水中易水流經定興縣西亦謂之白溝河淶水縣之拒馬河流台焉又東逕安肅縣北及容城縣北濡水流合焉所謂北易水也又經新城縣南亦曰拒馬河歷雄縣及順天府霸州之北又東經東安縣及永清縣南入武清縣之三角淀又東南至小直沽與衛河合達于海此易水之東出者也其南易水卽雹水也自安肅容城縣南又東南經安州北東至雄縣亦名瓦濟河又東歷河間府任

邱縣霸州之保定縣文安縣南引而東合于滹沱河注于海此易水之別出而東南流者也蓋易水之源並出于易州而其流自不相亂或曰易水或曰故安水則推其本而言之也或曰拒馬河或曰白溝河則從其流而言之也或曰滋河或曰沙河唐河則因其所經之川言之也或又曰易水本無正流附合支川以達于海故自漢以來言易水源流多未得其詳云宛溪之言可稱明白了當水經未嘗兼敘南易道元從而釋之與經文有如枘鑿之不相入朱氏改泉州爲東州以爲易水既流經勃海文安與東州相近不應又改途北出至漁陽郡之泉州也經注不明致有斯敝妄以疑意改竄舊文有識之士深所不取

東入于海

經書水之所歷沿次注海也

㶟水出代郡靈邱縣高氏山（朱箋曰氏山海經作是趙改是下同）

即㵐夷之水也（官本曰案㵐近刻訛作温周禮作嘔朱作温箋曰㙊云温夷當作嘔夷趙改嘔　案）出縣西北高氏山山海經曰高氏之山㶟水出焉東流注于河者也（朱作經箋曰宋本作注趙改注）其水東南流山上有石銘題言冀州北界故世謂之石銘陘也

其水又南逕候塘（官本曰按近刻訛作曰候候塘　案朱趙候塘下重候塘二字）川名也

又東合温泉水水出西北暄谷其水温熱若湯能愈百疾故世謂之温泉焉東南流逕興豆亭北

亭在南原上敧傾而不正故世以敧

城目之水自原官本曰按近刻脫此三字　案朱趙無東南注于滱官本曰按南近刻訛作流　案朱趙同滱水又東苾莎泉水注之官本曰按近刻脫苾字　案朱脫趙增刊誤曰泉水上落苾莎字又朱趙不重滱字以水字上屬水導源苾莎泉南流水側有莎泉亭東南入于滱水滱水又東逕靈邱縣故城南官本曰案此下近刻有水中自原南注滱水八字係重出衍文　案朱同趙改中自源爲自中原刊誤曰上云亭在南原上此當是中原源字不从水中自二字當倒互又朱趙又東上不重滱水字應劭曰趙武靈王葬其東南二十里故縣氏之縣古屬代漢靈帝光和元年中山相臧昊朱趙作暴朱箋曰舊本作昊上請別屬也瓚注地理志曰官本曰按近刻脫瓚注靈二字　案朱趙無邱之號在武靈王之前矣又按司馬遷史記官本曰按近刻脫此二字　案朱脫趙增趙敬侯九年官本曰按九近刻訛作二　案朱同箋曰史記作九年敗作伐趙改九敗齊于靈邱趙釋曰一清按顧氏炎武曰此別一靈邱水經注蓋誤以趙靈邱爲齊靈邱不知齊境不得至代也方輿紀要靈邱城在滕縣東三十里明水之南城周八里內有子城戰國時齊南境邑孟子謂蚳鼃曰子之辭靈邱而請士師史記齊威王元年三晉因齊喪來伐我靈邱是也則名不因武靈王事官本曰按近刻脫武字　案朱脫趙增刊誤曰靈王上落武字如瓚注官本曰按近刻訛作漢注　案朱趙同滱水自縣南流入峽謂之隘門設隘于峽以譏禁行旅歷南山高峯隱天深溪埒谷其水沿

淵西轉逕御射臺南臺在北阜上臺南有御射石碑趙釋曰一清按北史魏文成帝本紀靈邱有山高四百丈乃詔羣臣仰射山峯無能踰者帝彎弧發矢出三十餘丈過山南二百二十步遂刊石勒銘和平三年事也南則秀嶂分霄層崖刺天積石之峻壁立直上車駕沿泝官本曰案近刻訛作沿華 案朱訛趙改刊誤曰箋曰沿華字未詳案是沿泝之譌每出是所游藝焉官本曰案近刻脫是字 案朱趙無滱水西流又南轉東屈逕北海王詳之石碣南朱箋曰後魏書北海王名詳獻文皇帝之子也吳本改爲祥今正之御射碑石柱北而南流也官本曰按射碑近刻訛作所居又流下有者字衍 案朱趙同

東南過廣昌縣南官本曰案近刻脫東字 案朱無箋曰宋本作東南過廣昌縣南一作又南趙增東字

滱水東逕嘉牙川趙釋曰太平寰宇記蔚州飛狐縣下引水經注云廣昌縣南有交牙城未詳所築以地名交牙川爲名一清按飛狐漢廣昌縣隋仁壽元年改今名交牙川即嘉牙川交嘉聲之轉有一水朱趙有上有川字趙一改二刊誤曰準下滙川三合之文一當作二南來注之水出恆山北麓稚川三合官本曰按稚近刻訛作雖 案朱作雖趙改滙刊誤曰雖字誤全氏曰當作滙蓋與嘉牙川水合流也以是知上文一水當是二水之譌逕嘉牙亭東而北流注于滱水水之北山行即廣昌縣界滱水又東逕倒馬關關山險隘最爲深峭官本曰按最近刻訛作是 案朱趙同勢均詩人高岡之病良馬傳險

之困朱趙無困字趙釋曰一清按下有脫文全氏曰是困字行軒故關受其名焉關水出西南長溪下東北歷關注滱滱水南山上起御坐于松園建祇洹于東圃東北二面岫嶂高深趙刊誤曰箋曰古本云起御座於松園建祇洹東圃北二面岫鄣高深謝兆申云宋本無東字疑當作建祇洹園東北二面云云按本文無誤字朱氏乃引古本誤文以相證何也若如謝說文義豈可通乎霞峯隱日水望澄明淵無潛甲行李所逕鮮不徘徊忘返矣

又東南過中山上曲陽縣北恆水從西來注之

滱水自倒馬關南流與大嶺水合水出山西南大嶺下東北流出峽峽右山側官本曰按近刻訛作則案朱訛趙改刊誤曰則當作側有祇洹精廬飛陸陵山丹盤虹梁官本曰案此二語有舛誤案趙盤虹乙作虹盤長津泛瀾縈帶其下東北流注于滱滱水又屈而東合兩嶺溪水水出恆山北阜趙釋曰一清按漢志常山郡上曲陽縣恆山北谷在西北有祠并州山東北流歷兩嶺閒北嶺雖層陵雲舉猶不若南巒峭秀自水南步遠峯石隥逶迤沿途九曲歷睇諸山咸為劣矣抑亦羊腸邛崍之類

者也朱趙崍作來朱箋曰瑋按華陽國志曰邛崍山本名邛筰其巖阻峻回曲九折乃至山上凝冰夏結冬則劇寒齊宋通和路出其間其水東北流注于瀘水又東左合懸水水出山原岫盤谷輕湍濬下分石飛懸官本曰按此下近刻衍水字案朱衍趙刪刊誤曰水字衍文一匹有餘直灌山際白波奮流自成潭渚其水東南流揚湍注于瀘瀘水又東流歷鴻山官本曰案近刻脫鴻字案朱脫趙增刊誤曰寰宇記引此文作歷鴻山落鴻字世謂是處爲鴻頭疑即晉書地道記所謂鴻上關者也趙釋曰初學記定州引水經注云定水東流歷山俗謂之戲頭即晉書所謂鴻上關一清按是注無定水之目而戲頭之稱又與古志全乖存之以廣異說關尉治北平而畫塞于望都東北去北平不遠兼縣土所極也官本曰按極近刻訛作拯案朱土訛上極訛拯趙改刊誤曰全氏云上當作土拯當作極瀘水于是左納鴻上水水出西北近溪東南流注于瀘水也

又東過唐縣南

瀘水又東逕左人城南應劭曰左人城在唐縣西北四十里官本曰按近刻左訛作中又脫在唐縣三字案朱趙同縣有雹水官本曰按近刻脫此四字案朱趙無亦或謂

之爲唐水也水出中山城之西如北趙刊誤曰箋曰謝云宋本無如字按如往也言自西往北也城內有小山在城西側而銳上官本曰按而近刻訛作水　案朱訛趙改刊誤曰寰宇記引此文作側而銳上今校正若委粟焉疑即地道記所云望都縣有委粟關也俗以山在邑中故亦謂之中山城以城中有唐水官本曰案此二字近刻訛作山之目二字　案朱趙同因復謂之爲廣唐城也中山記以爲中人城官本曰按中山記上近刻衍故字　案朱趙有又以爲鼓聚殊爲乖謬矣言城中有山故曰中山也官本曰按近刻訛作中人山也　案朱作中人山趙改中山城刊誤曰中人山誤當作中山城中山郡治京相璠曰今中山望都東二十里有故中人城官本曰按東近刻訛作西下云但苦其不東正辯此言東之誤　案朱作西趙西下增北字望都城東有一城名堯姑城官本曰按姑近刻作始　案朱訛趙改刊誤曰路史餘論曰望都城東有堯故城俗呼爲堯姑城姑故音同始字誤也後同本無中人之傳官本曰案近刻訛作中山之傳　案朱趙作中山璠或以爲中人所未詳也中山記所言中人者城東去望都故城朱趙有一字十餘里二十里則減但苦其不東觀夫異說官本曰按夫近刻訛作矣　案朱趙同刊誤曰箋曰謝云其不矣三字疑有脫誤案無脫誤謝說非咸爲爽矣今此城于盧奴城北如西六十里城之西北泉源所導西

逕郎山北［官本曰按郎近刻訛作根　案朱作根箋曰孫云當作狠趙改郎］郎唐音讀近實兼唐水之傳［官本曰按近刻作稱　案朱趙同］西流歷左人亭注滱水滱水［朱趙不重二字］又東左會一水水出中山城北郎阜下［官本曰按近刻訛作郎中阜下　案朱同趙改狠山阜下刊誤曰郎中當作郎山趙釋曰一清按隋書地理志唐有郎山即此山蓋郎狠音同通用與古易水所出及徐水所注之郎山有別彼郎山在今易州西南四十里也隋書地理志永樂縣有郎山即此山］亦謂之唐水也然于城非在西［官本曰案在西近刻訛作西在　案朱訛趙改刊誤曰箋曰在疑作北案西在二字當倒互箋說非］俗又名之爲雹水［官本曰按近刻脫俗字　案朱趙無］又兼二名焉西南流入滱並所未詳蓋傳疑耳滱水又東恆水從西來注之自下滱水兼納恆川之通稱焉即禹貢所謂恆衛既從也［趙釋曰漢志常山郡上曲陽縣恆山禹貢恆水所出東入滱］滱水又東右苞馬溺水水出上曲陽城東北馬溺山［官本曰按山近刻訛作水　案朱趙同］東北流逕伏亭晉書地道記曰望都縣有馬溺關中山記曰八渡馬溺是山曲要害之地一一關勢接［官本曰按近刻訛作一一關勢帶接　案朱趙同］疑斯城即是關尉宿治異目

之來非所詳矣 馬溺水又東流注于滱滱水又東逕中人亭南 春秋左傳昭公十三年晉荀吳率師侵鮮虞及中人大獲而歸者也 滱水又東逕京邱北世謂之京陵 官本曰按近刻脫陵字案朱脫趙增刊誤曰京下落陵字陵亦邱也 南對漢中山頃王陵 官本曰按近刻脫中山二字案朱脫趙增刊誤曰頃王上落中山二字 滱水北對君子岸 岸上有哀王子憲王陵坎下有泉源積水亦曰泉上岸滱水又東逕白土北南即靖王子康王陵三墳並列者是 朱趙有矣字 滱水又東逕樂羊城北 史記稱魏文侯使樂羊滅中山蓋其故城中山所造也故城得其名 滱水又東逕唐縣故城南此二城 官本曰按此近刻訛作北二城謂左人城唐城也 案朱趙作北 倶在滱水之陽故曰滱水逕其南 官本曰按近刻訛作東 案朱趙同 城西又有一水導源縣之西北平地 官本曰按近刻訛作導源盧奴縣之西北是城西平城之地 案朱同趙仍上八字改下七字爲是城之西北平地刊誤曰於文是城之西北平地 泉湧而出孫潛用柳僉鈔本校正 泉湧而出俗亦謂之爲唐水也東流

至唐城西北北隅堨而為湖俗謂之唐池蓮荷被水嬉遊多萃其上（官本曰按嬉近刻訛作勝　案朱趙同）信為勝處也（官本曰案勝近刻訛作嬉　案朱趙同）其水南入小溝下注滱水自上歷下通禪唐川之兼稱焉應劭地理風俗記曰唐縣西四十里得中人亭今于此城取中人鄉則四十也（朱箋曰郡國志唐縣有中人亭注引博物記云唐關在中人西北百里中人在縣西四十里）唐水在西北入滱與應符合又言堯山者在南則無山以擬之為非也闞駰十三州志曰中山治盧奴（官本曰案近刻脫中字　案朱脫趙增）唐縣故城（朱作域箋曰當作城　趙改城）在國北七十五里駰所說北則非也（官本曰按北近刻訛作此　案朱訛趙改刊誤曰此全氏校改北）史記曰帝嚳氏沒帝堯氏作始封于唐望都縣在南今此城南對盧奴故城自外無城以應之考古知今（朱作今知箋曰疑作知今趙改知今）事義全違俗名望都故城則八十許里（官本曰按此句之上當有脫文）距中山城則七十里驗途推邑宜為唐城城北去堯山五里（官本曰按近刻脫堯字　案朱脫趙增刊誤曰山上落堯字）與七十五里之說相符然則俗謂之都山（官本曰按近刻訛作都香山　案朱訛趙改刊誤曰）

都山以堯母慶都得名香字衍文蓋不學人有聞於都梁之爲香而妄加之也卽是堯山在唐東北望都界趙釋曰一清案漢志注此是張晏說皇甫謐曰堯山一名豆山今山于城北如東官本曰按近刻訛作北而如東案朱趙同崭絕孤峙虎牙桀立官本曰按虎近刻訛作唐案朱作唐箋曰唐牙當作虎牙趙改虎山南有堯廟是卽堯所登之山者也地理志曰堯山在南趙釋曰一清按漢志注此是應劭說今攷此城之南又無山以應之是故先後論者咸以地理記之說爲失官本曰按近刻脫記字此謂應劭地理風俗記案朱脫趙增志字又卽俗說以唐城爲望都城者自北無城以擬之假復有之途程紆遠官本曰按近刻脫遠字案朱脫箋曰疑脫一遠字趙增山河之狀全乖古證傳爲疎罔是城西北豆山西足有一泉源東北流逕豆山下合蘇水亂流轉注東入滱是豈唐水乎所未詳也又于是城之南如東朱趙有一字十餘里有一城俗謂之高昌縣城或望都之故城也朱趙此下有故縣目曰望都六字官本移下縣在唐南官本曰按近刻此下有昌字衍案朱同箋曰當作高昌南趙改高昌南皇甫謐曰相去五十里稽諸城地猶十五里蓋書誤耳此城之東有山孤峙世以山不連陵

名之曰孤山孤都聲相近疑即所謂都山也帝王世紀曰堯母慶都所居故縣目曰望都 官本曰按此六字近刻訛在前或望都之故城也下 案朱趙見上 張晏曰堯山在北堯母慶都山在南登堯山見都山故望都縣以爲名也唐亦中山城也爲武公之國周同姓 趙釋曰全氏曰按中山隗姓司馬彪曰子姓然則非周同姓也 周之衰也國有赤狄之難齊桓霸諸侯疆理邑土遣管仲攘戎狄築城以固之 官本曰按此三十字原本及近刻並訛在治水南盧奴縣之故城下地理志曰盧水出北平上文義不連貫今訂正移於此 案此三十字朱在後趙移此刊誤曰周同姓下當接下十三行周之衰也至十四行築城以固之三十字錯簡於此趙釋曰全氏曰按國語及管子齊桓築鄭五鹿中牟未聞築中山也蓋邢衞諸國有赤狄之難道元誤以中山爲中牟故以山戎爲赤狄皆誤也一清案寰宇記引輿地志云盧奴城北臨滱水南面泒河杜預謂之管仲城蓋古記相傳如是也 其後桓公不恤國政周王問太史餘曰今之諸侯孰先亡乎對曰天生民而令有別所以異禽獸也今中山淫昏康樂逞欲無度其先亡矣後二年果滅魏文侯以封太子擊也漢高祖立中山郡景帝三年爲王國 官本曰按近刻訛作侯國 案朱趙作侯趙釋曰一清案漢書景十三王傳中山靖王勝以景帝前三年封然則是王國也 王莽之常山也魏皇始二年破中山立安州天興三年改曰定州治水南盧奴

縣之故城昔耿伯昭朱箋曰耿弇字歸世祖于此處也滱水之右盧朱作憲箋曰謝云宋本作盧下同趙改盧水注之水上承城內黑水池官本曰按此二十七字原本及近刻並訛在今府樹猶傳故制下自漢及燕上今訂正移此　案朱故城下有周之衰也云云三十字無昔下二十七字趙移三十字於前二十七字於此刊誤曰三十字是錯簡當移在前六行周同姓下此處當移十六葉七行昔耿伯昭至九行盧水池二十七字錯簡於此又黑朱作憲趙改盧地理志曰盧水出北平疑爲踈闕闞駰應劭之徒咸亦言朱趙作謂是矣趙釋曰一清按漢志中山國北平縣下云又有盧水亦至高陽入河此中山國之北平縣非右北平郡也應仲瑗乃加右字注于盧奴縣之下則繆矣道元弁孟堅而非之何耶中山之北平縣在今保定府完縣右北平郡治則今薊州之境也余按盧奴城內西北隅有水淵而不流南北朱趙有一字百步東西百餘步水色正黑俗名曰黑水池或云水黑曰盧官本曰按近刻訛作黑水口盧　案朱同箋曰口當作曰趙改水黑曰盧不流曰奴朱箋曰後漢書紀注引此注云水黑曰盧不流曰奴故此城藉水以取名矣官本曰按此城近刻訛作城北　案朱作城北趙改城地刊誤曰北當作地池水東北際水有漢中山王故宮處官本曰按近刻脫中山二字　案朱脫趙增刊誤曰漢下脫中山二字初學記引此文校增臺殿觀榭皆國制上之節王尊貴壯麗有加始築兩宮開四門穿北城朱趙作城北朱箋曰一作北城累石爲竇官本

曰案近刻脫爲字案朱趙無通池流于城中官本曰按近刻訛作通涿唐水流于城中案朱趙同趙釋曰一清案涿字疑誤造魚池釣臺戲馬之觀歲久頽毀趙作廢遺基尚存今悉加土朱作上箋曰疑作土趙改土爲利刹靈圖官本曰按利刹近刻訛作刹利案朱訛趙乙刊誤曰刹利二字當倒互孫潛校正池之四周居民朱趙作民居駢比填褊穢陋官本曰案褊近刻訛作偏案朱趙同而泉源不絕暨趙石建武七年遣北中郎將始築小城興起北榭立宮造殿後燕因其故宮建都中山小城之南更築隔城興復宮觀今府榭猶傳故制朱此下有昔耿昭伯云云二十七字趙移前刊誤曰故制下當接九行自漢及燕中間音耿伯昭至盧水池二十七字錯簡當移在前十五葉十二行治水南盧奴縣之故城下自漢及華池水逕石竇官本曰按漢近刻訛作漢池水訛作涿滱水案朱漢訛漢趙改刊誤曰漢全氏校改漢謂漢中山國及後燕也池朱趙訛作涿滱趙釋曰一清案涿字疑誤石竇既毀池道亦絕水潛流出城潭積微朱作徵箋曰一作微趙改微漲涓朱作渭箋曰渭字誤宋本作涓以其潛流故涓涓然細也趙改涓水東北注于滱滱水又東逕漢哀王陵北冢有二墳故世謂之兩女陵非也哀王是靖王之孫康王之子也趙釋曰一清按漢表靖王之子曰哀王哀王之子曰穅王師古曰穅音與康同穅惡謚也好樂怠荒曰穅今注父子倒易舛繆甚矣滱水又東右會長星溝溝

出上曲陽縣西北長星渚 官本曰按出近刻訛作在 案朱趙同 渚水東流又合洛光水水出洛光溝 官本曰按近刻訛作涓 案朱訛趙改刊誤曰涓當作溝名勝志引此文校改 東入長星水亂流東逕恆山下廟北 漢末喪亂山道不通此舊有下階神殿中世以來歲書法旌焉晉魏改有東西二廟廟前有碑闕壇場列柏焉 官本曰按列柏近刻訛作相列 案朱趙同趙釋曰顧炎武北嶽辨云漢書云常山之祠于上曲陽應劭風俗通云廟在中山上曲陽後漢書章帝元和三年春二月戊辰幸中山遣使者祠北嶽于上曲陽郡國志中山國上曲陽故屬常山恆山在西北則其來舊矣水經注乃謂此爲恆山下廟漢末喪亂山道不通而祭之于此則不知班氏已先言之乃孝宣之詔太常非漢末也 其水又東逕上曲陽縣故城北 朱趙無又字 本岳牧朝宿之邑也古者天子巡狩常以歲十一月至于北岳侯伯皆有湯沐邑以自齋潔周昭王南征不還巡狩禮廢邑郭仍存秦罷井田因以立縣城在山曲之陽 官本曰按城近刻訛作縣 案朱趙作縣 是曰曲陽有下故此爲上矣王莽之常山亭也又東南流胡泉水注之水首受胡泉 官本曰按近刻脫水首二字 案朱脫趙增刊誤曰受上落水首二字 逕上曲陽縣南又東逕平樂亭北左

會長星川東南逕盧奴城南又東北川渠之左有張氏墓冢有漢上谷太守議郎張平仲碑光和中立川渠又東北合滱水水有窮通不常津注

又東過安憙縣南官本曰按近刻過訛作逕憙訛作喜　案朱訛趙改刊誤曰逕當作過孫校曰安憙今定州故城在定州東三十里

縣故安險也其地臨險有井塗之難漢武帝元朔五年封中山靖王子劉應爲侯國王莽更名寧險漢章帝改曰安憙中山記曰縣在唐水之曲官本曰按曲近刻訛作西　案朱趙作西山高岸險故曰安險邑豐民安改曰安憙秦氏建元中唐水汎漲朱作長箋曰宋本作漲趙改漲高岸崩頹城角之下有大積木交橫如梁柱焉後燕之初此木尚在未知所從余考記稽疑蓋城地當初山水渀湧漂淪巨栰阜積于斯沙息壤加漸以成地官本曰按近刻脫漸字成地訛作城池　案朱脫訛趙作重以成地刊誤曰箋曰謝云宋本作加以城地按謝改池爲地是也云加以城地則誤矣加字屬上讀以城上落重字當作沙息壤加重以城地板築既與沙息壤加者謂水漂沙去用成沃壤若連下讀則沙息壤三字如何成文板築既與物固能久耳滱水又東逕鄉城北舊盧奴之鄉也舊上朱有有字趙改古刊

誤曰有當作古中山記曰盧奴有三鄉斯其一焉後隸安憙城郭南有漢明帝時孝子王立碑官本曰按明帝時近刻訛作朝時案朱訛趙改

又東過安國縣北

滱水歷縣東分爲二水一水枝分東南流逕解瀆亭南漢順帝陽嘉元年封河間孝王子淑于解瀆亭爲侯國孫宏即靈帝也　又東南逕任邱城南又東南逕安郭一本作國亭南漢武帝元朔五年封中山靖王子劉傳富爲侯國趙釋曰沈氏曰史表作安郭侯博此從漢表索隱曰表在涿郡而善長以爲即中山之安國地理志涿郡無安郭縣疑是鄉亭之名　其水又東南流入于滹沱朱作平沲箋曰宋本作滹沱趙改呼池　滱水又東北流逕解瀆亭北而東北注朱趙有之矣二字

又東過博陵縣南趙釋曰一清按博陵爲桓帝更名又在王忠文所指順帝之後孫校曰博陵城在深州

滱水東北逕蠡吾縣故城南　地理風俗記曰縣故饒陽之下鄉者也自河間分屬博陵漢安帝元初七年官本曰按元初近刻訛作永初

案朱趙同說見下封河間王開子翼爲都鄉侯順帝永建五年更爲侯國也趙釋曰沈氏曰永初當作元初翼由縣侯貶非封也又東北逕博陵縣故城南官本曰案近刻脫東北二字案朱趙無卽古陸成城官本曰按近刻訛作案朱趙同漢武帝元朔二年封中山靖王子劉貞爲侯國者也趙釋曰全氏曰漢表作陸城在涿郡當從史表作陘城漢書田叔傳亦作陘城一清案地理志涿郡無陸城陸城中山國之屬縣也下云博陵史記蠡吾故縣蠡吾屬涿郡故表云涿也二縣川土相鄰矣地理風俗記曰博陵縣史記蠡吾故縣矣漢質帝本初元年繼孝沖爲帝趙釋曰何氏曰是桓帝繼質帝酈氏誤記追尊父翼陵曰博陵因以爲縣又置郡焉漢末罷還安平晉太始年復爲郡今謂是城爲野城滱水又東北逕侯世縣故城南朱作故南城箋曰謝云疑作故城南趙改故城南釋曰全氏曰按侯世不知何時之縣寰宇記定遠軍東光縣有侯井城引郡國縣道記云後漢省舊地理書並失其所在以理推之蓋在今弓高縣西北三十五里房將池側置縣謂之候井地理志河閒國之第二縣曰候井其卽侯世歟一清案非也侯世縣故城在蠡縣東北侯井廢縣在東光縣西兩地懸殊豈可混而爲一乎又東北逕陵陽亭東又北左會博水水出望都縣東南流逕其縣故城南王莽更名曰順調矣又東南潛入地下博水又東南循瀆重源湧發官本曰按循近刻訛

作於 案朱趙作於 東南逕二梁亭南疑即古勺梁也竹書紀年曰燕人伐趙圍濁鹿趙武靈王 官本曰按近刻脫武字 案朱脫趙增刊誤曰靈王上落武字 及代人救濁鹿敗燕師于勺梁者也 朱箋曰古本作敗燕師于勺燕而竹書但云敗燕師于勺吳琯改作勺梁是也 今廣昌東嶺之東有山俗名之曰濁鹿邏 官本曰按近刻訛作羅 案朱趙作羅說見下 城地不遠 官本曰按城近刻訛作地 案朱作地地趙改城地刊誤曰箋曰羅地地字有脫誤未詳案羅與邏通遮邏也濁鹿邏如魏書章武王融傳白牛邏之類又趙郡王幹傳云以騙邏無兵蓋戍守之別名也上地字當作城 土勢相鄰以此推之或近是矣所未詳也博水又東南逕穀梁亭南又東逕陽城縣散爲澤渚渚水瀦漲 朱作澤漲箋曰謝云宋本作渚水瀦張趙改瀦漲 方廣數里 官本曰按近刻脫廣字 案朱脫趙增刊誤曰方下落廣字名勝志引此文校增 匡直蒲笥是豐實亦偏饒菱藕至若孌婉丱童及弱年崽子 官本曰按近刻作孌童丱角弱年女子角字女字皆後人所改方言江湘之間凡言是子謂之崽廣韻山皆切呼彼之稱 案朱作孌童丱角弱年女子箋曰一作崽子音宰趙角改女女改崽刊誤曰箋曰古本作孌童丱及當是丱少之譌吳改作丱角按孫潛校改丱友不如楊慎引此文作丱女爲善 或單舟採菱或疊舸折芰 官本曰案近刻訛作艾 案朱作艾箋曰當作芰趙改芰 長歌陽春愛深綠 朱趙作淥 水掇拾者不言疲謠詠者自流響 官本曰按近刻脫此二字 案朱脫箋曰自下疑脫相和二字趙依增 于時行旅過矚亦有慰于羈望矣

世謂之爲陽城淀也陽城縣故城近在西北故陂得其名焉 郡國志曰蒲陰縣有陽城者也今城在縣東南三十里其水又伏流循瀆屈清梁亭西北重源又發博水又東逕白堤亭南 官本曰按白近刻訛作自 案朱訛趙改刊誤曰自名勝志引此文作白 又東逕廣望縣故城北漢武帝元朔二年封中山靖王子劉忠爲侯國又東合堀溝 朱作崛箋曰古本作堀趙改堀 溝上承清梁陂又北逕清涼城東 官本曰按涼近刻訛作源 案朱趙作源趙釋曰一清案清源方輿紀要作清涼故城在今保定府東南五十里 卽將梁也漢武帝元朔二年封中山靖王子劉朝平爲侯國其水東北入博水博水又東北左則濡水注之 官本曰按此南濡也今名祁水 水出蒲陰縣西昌安郭南中山記曰郭東有舜氏甘泉有舜及二妃祠稽諸傳記 官本曰按諸下近刻衍子字 案朱衍趙刪 無聞此處世代云遠 朱趙云作又趙刊誤曰箋曰謝云宋本又作云疑作久按又字爲是 異說之來于是乎在矣其水自源東逕其縣故城南枉渚迴湍率多曲

復亦謂之爲曲逆水也張晏曰濡水于城北官本曰按濡近刻訛作湍　案朱訛趙改刊誤曰湍水漢書地理志註作濡水下並同曲而西流是受此名故縣亦因水名而氏曲逆矣春秋左傳哀公四年齊國夏伐晉取曲逆是也趙釋曰沈氏曰左傳是取逆時豈即曲逆耶杜預曰晉地漢高帝擊韓王信自代過曲逆上其城望室宇甚多曰壯哉吾行天下惟洛陽與是耳詔以封陳平爲曲逆侯王莽更名順平　濡水又東與蘇水合水出縣西南近山東北流逕堯姑亭南官本曰按姑近刻訛作始　案朱訛趙改又東逕其縣入濡濡水又東官本曰按兩濡字近刻並訛作湍　案朱訛趙改得蒲水口水出西北蒲陽山趙釋曰漢志中山國曲逆縣蒲陽山蒲水所出西南流積水成淵東西朱趙有一字百步南北百餘步深而不測蒲水又東南流官本曰按蒲近刻作其　案朱趙作其水側有古神祠世謂之爲百祠亦曰蒲上祠所未詳也又南逕陽安亭東官本曰按陽安近刻訛作安陽下同　案朱訛趙改刊誤曰安陽當作陽安以郡國志校正漢書王子侯表有昜安侯平趙敬肅王子武帝元朔元年封即此陽安也而世本俱誤作易安非矣

晉書地道記曰蒲陰縣有陽安關蓋陽安關都尉治世俗名斯川爲陽安壙蒲水又東南歷壙逕陽安關下名關臯爲唐頭坂官本曰按臯近刻作睪案朱同趙改出關北流又東流逕夏屋故城實中險絕竹書紀年曰魏殷臣趙公孫哀伐燕還取夏屋城曲逆者也其城東側因阿仍墉築一城官本曰按阿近刻訛作河案朱訛趙改刊誤曰河當作阿世謂之寡婦城賈復從光武追銅馬五幡于北平所作也世俗音轉故有是名矣趙釋曰巵林曰考地理志太原廣武縣有賈屋山注云卽史記趙簡子登夏屋者按此則夏蓋讀作賈故夏屋轉爲賈屋又變爲賈復而賈復更譌爲寡婦也考古證今此城蓋只夏屋城耳酈謂賈復築之亦穿鑿之甚一清按周說固精審然汝水注云桓水二源奇導于賈復城復南擊酈所築也俗語訛謬謂之寡婦城以寡婦爲賈復是一佳證且賈屋山名賈復城名固未可合而爲一也漢廣武縣在今山西代州西十五里有廣武故城而賈復城在今直隸保定府完縣西南至唐縣四十里方叔以幷州之山鎮當冀域之城地可謂不思之甚其水又東南流逕蒲陰縣故城北地理志曰城在蒲水之陰趙釋曰一清按漢志註此是張晏說漢章帝章和二年行巡北岳以曲逆名不善因山水之名改曰蒲陰焉水右合魚水水出北平縣西南魚山山石若巨

魚官本曰案近刻訛作山石魯巨焉　案朱訛趙改刊誤曰箋曰魚山以下疑有訛誤按寰宇記引此文云山石若巨魚水發其下今校正水發其下故世俗以物色名川又東流注于蒲水又東入濡故地理志曰蒲水蘇水並從縣東入濡水又東北逕樂城南又東入博水自下博水亦兼濡水通稱矣春秋昭公七年齊與燕盟于濡上官本曰按近刻訛作會于濡水　案朱訛趙改上字刊誤曰水左傳作上杜預曰濡水出高陽縣朱趙陽作易趙刊誤曰箋曰易當作陽按昜古文陽字如此之類其義甚淺寔為辭費趙釋曰漢志涿郡高陽縣應劭曰在高河之陽孔穎達春秋左傳正義曰今按高陽無此水也水源皆出于山其出平地者皆是山中平地燕趙之界無泉出者未知杜言何所案據蓋孔氏不知此濡水之所出觀酈注自有泉源其後名曰祁水又謂之南濡也然杜註以為出高陽則非東北至河間鄚朱作鄭箋曰宋本作鄚縣趙改鄚縣入易水是濡水與滹沱滱易互舉通稱矣官本曰按此下近刻有地理志曰博水東至高陽入河十二字係重出衍文　案朱趙有博水又東北徐水注之水西出廣昌縣東南大嶺下世謂之廣昌嶺嶺高四十餘里二十里中委折五迴方得趙作能達其上嶺趙作頂故嶺有五迴之名趙釋曰寰宇記滿城縣下引水經注云五迴山南七里有鬬雞臺傳云燕太子丹鬬雞于此今本無之下望層

山盛若蟻蛭趙作垤刊誤曰箋曰宋本作咸若蟻蛭按博雅咸多也言層山之多如蟻封也咸字不誤實兼孤山之稱亦

峻崠也官本曰按崠近刻訛作崠　案朱趙同趙刊誤曰箋曰謝云峻崠疑作峻嵊按廣韻嵊音咸山名在剡縣集韻音乘亭名在吳均與上峻字義不合類篇崠音凍山脊也峻崠山之最高處也謝說非徐水三源奇發齊瀉一澗東流北轉逕東山下水西有御射碑徐水又北流西屈逕南崖下官本曰按崖近刻作巖下同　案朱趙同水陰又有一碑徐水又隨山南轉逕東崖下水際又有一碑凡此三銘皆翼對層巒官本曰按近刻訛作巖　案朱訛趙改刊誤曰巖名勝志引此文作巒下云巖障深高故知巒字爲是巖障深高壁立霞峙朱作時箋曰宋本作峙趙改峙石文云皇帝以太延元年十二月車駕東巡逕五迴之險邃官本曰按近刻訛作途　案朱訛趙改刊誤曰途名勝志引此文作邃覽崇岸之崠峙乃停駕路側援弓而射之飛矢踰于巖山趙釋曰一清按此下有缺文寰宇記滿城縣五迴山引此碑云飛矢踰于巖山三百餘步後鎮軍將軍定州刺史樂良公乞文于射所立碑中山安喜賈聽書足補此注之逸刊石用讚元功夾碑竝有層臺二所卽御射處也碑陰皆列樹碑官名徐水東北屈逕郎山官本曰按東北屈近刻訛作屈東北　案朱訛趙改刊誤曰屈字當移在東北之下孫校曰郎山在今保定府城西北五十里又屈逕其山南眾岑競舉官本曰按眾字

近刻訛作岑山二字　案朱訛趙改刊誤曰名勝志引此文衍上岑字初學記引此文作衆崖競舉於文是衆岑競舉若豎鳥翅立石嶄巖亦如劍杪極地險之崇峭漢武之世戾太子以巫蠱出奔其子遠遁斯山故世有郎山之名山南有郎山君碑事具其文官本曰按近刻訛作山內有郎山碑事具文　案朱同箋曰一作事具于文趙依改刊誤曰內當作南郎山下落君字趙釋曰全氏曰此是謬說漢燕刺王之墓曰戾陵或是刺王之子耳徐水又逕郎山君中子觸鋒將軍廟南官本曰按中子近刻訛作子中廟訛作廣　案朱訛趙改刊誤曰下云是太白君碑郎山君之元子也據此當作郎山君中子廣當作廟廟前有碑晉惠帝永康元年八月十四日壬寅發詔錫君父子法祠其碑劉曜光初七年趙釋曰全氏曰中山之碑何以有劉曜紀年不可曉也前頓邱太守郎宣官本曰按頓邱近刻訛作頼邱　案朱訛趙改刊誤曰晉書地理志云廢東郡立頓邱又云頓邱郡泰始二年置頼邱是頓邱之誤北平太守陽平邑振等共修舊碑刻石樹頌焉

徐水又逕北平縣孫校曰完縣漢北平縣滿城漢北平地縣界有漢熹平四年幽冀二州以戊子詔書官本曰按戊近刻訛作代　案朱訛趙改刊誤曰箋曰以代子語有訛脫案隸釋載此文是戊子蓋詔書以是日下也遣冀州從事王球幽州從事張昭官本曰按近刻作眼　案朱趙同郡縣分境立石標界具揭石文矣

徐水又東南流歷石門中世俗謂

之龍門也其山上合下開開處高六丈飛水歷其間南出乘崖趙刊誤曰箋曰乘當作垂按乘字不誤傾瀾洩注朱趙瀾作灁洩作泄刊誤曰箋曰宄家云泄疑作瀉按泄散也亦作洩會稽五泄卽瀑布也此水乘崖注下與泄溪同義無可疑者一字之工髣髴與山水之靈相默契也七丈有餘渀盪之音奇爲壯猛觸石成井水深不測素波自激官本曰按自近刻訛作白　案朱趙作白濤襄四陸瞰之者驚神臨之者駭魄矣東南出山逕其城中有故碑是太白君碑卽山君之元子也　其水又東流漢光武追銅馬五幡于北平破之于順水北官本曰按近刻脫于字　案朱趙無乘勝追北爲其所敗短兵相接光武自投崖下遇突騎王豐于是授馬退保范陽官本曰按退近刻訛作進　案朱趙同趙釋曰後漢書光武帝紀歸保范陽不得言進方輿紀要作退保范陽是矣此傳刻之誤順水蓋徐州之別名也趙州改水刊誤曰州黃省曾本作水徐水又東逕蒲城北趙釋曰一清按蒲城今直隸之滿城縣也蒲滿字本易淆保定府志及滿城縣志皆不能識其受氏之故或以爲秦邑又以爲張蒼封北平侯子孫滿邑因名皆燕說也新唐書地理志太平寰宇記並云唐天寶元年始立是邑不知元魏時已有蒲城之號舊長生于拓跋朝其言非謬元和志云蒲城縣本漢北平縣地後魏于此置永樂縣天寶元

年改為蒲城以縣北故蒲城為名夫曰故蒲城則非自唐始矣蒲城之稱唯元和志及舊唐書同于酈注其他紀載莫不從滿城之訛千年大惑誰復祛之章懷後漢書注云前書音義曰蒲陽山蒲水所出在今定州北平縣西又云北平縣屬中山國今易州永樂縣也又云東觀漢記作蒲本多作滿字者誤也北史魏陳留王虔傳兄顗從平中山以功賜爵蒲城侯觀此益信予言之有徵矣又東逕清苑城又東南與盧水合（官本曰按盧原本及近刻並訛作沈下同今據漢書改正又近刻脫合字　案朱同趙增合字刊誤曰於文當作又東南與沈水合水出蒲城西孫潛校增三字）水出蒲城西（官本曰按近刻脫城字　案朱脫趙增水城字）俗謂之泉頭水也地理志曰北平縣有盧水（官本曰按此下近刻有東入河三字係衍文　案朱趙盧作沈有三字）即是水也（趙釋曰全氏曰按班志無沈水疑是脫文寰宇記沈水在清苑縣北）東逕其城又東南左入徐水地理志曰東至高陽入博（官本曰按近刻訛作入河今漢書各本亦訛　案朱趙同趙釋曰一清按漢志中山國北平縣徐水東至高陽入博又望都縣博水東至高陽入河蓋徐水合博水以入河也下文引班志仍作入于博）今不能也徐水又東左合曹水水出西北朔寧縣曹河澤（官本曰按合下近刻衍會字水出西北訛作出西北水　案朱衍訛趙刪改刊誤曰會字衍文）東南流左合岐山之水水出岐山東逕邢安城北又東南入曹河曹水又東南逕北新城縣故城南（官本曰按此下近刻有河南又逕北新城故城北十字係衍文　案朱同北下有此字趙作又逕北新城縣故城北刪河南此三字刊誤曰河南二

字衍文北新城下落縣字此字是北字重文之誤亦宜衍王莽之朔平縣也朱作寧趙改平刊誤曰朔寧漢書地理志作朔平今校正曹

水又東入于徐水徐水朱無徐字趙增刊誤曰水上落徐字又東南逕故城北官本曰按近刻故上有一字　案朱趙有俗謂之祭隅城官本曰按隅近刻訛作過　案朱趙同所未詳也趙釋曰一清按寰宇記引輿地志云樊輿城西南隅有聖女祠女姓薛字義姜鉅鹿人嫁爲樊輿王文妻死于比城之隅就而祭之俗名祭隅城然則是城卽樊輿縣之故城也道元以祭隅爲祭過而云未詳得樂氏之書其義始明也徐水又東注博水官本曰按注近刻作流入　案朱趙同地理志曰徐水出北平東至高陽入于博趙刊誤曰箋曰博古本作河按此是班固原文在中山國北平縣蓋徐入博博入河朱氏乃欲以俗本改漢書耶又東入滱地理志曰博水自望都東至高陽入于滱是也官本曰按近刻訛作入于河又脫是也二字今漢書各本亦訛　案朱趙同朱箋曰孫云今曹河徐河唐河諸水並合易水經雄縣逵直沽入于海

又東北入于易

滱水又東北逕依城北世謂之依城河地說無依城之名官本曰按地近刻訛作他　案朱訛趙改刊誤曰他說當作地說卽古葛城也郡國志曰高陽有葛城燕以與趙者也滱水又東北逕阿陵縣故城東

王莽之阿陸也建武二年更封左朱作岸箋曰岸宋本作左趙改左將軍任光爲侯國滱水東北至長城注于易水者也官本曰按此易水謂南易至文安與滹沱合者長城在今文安縣界

趙補滹沱水

禹貢錐指曰禹主名山川曲陽以下之滱本名恆靈壽以下之滹沱本名衛其出高是泰戲者則恆衛之別源自周禮以虖池嘔夷爲并州之川其名著而恆衛之名遂隱矣又曰或問恆衛滱滹沱漢志明列爲四水子謂恆卽滱衛卽滹沱亦有所據乎曰有之水經注云滱水東過上曲陽縣北恆水從西來注之自下滱水兼納恆川之通稱卽禹貢所謂恆衛既從也此非恆卽滱之明證耶水經無滹沱之目見濁漳易滱曰

馬諸篇中僅一二語故衛水無考然酈注凡二水合流言自下互受通稱者不可枚舉則滹沱受衛之後亦得通稱衛水可知也又曰滹沱大川也水經當自爲一篇頃閱寰宇記鎮州真定縣蒲澤下引水經注云滹沱河水東逕常山城北又東南爲蒲澤濟水有梁焉俗謂之蒲澤口又滋水下引水經云滋水又東至新市縣入滹沱河又深州饒陽縣枯白馬渠下引水經云滹沱河又東有白馬渠出焉又瀛州河間縣大浦淀下引水經注云大浦淀下導陂溝競奔咸注滹沱是故人因決入之處謂之百道口此四條檢今本無之則似水經元有滹沱水篇宋初尚存而其後散逸滹沱原委不可得詳惜哉一清

按滹沱水篇失亡猶幸有宋初原本見于載籍得以尋其川脉第東樵所引寰宇記之文尚有未盡謹補綴之如左忻州秀容縣下引注水經云滹沱南歷忻中口俯會忻川水水出西管涔山東也程侯山下引注水經云忻川東歷程侯北山山甚層銳其下舊有採金處俗謂之金山九域志忻州古跡引水經注云程侯北山下有採金穴樂記處字疑穴字之誤又定襄縣三會水下引水經云三會水出九原縣西東入滹沱水逕定襄界又代州鴈門縣句注下引水經云鴈門郡北對句注東陘其南九塞之一也晉咸寧元年句注碑曰蓋北方之險有盧龍飛狐句注為之首天下之阻所以分別外內也漢高祖

欲伐匈奴不從婁敬之說械繫于廣武遂踰句注困于平城謂此處也漢志雁門郡下云句注在陰館北太原郡廣武縣下云河主賈屋山在北河主是句注之誤又龍泉下引注水經云龍泉出雁門縣平地其大三輪泉源沸湧騰波奮發以巨石投之輒噴出亦云潛通燕京山之天池也方輿紀要雁門下云龍躍泉水經注謂之雲龍泉相傳與靜樂縣之天池潛通較樂記所引多一雲字又五臺縣五臺山下引水經注云五臺山五巒巍然故謂之五臺山晉永嘉三年雁門郡葰人縣五百餘家避亂入此山見山人爲之先驅因而不返遂寧巖野往還之士稀有望見其村居者至詣尋訪莫知所在故俗人謂

此山爲仙者之都矣中臺之頂方三里近西北
陬有一泉水不流謂之太華泉蓋五臺之層秀
仙經云此山名紫府常有紫氣仙人居之內經
以爲清涼山御覽引此注云其北臺之上冬夏
常氷雪不可居文殊師利常鎮毒龍之所今多
佛寺四方僧徒善信之士多禮焉又聖人阜下
引水經注云滹沱水東逕聖人阜阜下有泉泉
側石上有二手跡其西復有二腳跡甚大莫窮
所自在縣西四十八里又云仙人山在五臺縣
東南五十里石嵒上有人坐跡山腹石上有手
跡山下石上有雙腳跡皆西向立初學記引注
水經曰代州專池水西注五臺專池即虖池之
誤又思陽水東有獨山山上有嵓嵓上有坐跡

山腹石上有兩手跡山下石上有兩腳跡俗名
之曰仙人山也據此則樂記所稱仙人山亦是
酈注原文而思陽水一語尤足補其闕逸魏書
地形志肆州永安郡驢夷縣有思陽城蓋因水
以得名故魏昌城下引水經注云李克書曰魏文
侯時克爲中山相苦陘之吏上計而入多其前
克曰苦陘上無山原林麓之饒下無谿谷牛馬
之息而入多其前是苦吾百姓遂執而免之漢
光武時封大將軍杜茂爲苦陘侯漢章帝北巡
改曰漢昌至魏文帝改漢昌爲魏昌城又鎭州
行唐縣輪井水下引水經注云行唐城上西南
隅有大井若輪水深不測王山祠下引水經注云
行唐城內北門東側祠後有神女廟廟前有碑

其文云王山將軍故燕薊之神童後爲城神聖女者此土華族石神夫人之元女趙武靈王初營斯邑城彌載不立聖女發歎應與人俱遂妃神童潛刊貞石百堵皆興不日而就故此神後之靈應不泯焉莫州任邱縣狐狸淀下引水經注云鄚縣東南隅水有狐狸淀俗亦謂掘鯉淀非也滱沱水篇之殘簡斷文見于寰宇記者如此爲之隨方辨證焉

趙補 泒水

一清按水經本有泒水篇今失去矣寰宇記定州安喜縣泒水下引水經注云泒水歷天井澤南流所播爲澤俗名爲天井淀初學記引水經注云定州泒水北流逕大核山大核山疑是大

泒山之訛大泒山在今阜平縣西北五里其東又有小泒山以泒河所經得名說文泒水出雁門葰人戍夫山東北入海按山海經郭璞註曰今滹沱水出雁門鹵城縣南武夫山戍夫武夫皆泰戲之一名顧祖禹曰蓋以滹沱爲卽泒水也此說非是蓋泒水與滹沱同出一山耳泒水源見說文尾見本注其中所歷之道僅有定州一語較之他篇脫失尤甚

趙補 滋水

一清按方輿紀要山西蔚州靈邱縣下云山海經云高是之山滋水出焉滋水在縣北水經注滋水逕枚迴嶺縣流五丈湍激之聲震動山谷元和志滋水出靈邱縣西南枚迴山懸河五丈

湍激之聲響動山谷樵桄之士咸由此渡巨木淪滑久乃方出或落崖石無不粉碎也土地記云枚迴嶺與高是山連麓接勢（李吉甫所引疑是酈注原文）紀要又云石銘陘在縣西水經注滋水逕枚迴嶺東南過石銘陘有石銘其上云冀州北界石銘陘亦見滱水注滋水與滱水發源最近故其事兩隸而班固地理志許慎說文俱謂滋水出牛飲山白陘（今漢書作陸字誤當從說文作陘）谷在南行唐今行唐西去靈邱四百餘里水源安得便出於此名勝志行唐縣下引水經注云滋水至行唐縣鹿水出焉謂之木刀溝入滹沱河寰宇記真定縣下引水經云滋水又東至新市縣入滹沱河又鎮州鼓城縣下云雷源中山記雷河溝水源出鼓城縣名勝

志晉州下引水經注云滹沱水流入雷河溝水過舊曲陽北據此則衞水與滋水通波沿注隨地易稱矣今山西廣靈縣有滋水流爲壺流河亦名葫蘆河元和志寰宇記謂之瓠𤬛河云上槽狹下槽闊有似瓠𤬛故名亦謂嘔夷河蓋與滱水道近也而其下流則北入于桑乾疑與出行唐之滋水有別然山海經本云高是之山滋水出焉而南流注于滹沱則當日滋水惟南入滹沱不北入桑乾不知何時分一支北流今酈注既亡無從可證又嵐州紇真山夏恆積雪鳥雀死者一日千數寰宇記朔州鄯陽縣下引冀州圖云紇真山在城東北三十里登之望桑乾代郡數百里內宛然夏恆積雪彼人語曰紇真

山頭凍殺雀何不飛去生處樂紇真山卽紇干山虜語紇真華言千里二語唐昭宗嘗稱之蓋古謠諺也又祁州無極縣故安城下引水經云故安城卽魏之安鄉城魏志云明帝太和元年封外祖甄逸爲安鄉侯嫡孫象襲爵青龍二年追謚后兄儼爲安鄉侯卽此城也故新城下引水經云後魏太武帝南巡行宮築亦曰資城滋亦作資又作咨此城因滋水所經得名水經本有滋水篇今脫亡爾

水經注卷十一

水經注卷十二

長沙王氏校本

後魏酈道元撰

聖水　巨馬水

聖水出上谷朱箋曰孫云聖水今琉璃河趙釋曰一清案此條經文疑有脫誤方輿紀要房山縣西大房山古碑云幽冀之奧室也山下有聖水泉西南有伏龍穴一名龍城峪湯泉出焉又有孔水洞在山之東北懸崖千尺石竇如門深不可測與酈氏注所云略皆彷彿房山縣本漢良鄉范陽二縣地並屬涿郡又兼得廣陽國之薊縣於上谷無與漢上谷郡治沮陽縣其故城在今保安州東古涿鹿之地㶟水注云涿水枝分入匈奴者爲涿耶水而是篇注云在上谷爲涿耶水應劭以爲出上谷涿鹿縣是已下文注云聖水南流歷縣西轉逕良鄉縣也

故燕地官本曰案近刻訛作也案朱訛趙改刊誤曰也當作地秦始皇二十三年置上谷郡王隱晉書地道志曰郡在谷之頭故因以上谷名焉王莽更名朔調也官本曰案更近刻作改案朱趙作改水出郡之西南聖水谷東南流逕大防嶺之東首山下有石穴東北洞開高廣四五丈入穴轉更崇深穴中有水耆舊傳言昔有沙門釋惠彌者好精物隱嘗篝趙作構火尋之傍水入穴三里有餘穴分爲二一穴殊小朱無一字箋曰謝云宋本二下有一字趙增一字西北出不知趣詣一穴西南出入穴經五六日

方還（官本曰案穴近刻訛作水　案朱趙作水）又不測窮深其水夏冷冬溫春秋有白魚出穴數日而返人有採捕食者美珍常味蓋亦丙穴嘉魚之類也（官本曰案類上近刻衍流字　案朱趙有）是水東北流入聖水聖水又東逕玉石山謂之玉石口山多珉玉燕石故以玉石名之其水伏流里餘潛源東出又東顏波瀉瀾一丈有餘屈而南流也（官本曰案近刻脫南字　案朱脫趙增刊誤曰而下落南字）

東過良鄉縣南

聖水南流歷縣西轉又南逕良鄉縣故城西王莽之廣陽也有防水注之水出縣西北大防山南而東南流逕羊頭阜下俗謂之羊頭溪（官本曰案謂近刻作爲　案朱同趙改刊誤曰爲當作謂）其水又東南流至縣東入聖水聖水又南與樂水合水出縣西北大防山南（官本曰案山南近刻訛作南山　案朱訛趙乙刊誤曰南山當倒互孫潛校改）東南流歷縣西而東南流注聖水聖

水又東逕其縣故城南朱趙不重聖水二字又東逕聖聚南官本曰案聖聚近刻訛作聚聖　案朱訛趙乙刊誤曰聚聖二字當倒互蓋藉水而懷稱也又東與俠朱作挾箋曰宋本作俠趙改俠河合水出良鄉縣西甘泉原東谷東逕西鄉縣故城北王莽之移風也世謂之都鄉城案地理志涿郡有西鄉縣而無都鄉城蓋世傳之非也又東逕良鄉城南又東北注聖水世謂之俠朱作扶箋曰扶宋本作挾趙改挾活河又名之曰非理之溝也朱趙作非灅刊誤曰箋曰灅一作理案灅理音同傳寫之差灅水即濕水注云涿水自涿鹿縣東注濕水此云非灅之溝蓋未與濕水合也

又東過陽鄉縣北官本曰案陽近刻作長蓋後人所改　案朱趙作長趙釋曰一清案晉志范陽國有長鄉縣魏志作萇鄉全氏曰當是陽鄉細玩注文可見

聖水自涿縣東與桃水合水首受淶水于徐城東南良鄉西分垣水官本曰案垣近刻訛作洹　案朱同箋曰洹當作垣下同趙改垣首上無水字世謂之南沙溝官本曰案沙近刻訛作涉　案朱趙作涉即桃水也官本曰案桃原本及近刻並訛作杭考漢志涿縣下云桃水首

受淶水分卽此今改正 案朱訛趙改刊誤曰箋曰汝澄曰杭水疑作范水涿之爲范陽郡蓋亦取於此案非也漢書地理志涿縣下云桃水首受淶水分東至安次入河又良鄉縣下云洹水南東至陽鄉入桃桃杭字近致譌東逕遒縣北朱箋曰孫云遒古遒字又東逕涿縣故城下與涿水合世以爲涿水官本曰案爲近刻訛作謂 案朱同趙改又亦謂之桃水趙刪又字出涿縣故城西南趙增水字刊誤曰出上落水字奇溝東八里大坎下數泉同發東逕桃仁墟北或曰因水以名墟則是桃水也或曰終仁之故居非桃仁也官本曰案仁近刻訛作水 案朱訛趙改刊誤曰桃水是桃仁之誤詳本卷趙釋曰一清案桃仁乃高雲偉臣墟以人得名又傳是終仁之故居故云非桃仁也今本誤以桃仁爲桃水文義遂難通曉余案地理志桃水上承淶水此水所發不與志同謂終爲是又東北與樂堆泉合水出堆東東南流注于涿水涿水又東北逕涿縣故城西朱趙有流字注于桃應劭曰涿郡故燕漢高帝六年置其南有涿水郡蓋氏焉官本曰案近刻脫郡字 案朱趙無闞駰亦言是矣今于涿城南無水以應之所有惟西南有

是水矣應劭又云涿涿水出上谷涿鹿縣余案涿水自涿鹿東注㶟水官本曰案㶟近刻訛作濕下同　案朱訛趙改㶟水東南逕廣陽郡與涿郡分水漢高祖六年分燕置涿郡涿之爲名當受涿水通稱矣故郡縣氏之但物理潛通所在分發故在匈奴爲涿耶水官本曰案匈奴近刻訛作山谷　案朱作山谷箋曰[illegible]案十三卷注云涿水枝分入匈奴者謂之涿耶水趙改上谷刊誤曰山谷當作上谷㶟水經云又東過涿鹿縣北酈氏以涿水釋之漢志涿鹿縣屬上谷郡蓋在上谷郡爲涿水而經廣陽郡者卽是聖水名因地變也山川阻闊並無沿注之理所在受名者皆是經隱顯相關遙情受用以此推之事或近矣而非所安也桃水又東逕涿縣故城北王莽更名垣翰趙釋曰一清案漢志莽改涿郡曰垣翰而涿縣下無說此當是垣翰亭落亭字漢志注亦闕此文晉大始元年改曰范陽郡今郡理涿縣故城城內東北角有晉康王碑城東有范陽王司馬虓廟碑官本曰案司馬近刻訛作司寇　案朱訛趙改刊誤曰晉書列傳范陽康王綏子虓司寇當作司馬黃省曾本校桃水又東北與垣水會水上承淶水于良鄉縣

分桃水官本曰案承近刻訛作分分訛作之　案朱趙同世謂之北沙溝官本曰案沙近刻訛作涉　案朱趙同故應劭曰垣水出良鄉東逕垣縣故城北史記音義曰河間有武垣縣涿有垣縣漢景帝中二年封匈奴降王賜爲侯國趙刊誤曰箋曰賜古本作勝案史記漢書皆作賜趙釋曰一清案漢志垣縣屬河東郡武垣縣屬涿郡續志河閒國武垣故屬涿今注所引音義云云豈別有說乎又史表垣侯賜索隱曰縣名屬河東則非涿之武垣可知善長又誤武垣城在河閒府西南三十八里去涿甚遠水道亦無相通之處恐當涿郡又自有垣縣也一統志垣城在涿州北王莽之垣翰亭矣世謂之頓城非也又東逕頓趙釋曰一清案此下有脫文亦地名也故有頓上上言趙釋曰一清案三字疑有誤世名之頓前河又東洛水注之水上承鳴澤渚渚方朱趙有一字十五里漢武帝元封四年行幸鳴澤者也服虔曰澤名在遒縣北界卽此澤矣西則獨樹水注之水出遒縣北山東入渚北有甘泉水注之水出良鄉西山朱趙無水字東南逕西鄉城西而南注鳴澤渚官本曰案近刻脫鳴字　案朱作澤渚水趙增鳴字刪水字刊誤曰當作鳴澤渚水字衍文渚水東出爲洛水官本曰案近刻脫渚水東出爲洛六字　案朱趙無又東逕西鄉城

南又東逕垣縣而南入垣水垣水又東逕涿縣北東流注于桃故應劭曰垣水東入桃闞駰曰至陽鄉注之趙釋曰漢志涿郡良鄉縣垣水南東至陽鄉入桃一清案南東當作東南今案經脈而不能屆也桃水東逕陽鄉官本曰案逕近刻訛作入 案朱趙作入東注聖水趙釋曰漢志涿郡涿縣桃水受首涞水分東至安次入河一清案蓋由聖水以注於巨馬河也受首當作首受聖水又東廣陽水注之水出小廣陽西山東逕廣陽縣故城北又東福祿水注焉水出西山東南逕廣陽縣故城南東入廣陽水亂流東南至陽鄉縣右注聖水聖水又東南逕陽鄉城西不逕其北矣縣故涿之陽亭也地理風俗記曰涿縣東五十里有陽鄉亭後分爲縣王莽時更名章武卽長鄉縣也案太康地記涿有長鄉而無陽鄉矣聖水又東逕長興城南趙釋曰沈氏曰疑是長鄉又東逕方城縣故城北官本曰案近刻脫北字 案朱趙無孫校曰方城今固安縣李牧伐燕取方城是也魏封劉

故爲侯國聖水又東左會白祀溝溝水出廣陽縣之婁城東東南流左合婁城水水出平地導源東南流官本曰案源近刻訛作泉案朱訛趙改刊誤曰泉當作源右注白祀水亂流東南逕常道城西故鄉亭也西去長鄉城四十里魏少帝璜甘露三年所封也趙釋曰一清案魏少帝璜以甘露三年封爲常道鄉公甘露是高貴鄉公紀年此句詞意甚晦又東南入聖水聖水又東南逕韓城東詩韓弈章曰溥彼韓城燕師所完王錫韓侯其追其貊奄受北國鄭玄曰周封韓侯居韓城爲侯伯言爲獫夷所逼稍稍東遷也王肅曰今涿郡方城縣有韓侯城世謂之寒號城官本曰案近刻脫之字城字案朱脫趙增刊誤曰謂下落之字寒號下落城字非也聖水又東南流右會清淀水水發西淀東流注聖水謂之劉公口也

又東過安次縣南東入于海孫校曰安次今順天東安

聖水又東逕勃海安次縣故城南漢靈帝官本曰案近刻訛作桓帝

案朱趙作桓中平三年官本曰案近刻訛作二年案朱趙作二封荊州刺史王敏爲侯國趙釋曰一清案桓帝字誤後漢書靈帝紀中平三年江夏兵趙慈反殺南陽太守秦頡六月荊州刺史王敏討趙慈斬之蓋以有功封也二年亦是三年之誤沈氏校本摘中平非桓帝紀年蓋考之不盡

又東南流注于巨馬河而不達于海也

巨馬河出代郡廣昌縣淶山

即淶水也有二源俱發淶山東逕廣昌縣故城南王莽之廣屏矣官本曰案矣字近刻訛在下句國字下案朱同趙改刊誤曰矣字當移在廣屏之下名勝志校魏封樂進爲侯國淶水又東北逕西射魚城東南而東北流又逕東射魚城南又屈逕其城東竹書紀年曰荀瑤伐中山取窮魚之邱窮射字相類疑即此城也所未詳矣淶水又逕三女亭西又逕樓亭北左屬白澗溪水有二源合注一川川石皓然望同積雪故以物色受名其水又東北流謂之石槽水朱作曹趙改槽刊誤曰曹當作槽樂史云孟門山一名石槽河南有山鑿中如石槽此亦其類也伏流地下溢則通逕津委注官本曰案溢近刻訛作溺案朱作溺箋

曰李云疑作溢趙改溢謂之白澗口淶水又東北桑谷水注之

水南發桑溪官本曰案近刻脫桑字　案朱脫趙增刊誤曰溪上落桑字鮑邱水注云桑谷水注之蓋沿出桑谿故也可證北注

淶水淶水又北逕小礜東又東逕大礜南蓋霍

原隱居教授處也官本曰案近刻脫居字　案朱脫趙增刊誤曰下云徐廣云原隱居廣陽山此落居字徐廣云原隱

居廣陽山教授數千人爲王浚所害官本曰案近刻訛作召　案朱訛趙改刊誤曰召全氏校改害雖千

古世懸猶表二一礜之稱既無碑頌竟不知定誰居也朱箋曰墇案晉書霍原字休明

燕國廣陽人山居積年門徒百數元康年徵賢良不到後王浚稱制謀僭使人問之原不答時有謠曰天子在何許近在豆田中浚以豆爲藿收原斬之淶水又

東北歷紫石溪口朱箋曰謝云東北下一作又東流歷紫石溪口與紫水合水北

出聖人城北大亘下東南流左會磊砢溪水官本曰案

磊近刻訛作疊　案朱作疊趙改壘刊誤曰疊吳琯本作壘壘砢亦作磊砢上林賦云水玉磊砢王篇衆小石貌蓋山崩委澗積石淪隍

故溪澗受其名矣水出東北西南流注紫石溪水

紫石溪水又逕聖人城東又東南右會檐趙作擔下同

車水水出檐車硎官本曰案車近刻訛作石　案朱訛趙改刊誤曰石黃省曾本作車東南流逕

聖人城南官本曰案近刻作城東南　案朱作東南城趙改刊誤曰箋曰謝云宋本作逕聖人城東南案非也下文多一東字南城二字當倒互蓋紫石水出聖人城北又逕城東此檐車水流逕城南南流注於紫石水城之三面皆水之會也南流注紫石水又南注于淶水淶水又東南逕榆城南又屈逕其城東謂之榆城河淶水又南逕藏刀山下層巖壁立直上朱作長箋曰宋本作直上干霄趙改上干霄遠望崖側有若積刀鐶鐶相比咸悉西首淶水東逕徐城北故瀆出焉官本曰案近刻脫故瀆二字　案朱脫趙增沙溝二字刊誤曰出焉上落沙溝二字世謂之沙溝水又東督亢溝出焉朱箋曰宋本作又東合督亢溝一水東南流卽督亢溝也一水西南出卽淶水之故瀆矣官本曰案近刻脫水字　案朱作淶之趙改淶水無之字刊誤曰之當作水水盛則長津宏注水耗則通波潛伏重源顯于迺縣則舊川矣官本曰案近刻訛作舊則川矣案朱趙同

東過迺縣北孫校曰迺縣今淶水屬保定府

淶水上承故瀆于縣北垂重源再發結爲長潭

潭廣百許步長數百步左右翼帶涓流控引衆

水官本曰案近刻脫衆字　案朱脫衆字趙刪水字刊誤曰箋曰捬引下落其字案非也水字衍文自成淵渚長川漫

下十許里官本曰案近刻訛作十一許步　案朱同趙乙不改步字刊誤曰十一當倒互名勝志校東南流逕遒

縣故城東官本曰案近刻脫遒字　案朱脫趙增刊誤曰縣上落遒字漢景帝中二年以封匈奴

降王隆彊爲侯國趙釋曰一清案漢表作陸彊此從史表王莽更名遒屛也謂之巨

馬河亦曰渠水也又東南流袁本初遣別將崔巨朱作巨箋曰魚豢典略作崔巨業趙改巨業攻固安不下退還公孫瓚追擊之于巨馬水死者

六七千人卽此水也又東南逕范陽縣故城北易水

注之趙釋曰寰宇記易州易縣加夷城下引水經云巨馬水流逕加夷山卽睇子於山中養無目父母之所也今本無之

又東南過容城縣北孫校曰容城今屬保定府在府東北九十里

巨馬水又東酈亭溝水注之水上承督亢溝水

于遒縣東東南流歷紫淵東　余六世祖樂浪府君自

涿之先賢鄉爰宅其陰西帶巨川東翼茲水枝流津通纏絡墟

圃匪直田漁之贍可懷信爲遊神之勝處也其水東南流又名之爲酈亭溝其水又西南轉歷大利亭南入巨馬水又東逕容城縣故城北又東督亢溝水注之水上承淶水于淶谷引之則長津委注遏之則微川輟流水德含和變通在我東南流逕迺縣北又東逕涿縣酈亭樓桑里南即劉備之舊里也又東逕督亢澤澤苞方城縣縣故屬廣陽後隸于涿郡國志曰縣有督亢亭孫暢之述畫有督亢地圖言燕太子丹使荊軻齎入秦秦王殺軻圖亦絕滅地理書上古聖賢冢地記曰督亢地在涿郡今故安縣南有督亢陌幽州南界也風俗通曰沆漭也言乎淫淫漭漭無崖際也沆澤之無水斥鹵之謂也其水自澤枝分東逕涿縣故城南又東逕漢侍中盧植墓南又東散爲

澤渚督亢澤也北屈注于桃水朱趙注作滙趙刊誤曰箋曰滙宋本作注案滙本作匯尚書孔
傳曰滙迴也不得改爲注督亢水又南謂之白溝水南逕廣陽亭
西而南合枝溝官本曰案南合近刻訛作合南案朱訛趙乙刊誤曰箋曰謝云宋本作而合南枝溝案合字當在南字下溝
水西受巨馬河東出爲枝溝又東注白溝白溝
又南入于巨馬河朱箋曰孫云白溝今在新城縣南巨馬河之下流也巨馬河又東南
逕益昌縣孫校曰今永清護淀水右注之水上承護陂趙護改濩
刊誤曰護當作濩于臨鄉縣故城西東南逕臨鄉城南官本曰案近刻脫城
字案朱脫趙增說見下漢封廣陽頃王子雲爲侯國官本曰案近刻脫頃字雲訛作須案朱脫訛趙增改刊誤曰漢書王子
侯表臨鄉頃侯雲廣陽頃王子元帝初元五年封臨鄉下落城字廣陽下落頃字須卽頃之譌當改作雲趙釋曰一清案漢表雲以元帝初元五年封地理風俗
記曰官本曰案近刻脫風俗二字案朱脫趙增刊誤曰地理下落風俗二字黃省曾本校增方城南十里有臨鄉城故
縣也官本曰案此下近刻有城南十里四字係衍文案朱衍趙刪刊誤曰四字衍文淀水又東南逕益昌
縣故城西南入巨馬水巨馬水東逕益昌縣故
城南漢封廣陽頃王子嬰爲侯國趙釋曰一清案漢表嬰以元帝永光三年封王莽之有

秩也地理風俗記曰方城縣孫校曰今固安東八十里有益昌城故縣也

又東八丈溝水注之水出安次縣東北平地官本曰案此下近刻衍泉字　案朱衍趙刪刊誤曰泉字衍文孫校曰安次今東安東南逕安次城東東南逕泉州縣故城西官本曰案泉近刻訛作東　案朱訛趙改刊誤曰此是漢漁陽郡之泉州縣非勃海郡之東州縣也黃省曾本校改又南右合滹沱河枯溝溝自安次西北東逕常道城東安次縣故城西晉司空劉琨所守以拒石勒也又東南至泉州縣西南孫校曰泉州今漷縣及寶坻東入八丈溝又南入巨馬河官本曰案此二十字原本截上十六字訛作經下四字仍屬注文近刻並爲注朱箋曰原本以又東南至又南十六字作經文以入巨馬河亂流東注也作注文謝耳伯云宋本又東南至注也二十五字接石勒也俱作注文亂流東注也

又東過勃海東平舒縣北東入於海孫校曰東平舒今大城

地理志曰淶水東南至容城入于河官本曰案近刻訛作海　案朱訛趙刪海字以下文河字屬此句讀刊誤曰漢書地理志作入河海字衍文河即濡水也官本曰案此謂南濡蓋互朱作升箋曰升以宋本作互以趙改互以明會矣巨馬水于平舒城北官本曰案近刻脫城字　案朱脫趙增刊

誤曰平舒下落城字南入于滹沱而同歸于海也

水經注卷十二

水經注卷十三　長沙王氏校本

後魏酈道元撰

㶟水 朱作濕水下同

㶟水出鴈門陰館縣 官本曰按㶟原本及近刻並訛作濕說文㶟水出鴈門陰館累頭山東入海力追切魏書作灅已訛外若濕則不得讀力追切今從說文爲正 趙釋曰一清按㶟水俗本水經作濕水誤也資治通鑑晉愍帝紀建興元年代公又作新平城于灅水之陽胡身之注云班固地理志右北平俊靡縣灅水南至無終東入庚師古曰灅力水翻又音郎頟翻酈道元水經注庚水與鮑邱水合俊靡在東與平城相去甚遠新平城不在此灅水之陽也據魏書道武帝西如馬邑觀灅源則灅水蓋出于馬邑而東北流逕平城之南也酈道元魏人也其注水經敘代郡之事宜詳初不言平城有灅水但言濕水逕平城南耳班志鴈門陰館縣樓煩鄉累頭山治水所出東至泉州入海師古曰累音力追翻治音弋之翻竊謂水出累頭山疑當時亦有累水之名師古音從平聲音相近也意道元所謂濕水卽灅水也丁度集韻漯㶟灅三字同注云水出鴈門則亦有見於此矣灅類篇音魯水翻蓋梅礀既不知㶟水之非灅水又不識濕字之義宜其輾轉支離反覆而不可通也說文㶟水出鴈門陰館累頭山東入海或曰治水也從水纍聲力追切灅水出右北平俊靡東南入庚從水壘聲力軌切其言與漢志合此篇之水是㶟水非灅水也而丁度以爲㶟灅同出鴈門是爲悠謬也至于濕本濟濕之濕音他合翻說文作濕隸改曰爲田又省一糸作漯字而濕字反相沿作燥溼之溼矣㶟水導源累頭山故集韻又同出漯㶟字也漯爲㶟之省文然已混于濟漯之漯矣宜列白之孫校曰卽山海經鴈門之水也星衍說 東北過代郡桑乾縣南

㶟水出于累頭山 朱箋曰纍力追反 一曰治水泉發于山側沿波歷澗 朱波作坡趙改刊誤曰坡孫潛校改波 東北流出山逕陰館縣故

城西縣故樓煩鄉也漢景帝後三年置〔朱後下有元字趙刪 刊誤曰元字衍文〕王莽更名富臧矣〔官本曰按今本漢書作富代 趙釋曰一清按漢志作富代〕魏皇興三年〔官本曰按皇興近刻訛作天安 案朱趙同說見下〕齊平徙其民于縣立平齊郡〔趙釋曰一清按天安是魏獻文帝年號只得一年明年秋八月卽改爲皇興不當云三年也方輿紀要云平齊城在大同府西二十里漢平城縣地宋志泰始五年魏人徙升城歷城民望于桑乾因立平齊郡以處之泰始五年正皇興之三年也然于天安之號又不符矣顧氏所引又不見于沈約志事在魏書慕容白曜崔元伯劉休賓房崇吉諸傳隋書地理志郡縣廢故地形志無此郡也〕㶟水又東北流左會桑乾水〔孫校曰元和郡縣志朔州馬邑縣桑乾河在縣東三十里〕縣西北上平〔官本曰按原本作上下從近刻 案朱趙作上平〕洪源七輪謂之桑乾泉卽溹涫水者也耆老云其水潛通〔官本曰按近刻脫通字 案朱無趙增在北字下說見下〕承太原汾陽縣北燕京山之大池〔趙改大作天刊誤曰寰宇記代州雁門縣下引水經注云潛通燕京山之天池北下落通字大池當作天池〕池在山原之上世謂之天池方里餘〔官本曰按此下近刻有其水二字 案朱趙同趙方下增八字釋曰元和志池週迴八里〕澄渟鏡淨潭而不流〔官本曰按近刻脫潭字 案朱脫箋曰㙔按御覽引此作潭而不流趙增〕若安定朝那之湫淵也清水流潭皎焉沖照池中嘗〔趙作會〕無斥草及其風籜〔官本曰按斥太平御覽引作片籜近刻訛作澤 案朱作斥作澤箋曰御覽引此作〕

池中會無片草及其風籜趙改片改籜有淪輒有小鳥翠色投淵銜出若會稽之耘鳥也官本曰按耘近刻訛作私 案朱作私箋曰當作耘鳥趙改耘其水陽熯不耗官本曰按熯近刻訛作焊 案朱趙作焊刊誤曰箋曰克家云焊當作旱按集韻焊火乾也義亦通陰霖不溢無能測其淵深也古老相傳言嘗有人乘車于池側忽過大風趙刊誤曰箋曰過當作遇按過字不誤飄之于水有人獲其輪于桑乾泉故知二水潛流通注矣池東隔阜又有一石池方可五六十步官本曰按原本作五六里從近刻清深鏡潔不異大朱箋曰宋本作天趙改天池桑乾水自源東南流右會馬邑川水水出馬邑西川俗謂之磨川矣蓋狄語音訛官本曰按音近刻訛作言 案朱訛趙改刊誤曰言當作音下云馬磨聲相近是也馬磨聲相近故爾其水東逕馬邑縣故城南干寶搜神記曰昔秦人築城于武州塞內官本曰按州近刻訛作周 案朱趙作周下同以備胡城將成而崩者數矣官本曰按近刻脫者字 案朱脫趙增刊誤曰崩下落者字劉昭郡國志補註校補馬馳走一地官本曰按近刻脫馳字 案朱脫趙增刊誤曰馬下落馳字劉昭郡國志補註校補周旋反覆父老異之

因依以築城城乃不崩遂名之爲馬邑官本曰按近刻脫之爲二字 案朱脫趙增刊誤曰遂名下落之爲二字劉昭郡國志補註校補或以爲代之馬城也趙釋曰方輿紀要馬城在大同府東北境漢縣屬代郡東部都尉治此東漢元初六年鮮卑寇馬城塞鄧遵擊破之魏明帝太和二年鮮卑軻比能圍護烏桓校尉田豫于馬城即此十三州志馬城在高柳東二百四十里諸記紛競未識所是漢以斯邑封韓王信後爲匈奴所圍信遂降之王莽更名之曰章昭其水東注桑乾水官本曰按注近刻訛作流 案朱作流箋曰李云流下當有注字趙依增桑乾水又東南流水南有故城東北臨河又東南右合灅水亂流枝水南分官本曰按水近刻訛作之 案朱訛趙改刊誤曰箋曰之當作津按當作水下云桑乾枝水是也桑乾水又東左合武州塞水官本曰按州近刻訛作周 案朱趙作周趙刊誤曰箋曰孫云地理志作武州按州周音同通用水出故城東南流出山逕日沒城南蓋夕陽西頹戎車所薄之城故也官本曰按近刻訛作故城也 案朱作故城箋曰舊本作城故趙依改東有日中城官本曰按東近刻訛作榮 案朱作榮箋曰當作東趙改城東又有早起城亦曰食時城在黃瓜阜北曲中其水又東流右注桑乾水桑乾水又東南逕黃瓜阜曲西又屈逕其堆南徐廣曰猗盧廢

嫡子曰利孫于黃瓜堆者也趙釋曰全氏曰道元身爲拓跋臣子其不敢斥言六修之變明矣徐廣曰一條疑是後人所加

又東右合枝津枝津上承桑乾河東南流逕桑乾郡北官本曰按近刻脫乾字　案朱脫箋曰孫云當作桑乾郡趙增大魏因水以立郡受厥稱焉

又東北左合夏屋山水水南出夏屋山之東溪西北流逕故城北所未詳也又西北入桑乾枝水桑乾枝水又東流長津委浪官本曰按近刻脫長字　案朱脫趙增刊誤曰津上落長字通結兩湖東湖西浦淵潭相接水至清深晨鳧夕鴈泛濫其上黛甲素鱗潛躍其下俯仰池潭意深魚鳥所寡惟良木耳俗謂之南池池北對湼陶縣之故城官本曰按湼古汪字此下近刻衍南字　案朱趙有故曰南池也南池水朱趙無南字又東北注桑乾水爲趙作與灅水自下並受通稱矣官本曰按近刻脫自下二字　案朱趙無灅水又東北逕石亭西官本曰按石近刻訛作魏　案朱作魏趙增巨字刊誤曰魏亭上落巨字蓋皇魏天賜三年之所經建也灅水又東北逕白狼堆南魏烈祖道武皇帝

于是遇白狼之瑞故斯阜納稱焉阜上有故宮廟樓榭基雉尚崇每至鷹隼之秋羽獵之日肆閱清野爲升眺之逸地矣㶟水又東流四十九里東逕巨魏亭北又東崞川水注之官本曰按近刻脫水字 案朱脫趙增刊誤曰崞川下落水字水南出崞縣故城南官本曰按崞下近刻衍山字 案朱趙有趙釋曰一清按兩漢志俱作崞縣地形志恆州繁畤郡領縣曰崞山則正道元時新制不得云故城也蓋其率筆耳王莽之崞張也縣南面玄岳右背崞山處二山之中官本曰按二近刻訛作三 案朱訛趙改刊誤曰三當作二二山謂玄岳及崞山也故以崞張爲名矣其水又西出山謂之崞口北流逕繁畤縣故城東官本曰按近刻脫縣字 案朱脫趙增刊誤曰繁時下落縣字王莽之當要也又北逕巨魏亭東官本曰按近刻脫東字 案朱趙無又北逕劇陽縣故城西王莽之善陽也趙刊誤曰箋曰孫云一作鄯陽按漢志是善字不從阝作鄯按十三州志曰在陰館縣東北一百三十里其水又東注于㶟水㶟水又東逕班氏縣南如渾水注之水出涼城旋鴻縣朱箋曰後魏地形志恆州梁城郡有祗鴻縣一本作𥙊鴻縣趙釋曰一清案魏書地形志梁城郡𥙊鴻縣註云一本作祗鴻與此異文疑是史誤西南五

十餘里東流逕故城南北俗謂之獨谷孤城水亦卽名焉東合旋鴻池水朱箋曰孫云後魏書曰代都有旋鴻池水出旋鴻縣東山下水積成池官本曰按積近刻訛作卽　案朱訛趙改刊誤曰卽當作積黃省曾本校北引魚水水出魚溪南流注池池水吐納川流以成巨沼東西二里南北四里北對涼川城之南池官本曰按涼川城近刻訛作涼州池　案朱訛趙改刊誤曰涼州池全氏校改涼川城池方五十里俗名乞伏袁池官本曰按近刻訛作河　案朱趙同雖隔越山阜鳥道不遠雲霞之間常有官本曰按此下有脫文　案朱趙同趙釋曰朱氏謀㙔箋云下脫少數字西南流逕旋鴻縣南右朱作又箋曰宋本作右趙改右合如渾水趙釋曰一清按太平寰宇記雲中縣下引水經注曰雲中衙河水西南合桑乾河水今本無之名勝志引郡國志以爲如渾水也是總二水之名矣如渾水又東南流逕永固縣官本曰按永近刻訛作水　案朱訛趙改刊誤曰箋曰水固疑是永固之訛考魏書地形志竝無此縣名按地形志恆州代郡領永固縣縣以太和中因山堂之目以氏縣也右會羊水官本曰按近刻訛作年水　案朱作年箋曰孫云當作羊水趙改羊水出平城縣之西苑外武州塞北出東轉逕燕昌城南

按燕書建興十年慕容垂自河西還（官本曰按近刻垂訛作寶西訛作而 案朱同趙寶不改而改西刊誤曰而當作西）軍敗于參合死者六萬人十一年垂衆北至參合見積骸如山設祭弔之禮（朱作設策弔之簽曰十六國春秋云設祭弔之禮趙策改祭並無禮字）死者父兄皆號泣六軍哀慟（官本曰按近刻脫六軍二字 案朱脫趙增刊誤曰哀慟上黃省曾本有六軍二字）垂慙憤嘔血因而寢疾焉轝過平城北四十里疾篤築燕昌城而還即此城也北俗謂之老公城（官本曰按北上近刻衍故字城下有也字 案朱衍趙刪刊誤曰故字也字俱衍文）羊水又東注于如渾水亂流逕方山南（官本曰按近刻脫此二字 案朱趙無朱嶺上上屬趙嶺字上屬）嶺上有文明太皇太后陵陵之東北有高祖陵二陵之南有永固堂堂之四周隅雉列榭階欄檻及扉戶梁壁椽瓦悉文石也檐前四柱採洛陽之八風谷黑石爲之雕鏤隱起以金銀間雲矩（朱趙作雉）有若錦焉堂之內外四側結兩石趺（官本曰按近刻訛作扶 案朱作扶簽曰疑作趺趙改趺）張青石屏風（官本曰按張近刻訛作帳 案朱作帳簽曰孫云疑作張趙改張）以文石爲緣並隱起忠孝之容題刻貞順之名廟前鐫石爲碑獸碑石至佳（朱至佳作在冢簽曰宋本作碑石至佳趙改至佳）

左右列柏四周迷禽闇日院外西側有思遠靈圖圖之西有齋堂南門表二石闕闕下斬山累結御路下望靈泉宮池皎若圓鏡矣官本曰按此下近刻有羊水又東注五字係衍文案朱趙有趙釋曰一清按五字重文宜衍如渾水又南至靈泉池枝津東南注池池東西朱趙有一字百步南北二百步池渚舊名白楊泉泉上有白楊樹官本曰按有近刻訛作出案朱趙作出因以名焉其猶長楊五柞之流稱矣南面舊京北背方嶺左右山原官本曰按近刻訛作源訛趙改刊誤曰源當作原案朱亭觀綉峙方湖反景若三山之倒水下如渾水又南逕北宮下舊宮人作薄所在趙釋曰一清按作薄江水篇注作作部沈約宋書亦作作部均沿習之非據漢書宣帝紀云爲掖暴室嗇夫許廣漢女應劭曰暴室宮人獄也今曰薄室師古曰暴室者掖庭主織作染練之署故謂之暴室取暴曬爲名或云薄室者薄亦暴也俗語亦云薄曬蓋暴室職務既多因置獄官主治其罪人故往往云暴室獄耳然本非獄名應說失之矣此云作薄與穀水篇注薄肆諸徒咸敬之文皆即薄室之薄或又訛作簿字者誤也如渾水又南分爲二水一水西出南屈入北苑中歷諸池沼又南逕虎圈東魏太平真君五年成之以牢虎也季秋之月聖上親朱作𪉟箋曰宋本作親趙改親御圈上勅虎士

効力于其下事同奔戎生制猛獸朱箋曰墶按穆天子傳云有虎在乎葭中七萃之士高奔戎請生捕虎必全之卽詩所謂袒裼暴虎獻于公所也故魏有捍虎圖也趙釋曰𡵉林曰後魏書曰王叡字洛誠晉陽人姿貌偉麗文明太后臨朝叡見幸爲侍中吏部尚書愛寵日隆太和二年高祖及太后率百僚臨虎圈有逸虎登門閣道幾至御坐侍御驚靡叡執戟禦之虎乃退親任轉重進爵中山王叡薨太后親臨哀慟葬城東高祖登城樓望之立祠都南又詔褒叡圖其捍虎狀于諸殿高允爲讚京師士女造新聲而弦歌之名曰中山樂善長託喻奔戎蓋晦其事微露捍虎亦迂詞也又逕平城西郭內魏太常七年所城也官本曰按城近刻訛作成案朱常作當城作成趙改刊誤曰箋曰當當作平按黃省曾本作太常魏明元帝年號也太武帝改元太平真君道元不應遺下二字單稱太平朱氏誤矣城周西郭外有郊天壇壇之東側有郊天碑建興四年立其水又南官本曰按近刻訛作水南又案朱訛趙乙刊誤曰南又二字當倒互屈逕平城縣故城南史記曰高帝先至平城史記音義曰在雁門卽此縣矣王莽之平順也魏天興二年遷都于此太和十六年破安昌諸殿官本曰按安昌上近刻有太華二字案朱趙有造太極殿東西堂及朝堂夾建象魏乾元朱作先箋曰當作元趙改元中陽端門東西二掖門雲龍神虎中華諸門皆飾以觀閣東堂東接太和殿殿之東階下有一碑太和中立石朱無石字箋曰古本有一石字趙增是洛陽八風谷

之緇石也官本曰按上石字近刻訛在之字下 案朱之下有石字箋曰古本無此石字緇下又箋曰此下石也殿之東北至蓋天九百一十三字諸本錯入九卷淇水注中今據宋本改正于此趙刪上石字餘同太和殿之東北官本曰按太和二字近刻因與淇水互舛遂脫入淇水注內訛作太和泉源水 案朱趙無接紫宮寺南對承賢門門南卽皇信堂堂之四周圖古聖忠臣烈士之容刊題其側是辯章郎彭城張僧達樂安蔣少游筆官本曰按近刻訛作于 案朱趙同趙釋曰一清按下有脫文魏書藝術傳蔣少游樂安博昌人慕容白曜之平東陽見俘于平城充平齊戶後配雲中爲兵性機巧頗能刻畫高祖文明太后常因密宴謂百官曰本謂少游作師耳高允老公乃言其人士驟被引命屑屑禁闥以規矩刻繢爲務因此大蒙恩錫後于平城將營太廟太極殿遣少游乘傳詣洛準量魏晉基址少游有文藻而不得伸其才用恆以劍𠜾繩尺碎劇怱怱徙倚園湖城殿之側識者爲之慨嘆而乃坦而爲己任不告疲恥景明二年卒贈龍驤將軍青州刺史堂南對白臺臺甚高廣臺基四周列壁閣道自內而升官本曰按道近刻作路 案朱同趙改國之圖籙祕籍悉積其下臺西卽朱明閣直侍之官出入所由也官本曰按近刻脫也字 案朱脫趙增刊誤曰所由下吳琯本有也字其水夾御路南流逕蓬臺西魏神瑞三年又建白樓官本曰按又下近刻衍毀字 案朱衍趙刪刊誤曰全氏云毀字衍文樓甚高竦加觀榭于其上表裏飾以石粉皜曜建素赭白綺分朱箋曰宋本作粉故世謂之白樓也後置大鼓于其上晨昏伐以千椎爲城里諸門啓

閉之候謂之戒晨鼓也又南逕皇舅寺西是太師昌黎王馮晉國所造官本曰按近刻訛作太師黎昌憑晉國所造　案朱同箋曰憑當作馮據按後魏書馮熙字晉國文明太后兄也官定州刺史進爵昌黎王在諸州鎮建佛圖精舍合七十二處孝文即位爲侍中太師趙改同官本有五層浮圖其神圖像皆合青石爲之加以金銀火齊衆綵之上煒煒有精光又南逕永寧七級浮圖西官本曰按永近刻訛作水　案朱作水箋曰當作永趙改永其制甚妙官本曰按近刻脫其字　案朱脫箋曰西宋本作其趙存西增其工在寡雙又南遠朱箋曰一作遶趙改遶出郊郭弱柳蔭街絲楊被浦公私引裂用周園溉官本曰按近刻作挽　案朱趙同趙刊誤曰箋曰謝云宋本作園繞按沈名蓀曰園挽謂灌園者所汲挽也二字不誤長塘曲池所在布濩故不可得而論也一水南逕白登山西服虔曰白登臺名也去平城七里如淳曰平城旁之高城若邱陵矣今平城東十七里有臺即白登臺也臺南對岡朱趙作罡阜即白登山也故漢書稱上遂至平城上白登者也爲匈奴所圍處孫暢之述畫曰漢高祖被圍七日陳平使能畫作美女送與冒頓閼氏恐冒頓勝漢其寵必衰說冒頓解圍于此矣

其水又逕寧先宮東獻文帝之爲太上皇朱趙有也字所居故宮矣宮之東次下有兩石柱是石虎鄴城東門石橋柱也按柱勒趙建武中造以其石作工妙徙之于此余爲尚書祠部與宜都王穆羆同拜北郊親所經見朱羆作罷經作逕箋曰罷當作羆逕當作經墫按後魏書穆羆韓兄爵爲宜都王趙竝改柱側悉鏤雲矩朱趙作炬趙刊誤曰箋曰古本作悉鏤雲矩字誤當作雲煙按玉篇炬火炬雲炬形容雕鏤之巧光炫奪目也上作蟠螭甚有形勢信爲工巧去子丹碑則遠矣官本曰按則近刻訛作側案朱訛趙改刊誤曰側當作則

其水又南逕平城縣故城東司州代尹治皇都洛陽以爲恆州水左有大道壇廟始光二年少室道士寇謙之所議建也兼諸嶽廟碑亦多所署立其廟階三朱作五箋曰宋本作三成趙改三或四周欄檻上階之上以木爲圓基令互相枝梧官本曰按互近刻訛作干案朱趙同以版砌朱作切箋曰宋本作砌趙改砌其上欄陛承阿上圓制如明堂而專室四戶室內有神坐坐右列玉磬皇輿親降受籙靈壇號曰天師孫校曰天師出黃帝素問宣揚道式暫重當時壇之東北舊有靜輪宮魏神䴥四年造抑

亦柏梁之流也朱箋曰漢書武帝元鼎二年春起柏梁臺服虔注云用百頭梁作臺因名焉 臺榭高廣官本曰按近刻脫榭字 案朱
脫趙增刊誤曰臺下落榭字名勝志校增 超出雲間欲令上延霄客下絶囂浮太平真君
十一年又毀之物不停固白登亦繼褫矣水右有三層浮圖真
容鷲架悉結石也裝制麗質亦盡美善也東郭外太和中閹人
宕昌公鉗耳慶時官本曰按慶近刻訛作處 案朱訛趙改刊誤曰魏書閹官傳王遇字慶時本名惡地馮翊李潤鎮羌也姓王氏後改氏鉗耳賜爵
宕昌公處字誤 立祇洹舍于東皋朱趙作睪 椽瓦梁棟臺壁櫺陛尊容聖像及
牀坐軒帳悉青石也圖制可觀所恨惟列壁合石疏而不密庭
中有祇洹碑碑題大篆非佳耳然京邑帝里佛法豐盛神圖妙
塔桀時趙作峙 相望法輪東轉茲為上矣其水自北苑南出
歷京城內 河干兩湄太和十年累石結岸夾塘之上雜樹
交蔭郭南結兩石橋橫水為梁又南逕藉田及藥圃西
明堂東明堂上圓下方四周十二堂九室官本曰按近刻訛作十二戶九堂 案朱同趙仍戶
改堂為室刊誤曰明堂月令白虎通俱作九室堂字誤 而不為重隅也室外柱內綺井之下施機

輪飾縹碧官本曰按近刻脫碧字　案朱脫趙增刊誤曰飾縹下落碧字名勝志校增仰象天狀畫北道之宿焉

蓋天也官本曰按上洛陽八風谷之緇石也自石字起至此句天字止近刻訛在淇水注內右合泉源水下原本不誤又此句朱謀㙔云當作畫北辰列宿象蓋天也　案朱作畫北通之宿烏趙改刊誤曰箋曰此處有訛誤當云畫北辰列宿象蓋天也按非也全氏云通當作道烏當作焉每月隨斗所建之辰

轉應天道此之異古也加靈臺于其上下則引水爲辟雍水側

結石爲塘事準古制是太和中之所經建也如渾水又南

與武州川水會官本曰按州近刻訛作周下同　案朱趙作周下竝同水出縣西南山

下二源翼導俱發一山東北流合成一川北流

逕武州縣故城西王莽之桓州朱趙作周朱箋曰孫云武周桓周漢志皆作州也又東

北右合黃水官本曰按近刻訛作黃山水　案朱同趙改刊誤曰山當作水以下水字下屬水西出黃阜

下東北流官本曰按東近刻訛作重　案朱作重箋曰孫云疑作東趙改東聖山之水注焉水

出西山東流注于黃水黃水又東注武州川官本曰按州近刻訛作周　案朱趙同又東歷故亭北右合火山西溪水水導

源火山西北流山上有火井南北六七十步官本曰按

東北流注武州(朱趙作周下並同)川水武州川水又東南流

水側有石祇洹舍並諸窟室比邱尼所居也 其水又東轉

逕靈巖南鑿石開山因巖結構(官本曰按巖近刻作崖 案朱趙作崖) 真(朱作其箋曰宋本作真容趙改)

容巨壯世法所希(官本曰按近刻訛作絺 案朱作絺趙改稀刊誤曰絺通鑑注引此文作稀) 山堂水殿煙寺

相望林淵錦鏡綴目新眺川水又東南流出山魏土地

記曰平城西三十里武州塞口者也(官本曰按城下近刻衍宮字州訛作周 案朱衍趙刪) 自山

口枝渠東出入苑溉諸園池苑有(朱作囿箋曰囿宋本作有趙改有) 洛陽

殿殿北有宮館 一水自枝渠南流東南出火山水

注之水發火山東溪東北流出山 山有石炭火之

熱同(朱作間箋曰間宋本作同趙改同) 樵炭也又東注武州川逕平城縣

南東流注如渾水(官本曰按東字近刻訛在南字上 案朱趙同) 又南流逕班氏

(中板仿官本誤作平城) 縣故城東王莽之班副也(趙釋曰一清按漢志分註引秦地圖書班氏莽曰班副) 闞駰

十三州志曰班氏縣在郡西南百里 北俗謂之去留城

也如渾水又東南流注于瀔水瀔水又東逕平邑縣故城南官本曰按逕下近刻衍北字　案朱趙乙刊誤曰逕北二字當倒互趙獻侯十三年城平邑地理志朱趙有曰字屬代王莽所謂平胡也十三州志曰城在高柳南百八十里官本曰按近刻脫百字　案朱脫趙增刊誤曰通鑑注作百八十里落百字北俗謂之醜寅城瀔水又東逕沙陵南魏金田之地也事同曹武鄴中定矣官本曰按此語有脫誤裴松之注三國志引魏略云河北始開以王脩爲司金中郎將續漢書百官志本注云曹公始置司金中郎將利權悉歸于上矣　趙釋曰一清按鄴中定未詳三國志注引魏略曰河北始開以王脩爲司金中郎將陳黃白異議議不傳而魏武與脩書云初立司金之官又引遏父陶正桑宏羊爲喻續漢書百官志曰本注曰郡國鹽官鐵官本屬司農中興皆屬郡縣治曹公始置司金中郎將利權悉歸于上矣魏書食貨志云世宗延昌二年秋恆州上言白登山有銀鑛八石得銀七兩錫三百餘斤其色潔白有踰上品詔置銀官常令採鑄元魏金田之制殆仿曹氏歸權于上之意乎金田卽銀鑛禹貢揚州貢金三品叔治黃白異議蓋舍銅而專言金銀也瀔水又東逕狋氏縣故城北朱趙竝無又字趙釋曰一清按孟康曰狋音權氏音精王莽更名之曰狋聚也十三州志曰縣在高柳南百三十里俗謂之苦力干城矣官本曰按謂近刻訛作爲　案朱同趙改刊誤曰爲當作謂瀔水又東逕道人縣故城南地理志朱趙有曰字王莽之道仁也地理風俗記曰初築此城有

仙人遊其地故因以爲城名矣今城北有淵潭而不流官本曰按近刻訛作注　案朱趙作注故俗謂之爲平湖也十三州志曰道人城在高柳東北八十里所未詳也㶟水又東逕陽原縣故城南地理志朱趙有曰字代郡之屬縣也北俗謂之比郍州城官本曰按比近刻作北　案朱趙作北㶟水又東安陽水注之官本曰按近刻脫安字上衍流又東三字　案朱同趙存流刪又東增安字刊誤曰箋曰宋本無流又東三字按流字宜存又東二字重文宜衍陽水上落安字水出縣東北潭中官本曰按潭近刻訛作澤　案朱趙作澤北俗謂之太拔迴水朱趙重水字自潭東南流注于㶟水官本曰按潭近刻訛作源　案朱作源趙改澤刊誤曰源當作澤上云水出縣東北澤中是也孫潛校改又東逕東安陽縣故城北趙惠文王三年主父封長子章爲代安陽君官本曰按近刻脫主父二字　案朱趙無此即章封邑趙釋曰一清按史記章是武靈王子酈氏誤記也王莽之竟安也官本曰按竟近刻訛作競　案朱訛趙改刊誤曰漢書地理志作竟安地理風俗記曰五原有西安陽故此加東也㶟水又東逕昌平縣朱趙無又字溫水注之水出南墳下三源俱導合而南流東北注朱趙作逕趙釋曰一

清按下有脫文灅水灅水又東逕昌平縣故城北王莽之長
昌也昔牽招爲魏鮮卑校尉屯此趙釋曰按一統志昌平故城在蔚州北魏太和中置漢昌平縣屬上谷郡今順天府
昌平州界是也今蔚州乃漢代郡地漢時桑乾爲代郡治不應上谷之縣反在其西昌平縣是後魏所僑置水經注以爲即牽招所屯非是地形志平昌郡領昌平縣天平中置而失太和所
置郡縣事也灅水又東北逕桑乾縣故城西又屈逕其
城北王莽更名之曰安德也魏土地記曰代城北九十里有
桑乾城城西渡桑乾水去城十里有温湯療疾
有驗經言出南非也蓋誤證矣魏任城王彰以建安
二十三年伐烏丸入涿郡逐北遂至桑乾官本曰按近刻訛作遂北逐至桑乾　案朱同箋曰宋本作逐
北遂至趙依宋本改正于此也官本曰按正近刻訛作止　案朱趙作止灅水又東流朱作水入東流趙改同官本刊誤曰箋曰
入宋本作又按水上落灅字祁夷水注之朱箋曰周禮嘔夷之川鄭注云嘔夷即祁夷而酈注滱水云即嘔夷水出平
舒縣東逕平舒縣之故城南澤中史記趙孝成王
十九年以汾門予燕易平舒徐廣曰平舒在代趙釋曰史記趙世家孝成王十九年趙與燕易
土以龍兌汾門臨樂與燕燕以葛武陽平舒與趙正義曰括地志云故葛城又名西河城在瀛州高陽縣西北五十里平舒故城在蔚州靈邱縣北九十三里夫既知葛城在高陽則武陽平

舒必相去不遠先是惠文王二十一年徙漳水武平西二十七年徙漳水武平南正義曰括地
志云武平亭今名渭城在清州文安縣北七十二里是時趙境東逼故燕以三邑予之易土葛
城廢縣今安州治武陽地闕平舒今大城縣也漢曰東平舒屬勃海郡師古曰代郡有平舒故此加東是也徐廣既誤證括地志又因之均為非矣王莽更名之
曰平葆後漢世祖建武七年封揚武將軍馬成為侯國官本曰按揚近刻訛
作陽案朱訛趙改刊誤曰陽後漢書馬成傳作揚其水控引衆泉以成一川魏土地
記曰代城西九十里有平舒城朱箋曰舊本作有城平舒西南五
里代水所出東北流言代水非也孫校曰然則又兼代水之名祁夷
水又東北逕蘭亭南又東北逕石門關北舊道
出中山故關也又東北流水側有故池按魏土地記曰
代城西南二十里有代王魚池池西北有代王臺東去代城四
十里祁夷水又東北得飛狐谷即廣野君所謂杜飛
狐之口也蘇林據鄗公之說言在上黨即實非也如淳言在代
是矣晉建興中劉琨自代出飛狐口奔于安次即于此道也
魏土地記曰代城南四十里有飛狐關關朱作二門字箋曰二

門字宋本俱作闕趙改二闕字水西北流逕南舍亭西又逕句瑣朱趙作璅亭西西北注祁夷水祁夷水又東北流逕代城西盧植言初築此城板幹一夜自移于此故代西南五十里大澤中營城自護結葦爲九門于是就以爲治城圓而不方周四十七里開九門更名其故城曰東城趙滅代官本曰案此下有脫文趙釋曰一清按此下有缺文漢封孝文爲代王趙釋曰一清按前漢代郡治桑乾後漢移治高柳漢志代郡下應劭曰故代國孝文所都非也文帝初封代王都晉陽徙中都未嘗居代梅福上事曰代谷者恆山在其南北塞在其北谷中之地上谷在東代郡在西是其地也王莽更之曰厭狄亭魏土地記曰城內有二泉一泉流出城西門官本曰按泉近刻訛作源下同案朱趙作源一泉流出城北門二泉皆北注代水趙釋曰一清按代城今蔚州治也東城今蔚州東二十里之代王城也城內有泉二東西分流與道元說合是此文當在東城之下恐後來傳寫倒錯耳祁夷水又東北熱水注之水出綾羅澤澤際有熱水亭其水東北流注祁夷水祁夷水朱趙無此三字又東北谷水注之水出

昌平縣故城南官本曰按近刻脫水字　案朱脫趙增刊誤曰出上落水字又東北入祁夷水祁夷水右會逆水朱無二水字趙增刊誤曰兩祁夷下俱落水字水導源將城東西北流逕將城北在代城東北朱趙有一字十五里疑即東代矣而尚傳將城之名盧植曰此城方就而板榦自移趙釋曰劉昭郡國志補註引干寶搜神記曰代城始築立板榦一旦亡西南移四五十里於澤中自立結葦爲外門因就營築焉故其城周圍三十五丈爲九門故城處呼之以爲東城一清按魏書李元護傳叔恤爲東代郡太守蓋太和遷洛以後以平城爲代郡故以漢代郡之代縣爲東代地形志代郡秦置孝昌中陷天平二年置領平城太平武周永固四縣而無東代郡且後魏時代郡又屬肄州本紀太和十一年肄州之代郡民饑靈徵志神䴥二年白鹿見代郡倒剌山皆故代縣地而志又缺則知所遺多矣應劭曰城徙西南去故代五十里故名代曰東城或傳書倒錯情用疑焉而無以辨之逆水又西注于祁夷之水趙西下增流字刊誤曰又西下落流字下云逆之爲名以西流故也可證逆之爲名以西流故也祁夷水東北逕青牛淵水自淵東注之者彥云官本曰按彥近刻訛作諺　案朱訛趙改刊誤曰諺當作彥有潛龍出于茲浦形類青牛焉故淵潭受名矣潭深不測而水周多蓮藕生焉祁夷水又北逕一故城西西去代城五十里又疑

是代之東城而非所詳也又逕昌平郡東（魏太和中置西）南去故城六十里又北連水（趙釋曰一清按黃氏本作蓮水非）入焉水出雊瞀（趙釋曰一清按孟康曰音句無師古曰雊音工頭反瞀音莫豆反）縣東西北流逕雊瞀縣故城南又西逕廣昌城南（趙釋曰寰宇記蔚州飛狐縣下引水經云廣昌縣有古板殿城今本無之一清按北史魏紀明元帝永興四年八月壬子幸西宮臨板殿大饗羣臣即是處也）魏土地記曰代南二百里有廣昌城南通大嶺即實（朱趙作此）非也十三州記曰平舒城東九十里有廣平城疑是城也尋其名狀忖理為非又西逕王莽城南又西到刺山水注之水出到刺山西山甚層峻未有升其巔者（官本曰按巔近刻訛作嶺朱訛趙改刊誤曰嶺當作巔）案魏土地記曰代城東五十里有到刺山山上有佳大黃也（趙釋曰一清按寰宇記云出板大黃）其水北流逕一故亭東城北有石人故世謂之石人城西北注連水連水又北（朱趙不重連水二字）逕當城縣故城西高祖十二年周勃定代斬陳豨于當城即此處也應劭曰（孫校曰師古引作闞駰說）當桓都山作城故曰

當城也 又逕故代東而西北流注祁夷水 祁夷水

西有隨山山上有神廟謂之女郎祠方俗所祠也 祁夷水

又北逕桑乾故城東而北流注于㶟水地理志

曰祁夷水出平舒縣北至桑乾入㶟是也 趙釋曰全氏曰按鄭

康成注職方誤以嘔夷為祁夷而顏師古從之不知班志已自了然蓋嘔夷滱水也故于滱河之下大書曰幷州川則其為嘔夷水無疑矣入㶟今本漢書作入沽蓋誤字也一作入治

㶟水又東北逕石山水口水出南山北流逕空

侯城東魏土地記曰代城東北九十里有空侯城者也 官本曰按近刻脫若字 案朱脫趙增刊誤曰空侯城下黃省曾本有者字無也字彼此各缺一字可互證也 其水又東北流注㶟水

㶟水又東逕潘縣故城北 官本曰按近刻訛作逕潘城縣北 案朱訛趙改刊誤曰兩漢志俱作潘縣此當云潘縣故城 東合協陽關水水出協溪魏土地記曰下洛城西

南九十里有協陽關關道西通代郡 其水東北流歷筓

頭山闞駰曰筓頭山在潘城南即是山也 又北逕潘縣

故城左會潘泉故瀆瀆舊上承潘泉于潘城中

或云（趙作曰）舜所都也魏土地記曰下洛城西南四十里有潘城城西北三里有歷山山上有虞舜廟十三州記曰廣平城東北（朱趙有一字）百一十里有潘縣地理志曰王莽更名樹武其泉從廣十數步東出城注協陽關水雨盛則通注陽旱則不流惟洴泉而已關水又東北流注于㶟水㶟水（朱趙不重㶟水字）又東逕雍洛城南魏土地記曰下洛城西南二十里（官本曰按西南近刻訛作西西 案朱作西西趙改西南刊誤曰箋曰當作而西按當作西南）有雍洛城桑乾水在城南東流者也㶟水又東逕下洛（趙釋曰一清按漢志作下落）縣故城南王莽之下忠也魏燕州廣甯縣廣甯郡治（趙釋曰一清按地形志無此文蓋孝昌後已廢省矣魏書穆羆傳太和十六年除燕州刺史鎮廣甯即此）魏土地記曰去平城五十里城南二百步有堯廟㶟水又東逕高邑亭北（官本曰按近刻脫此七字 案朱脫趙增刊誤曰㶟水下落又東逕高邑亭北七字黄省曾本校補）又東逕三臺北㶟水又東逕無鄉城北地理風俗記曰燕語呼毛爲無（官本曰按毛近刻訛

作亡　案朱趙同趙釋曰一清按亡與無同詩何有何亡可證也佩觿集河朔謂無曰毛後漢書馮衍傳飢者毛食章懷註云按衍集毛字作無今俗語猶然者或古亦通乎無鄉似舊俗呼爲毛鄉鄙故引地理風俗記之文以釋之不然亡無音義竝同何須說得其城在今直隸保安州南今改宜鄉也趙釋曰一清按地形志東燕州太和中分恆州東部置孝昌中陷天平中領流民置寄治幽州宜都城卽宜鄉也灅水又東官本曰按此下近刻衍逕字朱衍趙刪刊誤曰逕字衍文　案温泉水注之水上承温泉于橋山下魏土地記曰下洛城東南四十里有橋山山下有温泉官本曰按近刻脫一山字　案朱脫趙增刊誤曰下字上落山字泉上有祭堂雕簷華宇被于浦上石池吐泉湯湯其下炎涼代序是水灼焉無改能治百疾是使赴者若流朱作越趙改赴刊誤曰越當作赴池水北流入于灅水灅水又東左得于延水口水出塞外柔玄鎮西長川城南小山官本曰按柔近刻訛作子刊誤曰子當作柔柔玄鎮乃魏六鎮之一　案朱訛趙改胡三省通鑑註曰柔玄鎮城在漢且如縣西北塞外魏太和十八年如柔玄鎮卽此方輿紀要云孝昌初柔玄鎮民杜洛周反于上谷圍燕州鎮蓋與上谷接境在今大同府大同縣界山海經曰梁渠之山無草木多金玉脩水出焉東南流逕且如縣故城南應劭曰當城西北四十里

有且如城故縣也代稱不拘名號變改校其城郭趙城改程刊誤曰城黃省曾本作程相去遠矣地理志曰中部都尉治于延水出縣北塞外郎脩水也脩水又東南逕馬城縣故城北地理志曰東部都尉治十三州志曰馬城在高柳東二百四十里俗謂是水爲河頭趙河作阿下同河頭出戎方土俗變名耳又東逕零丁城南右合延鄉水水出縣西山東逕延陵縣故城北地理風俗記曰當城西北有延陵鄉故縣也俗指爲琦城官本曰案近刻訛作俗指謂之琦城川　案朱趙同又東逕羅亭又東逕馬城南官本曰按近刻訛作北　案朱趙作北又東注脩水又東南于大甯郡北右注鴈門水趙刊誤曰箋曰于宋本作流按于字不誤山海經曰鴈門之水出于鴈門之山鴈出其門官本曰按近刻訛作閉　案朱訛趙改刊誤曰劉昭郡國志補註引山海經曰鴈門者鴈飛出于其閒閉字誤也在高柳北高柳在代中其山重巒疊巘霞舉雲高連山隱隱東出遼塞其水東南流逕高柳縣故城

北舊代郡治秦始皇二十三年虜趙王遷以國爲郡（朱以國作國以箋曰當作以國爲郡趙改）王莽之所謂厭狄也（趙釋曰一清按此是前漢西部都尉治後漢代郡治此）建武十九年世祖封代相堪爲侯國昔牽招斬韓忠于此處（趙釋曰一清按危林曰魏志牽招傳韓忠之頭非斷子經之手注誤也又傳稱遺詰柳城地理志高柳屬代郡柳城屬遼西相去遠矣善長又誤）城在平城東南六七十里（趙作六十七里）于代爲西北也鴈門水又東南流屈逕一故城背山面澤北俗謂之叱險城鴈門水又東南流屈而東北積而爲潭其陂斜長而不方東北可二十餘里廣（朱趙有一字）十五里蒹葭藂（朱作䕠箋曰一作叢趙改）生焉敦水注之其水導源西北少咸山之南麓（官本曰按近刻其訛作導山字訛在之字下案朱同箋曰導當作其趙改其仍之山二字）東流逕參合縣故城南（地理風俗記曰道入城北五十里有參合鄉故縣也）敦水又東（官本曰按近刻訛作東又案朱訛趙乙刊誤曰東又二字當倒互）㶟水注之水出東阜下（朱無下水字趙增刊誤曰出上落水字）西北流逕故城北俗謂之和堆城又北合敦水亂流

東北注鴈門水故山海經曰少咸之山敦水出焉東流注于鴈門之水郭景純曰水出鴈門山謂斯水也鴈門水又東北入陽門山謂之陽門水與神泉水合官本曰按近刻脫此二字 案朱脫趙增刊誤曰神泉下落水合二字水出葦壁北水有靈焉及其密雲不雨陽趙作暘旱愆期多禱請趙作請禱焉水有二流世謂之比連泉一水東北逕一故城東世謂之石虎城而東北流注陽門水又東逕三會亭北又東逕西伺道城北又東託台谷水注之水上承神泉于葦壁北東逕陽門山南託台谷謂之託台水汲引泉溪渾濤東注官本曰按近刻渾訛作澤又重一澤字 案朱訛衍趙改刪刊誤曰澤當作渾下澤字重文宜衍行者間朱趙有一字十餘渡東逕三會城南又東逕託台亭北又東北逕馬頭亭北東北注鴈門水鴈門水又東逕大甯郡北魏

太和中置有脩水注之即山海經所謂脩水東流注于鴈門水也地理志朱有曰字箋曰疑衍趙刪有于延水而無鴈門脩水之名山海經有鴈門之目而無說于延河官本曰按無近刻訛作燕　案朱作燕箋曰當作無趙改無趙釋曰一清按漢志鴈門郡彊陰縣諸聞澤在東北而是澤竟無聞焉自下亦通謂之于延水矣水側有桑林故時人亦謂是水爲藂桑河也斯乃北土寡桑至此見之因以名焉于延水又東逕岡朱趙作罡下同城南按史記蔡澤燕人也謝病歸相秦號岡成君疑即澤所邑也趙釋曰一清按是時秦未并燕地恐誤寰宇記許州許昌縣有剛城燕人蔡澤封此世名武岡城于延水又東朱延上脫文箋曰疑脫一于字趙增左與寧川水合水出西北東南流逕小甯縣故城西東南流注于延水于延水又東官本曰按近刻脫此十九字　案朱脫趙增不重于延水三字刊誤曰東南流下落逕小甯縣故城西東南流注于延水又東十六字黃省曾本校增逕小甯縣故城南地理志寧縣也西部都尉治王莽之博康也魏土地記曰大甯城西二十里有小甯

城昔邑人班趙釋曰一清按樂史曰或作瑕邱仲居水側賣藥于甯百餘年人以爲

壽後地動宅壞仲與里中數十家皆死民人取仲尸棄于延水

中收其藥賣之仲被裘從而詰之此人失怖官本曰按此近刻訛作北案朱作北箋曰疑作此趙改此叩頭求哀仲曰不恨汝故使人知我耳去矣後爲夫朱作大箋曰謝云一作夫餘王趙改夫餘王驛使來甯官本曰按來近刻訛作汞案朱作汞箋曰瑋云汞當作來趙改來此方人謂之謫

仙也官本曰按此近刻訛作北案朱訛趙改刊誤曰北當作此與上此人失怖之此誤作北正同于延水又東黑城

川水注之水有三源出黑土城西北奇源合注

總爲一川東南逕黑土城西又東南流逕大甯

縣西而南入延河延河又東逕大甯縣故城南

地理志云廣甯也王莽曰廣康矣魏土地記曰下洛城西北百

三十里官本曰按近刻脫城字案朱脫趙增刊誤曰下洛下落城字有大甯城于延水又東南

逕茹縣故城北王莽之穀武也世謂之如口城魏土地記

曰城在鳴雞山西十里南通大道西達寧川于延水又東

南逕鳴雞山西魏土地記曰下洛城東北三十里有延河東流北有鳴雞山史記曰趙襄子殺代王于夏屋而并其土襄子迎其姊于代其姊代之夫人也至此曰代已亡矣吾將何歸乎遂磨笄于山而自殺代人憐之為立祠焉因名其山為磨笄山官本曰按其山近刻脫山字　案朱脫趙增刊誤曰箋曰其下疑脫地字按非也孫潛校改山又案朱箋曰孫云磨笄山在今保安州漢涿鹿縣秦上谷郡治每夜有野雞羣鳴于祠屋上故亦謂之為鳴雞山魏土地記云代城東南二十五里有馬頭山其側有鍾乳穴趙襄子既害代王迎姊姊代夫人夫人曰以弟慢夫非仁也以夫怨弟非義也磨笄自刺而死使者自殺民憐之為立神屋于山側因名之為磨笄之山未詳孰是于延水又南逕且居縣故城南王莽之所謂久居也官本曰按近刻脫所謂二字　案朱趙無趙刊誤曰箋曰舊本作王莽之所謂文居也按漢志是久字改作文非其水東南流注于㶟水地理志曰于延水東至廣寧入沽官本曰按沽原本及近刻竝訛作治今據漢書改正案朱作治趙改沽刊誤曰全氏曰㶟水即治水既

云注濕而又以入治爲非乎考漢志是沽字方輿紀要云沽當作治劉氏似指伯莊然于延水本入治酈故以班志入沽爲非與祁夷水之入沽誤正同祁夷水師古改作入濕趙釋曰一清按今本漢書作東至寧入沽誤也地理志上谷郡有寧縣有廣寧縣據是注當作廣寧非寧也入沽當作入治治卽濕也道元故以爲非觀此則六朝時已訛治爲沽矣 非矣

又東過涿鹿縣北

涿水出涿鹿山世謂之張公泉東北流逕涿鹿縣故城南王莽所謂捬陸也 官本曰按捬近刻訛作褫 案朱趙作褫趙釋曰一清按漢志作捬陸音如捬徧九州之捬 黃帝與蚩尤戰于涿鹿之野留其民于涿鹿之阿 官本曰按阿近刻訛作河 案朱訛趙改刊誤曰河當作阿 卽于是也 官本曰按近刻作是處也 案朱趙作卽于是處也 其水又東北與阪泉合 朱阪作陂趙改刊誤曰箋曰陂一作阪按寰宇記嬀州懷戎縣下云蘗頡山黃帝祠有泉湛而不流卽古阪泉也又云阪山史記云軒轅與炎帝戰于阪泉之野卽此是也 水導源縣之東泉 朱趙水上有其字 魏土地記曰下洛城東南六十里有涿鹿城城東一里有阪泉泉上有黃帝祠晉太康地理記曰阪泉亦地名也 泉水東北流與蚩尤泉會水出蚩尤城城無東 朱趙作南朱箋曰古本作東趙釋曰一清按黃氏本作東 面魏土地記稱涿鹿城東南六里有蚩尤城 泉水淵而不流霖雨併則流

注阪泉亂流東北入涿水涿水又東逕平原郡南魏徙平原之民置此故立僑郡以統流雜官本曰按近刻訛作離案朱訛趙改刊誤曰離當作雜涿水又東北逕祚亭北而東北入㶟水亦云涿水枝分入匈奴者謂之涿邪水官本曰按近刻脫水字案朱脫趙增地理潛顯難以究昭非所知也㶟水又東南左會清夷水亦謂之滄河也水出長亭南西逕北城村故城北又西北平鄉川水注之水出平鄉亭西西北流注清夷水清夷水又西北逕陰莫亭在居庸縣南十里清夷水又西會牧牛山水官本曰按近刻脫水字案朱脫趙增刊誤曰山下落水字魏土地記曰沮陽城東八十里有牧牛山下有九十九泉即滄河之上源也山在縣東北三十里山上有道武皇帝廟耆舊云山下亦有百泉競發有一神牛駮身自山而降下飲泉竭故山得其名今山下導九十

九泉積以成川西南流谷[朱作國箋曰宋本作谷趙改谷]水與浮圖溝水注之水出夷輿縣故城西南[出上朱趙無水字]王莽以爲朔調亭也其水俱西南流注于滄水[朱無流字趙增刊誤曰西南下落流字]滄水又西南右合地裂溝[朱趙不重滄水二字]古老云晉世地裂分此界閼戍溝壑有小水俗謂之分界水南流入滄河滄河又西逕居庸縣故城南[朱趙不重滄河二字]魏上谷郡治昔劉虞攻公孫瓚不克北保此城爲瓚所擒有粟水入焉水出縣下城西枕水又屈逕其縣南南注滄河滄河又西[朱趙不重滄河二字]右與陽溝水合[官本曰按右與近刻訛作與右案朱訛趙乙刊誤曰與右二字當倒互]水出縣東北西南流逕居庸縣故城北[官本曰按近刻脫故字案朱脫趙增刊誤曰縣下落故字]西逕大翮小翮山南高巒截雲層陵斷霧雙阜共秀競舉羣峯之上郡人王次仲少有異志年及弱冠變蒼頡舊文爲今隸書秦始皇時官務煩多以次仲所易文簡便于事

要奇而召之三徵而輒不至亥仲履真懷道窮數術之美始皇怒其不恭令檻車送之亥仲首發于道趙刊誤曰箋曰古本作首發于邁按道字不誤化爲大鳥朱作烏箋曰御覽引作大鳥趙改鳥出在車外翻飛而去落二翮于斯山故其峯巒有大翮小翮之名矣魏土地記曰沮陽城東北六十里有大翮小翮山山上神名大翮神山屋東有温湯水口其山在縣西北二十里峯舉四十里上廟則亥仲廟也右出温湯療治萬病泉所發之麓俗謂之土亭山此水炎熱倍甚諸湯下足便爛人體療疾者要須別引消息用之耳不得言朱箋曰孫云謂不得聲言其熱耳言之則更灼熱矣趙釋曰一清按下有缺文大朱作次箋曰宋本作大翮山趙改大翮山東其水東南流左會陽溝水亂流南注滄河滄河又左得清夷水口魏土地記曰牧牛泉西流與清夷水合者也自下二水互受通稱矣清夷水又西靈亭水注之官本曰按亭下近刻衍城字案朱衍趙刪刊誤曰城字衍文水出馬蘭西澤中衆

泉瀉溜朱作流箋曰宋本作溜趙改溜歸于澤澤水所鍾以成溝瀆瀆水又左與馬蘭溪水會水導源馬蘭城官本曰按近刻脫源字　案朱脫趙增刊誤曰導下落源字城北負山勢因阿仍趙作成溪民居所給惟仗此水朱趙重一水字南流出城東南入澤水澤水又南逕靈亭北又屈逕靈亭東次仲落鳥翮于此官本曰按落字近刻訛在次仲上　案朱訛趙改刊誤曰落字當移在次仲下孫潛校故是亭有靈亭之稱矣其水又南流注于清夷水清夷水朱竝作清水箋曰竝當作清夷水趙增夷字又西與泉溝水會官本曰按與近刻訛作得　案朱趙作得趙刪會字刊誤曰會字衍文水導源川南平地北注清夷水清夷水又西南得桓公泉蓋齊桓公霸世北伐山戎過孤竹西征東馬懸車上卑耳之西極故水受斯名也水源出沮孫校曰孟康曰音俎陽縣東而西北流朱而西二字倒箋曰謝云當作而西趙乙入清夷水清夷水又西逕沮陽縣故城北秦上谷郡治此官本曰按秦字下近刻衍始皇字　案朱趙有王莽改郡曰朔調縣曰沮陰闞駰曰

涿鹿東北至上谷城六十里朱至下脫文箋曰李云疑脫一上字趙增上字魏土地記曰城北有清夷水西流也其水又屈逕其城西南流注于濕水濕水南至馬陘山謂之落馬洪官本曰按近刻訛作河案朱訛趙改刊誤曰河當作洪

又東南出山

濕水又南出山官本曰按出近刻訛作入案朱訛趙改瀑布飛梁懸河注壑漰湍十許丈謂之落馬洪抑亦孟門之流也濕水自南出山謂之清泉河俗亦謂之曰干水非也濕水又東南逕良鄉縣之北界歷梁山南高梁水出焉

過廣陽薊縣北朱箋曰孫云廣陽今京師薊縣今大興趙釋曰一清按章懷後漢書注曰薊縣名本字从契从邑見說文許慎曰周封黃帝之後于𨛦从邑契聲讀若薊上谷有𨛦縣而薊字下云芺也則非地名書傳皆相沿作薊字

濕水又東逕廣陽縣故城北謝承後漢書曰朱無後字趙增刊誤曰脩

書經籍志後漢書一百三十卷吳武陵太守謝承撰落後字世祖與銚期出薊至廣陽欲南行卽此城也謂之小廣陽㶟水又東北逕薊縣故城南魏土地記曰朱魏下有氏字趙刪刊誤曰氏字衍文後並同薊城南七里有清泉河而不逕其北蓋經誤證矣昔周武王封堯後于薊今城內西北隅有薊邱因邱以名邑也猶魯之曲阜齊之營邱矣武王封召公之故國也趙釋曰全氏曰薊與燕各是一國其後燕幷薊耳此承班志之誤秦始皇二十二趙作一年滅燕以爲廣陽郡漢高帝以封盧綰爲燕王更名燕國官本曰按近刻脫名字　案朱脫趙增曰字刊誤曰更下落曰字趙釋曰顧氏炎武北平古今記云史記始皇紀三十六郡無廣陽之名當以昭帝置者爲定地理志廣陽國高帝燕國昭帝元鳳元年爲廣陽郡是也王莽改曰廣有官本曰按近刻訛作公　案朱趙同趙釋曰一清按漢志云莽曰廣有縣曰代戎官本曰按近刻訛作成　案朱趙同趙釋曰一清按漢志云縣曰代戎城有萬載宮光明殿朱八字在王莽上趙改刊誤曰八字當移在次行縣曰代戎之下全氏校趙釋曰一清按漢書作明光殿論衡亦曰燕王旦在明光宮則光明字疑誤東掖門下舊慕容儁立銅馬像處昔慕容廆有駿馬赭白有奇相逸力至儁光壽元年齒四十九矣官本曰按近刻脫齒字　案朱脫趙增刊誤曰元年下落齒字謂馬齒也名勝志校增而駿逸不虧儁奇之比鮑氏驄

命鑄銅以圖其像親爲銘讚鐫頌其旁像成而馬死矣大城東門內道左有魏征北將軍建成鄉景侯劉靖碑 官本曰按近刻北訛作南成訛作城 案朱作南趙改北成朱趙作城趙刊誤曰何焯云征南當作征北靖薨于鎮北將軍假節督河北諸軍事贈征北將軍 晉司隸校 朱作故箋曰當作校尉趙改校 尉王密表靖功加于民 官本曰按近刻脫靖字 案朱脫趙增刊誤曰表下落靖字楊慎刻水經碑目校增 宜在祀典以元康四年九月二十日刊石建碑 官本曰按康近刻訛作嘉 案朱訛趙改刊誤曰元嘉當作元康碑見鮑邱水注 揚于後葉矣濕水又東與洗馬溝水合水上承薊水西注大湖湖有二源水俱出縣西北平地導源 朱作平地道泉趙改同官本 流結西湖湖東西二里南北三里蓋燕之舊池也綠水澄澹川亭望遠亦爲遊矚之勝所也湖水東流爲洗馬溝側城南門東注 官本曰按近刻訛作南東門注 案朱訛趙乙刊誤曰東門二字當倒互 昔銚期奮戟處也 朱奮作啓箋曰後漢書銚期從光武徇薊時薊中起兵應王郎之檄光武趨駕出百姓聚觀滿道不得行期騎馬奮戟瞋目大呼曰蹕衆皆披靡及至城門已閉攻之得出趙改奮刊誤曰箋曰謝云啓戟當作棨戟按非也何焯云是奮戟之誤以後漢書本傳校改

其水又東入濕水濕水又東逕燕王陵南 陵有

伏道西北出薊城中景明中造浮圖建刹朱作利箋曰當作刹趙改刹窮泉掘得此道王府所禁莫有尋者通城西北大陵而是二墳基趾磐固官本曰按近刻脱墳字磐訛作盤　案朱趙無墳字趙釋曰一清按此處有脱文朱磐作盤箋曰疑作磐趙改磐猶自高壯竟不知何王陵也朱趙無也字趙釋曰一清按魏書地形志燕郡薊有燕昭王陵燕惠王陵後人遂因此誤以燕刺王旦戾陵當之非戾陵在薊西南此陵在薊東南觀道元所敘高梁河甚明金史世宗本紀大定九年二月詔改葬漢二燕王于城東蔡珪傳初兩燕王墓舊在中都東城外海陵廣京城圍基在東城内嘗有盜發其墓大定九年詔改葬于城外俗傳六國時燕王及太子丹之葬及啓壙其東墓之柩題其端曰燕靈王舊舊古柩字通用乃西漢高祖子劉建葬也其西蓋燕康王劉嘉之葬珪作兩燕王墓辨據葬制名物款刻甚詳覩此則知地形志之非道元疑而未定可謂有識者矣灅水又東南高梁之水注焉水出薊城西北平地泉流東注官本曰按近刻脱流字　案朱脱趙增刊誤曰泉下落流字逕燕王陵北又東逕薊城北又東南流魏土地記曰薊東朱趙有一字十里有高梁之水者也其水又東南入灅水朱趙也在此下

又東至漁陽雍奴縣西入笥溝孫校曰雍奴今順天武清縣

漢光武建武二年封潁川太守寇恂爲雍奴侯魏遣張郃樂進

圍雍奴即此城矣笥溝潞水之別名也（官本曰案近刻脫潞字案朱脫趙增沽字刊誤曰笥溝下落沽字全氏校增）魏土地記曰清泉河上承桑乾河東流與潞河合瀔水東入漁陽所在枝分故俗諺云（趙作曰）高梁無上源（趙釋曰一清按高梁水首受瀔水于戾陵堰見下卷鮑邱水篇）清泉無下尾蓋以高梁微涓淺薄裁足津通憑藉涓流方成川甽清泉至潞所在枝分更爲微津散漫難尋故也

水經注卷十三

水經注卷十四　長沙王氏校本

後魏酈道元撰

濕[趙作㶟]餘水　沽河[朱趙作水]　鮑邱水　濡水

大遼水[朱趙無大字]　小遼水　浿水

濕餘水出上谷居庸關東官本曰按漢書地理志上谷郡軍都溫餘水東
至路南入沽元史泰定三年溫榆水溢昌平山
水記云溫榆河卽昌平之榆河遼史作溫渝本水經注之濕餘水以字相似而訛也今考溫與濕竝
㶟之訛後漢書王霸傳云可從溫水漕溫水乃㶟水唐韋挺運米至廬思臺方知渠閉則久壞不脩
耳霸所漕者溫水非溫餘水也李賢注引溫餘釋之疏矣㶟水有說文爲顯證而溫餘見漢書濕餘
見水經承訛已久今姑仍之　案趙濕改㶟下同釋曰朱氏彝尊日下舊聞曰按後漢書王霸爲上
谷太守陳委輸可從溫水漕以省陸轉輸之勞事皆施行章懷太子注引水經注本作溫餘水遼史
順州有溫榆河金更懷柔縣爲溫陽豈盡無據又昌平多溫泉有流入雙塔河者溫餘之名竊疑因
此水經注既無善本今人習見坊刻遂指溫字爲濕字之譌正恐類昔人所云以不悖爲悖也一清
按朱氏之言過矣溫是㶟之訛溫又是濕之訛自古未聞以濕水爲溫水濕餘之名連上篇出累頭
山之濕水以受稱漢昌平舊縣自有溫水見㶟水注中豈可便以濕餘水當之今本漢志注轉寫成
訛後漢因之遼金制度隨地改易此正與隋人誤以屯氏河爲毛氏河因置毛州貽笑千古安可惑
於後起之文局彼方隅之見盡廢羣籍從我曲說哉方輿紀要云榆水一名濕餘河或名溫榆河卽
濕餘之訛也金石文字記云水經濕餘水亦㶟字之異文昌平山水記云芹城水出芹城北南入于
沙河水經注芹城水出北山南逕芹城東南注濕餘水以此知沙河之爲古濕餘水也傳寫之訛或
爲溫水後漢書王霸傳云云又云溫榆河卽昌平之榆河下流爲沙河入順義西南謂之西河金人
名縣曰溫陽以此遼史作溫榆河本水經之濕餘河以字相似而訛也觀二顧先生之
言則知朱氏以濕爲溫非惟不識古傳記之文且不知有㶟水者矣可謂不學之甚

關在沮陽城東南六十里居庸界故關名矣更始使者入上谷官本曰按近刻脫更始二字案朱脫趙增刊誤曰使者上落更始二字孫潛校增耿況迎之于居庸關即是關也其水導源關山南流歷故關下溪之東岸有石室三層其戶牖扇扉悉石也蓋故朱趙作古關之候臺矣南則絕谷累石爲關垣官本曰按近刻訛作址案朱趙作址崇墉峻壁非輕功可舉山岫層深側道褊狹朱作峽趙改狹刊誤曰峽方輿紀要作狹林鄣邃險官本曰按邃近刻訛作據案朱作據箋曰古本作林鄣邃嶮蓋邃險之譌吳本改爲據誤趙改邃嶮路才容軌曉禽暮獸寒鳴相和羇官游子聆之者莫不傷思矣其水歷山南逕軍都縣界又謂之軍都關續漢書曰尚書盧植隱上谷軍都山是也官本曰按近刻脫是字案朱趙無其水南流出關謂之下口水流潛伏十許里也官本曰按近刻也上衍是字案朱趙有

東流過軍都縣南官本曰按東流上近刻衍又字案朱趙有孫校曰軍都今昌平州屬順天又東流過

薊縣北

濕餘水故瀆東逕軍都縣故城南又東重源潛發積而爲潭謂之濕餘潭又東流易荊水注之其水導源西北千蓼泉官本曰按近刻北下衍逕字案朱衍趙删刊誤曰逕字衍文亦曰丁蓼水東南流逕郁山西謂之易荊水公孫瓚之敗于鮑邱也走保易荊疑阻此水也官本曰按瓚走保易京在今雄縣界非易荊水也此誤引朱箋曰范曄後漢書獻義攻公孫瓚破之於鮑丘瓚遂保易京開置屯田續漢志云瓚所居易京故城在今幽州歸義縣南十八里魏志瓚傳亦云瓚軍數敗乃走還易京固守此云易荊正同但字異耳趙釋曰一清按後漢書公孫瓚傳注云前漢易縣屬涿郡續漢志曰屬河間瓚所保易京故城在今幽州歸義縣南十八里歸義即易縣唐時更名易京城在其南若軍都縣今昌平州二十里有軍都山太行之第八陘漢立縣於山南居庸關在焉其地古有水名易荊安可以荊京音同而遂以爲伯珪所保之地乎或曰易荊水即南沙河然道元已著易京城于易水篇此重錄之蓋愛博之過也易荊水又東左合虎眼泉水出平川東南流入易荊水又東南與孤山之水合水發川左導源孤山東南流入易荊水謂之塔界水又東逕薊城又東逕昌平縣故城南官本曰按昌平近刻訛作平昌案朱訛趙改刊誤曰按平昌應作昌平漢書地理志上谷郡有昌平縣後魏廢入軍都縣魏書地形志幽州燕郡軍都縣有昌平城孝昌中陷於杜洛周天平中置東燕州領平昌郡復立昌平縣隸焉道元卒於孝昌二年天平復

置郡縣之事所不及知也又謂之昌平水魏土地記曰薊城東北朱趙有一字百四十里有昌平城城西有昌平河又東流注濕餘水官本曰按流近刻訛作北 案朱趙同濕餘水又東南流左合芹城水官本曰按合近刻訛作右 案朱訛趙改刊誤曰箋曰謝云宋本作芹城水注之按非也右當作合注之二字耳伯所繆增水出北山南逕芹城官本曰按此下近刻有又字 案朱趙有趙刊誤曰箋曰又古本作水按又字不誤上云水出北山南逕芹城不當改作水字也東南流注濕餘水濕餘水又東南流逕安樂趙有縣字故城西更始使謁者韓鴻北徇承制拜吳漢爲安樂令即此城也

又北屈東南至狐奴縣西入于沽河

昔彭寵使狐奴令王梁南助光武起兵自是縣矣濕餘水于縣西南東入沽河故地理志曰濕餘水自軍都縣東至潞南入沽是也官本曰按潞今漢書作路

沽河從塞外來

沽河出禦夷鎮西北九十里丹花嶺下東南流大谷水注之水發鎮北大谷溪西南流逕獨石北界石孤生不因阿而自峙官本曰按阿近刻訛作河 案朱趙作河又南九源水注之官本曰按源近刻訛作泉 案朱訛趙改刊誤曰泉當作源水導北川左右翼注八川共成一水官本曰按八近刻訛作入 案朱訛趙改刊誤曰入當作八故有九源之稱其水南流至獨石注大谷水大谷水又南逕獨石西又南逕禦夷鎮城西魏太和中置以捍北狄也又東南尖谷水注之水源出鎮城東北尖溪西南流逕鎮城東西南流注大谷水亂流南注沽水又南出峽夾岸有二城官本曰按近刻脫夾字 案朱脫趙增刊誤曰岸上落夾字世謂之獨固門以其藉險憑固易爲依据官本曰按据據古字通 案朱作居趙改据刊誤曰箋曰宋本作依据疑作依據按古据據通用据字爲近巖壁升聳官本曰按巖近刻訛作嵰 案朱趙作嵰疎通若門故得是名也沽水又南左合乾溪水引北川西南逕一故亭東又西南注

沽水沽水又西南逕赤城東趙建武年幷州刺史王霸爲燕所敗退保此城城在山阜之上下枕深隍官本曰按枕近刻訛作抗　案朱訛趙改刊誤曰抗當作枕溪水之名藉以變稱故河有赤城之號矣沽水又東南與鵲谷水合水有二源朱無水字趙增刊誤曰有上落水字南卽陽樂水也官本曰按濡水注內又別有陽樂水此水漢志作樂陽水出且居縣朱箋曰漢志且居縣有樂陽水地理志曰水出縣東南流逕大翮山小翮山北官本曰按東南流近刻作東北流　案朱趙作北歷女祁縣故城南地理志曰東部都尉治王莽之祁縣也世謂之橫水又謂之陽田河官本曰按田近刻訛作曲　案朱趙作曲趙釋曰一清按直隸赤城縣水今謂之陽田河又曰樣田河則曲乃田之誤方輿紀要樣田本曰雞田又考資治通鑑晉紀成帝咸康二年段遼別遣段蘭將步騎數萬屯柳城西回水胡三省曰回水載記作曲水水經注陽樂水出上谷且居縣東北流逕女祁縣世謂之橫水又謂之陽曲水又濡河從塞外來西北逕禦夷鎮城又東北逕孤山南又東南水流回曲謂之曲水鎮又據載記曲水當在好城北胡氏所引乃兩曲水一爲陽樂河今宣化府龍門縣之龍門河也一爲濡水今灤河兩地懸殊非可混而爲一彼曲水文云濡水又東南水流回曲謂之曲河鎮東北三百里所云鎮卽禦夷鎮也此水在禦夷鎮之東北三百里今胡氏乃誤爲曲河鎮耳且此曲水史云柳城西則當在灤州東北界去上谷絕遠引陽樂水之陽曲河當之尤謬回曲田三字蓋易至混淆而此水今有樣田之名則固不可以曲水實之矣又東南逕一

故亭又東左與候卤水合官本曰按候近刻訛作舊下同 案朱訛趙改刊誤曰舊詳下文當作候下舊卤城同水出西北山東南流逕候卤城北城在居庸縣西北二百里故名三云候卤太和中更名禦夷鎮又東南流注陽樂水陽樂水又東南傍狼山南官本曰按傍字上近刻衍逕字 案朱衍趙刪山石白色特上官本曰按近刻脫白字 案朱脫趙增刊誤曰箋曰石一作白按山石下落白字朱氏誤以石爲白亭亭孤立超出羣山之表又東南逕温泉東泉在山曲之中又逕赤城西屈逕其城南東南入赤城河趙釋曰一清按漢志上谷郡且居縣陽樂水出東東入海蓋自沽以達海也河水又東南右合高峯水水出高峯戍東南城在山上其水西南流又屈而東南入沽水沽水又西南流出山逕漁陽縣故城西而南合七度水水出北山黃頒谷故亦謂之黃頒水東南流注于沽水沽水又南漁水注之水出縣東南平地泉流西逕漁陽縣故城南應劭

日在漁水之陽也官本曰按近刻脫此九字　案朱趙無考諸地說則無聞官本曰按此下近刻衍所識釋三字案朱趙有識釋曰朱氏謀㙔箋云謝云識釋疑誤脈水尋川則有自官本曰按近刻訛作考地尋川則有應氏自　案朱趙同趙自字下屬釋曰朱氏謀㙔箋曰謝云疑有脫誤今城在斯水之陽有符應說漁陽之名當屬此秦發閭左戍漁陽卽是城也漁水又西南入沽水官本曰按漁水近刻訛作漁陽案朱訛趙改刊誤曰陽黃省曾本作水沽水又南朱趙不重沽水二字與螺山之水合水出漁陽城南小山魏土地記曰城南五里有螺山其水西南入沽水沽水又南逕安樂縣故城東晉書地道記曰晉封劉禪爲公國俗謂之西潞水也

南過漁陽狐奴縣北西南與濕餘水合爲潞河官本曰按潞近刻訛作沽　案朱訛趙改刊誤曰此沽字誤當作潞以注文知之

沽水西南流逕狐奴山西又南逕狐奴縣故城西漁陽太守張堪於縣開稻田教民種殖朱趙作植種趙刊誤曰箋曰當作種植按植種義自通百姓得以殷富童謠歌曰桑無附枝麥秀兩岐張君爲政樂不

可支覩事八年匈奴不敢犯塞沽水又南陽重溝水注之水出狐奴山南轉逕狐奴城西官本曰按近刻訛作南案朱脫水字西作南趙增改刊誤曰出上落水字下南字當作西王莽之所謂舉符也側城南注右會沽水沽水又南濕餘水注之沽水又南左會鮑邱水世所謂東潞也沽水又南逕潞縣爲潞河官本曰按近刻訛作爲有潞名潞河也案朱趙同趙釋曰一清案此處有誤文魏土地記曰城西三十里有潞河是也官本曰按近刻脫是字案朱趙無

又東南至雍奴縣西爲笥溝官本曰按近刻脫爲字案朱脫趙增入字刊誤曰笥溝上落入字名勝志校增

灅水入焉俗謂之合口也又東鮑邱水于縣西北而東出官本曰按近刻出下有焉字衍案朱趙有

又東南至泉州縣與清河合東入于海清河者派河尾也趙派改狐下同刊誤曰派字是狐字傳刻之訛下同

沽河又東南逕泉州縣故城東孫校曰泉州今漷縣及寶坻王莽之泉

調也沽水又東南合清河朱趙有也字今無水清淇漳洹滱易淶濡沽滹沱同歸于海官本曰按淇近刻訛作湛　案朱訛趙改刊誤曰湛當作淇全氏校改故經曰派河尾也

鮑邱水從塞外來南過漁陽縣東

鮑邱水出禦夷北塞中南流逕九莊嶺東俗謂之大榆河又南逕鎮東南九十里西密雲戍西趙釋曰方輿紀要曰禦夷鎮城在保安右衛西北所謂濡源之地後魏初拓跋祿官分其國爲三部一居上谷之北濡源之西自統之魏主燾始置禦夷鎮于濡源西北爲六鎮之一水經注密雲戍在禦夷鎮東南九十里鮑邱水逕其西似鎮與戍境相近賈躭曰密雲去禦夷鎮幾九百里道元時六鎮已陷沒豈傳聞之誤與抑紀載之訛與一清按魏書道元曾持節馳驛與大都督李崇籌宜六鎮改州必親至其地故應詳審且注明云有東密雲故是城言西則近禦夷鎮者西密雲也非昌平州之密雲縣後魏於此置密雲郡及縣者也又南左合道人溪水水出北川官本曰按近刻脫出字　案朱脫趙增導字刊誤曰水下落導字南流逕孔山西又歷密雲戍東左合孟廣㟤水水出㟤下　㟤甚層峻峨峨冠衆山之表　其水西逕孔山南　上有洞穴開明故土俗以孔山流稱　㟤水又西南至

密雲戍東西注道人水亂流西南逕密雲戍城南官本曰按近刻脫西南二字　案朱脫趙增刊誤曰亂流下落西南二字黃省曾本校增右會大榆河有東密雲故是城言西矣　大榆河又東南流自楊泉水注之北發自楊溪望離右注大榆河官本曰按望離與下自坎相對舉近刻訛作望雞　案朱訛趙改刊誤曰箋曰雞字疑衍按雞字是離字之誤不宜衍　又東南龍芻溪水自坎注之官本曰按坎近刻訛作決　案朱訛趙改刊誤曰決當作坎與上離字相照離南坎北葢用代字法耳柳僉鈔本校正　大榆河又東南出峽官本曰按近刻脫出字　案朱脫趙增刊誤曰東南下落出字孫潛校增逕安州舊漁陽郡之滑鹽縣南左合縣之北溪水水出縣北廣長塹南太和中掘此以防北狄其水南流逕滑鹽縣故城東王莽更名匡德也漢明帝改曰鹽田趙釋曰一清按漢志漁陽郡滑鹽縣應劭曰明帝更名鹽似脫田字　右承治趙釋曰何氏曰承與丞通葢鹽官也世謂之斛鹽城西北去禦夷鎮二百里　南注鮑邱水又南逕傂奚縣故城東官本曰按奚近刻訛作溪　案朱訛箋曰古本作南逕虎溪縣故城按漢志漁陽郡有厗奚縣孟康云厗音題字或作虒趙改釋曰一清按漢志作厗奚葢誤字也孟康云厗音題字或作題　王莽更之曰敦德也鮑

邛水又西南逕獽平縣故城東孫校曰服虔曰獽音聳王莽之所謂平獽也又南趙有右字合三城水水出白里山官本曰按白近刻作四　案朱作四箋曰四里古本作白里趙改白西逕三城官本曰按近刻作平獽城蓋後人所改　案朱趙同謂之三城水又逕香陘山朱趙不重山字山上悉生藁本香世故名焉又西逕石窟南窟內寬廣行者依焉窟內有水淵而不流栖薄者取給焉又西北逕伏凌山南官本曰按凌近刻訛作淩　案朱訛趙改與石門水合水出伏凌山山高峻巖鄣寒深陰崖積雪凝冰夏結事同離騷峨峨之詠故世人因以名山也一水西南流注之官本曰按近刻脫一字　案朱脫趙增桑谷二字刊誤曰水上落桑谷二字下云是水有桑谷之名可證也是水有桑谷之名蓋沿出桑溪故也又西南逕獽平城東南而右注鮑邛水鮑邛水又東南朱趙無又字逕漁陽縣故城南漁陽郡治也官本曰按近刻脫縣故城南漁陽六字　案朱脫趙增三字刊誤曰逕下落漁陽縣三字秦始皇二十二年置王莽更名通潞縣曰得漁朱箋曰地理志王莽名漁陽縣曰得魚縣潞縣曰通潞亭鮑邛

水又西南流公孫瓚既害劉虞烏丸思劉氏之德迎其子和合衆十萬破瓚于是水之上斬首二萬鮑邱水又西南歷狐奴城東又西南流注于沽河朱注下有之字趙刪刊誤曰之字衍文亂流而南

又南過潞縣西孫校曰案漢志漁陽路縣止作路今通州屬順天

鮑邱水入潞通得潞河之稱矣官本曰按潞河近刻訛作鮑邱　案朱趙同高梁水注之水朱趙無水字首受㶟水于戾陵堰水北有梁山山有燕刺王旦之陵故以戾陵名堰水自堰枝分東逕梁山南又東北逕劉靖碑北其詞朱趙作碑朱箋曰宋本作其詞云魏使持節都督河北道諸軍事征北將軍建城鄉侯沛國劉靖字文恭登梁山以觀源流相㶟水以度形勢官本曰按㶟近刻訛作隰脫水字　案朱同箋曰相隰疑作相原隰趙依改嘉武安之通渠羨秦民之殷富官本曰按羨近刻訛作美　案朱趙作美乃使帳下丁鴻督

軍士千人官本曰按督字近刻訛在丁鴻上 案朱趙同以嘉平二年立遏于水官本曰按遏即堨朱箋曰遏當作堨下同洛陽記云千金堨舊堰穀水積石爲堨也導朱作道高梁河造戾陵遏開車箱渠其遏表云高梁河水者出自幷州潞河之別源也官本曰按近刻潞訛作黄也訛作時 案朱趙作黄朱也作時趙改刊誤曰時名勝志引此文作也趙釋曰一清按此指桑乾郎道元注所謂高梁河首受灅水于戾陵堰者也而又以爲高梁無上源何耶長岸峻固直截中流積石籠以爲主遏高一丈東西長三十丈南北廣七十餘步依北岸立水門門廣四丈立水十丈朱箋曰水下脫堨長二字趙增遏長山水暴發官本曰按近刻訛作山川暴戾 案朱同趙改刊誤曰箋曰宋本作山水按暴戾名勝志引此文作暴發則乘遏東下平流守常則自門北朱作地箋曰宋本作門北趙改北入灌田歲二千頃凡所封地百餘萬畮至景元三年辛酉詔書以民食轉廣陸費不贍遣謁者樊晨更制水門限田千頃刻地四千三百一十六頃出給郡縣改定田五千九百三十頃水流乘車箱

渠自薊西北逕昌平東盡漁陽潞縣凡所潤含官本曰按近刻作舍　案朱趙作舍趙刊誤曰箋曰舍宋本作合按非也潤舍謂溉潤廬舍與下灌田之文對待四五百里所灌田萬有餘頃高下孔齊官本曰按近刻訛作濟　案朱訛趙改原隰底平疏之斯溉決之斯散導渠口以爲濤門灑滮池以爲甘澤施加于當時敷被于後世晉元康四年君少子驍騎將軍平鄉侯宏受命使持節監幽州諸軍事領護烏丸校尉寧朔將軍遏立積三十六載至五五年夏六月洪水暴出毀損四分之三剩北岸七十餘丈趙刊誤曰箋曰謝云乘宋本作剩孫云疑作割書曰湯湯洪水方割作剩亦誤按何焯云孫說謬甚據碑文是洪水毀損此遏所剩者北岸七十餘丈豈可因洪水字而遂及尚書方割之文乎上渠車箱所在漫溢追惟前立遏之勳親臨山川指授規略命司馬關內侯逢惲內外將士二千人起長岸立石渠脩主遏官本曰按主近刻訛作立　案朱訛趙改刊誤曰立當作主主遏見上又朱氏欲改遏作堨按三國志吳書諸葛恪云築東興堤遏湖水又云圖壞堤遏又云倮身緣遏遏堨音同

通用治水門門廣四丈立水朱箋曰疑脫一字趙增遏字堨五尺與復載

利通塞之宜準遵舊制凡用功四萬有餘焉諸

部王侯不召而自至繈負而朱箋曰疑脫一趨字趙依增事者蓋數

千人詩載經始勿亟易稱民忘其勞斯之謂乎

于是二府文武之士感秦國思鄭渠之績魏人

置豹祀之義乃遐慕仁政追述成功元康五年

十月十一日刊石立表以紀勳烈并記遏制度

永爲後式焉事見其碑辭又東南流逕薊縣北

官本曰按近刻脫逕字案朱脫趙增刊誤曰流下落逕字又東至潞縣注于鮑邱水朱邱下有之字趙刪

刊誤曰之字衍文又南逕潞縣故城西王莽之通潞亭也漢光武

遣吳漢耿弇等破銅馬五幡于潞東謂是縣也屈而東南

流逕潞城南世祖拜彭寵爲漁陽太守治此寵叛光武遣

游擊將軍鄧隆伐之軍于是水之南光武策其必敗果爲寵所

破遺壁故壘存焉　鮑邱水又東南入夏澤澤南紆曲渚（朱趙有一字）十餘里北佩謙澤（趙刊誤曰箋曰謝云謙澤一作謙澤按通鑑注云夏謙澤在薊北二百里今據是注乃二澤也謝說非）眇望無垠也（官本曰按垠近刻訛作限　案朱作限箋曰謝云無限疑作無垠趙改垠）

又南至雍奴縣北屈東入于海

鮑邱水自雍奴縣故城西北舊分笥溝水東出今笥溝水斷（官本曰按今近刻訛作合脫水字　案朱訛脫趙改增刊誤曰合當作今斷上增水字言笥溝水時已斷也）衆川東注混同一瀆東逕其縣北又東與泃河合水出右北平無終縣西山白楊谷西北流逕平谷縣屈西南流獨樂水入焉水出北抱犢固南逕平谷縣故城東後漢建武元年光武遣十二將追大槍五幡及平谷大破之于是縣也　其水南流入于泃泃水又（朱趙有東字朱箋曰舊本無東字）左合盤山水水出山上其山峻險人跡罕交去山三十許里望山上水可高二十

餘里素湍皓（趙作浩）然頹波歷溪沿流而下自西北

轉注于洵水洵水又東南逕平谷縣故城東南

與洳河會水出北山（山在傂奚縣故城東南）東南流

逕博陸故城北又屈逕其城東（世謂之平陸城非也）

漢武帝璽書封大司馬霍光爲侯國（趙釋曰沈氏曰漢表是昭帝始元二年封今從光傳）文穎曰

博大陸平取其嘉名而無其縣食邑北海河東（趙釋曰全氏曰是北海之河東城見本注按外

戚恩澤侯表北海河間東郡師古曰光初封食北海河間後益封又食東郡與本傳注不同）薛瓚曰按漁陽有博陸城謂此

也今城在且居山之陽（官本曰按近刻訛作今其居山之陽 案朱同趙改今下無城字刊誤曰箋曰其宋本作在按其乃且字之譌當作

今在且居山之陽）處平陸之上帀帶川流面據四水文氏所謂無縣目（官本曰按

近刻訛作有 案朱趙作有）嘉美名也洳水又東南流（趙無流字）逕平谷縣故

城西而東南流注于洵河（官本曰按洵河上近刻衍渠字 案朱同 趙乙刊誤曰當作洵渠河亦見濡水注）

洵河又南逕紩城東而南合五百溝水水出七

山北東逕平谷縣之紩城南東入于洵河洵河

又東南逕臨泃城北官本曰按泃近刻訛作河　案朱訛趙改屈而歷其城東側城南出趙釋曰一清按方輿紀要臨泃城石趙置亦曰臨渠後魏廢唐武德二年置縣貞觀初省竹書紀年梁惠成王十六年齊師及燕戰于泃水齊師遁卽是水也泃水又南入鮑邱水鮑邱水朱趙不重此三字又東合泉州渠口故瀆上承滹沱水于泉州縣官本曰按滹沱原本及近刻竝訛作宰池考淇水注云淸河至泉州縣北入滹沱又東泉州渠出焉卽此今改正　案朱訛趙改刊誤曰宰池當作滹沱故以泉州爲名北逕泉州縣東又北逕雍奴縣東西去雍奴故城朱趙有一字百二十里自滹沱北入其下歷水澤朱趙有一字百八十里入鮑邱河謂之泉州口陳壽魏志曰曹太祖以蹋頓擾邊將征之官本曰按將字上近刻衍公字　案朱衍趙刪刊誤曰公字衍文從泃口鑿渠逕雍奴泉州以通河海者也今無水鮑邱水又東庚水注之官本曰按庚原本及近刻竝訛作庚下同考漢志右北平無終浭水西至雍奴入海俊靡灅水南至無終東入庚顏師古云浭音庚卽下所云入庚者同一水也可證庚乃庚之訛今改正　案朱訛趙改刊誤曰庚水當作庚水卽漢志右北平郡無終縣之浭水也俊靡縣下作庚庚浭音同水出右北平

徐無縣北塞中而南流歷徐無山得黑牛谷水
又得沙谷水竝西出山東流注庚水 昔田子泰避
難居之 官本曰按子泰近刻訛作于泰 案朱同按曰于泰當作子泰瑋按魏志田疇字子泰北平無終人避公孫瓚之難遂入徐無山中營深險平敞地而居百姓歸之
數年間至五千餘家趙改子泰 衆至五千家開山圖曰山出不灰之木生火之石按
注二云其木色黑似炭而無葉有石赤色如丹以二石相磨 官本曰按二近
刻訛作一 案朱訛趙改刊誤曰一當作二 則火發以然無灰之木 朱作以然無火籤曰謝云宋本作以然無灰之木可以終身趙依改
可以終身今則無之 其水又逕徐無縣故城東 王莽
之北順亭也 朱趙無也字 魏土地記曰右北平城東北 朱趙有一字 百一十里
有徐無城其水又西南與周盧溪水合水出徐無
山東南流注庚水庚水又西南流灅水注之水
出右北平俊靡縣王莽之俊麻也東南流 官本曰按近刻脫此二字 案朱脫
趙增刊誤曰世謂上落東南流三字黃省曾本校增 世謂之車䡊水又東南流 趙無流字 與温
泉水合水出北山温溪 官本曰按近刻脫温字 案朱脫趙增刊誤曰北山下落温字初學記引此文校增 即

温源也養疾者不能澡其炎漂以其過灼故也官本曰按近刻脫也字　案朱脫趙增刊誤曰故下落也字初學記引此文校增魏土地記曰徐無城東有温湯即此也其水南流百步便伏流入于地下水盛則通注濕水又東南逕石門峽山高嶄絕官本曰按山下近刻衍之字　案朱衍趙刪刊誤曰之字衍文壁立洞開俗謂之石門口漢中平四年漁陽張純反殺右北平太守劉政遼東太守陽紘趙釋曰一清按後漢書靈帝紀作陽終中平五年詔中郎將孟益官本曰按近刻詔訛作與益訛作溢　案朱作與趙改詔益朱趙作溢趙釋曰一清按靈帝紀作孟益趙刊誤曰與字誤方輿紀要校改作詔後漢書靈帝紀云中平五年九月遣中郎將孟益率騎都尉公孫瓚討漁陽賊張純是也率公孫瓚討純戰于石門大破之趙釋曰日知錄曰後漢書公孫瓚傳云中平中張純與烏桓邱力居等入寇瓚追擊戰于屬國石門大敗之註石門山今營州柳城縣西南本紀但言石門而傳言屬國石門明有兩石門水經所指乃漁陽之石門非遼東屬國之石門當以柳城爲是通典柳城有石門山濕水又東南流謂之北黃水又屈而爲南黃水又西南逕無終山即帛仲理所合神丹處也又于是山作金五千斤以救百姓山有陽翁伯玉田在縣西北有陽公壇社即陽公之故居也搜神

記曰雍伯洛陽人至性篤孝父母終歿葬之于無終山山高八十里而上無水雍伯置飲焉有人就飲與石一斗令種之玉生其田北平徐氏有女雍伯求之要以白璧一雙媒者致命伯至玉田求得五雙徐氏妻之遂即家焉朱家作嫁箋曰孫云嫁疑作家蓋娶徐氏即家于此趙改家又趙釋曰一清按御覽引水經曰翁伯周末避亂適無終山山前有泉甚清夏常澡浴得玉璧一雙於泉側與今本異陽氏譜敘言翁伯是周景王之孫食采陽樊春秋之末爰宅無終因陽樊而易氏焉愛人朱作仁箋曰宋本作人趙改人博施天祚玉田其碑文云居于縣北六十里翁同之山後潞朱趙作路徙于西山之下陽公又遷居焉朱趙無居字而受玉田之賜情不好寶玉田自去今猶謂之為玉田陽于寶曰于種石處四角作大石柱各一丈中央一頃之地名曰玉田至今相傳云玉田朱作田玉箋曰當作玉田趙改之揭起于此矣而今不知所在同于譜敘自去文矣官本曰按于近刻訛作之又玉田自去見碑文此言譜敘者或碑文即譜敘所引　案朱趙作之朱箋曰此二句疑有譌誤趙釋曰一清按此二句文義未詳疑有誤史記貨殖傳云販脂辱處也而雍伯千金索隱曰漢書作翁伯事亦見仙傳拾遺又孝德傳云魏陽雍河南洛陽人同之譜敘翁同似是陽公之名今薊州城北五里有崆峒山寰宇記崆峒山一名

翁同山山蓋以人得名又去文二字或云是云文之訛藍水注之水出北山東流屈而南官本曰按近刻作東屈而南流　案朱趙同逕無終縣故城東故城無終子國也春秋襄公四年官本曰按近刻訛作十四年　案朱訛趙改刊誤曰左氏傳無終子事在襄公四年十字羨文無終子嘉父使孟樂如晉因魏絳納虎豹之皮請和諸戎是也故燕地矣秦始皇二十二年滅燕置右北平郡治此王莽之所謂北順也漢世李廣爲郡出遇伏石謂虎也射之飲羽即此處矣趙釋曰宋氏琬曰漢右北平郡治平罡後漢治土垠水經注魏氏土地記曰薊城東北三百里有右北平城薊城今京師也括地志漁陽郡東南七十里有右北平城當在今薊州玉田縣界此後漢之右北平也若平罡則在盧龍塞之東北三四百里此前漢之右北平而李廣之所守也射虎石酈氏水經注言此石在玉田無終之閒是以後漢之右北平爲李廣所治與東越晉陘之說自相矛盾晉書之難如此魏土地記曰右北平城西北百三十里有無終城趙釋曰顧氏炎武曰樊噲傳擊陳豨破得綦毋卬尹潘軍于無終廣昌豈無終之先在雲代之境而後遷于右北平與一清按顧氏之說是也不然右北平去太原東北二千餘里嘉父安得遠涉而與晉和其水又南入灅水趙無水字灅水又西南入于庚水地理志曰灅水出俊靡縣南至無終東入庚水趙刊誤曰箋曰一作庚按庚字不誤庚水趙不重庚水字世亦謂之爲柘水也南逕燕山下官本曰按

近刻訛作上案朱訛趙改懸巖之側有石鼓去地百餘丈望若數百石囷有石梁貫之鼓之東南有石朱箋曰疑脫一人字趙增人字援桴狀同擊勢者舊言燕山石鼓鳴則土有兵庚水又南逕北平城西而南入鮑邱水謂之柘口趙釋曰一清按漢志右北平郡無終縣浭水西至雍奴入海過郡二行六百五十里師古曰浭音庚即庚水也蓋合鮑邱水以入海鮑邱水又東逕右北平郡故城南魏土地記曰薊城東北三百里有右北平城　鮑邱水又東巨梁水注之水出土垠縣北陳宮山西南流逕觀雞山謂之觀雞水水東有觀雞寺寺內起大堂官本曰按起近刻訛作有　案朱訛趙改刊誤曰有黃省曾本作起甚高廣可容千僧下悉結石爲之上加塗塈基內疏通枝經脈散基側室外四出爨火炎勢內流一堂盡溫蓋以此土寒嚴霜氣肅猛出家沙門率皆貧薄施主慮闕道業故崇斯構是以志道者多栖託焉　其水又西南流右朱作又箋曰宋本作右趙改右合區落水水出縣北山朱不重水字趙增刊誤曰出上落水字東南流入巨梁

東北流逕林山北官本曰按後有木林山水其地即唐之松陘疑林山及木林山皆松林山之訛　案朱作林山趙增松字刊誤曰林山上落松字方輿紀要松林城在大寧衛西北志云漢遼西郡文成縣地本松林南境遼置松江州勝安郡治松江縣金廢州元復置尋以松江縣省入上都路又曰北邊紀事舊慶州在大寧北六百里西南至開平八百餘里地皆大松號曰千里松林亦曰平地松林在臨潢西潢水出焉或謂之曲水亦曰回水道元所謂水流回曲謂之曲河者也唐置松漠都督兼松林沙漠而取名焉郭造卿永平府志曰此乃千里松林也遼史曰蹛邨一案遼史國語解作蹛村地名即松林故地蹛音帶竊疑村字乃林字闕筆之誤郭志改作邨字形象更差一事如史記匈奴傳之蹛林漢書音義曰匈奴秋社八月中皆會祭處又正義曰顏師古云蹛者遶林木而祭鮮卑之俗自古相傳秋祭無林木者尚豎柳枝衆騎馳遶三周乃止此其遺法也又寰宇記引入塞圖云漢大寧西北行百里至懷荒鎮又北行七百里至榆關又北行二百里至松林又北行千里方至瀚海也水北有池潭而不流濡水又東北流逕孤山南東北流呂泉水注之水出呂泉塢西東南流屈而東逕塢南東北流三泉水注之其源三泉鴈次合爲一水鎮東北四百里東南注呂泉水呂泉水又東逕孤山北又東北逆流水注之水出東南導泉趙作源西流右屈而東北注木林山水會之趙木改松刊誤曰木當作松水出山南東注逆水亂流東北注濡河濡河又東盤泉入

焉水自西北東南流注濡河濡河又東南水流迴曲謂之曲河 鎮東北三百里 又東出峽入安州界東南流逕漁陽白檀縣故城地理志曰濡水出縣北蠻中 官本曰按漢志白檀縣作溋水師古曰溋音呼鵙反 案朱同趙改溋水出北蠻夷中刊誤曰漢書地理志漁陽郡白檀縣下云溋水出北蠻夷師古曰溋音呼鵙反溋水即濡水之鈌書此是六朝已後漢書傳寫之誤師古不知而繆音之縣字衍文蠻下落夷字趙釋曰一清按今本漢書亦作溋然注不別出溋水是當即濡水矣此六朝以前本之訛誤也 漢景帝詔李廣曰將軍其帥師東轅彌節白檀者也又東南流右與要水合水出塞外三川並導謂之大要水也東南流逕要陽縣故城東 趙釋曰魏書地形志密雲郡要陽前漢屬漁陽後漢晉罷後復屬桃花山方輿紀要要陽廢縣在密雲縣東南六十里漢縣漁陽都尉治此後漢廢後魏復置屬密雲郡北齊廢魏志縣有桃花山即今桃山在薊州西南蓋境相接也一統志要陽廢縣在密雲縣東南漢縣在今古北口外後魏時僑置於此屬密雲郡北齊省縣志要陽故城在縣東南六十里也畿輔通志要陽故城在密雲縣東北塞外縣志要陽故城在東南六十里 本都尉治王莽更之曰要術矣 要水又東南流逕白檀縣而東南流入于濡 官本曰按白檀要陽在今密雲縣並非灤水所經酈氏此條幷誤殊甚

御製熱河考灤源考證特加辨正一破千古傳訛謹附訂于此 濡水又東南 朱東下有而字趙刪刊誤曰而字衍文 索頭

水注之水北出索頭川南流官本曰按此八字近刻訛作水逕北流南四字　案朱趙同廣陽僑郡西魏分右北平置今安州治又南流注于濡朱趙有水字濡水又東南流武列水入焉其水三川派合西源右爲溪水亦曰西藏水東南流出溪與蟠泉水合泉發州東十五里東流九十里東注西藏水西藏水又西南流東藏水注之水出東溪一曰東藏水西南流出谷與中藏水合水導中溪南流出谷南注東藏水故目其川曰三藏川水曰三藏水趙釋曰一清按通鑑晉紀成帝咸康四年燕王皝遣慕容恪伏精騎七千于密雲山大敗麻秋于三藏口蓋三藏水所會之口也在今古北口塞外東藏水又南右入西藏水官本曰按西藏水卽今之固都爾呼河先合中藏水卽今之茅溝河次合東藏水卽今之賽音河酈氏敘東藏水于中藏水之前以爲東溪西溪合流而與西源會殊乖川流之次恭讀御製熱河考訂正詳審道元之附會耳食顯然無疑謹錄弁卷首竝附識于此亂流右會龍泉水水出東山下淵深不測其水西南流注于三藏水趙釋曰三藏水畿輔通志一名三城水在密雲縣東北其水三川派合曰

西藏川東藏川中藏川其合處曰三藏口下流入于潮河方輿紀要密雲縣東北有武列水亦曰三藏川其水三川派合曰西藏川中藏川東藏川其合處曰三藏口晉咸康四年慕容皝伏兵于此敗趙將麻秋處也水經注要水武列水三藏水竝注于濡水濡同灤潮水亦有灤河之名 三藏水又東趙作西南流

與龍芻水合西出于龍芻之溪官本曰按西近刻訛作而案朱訛趙改刊誤曰而孫潛校改西東流入三藏水官本曰按近刻脫三字案朱脫趙增刊誤曰當作三藏水落三字又東南流逕

武列溪官本曰按近刻脫武字案朱脫趙增刊誤曰當作武列溪下云武列水可證謂之武列水東南

歷石挺下挺在層巒之上官本曰按近刻脫挺字在訛作左又此句之下衍有字案朱同挺作裎趙改挺在層巒之上不刪有字刊誤曰籤曰謝云裎一作挺按當从木作梃說文梃一支也徐鍇繫傳曰梃者獨也梃然直立之貌石梃是石之孤生獨立者左字誤當作梃在層巒之上孤石雲

舉臨崖危峻可高百餘仞牧守所經官本曰按近刻作逕案朱趙同命選練之士

彎張弧矢官本曰按近刻脫張字案朱脫趙增刊誤曰彎下落張字名勝志引此文校增無能屆其崇標者其

水東合流入濡濡水又東南五渡水注之水北

出安樂縣丁原山南流逕其縣故城西本三會城

也其水南入五渡塘于其川也流紆曲溯涉者

頻濟故川塘取名矣又南流注于濡濡水又與

高石水合水東出安樂縣東山西流歷三會城南西入五渡川下注濡水濡水又東南逕盧龍塞塞道自無終縣東出渡濡水向林蘭陘東至清陘官本曰按清陘方輿紀要作青陘下同 案朱作清趙改青刊誤曰永平府志方輿紀要俱作青陘紀要云永平府盧龍縣有青山口在府北桃林口東第四關口也下云東越青陘仍是青字盧龍之險峻坂縈折故有九𥿐之名矣官本曰按𥿐近刻作崢 案朱趙作崢燕景昭元璽二年遣將軍步渾治盧龍塞道焚山刊石令通方軌刻石嶺上以記事功其銘尚存而庾杲之趙釋曰何氏曰庾闡字仲初注誤以爲杲之一清按下文云而仲初言在南非也則又不誤豈以杲之爲仲初之名乎注揚都賦朱作楊趙改揚刊誤曰楊當作揚言盧龍山在平岡城北殊爲孟浪遠失事實余按盧龍東越清陘朱趙作青陘趙刊誤曰箋曰克家云青當作清按青陘字不誤至凡城二百許里自凡城東北出趣平岡故城可百八十里向黃龍則五百里故陳壽魏志田疇引軍出盧龍塞塹山堙谷五百餘里逕白檀歷平岡登白狼望柳城平岡在盧龍東北遠矣而仲初言在南非也濡水又東南逕盧龍故城東漢建安十

二年魏武征蹋頓所築也　濡水又南黃洛水注之水北出盧龍山南流入于濡濡水又東南洛水合焉朱作水又合焉趙作敖水右合焉刊誤曰箋曰水又舊本作水名宋本作洛水合焉按水上落敖字又當作右永平府志校正箋說非水出盧龍塞西南流注濡水濡水又屈而流官本曰按近刻訛作又合屈而注　案朱趙同不重濡水二字左得去潤水又合敖水朱無左字合作會趙增左刪去又作右刊誤曰得上落左字去字衍又當作右永平府志校正二水並自盧龍西注濡水濡水朱趙不重濡水二字又東南流逕令支縣故城東　王莽之令氏亭也秦始皇二十二年分燕置遼西郡令支隸朱作縣箋曰縣宋本作隸趙改隸焉　魏土地記曰肥如城西十里有濡水南流逕孤竹城西朱流下有注字趙存刪逕字刊誤曰逕字羨文　右合玄水世謂之小濡水官本曰按世近刻訛作也　案朱趙同非也水出肥如縣東北玄溪官本曰按近刻脫縣字　案朱脫趙增刊誤曰肥如下落縣字西南流逕其縣東東屈南轉西迴逕肥如縣故城南俗又謂之肥如水官本曰按近刻脫之字又此句之下衍非也二字　案朱同趙增之字刊誤曰又謂下落之字故城肥子

國應劭曰晉滅肥肥子奔燕趙釋曰全氏曰肥子爲晉荀吳所俘不得云奔燕燕封于此故曰肥如也漢高帝六年封蔡寅爲侯國西南流右會盧水朱會作合趙改刊誤曰合黃省曾本作會水出縣東北沮溪南流謂之大沮水又南左合陽樂水水出東北陽樂縣溪官本曰按近刻脫溪字案朱趙無地理風俗記曰陽樂故燕地官本曰按近刻訛作也案朱訛趙改刊誤曰也當作地遼西郡治秦始皇二十二年置魏土地記曰海陽城西南有陽樂城其水又西南入于沮水謂之陽口沮水又西南小沮水注之水發冷溪世謂之冷池又南得温泉水口官本曰按此下近刻衍注之二字案朱衍趙刪注字之改水下屬刊誤曰注字衍文之乃水字之譌名勝志校正水出東北温溪朱無水字趙見上自溪西南流入于小沮水小沮水又南流與大沮水合而爲盧水也桑欽說盧子之書言晉既滅肥遷其族于盧水趙釋曰全氏曰上言燕封肥子此又引桑欽語以爲晉遷肥族盧水非晉封域安得遷亡國之人于此盧水有二渠號小沮大沮合而入于玄水官本曰按水上近刻衍盧字案朱趙同

朱玄下箋曰脫一水字趙增水字又南與溫水合水出肥如城北西流
注于玄水地理志曰盧水南入玄朱趙作盧水又南入玄水玄水
又西南逕孤竹城北西入濡水故地理志曰玄
水東入濡蓋自東而注也地理志曰令支有孤竹城
故孤竹國也官本曰按故字近刻訛在城字上案朱訛趙乙刊誤曰故城二字當倒互地理志遼西郡令支縣下云有孤竹城應劭曰故伯夷國是也
史記曰孤竹君之二子伯夷叔齊讓國于此而餓死于首陽漢
靈帝時遼西太守廉翻夢人謂己曰余孤竹君之子伯夷之弟
遼海漂吾棺槨聞君仁善願見藏覆明日視之水上有浮棺吏
朱作矣箋曰宋本作吏趙改吏嗤笑者皆無疾而死于是改葬之晉書地道志曰遼
西人見遼水有浮棺欲破之語曰我孤竹君也趙君下增子字刊誤曰太平廣記引博物志作
我孤竹君子也落子字汝破我何為因為立祠焉祠在山上城在山側肥如
縣南十二里水之會也
又東南過海陽縣西南入于海

濡水自孤竹城東南逕西鄉北官本曰按西近刻訛作主　案朱訛趙改刊誤曰主永平府志作西瓠溝水注之水出城東南朱無水字趙增刊誤曰出上落水字東流注濡水濡水又逕故城南官本曰按故近刻訛作牧　案朱訛趙改刊誤曰牧永平府志作故分爲二水北水枝出世謂之小濡水也東逕樂安亭北東南入海濡水東南流逕樂安亭南東與新河故瀆合瀆自雍奴縣承鮑邱水東出朱趙無自上瀆字謂之鹽關口魏太祖征蹋頓與泃口俱導也世謂之新河矣官本曰案近刻脫之字　案朱脫趙增刊誤曰謂下落之字陳壽魏志云以通海也官本曰案近刻脫云字又海字上衍河字　案朱趙同新河又東北絕庚水官本曰按近刻訛作庚水　案朱訛趙改又東北出逕右北平絕泃渠之水趙釋曰一清按一統志引此文作巨梁水是蓋庚水在巨梁西北新河絕庚水則今沽河合泃河而名爲薊運河者也于是東絕巨梁水巨梁水今還鄉河也于是而清而灤迤邐東入于海若絕庚水之後更絕泃水則是水反西出無是理也又東北逕昌城縣故城北官本曰按此下近刻衍故字　案朱同趙改說見下王莽之淑武也新河又東分爲二水官本曰按近刻脫分字　案朱脫趙增又王莽上朱有至字趙移增新上刊誤曰箋曰至

宋本作故俱疑衍按全氏云至字當移在淑武也下枝瀆東南入海新河自枝渠東出合封大水謂之交流口官本曰按近刻訛作合　案朱趙同水出新安平縣官本曰按近刻脫安字下同　案朱脫趙增刊誤曰當作新安平漢書地理志校補下竝同西南流逕新安平縣故城西地理志遼西之屬縣也又東南流龍鮮水注之水出縣西北世謂之馬頭水官本曰按近刻訛作山　案朱訛趙改刊誤曰山當作水二源俱導南合一川東流注封大水官本曰按近刻脫封字　案朱脫趙增刊誤曰當作封大水漢書地理志校補地理志曰龍鮮水東入封大水者也亂流南會新河南注于海官本曰按注近刻訛作流　案朱作流趙下增入字刊誤曰南流下落入字漢書地理志云皆南入海是也地理志曰封大水于海陽縣南入海新河又東出海陽縣與緩虛水會官本曰按虛近刻訛作靈下同　案朱訛趙改刊誤曰靈漢書地理志作虛下同水出新安平縣東北安字朱脫趙增據官本上云下同今此處無安字必轉寫脫去也今爲增入世謂之大籠川官本曰按近刻訛作山　案朱訛山趙改水刊誤曰山當作水東南流逕令支城西西南流與新河合南流注于海官本曰按近刻脫注字　案朱脫趙增入

字刊誤曰南流下落入字漢書地理志校補地理志曰緩虛水與封大水皆南入海新河又東與素河會謂之白水口水出令支縣之藍山朱無水字趙增刊誤曰出上落水字南合新河又東南入海新河又東至九濄口官本曰按濄近刻作過案朱同趙改刊誤曰濄當作渠枝分南注海新河又東逕海陽縣故城南漢高祖六年封搖毋餘爲侯國趙釋曰全氏曰按搖毋餘南粤將豈有嶠外之產而封之遼海者故索隱曰是南越縣志誤是矣魏土地記曰令支城南六十里有海陽城者也新河又東與清水會水出海陽縣東南流逕海陽城東又南合新河又南流朱趙有一字十許里西入九濄注海朱濄作過趙改增口字刊誤曰箋曰一作煱按非也其字从水作濄不从火作煱魏書毋邱儉傳正始中儉以高句驪數侵叛督諸軍步騎萬人出元菟從諸道討之句驪王宮將步騎二萬人進軍沸流水上大戰梁口宮連破走儉遂束馬縣車以登丸都注云梁音遏梁字無遏音蓋誤文也冊府元龜作渠口云音過梁與渠遏與過皆以形似致誤海陽城漢縣屬遼西郡今永平府盧龍縣地舊志云州接薊門東達渝關渝關今山海關仲恭蓋由此越險以伐高句驪也沸流水丸都城在朝鮮京畿道東北遼史地理志淥州鴨淥軍節使正州本沸流王故地爲公孫康所併渤海置沸流郡有沸流水是也然而其事有可疑者沸流水在漢元菟郡而丸梁口則在遼西郡仲恭進兵與高麗大戰焉有引之反入內地之理史文如是難以意度也或于文當云句驪王宮將步騎二萬人大戰梁口進軍沸流水上

官連破走于事方合丸瓚下落口字新河東絕清水又東木究水出焉孫校曰木究水地理志作下官水南入海新河又東左迤爲北陽孤淀官本曰按北近刻訛作孔　案朱作爲孔陽孤淀名趙改與北陽孤淀合刊誤曰箋曰宋本無名字按永平府志引此文作左迤與北陽孤淀合今校正淀水右絕新河官本曰按近刻脫淀水二字右上衍名字　案朱趙無二字名字說見上南注海新河又東會于濡濡水又東南至絫縣碣石山文穎曰碣石在遼西絫縣王莽之選武也絫縣幷屬臨渝王莽更臨渝爲馮德官本曰按馮近刻訛作憑　案朱趙作憑地理志曰大碣石山在右北平驪成縣西南王莽改曰揭石也官本曰按揭近刻作碣　案朱同趙改刊誤曰漢書地理志右北平郡驪成大碣石山在西南莽曰揭石師古曰揭音桀趙釋曰禹貢碣指曰山有名同而絫之以大小者驪成之山稱大碣石必有小碣石在蓋卽絫縣海旁之石矣酈道元旣宗文穎以爲碣石在絫縣又引驪成大碣石以證之若以其山爲跨二縣之境也者今按濡水從塞外來東南流逕樂安亭南東與新河故瀆合又東南至絫縣碣石山而南入于海樂安亭者蓋卽今樂亭縣東北之樂安故城也絫縣在其南驪成在其西據濡水歷亭南而東又東南至碣石則碣石在亭之東南與驪成之大碣石相去闊絕安得連爲一山郭璞注山海經曰碣石在臨渝或云在驪成蓋兩存之畧謂在臨渝者爲是也文穎以建安時正班固之碣石猶王橫以新莽時正史遷之禹河也漢武帝亦嘗登之以望巨海而勒其石于此今枕海有石如甬朱作埇箋曰宋本作甬趙改甬道數十里當山頂

有大石如柱形往往而見立于巨海之中潮水大至則隱官本曰按近刻脫此二字　案朱脫趙增刊誤曰大至下落則隱二字全氏校增及潮波退不動不沒不知深淺世名之趙有曰字天橋柱也狀若人造要亦非人力所就韋昭亦指此以爲碣石也三齊略記曰始皇于海中作石橋海神爲之豎柱始皇求與朱作爲箋曰爲當作與趙改與相見神曰我形醜莫圖我形當與帝相見乃入海四十里見海神左右莫動手工人潛以腳畫其狀神怒曰帝負約速去始皇轉馬還前腳猶立後腳隨崩僅得登岸畫者溺死于海衆山之石皆傾注今猶岌岌東趣疑即是也濡水于此南入海而不逕海陽縣西也蓋經誤證耳又按管子齊桓公二十年征孤竹未朱作來箋曰管子作未趙改未至卑耳之溪十里闟朱作闔箋曰管子作闟趙改闟然止瞠然視援弓將射官本曰按援近刻訛作授　案朱訛趙改引而未發謂左右曰見前乎左右對曰不見

公曰寡人見長尺而人物具焉冠右袪衣走馬前豈有人若此乎管仲對曰臣聞豈山之神有偷兒官本曰按管子作登山之神有俞兒　案朱同　官本箋曰管子作俞兒趙豈改登偷改俞長尺人物具霸王之君興則豈山之神見且走馬前走導也袪衣示前有水右袪衣示從右方涉也至卑耳之溪有贊水者從左方涉其深及冠右方涉其深至趙作及膝已涉大朱趙作陸朱箋曰古本作大濟桓公拜曰仲父之聖至此朱無至字箋曰宋本作仲父之聖至此趙增寡人之抵朱作私箋曰私管子作抵趙改抵罪也久矣今自孤竹南出則巨海矣而滄海之中山望多矣然卑耳之川若贊溪者亦不知所在也趙釋曰一清按史記齊世家云桓公稱曰寡人南伐召陵望熊山北伐山戎離枝孤竹西伐大夏涉流沙束馬懸車登太行至卑耳山還正義云卑音辟是也索隱曰卑耳山在河東大陽縣方輿紀要卑耳山在山西平陸縣東桓公西伐登太行卑耳宜在漢之大陽而道元以爲溪名記于濡水是因管子之文相仍書之兩地懸殊未知孰是也又按齊語云桓公懸車束馬踰太行與辟耳之谿拘夏韋昭曰拘夏辟耳山之谿也豈亦贊谿之異名乎昔在漢世海水波襄吞食地廣當同

碣石苞淪洪波也

大遼水出塞外衛白平山趙釋曰一清按山海經海內東經曰遼水出衛皋東郭註云出塞外衛皋山似合白平二字爲一孫校曰白平疑皋之誤東南入塞過遼東襄平縣西朱箋曰𤂶按此西字舊本作注誤今改正

遼水亦言出砥石山官本曰按砥近刻訛作砇當作砥淮南子地形訓遼出砥石篇海類篇俱云砥 案朱訛趙改刊誤曰砇同砥自塞外東流直遼東之望平縣西王莽之長說也

屈而西南流逕襄平縣故城西秦始皇二十二趙作一年滅燕置遼東郡治此漢高帝八年封紀通爲侯國趙釋曰全氏曰紀通所封之襄平不在遼東索隱曰是臨淮地理志臨淮郡襄平縣侯國王莽之昌平也故平州治又南逕遼隊縣故城西官本曰按近刻南訛作東隊訛作隧趙同朱箋曰舊本無又東逕三字吳本增之 案朱王莽更名之曰順睦也官本曰按睦近刻訛作陸 案朱訛趙改公孫淵遣將軍畢衍拒司馬懿于遼隊即是處也官本曰按此下近刻有遼水又南歷縣有小遼水其流注之也十五字 案朱趙有朱作其趙改共刊誤曰其當作共

又東南過房縣西

地理志朱趙有曰字房故遼東之屬縣也朱趙無也字遼水右會白狼

水朱水下有又字趙刪刊誤曰又字衍文孫潛校水出右北平白狼縣東南官本曰按近刻此下有廣成縣三字係衍文　案朱南下有三字箋曰謝云南下當有逕字趙依增逕字北流西北屈逕廣成縣故城南王莽之平虜也俗謂之廣都城又西北石城川水注之水出西南石城山東流逕石城縣故城南地理志朱趙有曰字右北平有石城縣北屈逕白鹿山西即白狼山也魏書國志曰遼西單于蹋頓尤強為袁氏所厚故袁尚歸之數入為害公出盧龍塹山堙谷五百餘里未至柳城二百里尚與蹋頓將數萬騎逆戰公登白狼山望柳城卒與虜遇乘其不整縱兵擊之虜衆大崩斬蹋頓胡漢降者二十萬口英雄記曰曹操于是擊馬鞍于馬上作十片即于此也博物志曰魏武于馬上逢獅子使格之朱無逢獅子三字趙增刊誤曰於馬上下博物志有逢獅子三字今校補殺傷甚衆朱作其抱改甚刊誤曰其博物志作甚王乃自率常從健兒朱趙自作統趙刊誤曰箋曰統宋本作自按統字義自得數百人擊之獅子吼呼奮越官本曰按吼近刻作哮　案朱趙作哮左右咸驚王忽見一物從林

中出如經超上王車軛上獅子將至此獸便跳上獅子頭上獅子卽伏不敢起于是遂殺之得獅子而還未至洛陽四十里洛中雞狗皆無鳴吠者也官本曰按洛中近刻訛作洛陽朱訛趙改刊誤曰陽博物志作中 案其水又東北入廣成縣東注白狼水白狼水北逕白狼縣故城東官本曰按近刻脫故字 案朱脫趙增刊誤曰縣下落故字王莽更名伏狄白狼水又東趙刊誤曰箋曰又古本作入按又字不誤方城川水注之水發源西南山下官本曰按源近刻訛作川朱訛趙改刊誤曰川當作源 案東流北屈逕一故城西官本曰按近刻脫東字 案朱趙無世謂之雀目城東屈逕方城北東入白狼水白狼水又東北逕昌黎縣故城西地理志曰交黎也東部都尉治王莽之禽虜也應劭曰今昌黎也趙釋曰一清案續志無昌黎縣晉志以為魏置魏書三少帝紀正始五年九月鮮卑內附置遼東屬國立昌黎縣以居之今以仲瑗之言考之則東京已有是縣旋廢而魏復立之宋琬曰後漢志作昌遼或黎字之誤非也通鑑註昌黎漢交黎縣屬遼西郡而後漢屬遼東屬國都尉魏立昌黎郡後立昌黎郡章懷後漢書註夫黎縣屬遼東屬國寰宇記扶黎城在柳城縣東扶黎之名不見史志然必有據也高平川水注之水出西北平川東流逕倭城北北蓋倭地人

徙之官本曰按近刻訛作蓋委也人從之　案朱訛趙改刊誤曰箋曰蓋委以下六字有譌脫按孫潛校改作蓋倭地人徙之又東南逕乳
樓城北蓋逕戎鄉邑兼夷稱也官本曰按近刻訛作之　案朱趙作之又東南注
自狼水自狼水又東北自魯水注之水導西北
遠山朱無水字趙增刊誤曰導上落水字東南注自狼水自狼水又東北
逕龍山西燕慕容皝朱作晃趙改皝下刊誤曰箋曰克家云別本作皝按史作皝當據史改正何別本之足云以柳
城之北龍山之南福地也使陽裕築龍城改柳城爲龍城縣十
二年黑龍白龍見于龍山皝親觀龍去二百步祭以太牢二龍
交首嬉翔解角而去皝悅大赦號新宮曰和龍宮立龍翔祠于
山上自狼水又北逕黃龍城東十三州志曰遼東屬
國都尉治昌遼道有黃龍亭者也官本曰按遼近刻訛作黎　案朱訛趙改趙釋曰一清按續志遼東屬國劉昭補註
曰故邯鄉西部都尉安帝時以爲屬國都尉別領六城首曰昌遼故天遼而前志又無天遼之目魏營州刺史治魏土地記
曰黃龍城西南有自狼河東北流附城東北下
即是也又東北濫真水出西北塞外東南歷重

山東南入白狼水白狼水又東北出東流分爲二水官本曰按近刻脫分字案朱脫趙增刊誤曰東流下落分字孫潛校增右水疑卽渝水也地理志曰渝水首受白狼水趙釋曰一清按漢志遼西郡臨渝縣渝水首受白狼東入塞外交黎縣渝水首受塞外南入海道元以爲卽是一水又右北平郡字縣渝水出東今字縣不知所在文獻通考貞觀二十一年李勣破高麗于南蘇班師至頗利城渡白狼黃巖二水皆由膝以下勣怪二水狹淺問契丹遼源所在云此二水更行數里合而南流卽稱遼水更無遼源可尋也西南循山逕一故城西世以爲河連城官本曰按近刻循訛作巡脫西字世字案朱趙作巡朱無西世二字趙增西字刊誤曰故城下落西字孫潛校增疑是臨渝縣之故城王莽曰馮德者矣官本曰按近刻馮訛作憑案朱訛趙改渝水南流東屈與一水會世名之曰檻倫水蓋戎方之變名耳趙釋曰一清按通鑑檻盧城下註引此文方輿紀要檻盧城在凡城東城在水傍故曰檻盧疑卽地理志所謂侯水北入渝者也十三州志曰侯水南入渝地理志蓋言自北而南也官本曰按蓋言近刻訛作言蓋案朱趙同又西南流注于渝渝水又東南逕一故城東俗曰女羅城又南逕營邱城西營邱在齊而名之于遼燕之間者蓋燕齊遼迥趙刊誤曰箋曰迥宋本作

遼舊本作迴按增韻迴寥遠也與遼字義無別若作迴尤非 僑分所在 趙釋曰方輿紀要營邱城在營州南五代志纂容厲以宥州流入置營邱郡治武寧縣後魏郡
縣俱廢正光末復置領富平永安二縣高齊時唐契丹重熙初析霸城置營邱縣蓋因故郡爲名也 其水東南入海地理
志曰渝水自塞外南入海 官本曰按近刻脫外字 案朱脫趙增刊誤曰漢書地理志遼西郡交黎縣下云渝
水首受塞外南入海落外字 一水東北出塞爲白狼水又東南流至
房縣注 朱作至箋曰當作注趙改注 于遼魏土地記曰白狼水下入
遼也
又東過安市縣西南入于海
十三州志曰 官本曰按近刻脫曰字 案朱脫趙增刊誤曰志下落曰字 大遼水自塞外 官本曰按
近刻脫外字 案朱脫趙增刊誤曰塞下落外字 西南至安市入于海
又玄菟高句麗縣有遼山小遼水所出
縣故高句麗胡之國也 官本曰按胡近刻訛作相 案朱訛趙改刊誤曰漢書地理志玄菟郡高句驪縣應劭曰故句驪胡相字誤也
漢武帝元封二 趙作三 年平右渠置玄菟郡于此王莽之下句麗
水出遼山西南流逕遼陽縣與大梁水會水出

北塞外西南流至遼陽入小遼水（官本曰按近刻訛作西南流逕至遼水　案朱同趙改逕至爲注刊誤曰逕至二字是注字之誤）故地理志曰大梁水西南至遼陽入遼郡國志曰縣故屬遼東後入玄菟　其水西南流故謂之爲梁水也小遼水又西南逕襄平縣爲淡淵晉永嘉三年涸小遼水又逕遼隊縣（官本曰按近刻訛作逕襄平縣　案朱趙同）入大遼水（官本曰按遼近刻訛作梁　案朱趙作梁）司馬宣王之平遼東也斬公孫淵于斯水之上者也

西南至遼隊縣入于大遼水也（官本曰按此十二字近刻在前接小遼水所出下係後人移改　案朱同趙改刊誤曰柳僉鈔本此十二字經文另爲一條在本注之後又隊朱趙作隧）

浿水出樂浪鏤方縣東南過臨浿縣（官本曰按近刻過下衍于字　案朱趙同趙釋曰一清按兩漢志晉志魏志隋五代志俱無臨浿縣未知從何得名此卷中之大可疑者）東入于海

許愼云浿水出鏤方東入海一曰出浿水縣十三州志曰浿水縣在樂浪東北鏤方縣在郡東

蓋出其縣南逕鏤方也官本曰按南近刻訛作而又此句下原本空一字朱謀㙔引謝耳伯云宋本原缺十二字 案朱趙南作而趙釋曰朱謀㙔箋曰謝云此下宋本原缺十二字昔燕人衞滿自浿水西至朝鮮官本曰按西近刻訛作而 案朱訛趙改刊誤曰而當作西孫潛校改朝鮮故箕子國也箕子教民以義田織信厚約以八法而下知禁遂成禮俗戰國時滿乃王之都王險城地方數千里至其孫右渠漢武帝元封二趙作三年遣樓船將軍楊樸左將軍荀彘討右渠破渠于浿水遂滅之若浿水東流無渡浿之理其地今高句麗之國治余訪蕃使言城在浿水之陽趙釋曰一清按漢志遼東郡險瀆縣應劭註曰朝鮮王滿都也依水險故曰險瀆臣瓚曰王險城在樂浪郡浿水之東北自是險瀆也其水西流逕故樂浪朝鮮縣即樂浪郡治漢武帝置而西北流故地理志曰浿水西至增地縣入海又漢興以朝鮮爲遠循遼東故塞至浿水爲界考之今古于事差謬蓋經誤證也趙釋曰全氏曰按漢志東方之水不見于水經注者遼西郡新安平縣夷水東入塞外柳城縣馬首山在西南參柳水北入海狐蘇縣唐就水至徒河入海寰宇記彭盧水即唐就水後魏輿地圖風土記云水至徒河入海與地平故曰平盧今語訛爲彭盧絫縣下官水南入海又有碣石水賓水皆南入海

遼東郡居就縣室僞山室僞水所出北至襄平入梁也番汗縣沛水出塞外西南入海應劭曰汗水出塞外西南入海沓氏縣應劭曰沓水也師古曰凡言氏者皆謂因之而立名說文云沓語多沓沓也遼東有沓氏縣徐鉉曰語多沓沓若水之流然則本非水名也或曰非也三國志吳嘉禾二年謀討公孫淵陸瑁曰沓渚至淵道里尙遠漢沓氏縣西南臨海渚謂之沓渚泛海至遼沓渚其登涉之所也玄菟郡高句麗縣南蘇水西北逕塞外西蓋馬縣馬訾水近代謂之鴨綠江新唐書云馬訾水出靺鞨長白山色若鴨頭號鴨綠水隋元萬頃檄文曰不知守鴨綠之險高麗報曰謹聞命矣即此水也西北入鹽難水西南至西安平入海過郡二行一千一百里後漢書東夷傳句驪一名貊耳有別種依小水爲居因名曰小水貊章懷注引魏氏春秋曰遼東郡西安平縣北有小水南流入海樂浪郡含資縣帶水西至帶方入海吞列縣分黎山列水所出西至黏蟬入海行八百二十里此殆所云有小水四十八竝行三千四十六里者也不特此也武帝紀云元朔元年東夷薉君南閭等降以其地爲蒼海郡三年罷元封三年朝鮮降以其地爲樂浪玄菟臨屯真番郡臣瓚曰茂陵書臨屯郡治東暆縣去長安六千一百三十八里十五縣真番郡治霅縣去長安七千六百四十里十五縣昭帝紀云始元五年罷真番郡而臨屯之罷據范氏東夷傳亦在始元五年三郡既廢其地之水亦不復可問矣

水經注卷十四

水經注卷十五　長沙王氏校本

後魏酈道元撰

洛水　伊水　瀍水　澗水朱上有洛水二字趙同官本

洛水出京兆上洛縣讙舉山

地理志曰洛出冢嶺山山海經曰出上洛西山趙釋曰一清案此文在海內東經又曰讙舉之山洛水出焉趙釋曰一清案此文在中山經東與丹水合水出西北竹山東南流注于洛趙釋曰全氏曰桼丹水不入洛道元繆也洛水又東尸水注之官本曰案此八字原本及近刻並譌作經尸近刻譌作戸下同案朱譌趙改刊誤曰箋曰謝云戸一作尸案八字是注混作經水北發尸山官本曰案發上近刻衍出字作戸箋曰戸一作尸案山海經云尸案朱衍尸水出尸山南流注于洛水其中多美玉是知戸字譌也趙刪發存出戸改尸刊誤曰出發二字義複山海經曰尸水出尸山衍發字南流入洛洛水又東得乳水官本曰案此七字原本及近刻並譌作經案朱譌趙改刊誤曰七字是注混作經水北出良餘山南流注于洛官本曰案流近刻譌作南趙改刊誤曰下南字重文當作流案朱譌洛水又東會于龍餘之水官本曰案此十字原本及近刻並譌作經案朱譌趙改刊誤曰十字是注混作經水出蠱尾之

山官本曰案蠱近刻訛作蟲　案朱作蟲箋曰山海經作蠱尾蟲字似訛趙改蠱趙水出上有山海經曰四字東流入洛洛水又東官本曰案近刻脫一洛字　案朱脫趙增刊誤曰入洛下當重一洛字至陽虛山合朱箋曰宋本有于字趙增于字玄扈之水趙釋曰一清案山海經曰雒水東北流注於玄扈之水又曰陽虛之山臨于玄扈之水道元葢抄變其詞山海經曰洛水東北流注于玄扈之水官本曰案近刻脫此十五字　案朱趙無孫校曰玄扈水今俗曰黑澤水是也又曰自鹿蹏之山以至玄扈之山凡九山玄扈亦山名也而通與讙舉為九山之文焉故山海經曰此二山者洛間也是知玄扈之水出于玄扈之山蓋山水兼受其目矣　其水逕于陽虛之下山海經又曰官本曰案又字近刻訛在曰字下　案朱訛趙乙刊誤曰曰又二字當倒互陽虛之山臨于玄扈之水是為洛汭也河圖玉版曰倉頡為帝南巡朱箋曰宋本作隨帝山海經注引河圖但作為帝蓋為黃帝代巡也登陽虛之山臨于玄扈洛汭之水靈龜負書丹甲青文以授之即于此水也　洛水又東朱無洛水二字箋曰宋本也下有洛水二字趙增歷清池山官本曰案此句之下近刻有傍字　案朱趙有東合武里水水南出武里山東北流注于洛洛水又

東門水出焉官本曰案此八字原本及近刻並訛作經刊誤曰八字是注混作經孫校曰今志以爲門水無考　案朱訛趙改爾雅所謂洛別爲波也趙釋曰全氏曰波水見穀水注道元以門水當之恐非王伯厚亦云洛水又東要水入焉水南出三要山東北逕拒陽城西孫校曰然則城在今洛陽境中而東北流入于洛洛水又東與獲水合水南出獲輿山官本曰案輿近刻訛作與下同　案朱訛趙改刊誤曰與當作輿漢書地理志校正下獲輿川同孫校曰當即今孤山俗謂之備水也東北逕獲輿川世名之爲卻川孫校曰此即今俗稱八里乾澗水也東北流注于洛洛水又東逕熊耳山北趙刊誤曰九字是注混作經說又見下禹貢所謂導洛自熊耳官本曰案此十八字原本截上十五字訛作經下三字仍屬注文近刻截上九字訛作經下九字仍屬注文　案朱訛趙改博物志曰洛出熊耳蓋開其源者是也趙釋曰一清案漢志宏農郡上雒縣禹貢雒水出冢領山又云熊耳獲輿山在東北此即所謂連麓而異名也孫校曰文選注曰三輔三代舊事曰四皓秦時爲博士辟於上洛熊耳山西

東北過盧氏縣南孫校曰太平寰宇記盧氏縣本漢縣洛水經縣南兜牟山自商州洛南界邐迤向西卻入朱陽山在縣南一百四十里

洛水逕陽渠關北官本曰案此七字原本及近刻並訛作經又近刻陽作暘下同　案朱訛趙改刊誤曰七字是注混作經又朱趙作

陽下同說見下隝渠水南出隝渠山官本曰案南出近刻訛作出南案朱訛趙乙刊誤曰箋曰謝云陽一作隝案非也出南二字當倒互孫校曰隝渠疑即蔓朱山耳卽荀渠山也其水一源兩分川流半解一水西北流屈而東北入于洛山海經曰熊耳之山浮豪之水出焉西北流注于洛疑卽是水也荀渠蓋熊耳之殊稱若太行之歸山也故地說曰熊耳之山地門也朱箋曰案圖括地象云熊耳爲地門其精上爲璧附耳星也洛水出其間是亦總名矣其一水東北逕隝渠城西故關城也其水東北流注于洛洛水又東逕盧氏縣故城南官本曰案此十一字原本及近刻並訛作經案朱訛趙改刊誤曰十一字是注混作經竹書紀年晉出公十九年晉韓龍取盧氏城官本曰案龍今竹書紀年作龐又近刻脫取盧二字案朱作晉韓龍氏城箋曰竹書云晉韓龐取盧氏城趙依改王莽之昌富也有盧氏川水注之水北出盧氏山東南流逕盧氏城東東南流注于洛官本曰案近刻脫一東字南訛作而案朱趙少一東字朱作東而趙改而東刊誤曰東而二字當倒互孫潛校正又朱趙不重洛字以水字上屬洛水又東翼合三川官本曰案翼上近刻衍龍字案朱衍趙刪刊誤曰龍字衍文孫潛校

竝出縣之南山東北注洛開山圖曰盧氏山宜五穀可避水災亦通謂之石城山山在宜陽山西南千名之山咸處其內陵阜原隰官本曰案近刻訛作險案朱訛趙改刊誤曰險當作陘易以度身者也又有葛蔓谷水自南山流注洛水洛水又東逕高門城南孫校曰在今盧氏縣東即宋書所謂後軍外兵龐季明入盧氏進達高門木城者也洛水東與高門水合官本曰案此八字原本及近刻竝訛作經案朱訛趙改刊誤曰八字是注混作經水出北山東南流合洛水枝津水上承洛水東北流逕石勒城北又東逕高門城北東入高門水亂流南注洛洛水又東松陽溪水注之官本曰案陽近刻訛作楊下同又此十字原本及近刻竝訛作經案朱訛趙改刊誤曰十字是注混作經楊當作陽方輿紀要云寧縣西六十里有松陽關極險阨下松陽山同孫校曰今永寧縣西六十里有松陽關當與溪相近水出松陽山北流注于洛洛水又東逕黃亭南又東合黃亭溪水官本曰案亭近刻作城案朱同趙改刊誤曰城當作亭禹貢錐指校水出鵶鵐山山有二峯朱無山字趙增刊誤曰有上落山字峻極于天高崖雲舉亢九石

無階援徒喪其捷巧艱族謝朱作窮箋曰宋本作謝趙改謝其輕工及其長霄冒嶺
朱趙作顛趙刊誤曰箋曰顛一作嶺案顛字義通層霞冠峯方乃就辨優劣耳趙刊誤曰箋曰宋本作方可按乃字不誤故
有大小鵜鶘之名矣孫校曰鵜鶘山在今永寧縣西八十里溪水東南流歷亭下
謂之黃亭溪水又朱作而箋曰宋本作又趙改又東南入于洛水洛水
又東得荀公溪口官本曰案溪近刻訛作漢　案朱訛趙改刊誤曰箋曰孫云漢口當作澗口案當作溪口溪與漢近水
出南山荀公澗官本曰案近刻脫公字案朱脫趙增即廱季明所入荀公谷者
也孫校曰荀公谷在今永寧縣西南其水歷谷東北流注于洛水洛水
又東逕檀山南其山四絕孤峙山上有塢聚俗謂之檀山
塢義熙中劉公西入長安舟師所屆次于洛陽命參軍戴延之
官本曰案軍近刻訛作將　案朱訛趙改刊誤曰參將當作參軍晉書職官志諸公及開府從公爲持節都督增參軍爲六人延之時從宋武帝西入長安正居此職作西征記也延之名祚
見隋書經籍志與府舍人虞道元即舟遡流窮覽洛川欲知水軍可至之
處延之屆此而返竟不達其源也洛水又東庫谷水注
之官本曰案此九字原本及近刻並訛作經案朱訛趙改刊誤曰九字是注混作經水自宜陽山南三川並

發合爲一溪東北流注于洛洛水又東得鵜鶘水口水北發鵜鶘澗（官本曰案北發近刻訛作發北朱訛趙乙刊誤曰發北二字當倒互　案）東南流入于洛洛水又逕僕谷亭北左合北水水出北山東南流注于洛洛水又東俟谷水出南山北流入于洛洛水又東逕龍驤城北（孫校曰城在永寧縣西南四十里）龍驤將軍王鎮惡從劉公西入長安陸行所由（官本曰案行近刻訛作徑　案朱趙作徑）故城得其名　洛水又東左合宜陽北山水水自北溪南流注洛洛水又東廣由澗水注之水出南山由溪北流逕龍驤城東而北流入于洛洛水又東右得直谷水水出南山北逕屯城西北流注于洛水也

又東北過蠡城邑之南（孫校曰在今澠池縣西四十里）

城西有塢水（官本曰案近刻脫有字　案朱脫趙增刊誤曰城西下落有字）出北四里山上原

高二十五丈故黽池縣治南對金門塢水南五里舊宜陽縣治也洛水右會金門溪水水南出金門山孫校曰金門山見山海經在今宜陽縣西六十里北逕金門塢西北流入于洛洛水又東合款水其水官本曰案此二字近刻作一有字作有趙增水字刊誤曰有上落水字案朱一源並發兩朱作而箋曰宋本作兩川趙改兩川逕引謂之大款水也合而東南入于洛洛水又東黍良谷水入焉官本曰案良近刻訛作艮案朱訛趙改刊誤曰艮禹貢錐指作艮水南出金門山朱趙無水字開山圖曰山多重固在韓官本曰案山下近刻衍出字案朱衍趙刪刊誤曰出字衍文建武二年強弩大將軍陳俊官本曰案大近刻訛作偏案朱趙作偏趙釋曰一清案後漢書陳俊傳建武二年秋大司馬吳漢承制拜俊為彊弩大將軍注云偏將軍蓋誤也轉擊金門白馬皆破之卽此也而東北流注于洛洛水又東左合北溪南流入于洛也

又東過陽市邑南又東北過于父邑之南趙釋曰一清案寰宇記引此作文邑誤

太陰谷水南出太陰溪北流注于洛洛水又東合白馬溪水水出宜陽山〔朱趙不重水字〕澗有大石厥狀似馬故溪澗以物色受名也溪水東北流注于洛〔官本曰案東下近刻衍又字〕〔案朱作東又箋曰疑作又東趙改又東〕洛水又東有昌澗水注之水出西北宜陽山而東南流逕宜陽故郡南舊陽市邑也故洛陽都典農治此後改爲郡其水又南〔朱作東箋曰舊本作南趙改東南〕注于洛洛水又東逕一合塢南城在川北原上高二十丈南北東三箱天險峭絕惟築西面即爲固〔官本曰案固上近刻有合字 案朱趙有〕一合之名起于是矣劉曜之將攻河南也晉將軍魏該奔于此故于父邑也洛水又東合杜陽澗水〔官本曰案陽近刻訛作楊下同 案朱訛趙改刊誤曰楊禹貢錐指作陽下杜陽溪同〕水出西北杜陽溪東南逕一合塢東與槃谷水合亂流東南入洛洛水又東渠谷水出宜陽縣南女几山〔官本曰案此十五字原本及近刻截上六字訛作經下九字仍屬注文 案朱訛趙改刊誤曰箋曰謝云渠谷上下疑有闕案〕

無關文也六字是注混作經孫校曰山在今宜陽縣西東北流逕雲中塢左上迢遰層峻官本曰案左近刻訛作在　案朱訛趙改刊誤曰在當作左流煙半垂纓帶山阜故塢受其名渠谷水

又東北入洛水官本曰案近刻脫渠谷二字　案朱趙無

臧榮緒晉書稱孫登嘗經宜陽山作炭人見之與語登不應作炭者覺其情神非常咸共傳說太祖聞之使阮籍往觀與語亦不應籍因大嘯登笑曰復作向聲又爲嘯求與俱出登不肯籍因別去登上峯行且嘯如簫韶笙簧之音聲振山谷籍怪而問作炭人作炭人曰故是向人聲籍更求之不知所止推問久之乃知姓名余按孫綽之敘高士傳言在蘇門山又別作登傳孫盛魏春秋亦言在蘇門山又不列姓名阮嗣宗感之著大人先生論言吾不知其人既朱作即箋曰一作既趙改既神游自得不與物交阮氏尚不能動其英操復不識何人而能得其姓名

又東北過宜陽縣南孫校曰元和郡縣志河南壽安縣本漢宜陽縣地洛水西自福昌界流入福昌古宜陽地漢以爲縣

洛水之北有熊耳山雙巒競舉狀同熊耳此自別山不與禹貢導洛自熊耳同也孫校曰案山海經熊耳山在讙舉山東六百五十里則此熊耳是也尙書導雒自熊耳孔傳曰在宜陽之西然則道元之說未可據也昔漢光武破赤眉樊崇積甲仗與熊耳平即是山也山際有池池水東南流水側有一池世謂之澠朱趙作黽池矣又東南逕宜陽縣故城西謂之西度水又東南流入于洛洛水又東逕宜陽縣故城南官本曰案此十一字原本及近刻竝訛作經案朱訛趙改刊誤曰十一字是注混作經孫校曰城在今縣北十四里秦武王以甘茂爲左丞相曰寡人欲通三川窺周室死不朽矣茂請約魏以攻韓斬首六萬遂拔宜陽城故韓地也後乃縣之漢哀帝封息夫躬爲侯國趙釋曰全氏曰本傳及表是封宜陵屬杜衍杜衍南陽之屬縣也善長誤以爲宜陽城之西門赤眉樊崇與盆子及大將等奉璽綬劍璧處世祖不即見明日陳兵于洛水見盆子等謂盆子丞相徐宣曰不悔乎宣曰不悔上數曰卿庸中皦皦鐵中錚錚也洛水又東與厭染

之水合官本曰案染近刻訛作梁案朱訛趙改刊誤曰厭梁山海經作厭染水出縣北傅山朱作傳山趙改刊誤曰箋曰傳一作傅案山海經正作傅山朱氏何不據之改正乎大陂山無草木其水自陂北流屈而東南注世謂之五延水又東南流逕宜陽縣故城東東南流注于洛洛水又東南黃中瀾水出北阜二源奇發總成一川東流注于洛洛水又東祿泉水注之官本曰案近刻脫水字案朱脫趙增刊誤曰泉下落水字其水北出近溪官本曰案近刻訛作近出北溪案朱訛趙改刊誤曰近字與北字當互易下云水東出近川是其訛倒也洛水又東共水入焉水北出長石之山山無草木其西有谷焉厥名共谷共水出焉南流得尹溪口水出西北尹谷東南注之共水又西南與左瀾水會官本曰案共水又西南與近刻訛作其水右與西南案朱趙同水東出近川西流注于共水共水又南與李谷水合水出西北李溪東南注蓁水蓁水發源蓁谷西南流與李谷水合而西南流入

共水共水世謂之石頭泉 官本曰案近刻脫之字 案朱脫趙增 而南流注于洛洛水又東黑澗水南出陸渾西山 孫校曰水在今宜陽縣東北六十里 歷于黑澗西北入洛洛水又東臨亭川水注之水出西北近溪東南與長澗水會 官本曰案與下近刻衍湖字 案朱衍趙刪刊誤曰湖字衍文 水出北山南入臨亭水又東南歷九曲西而南入洛水也

又東北出散關南

洛水東逕九曲南 孫校曰今宜陽縣東三十里有九曲城 其地十里有坂九曲穆天子傳所謂天子西征升于九阿此是也洛水又東與豪水會水出新安縣密山 孫校曰密山見山海經 南流歷九曲東而南流入于洛洛水之側有石墨山 孫校曰元和郡縣志福昌縣古宜陽地漢以爲縣石墨山在縣西南三里 山石盡黑可以書疏故以石墨名山矣 洛水又東枝瀆左出焉 官本曰案此九字原本及近刻並訛作經 案朱訛趙改刊誤曰九字是注混作經 東出關絕

惠水又逕清女冢南冢在北山上耆舊傳云斯女清貞
秀古蹟表來今矣枝瀆又東官本曰案枝近刻訛作故下同案朱訛趙改刊誤曰故瀆當作枝瀆下同逕
周山上有周靈王冢皇覽曰周靈王葬于河南城西南周山
上蓋以王生而神故謚曰靈其冢人祠之不絕又東北逕
柏亭南皇覽曰周山在柏亭西北官本曰案北近刻訛作柏案朱訛趙改刊誤曰西柏當作西北謂
斯亭也又東北逕三王陵東北出官本曰案此下近刻衍焉字案朱同趙增穀水二字刊
誤曰東北出焉上全氏校增穀水二字趙釋曰一清案此文當與穀水篇注參證三王或言周景王悼王定王也魏
司徒公崔浩注西征賦云定當爲敬朱箋曰潘岳西征賦云咨景悼以迄丏政凌遲而彌季崔時所傳或作定悼故
云定當作景傳寫者又誤以景作敬耳敬王名匄安得疊言之理乎子朝作難西周政弱人荒悼敬二王與
景王俱葬于此故世以三王名陵帝王世紀曰景王葬于翟朱作
瞿箋曰一作翟泉趙改翟泉今洛陽太倉中大冢是也而復傳言在此所未詳
矣又悼敬二王稽諸史傳復無葬處今陵東有石碑錄赧王以
上世王名號考之碑記周墓明矣枝瀆東北歷制鄉朱作故趙

改枝刊誤曰故瀆當作枝瀆穀水注云洛水枝流入焉是也逕河南縣王城西歷郟鄏陌杜預釋地曰縣西有郟鄏陌謂此也枝瀆又北入穀蓋經始周啓瀆久廢不脩矣洛水自枝瀆又東出關惠水右注之世謂之八關水戴延之西征記謂之八關澤卽經所謂散關鄣自南山橫洛水北屬于河皆關塞也卽楊僕家僮所築矣惠水出白石山之陽東南流與瞻水合水東出婁涿之山而南流入惠水惠水又東南謝水朱箋曰山海經作謝水北出瞻諸之山東南流又有交觸之水北出廆山南流俱合惠水惠水又南流逕關城北官本曰案城北近刻訛作北城案朱趙同二十里者也官本曰案此有脫誤其城西阻塞垣東枕惠水官本曰案枕近刻訛作抗案朱訛趙改刊誤曰抗當作枕靈帝中平元年以河南尹何進爲大將軍率五營士屯都亭官本曰案近刻脫率字案朱脫趙增刊誤曰五營上落率字後漢書何進傳校補置函谷廣城伊闕大

谷轘轅旋門小平津孟津等八關官本曰案函谷下近刻衍關字關亦訛作闕復脫小字 案朱關字不誤餘同趙刪增刊誤曰函谷關關字衍文平津上落小字後漢書靈帝紀校正都尉官治此函谷爲之首在八關之限孫校曰八關在今新安縣東北函谷新關在縣東八里故世人總其統目有八關之名矣其水又南流入于洛水山海經曰自石之山惠水出其陽而南流注于洛謂是水也洛水又與號水會水出扶豬之山官本曰案扶豬近刻訛作林楮 案朱趙同朱箋曰山海經曰扶豬之山號水出焉趙釋曰一清案山海經作扶豬北流注于洛水之南官本曰案之近刻作其 案朱趙同則鹿蹏之山也世謂之非山也官本曰案此下近刻衍也字 案朱衍趙刪其山陰則峻絕百仞陽則原阜隆平甘水發于東麓北流注于洛水也孫校曰今宜陽縣東南有鹿蹏山一名非山甘水出焉西有宜水又有昌谷水與甘水俱流入洛

又東北過河南縣南孫校曰元和郡縣志河南縣本漢舊縣洛水在縣北四里

周書稱周公將致政乃作大邑成周于中土南繫于洛水北因于郟山以爲天下之大湊孝經援神契曰八方之廣周洛爲中

謂之洛邑竹書紀年晉定公二十年洛絶于周魏襄王十九年洛入成周山水大出南有甘洛城郡國志所謂甘城也官本曰案志下近刻衍曰字案朱衍趙刪刊誤曰曰字衍文地記曰洛水東北過五零陪朱箋曰舊本作倍尾北與澗瀍合是二水東入千金渠故瀆存焉

又東過洛陽縣南伊水從西來注之

孫校曰元和郡縣志伊水在縣西南三里洛陽周公所營洛邑也故洛誥曰我卜瀍水東亦惟洛食其城方七百二十丈南繫于洛水北因于郟山以爲天下之湊方六百里因西八百里官本曰案近刻脱此三字案朱脱趙增方八百里四字刊誤曰因西下落方八百里四字漢書地理志云初雒邑與宗周通封畿東西長而南北短短長相覆爲千里師古曰宗周鎬京也方八百里八八六十四爲方百里者六十四也雒邑成周也方六百里六六三十六方百里者三十六二都得百里者方千里也故詩云邦畿千里爲千里春秋昭公二十二年官本曰案近刻訛作二十三年案朱訛趙改晉合諸侯大夫戍成周之城故亦曰成周也司馬遷自序云官本曰案近刻脱司馬二字案朱脱趙增刊誤曰遷上落司馬二字太史公留滯周南摯仲治曰古之周南今之洛陽漢高祖始欲都之感婁敬之言不日而駕行矣屬光武中興宸居

洛邑 趙刊誤曰箋曰宸一本作定案宸居猶言皇居也改作定非 逮于魏晉咸兩宅焉故魏略曰漢火行忌水故去其水而加佳魏為土德土水之牡也水得土而流土得水而柔除佳加水 趙釋曰一清案師古曰如魚氏說則光武以後改為雒字也 長沙耆舊傳云祝良字召卿 官本曰案召近刻訛作石　案朱訛趙改刊誤曰石卿黃省曾本作召卿後漢書順帝紀云祝良為九真太守章懷註曰良字劭卿長沙臨湘人又龐參傳章懷注引謝承書云祝良字召卿長沙人聰明博學有才幹以廉平見稱也 為洛陽令歲時亢旱天子祈雨不得良乃曝身階庭告誠引罪自晨至中 官本曰案近刻作午　案朱趙作午 紫雲水起 官本曰案近刻作沓起　案趙作沓 甘雨登降人為歌曰天久不雨烝人失所天王自出祝令特苦精符感應滂沱下雨 趙釋曰全氏曰下有脫文 則縣司及河南尹治司隸周官也 趙釋曰一清案續漢書百官志曰司隸校尉本注曰孝武初置劉昭補注引荀綽晉百官表注曰司隸校尉周官也征和中依周置司隸周無司隸豈即司寇乎 漢武帝使領徒隸董督京畿後因名司州焉 官本曰案近刻脫後字　案朱脫趙增後世二字刊誤曰因名上落後世二字全氏校增 地記曰洛水東入于中提山閒東流會于伊是也昔黃帝之時天大霧三日帝遊洛水之上見大魚殺 朱趙作煞 五牲以醮之天乃甚雨七日七夜魚流始得圖

氏縣治故滑費春秋滑國所都也王莽更名中亭卽緱氏城也城有仙人祠謂之仙人觀　休水又西轉北屈逕其城西　水之西南有司空密陵元侯鄭袤廟碑　官本曰案元近刻訛作光脫袤字　案朱訛脫趙改增刊誤曰鄭下落袤字光當作元晉書校　文缺不可復識又有晉城門校尉呂原恭侯鄭仲林碑晉泰始六年立　官本曰案泰近刻訛作皇　案朱趙作皇趙釋曰一清案晉武帝改元泰始無皇始之號皇始是秦王苻健魏主珪紀年蓋道元誤記也　休水又北流注于洛水洛水又東逕百谷塢北戴延之西征記曰塢在川南因高　朱作而箋曰宋本作高趙改高　爲塢高　朱趙有一字　十餘丈劉武王西入長安舟師所保也　官本曰案保近刻訛作堡　案朱趙作堡　洛水又北陽渠水注之　官本曰案此九字原本及近刻竝訛作經　案朱訛趙改刊誤曰九字是注混作經　竹書紀年晉襄公六年洛絕于洞卽此處也　洛水又北逕偃師城東東北歷鄩中　孫校曰左傳昭二十三年正月郊鄩潰杜注河南鞏縣西南有地名鄩中　水南謂之南鄩　官本曰案此下近刻有中水之南鄩五字係衍文　案朱衍趙刪刊誤曰中水之南鄩五字重文宜衍　亦曰上鄩也　逕訾城西司馬彪所謂訾聚也而鄩水注之　孫校曰郡國志鞏有鄩谷水　水出北山

鄩溪其水南流世謂之温泉水［朱作水泉趙改刊誤曰水泉二字當倒互］水側有僵人穴［官本曰案僵近刻訛作畺　案朱訛趙改刊誤曰箋曰畺一作薑案當作僵渭水注有僵人穴亦其類也且道元引西征記而又自爲之說朱氏豈不審耶］穴中有僵尸戴延之從劉武王西征記曰有此尸尸今猶在夫物無不化之理魄無不遷之道［官本曰案魄近刻作魂　案朱趙作魂］而此尸無神識事同木偶之狀喻其推移未若正形之速遷矣　鄩水又東南于訾城西北東入洛水　故京相璠曰今鞏洛渡北有鄩谷水東入洛謂之下鄩故有上鄩下鄩之名亦謂之北鄩于是有南鄩北鄩之稱矣又有鄩城蓋周大夫鄩肸之舊邑［官本曰案肸近刻訛作盻下同　案朱訛趙改］洛水又東逕訾城北又東羅水注之［官本曰案此十四字原本及近刻竝訛作經　案朱訛趙改刊誤曰十四字是注混作經］水出方山羅川［朱無水字趙增刊誤曰出上落水字　孫校曰今鞏縣有羅口保羅川在縣西南源出方山北入洛］西北流蒲池水注之水南出蒲陂［官本曰案近刻脫水字訛作出南浦波　案朱同箋曰疑脫水字趙增水字浦改蒲刊誤曰浦當作蒲上云蒲池水可證］西北流合羅水謂之長羅川［官本曰案近刻訛作長川羅　案朱訛趙乙刊誤曰川羅二字當互易河南郡志云長羅川在鞏縣西南］亦曰

羅中也蓋肸子鄩羅之宿居故川得其名耳朱肸作肹箋曰肹當作肸左傳昭二十三年王子朝入于王朝鄩羅納諸莊宮杜預云鄩羅周大夫鄩肸之子也羅水又西北白馬溪水注之水出嵩朱趙作崧下同山北麓逕白馬塢東而北入羅水西北流自桐澗水注之官本曰案桐近刻訛作相下同　案朱訛趙改刊誤曰白相孫潛校改白桐下同水出嵩麓桐溪北流逕九山東又北九山溪水入焉官本曰案山下近刻衍東字　案朱衍趙刪刊誤曰東字衍文孫潛校水出百稱山東谷其山孤峯秀出嶕嶢分立仲長統曰昔密有卜成者官本曰案卜成近刻訛作十城　案朱作卜城趙改卜成刊誤曰城孫潛校改成身遊九山之上放心不拘之境謂是山也山際有九山廟廟前有碑云九趙有山字顯靈府君者太華之元子陽九列名號曰九山府君也南據嵩岳北帶洛澨晉元康二年九月太歲在戊官本曰案此有脫誤近刻作太歲庚午考元康二年乃壬子也　案朱趙作庚午趙釋曰朱氏謀㙔箋云謝云一作太歲在戊案世譜晉元康二年太歲在壬子而用歷經推之是年九月乙亥朔無庚午日也帝遣殿中中郎將關內侯樊廣緱氏令王與主簿傅演官本曰案近刻脫主簿二字傅訛作傳　案朱脫訛箋曰宋本作緱氏令王與主簿傳演趙增改奉宣詔命興立廟殿焉又有

百蟲將軍顯靈碑碑云將軍姓伊氏諱益字隤敳帝高陽之第二子伯益者也朱箋曰史記秦本紀云顓頊之裔孫大業生大費佐舜調馴鳥獸是爲柏翳索隱云伯翳卽尙書之伯益列女傳云皋子五歲而贊禹曹大家注云皋子者皋陶之子伯益也此碑謂益字隤敳帝高陽之第二子與史記異左傳所記隤敳庭堅並高陽氏之子杜元凱左傳注又云皋陶字庭堅則父子同在八愷之中不應並時而舉也

晉元康五年七月七日順人吳義等建立堂廟永平元年二月二十日刻石立頌贊示後賢矣趙釋曰沈氏曰惠帝紀年先永平後元康如何後建廟先立石若云元魏之永平相去又遠後有永康永寧永興三元皆以永紀莫能定也其水東北流入白桐澗又北逕袁公塢東蓋公路始固有此也故有袁公之名矣北流注于羅水羅水又西北逕袁公塢北又西北逕潘岳父子墓前朱作子父趙乙刊誤曰子父二字當倒互有碑岳父茈瑯琊太守碑石破落文字缺敗岳碑題云給事黃門侍郎潘君之碑碑云君遇孫秀之難闔門受禍故門生感覆醢以增慟乃樹碑以記事太常潘尼之辭也羅水又于訾城東北入于洛水也

又東北過鞏縣東又北入于河孫校曰元和郡縣志鞏縣洛水東經洛汭北對琅邪渚入河謂之洛口太平寰宇記鞏縣黄河西自偃師界流入

洛水又東明樂泉水注之朱無水字趙增刊誤曰泉下落水字水出南原下三泉並導趙三改五刊誤曰三當作五下云世謂之五道泉可證也故世謂之五道泉即古明溪泉也春秋昭公二十二年師次于明溪者也洛水又東逕鞏縣故城南東周所居也本周之畿內鞏伯國也春秋左傳所謂尹文父朱箋曰一作公趙改公涉于鞏即于此也洛水又東濁水注之即古黄水也官本曰案黄近刻訛作湟 案朱趙作湟水出南原京相璠曰訾城北三里有黄亭即此亭也春秋所謂次于黄者也洛水又東北洞水發南溪石泉官本曰案洞近刻訛作洞下同 案朱訛趙改又下石泉下朱無水字趙增刊誤曰洞水當作洞水下石泉下落水字世亦名之爲石泉水也京相璠曰鞏東地名坎欿在洞水東疑即此水也又逕盤谷塢東世又名之曰盤谷水官本曰案盤近刻訛作鹽 案朱訛趙改刊誤曰鹽谷當作盤

谷　司馬彪郡國志鞏有坎欿聚春秋僖公二十四年王出及坎欿服虔亦以爲鞏東邑名也朱無服虔二字趙增刊誤曰亦以上落服虔二字黃省曾本校補今考厥文若狀焉而不能精辨耳晉大康地記晉書地道記竝言在鞏西非也其水又北入洛洛水又東北流入于河官本曰案此九字原本及近刻竝訛作經　案朱訛趙改刊誤曰九字是注混作經山海經曰洛水成皋西入河是也趙釋曰一清案山海經曰洛水出洛西山東北注河入成皋之西道元蓋鈔變其詞謂之洛汭卽什谷也故張儀說秦曰下兵三川塞什谷之口謂此川也史記音義曰鞏縣有鄩谷水者也朱箋曰史記張儀傳云塞斜谷之口徐廣音義曰斜一作尋成皋鞏縣有尋口黃帝東巡河過洛脩壇沈璧受龍圖于河龜書于洛赤文綠字官本曰案綠近刻訛作篆　案朱訛趙改刊誤曰篆起周宣蓋是綠字之誤堯帝又脩壇河洛擇良卽沈官本曰案脩近刻訛作循卽作議　案朱同趙改循不改議刊誤曰循當作脩路史校改榮光出河休氣四塞白雲起迴風逝赤文綠色廣袤九尺負理平上有列星之分七政之度官本曰案七近刻訛作什　朱訛趙改刊誤曰什當作七案帝王錄記興亡之數以授之堯官本曰案近刻脫堯字　案朱脫趙增刊誤曰之下脫堯字又東沈書于日稷

赤光起玄龜負書背甲赤文成字遂禪于舜舜又習堯禮官本曰案禮近刻作祀 案朱同趙改刊誤曰祀當作禮下云習禮堯壇沈書于日稷赤光起玄龜負書朱作位箋曰宋作負書趙改書至于稷下榮光休至黃龍卷甲舒圖壇畔赤文綠錯以授舜舜以禪禹殷湯東觀于洛習禮堯壇降璧三沈榮光不起黃魚雙躍出濟于壇黑烏以浴隨魚亦上趙作止化爲黑玉赤勒之書黑龜赤文之題也湯以伐桀故春秋說題辭曰河以道坤出天苞洛以流川吐地符趙釋曰全氏曰元文是河以通乾出天苞洛以流坤吐地符巛古坤字與上文複則知道坤二字是妄人所填寫王者沈禮焉竹書紀年曰洛伯用與河伯馮夷鬬蓋洛水之神也昔夏太康失政爲羿所逐其昆弟五人須于洛汭作五子之歌于是地矣

伊水出南陽魯陽縣西蔓渠山官本曰案近刻脫魯陽二字 案朱脫趙增刊誤曰當作南陽魯陽縣元和郡縣志引此文作南陽魯縣蓋亦脫陽字漢志南陽郡魯陽縣下云古魯縣續志云魯陽有魯山劉昭補註引前志曰古魯縣以相證春秋分記曰在夏爲魯縣劉累遷于魯漢爲魯陽是也說者謂地理志伊水出宏農盧氏熊耳山與水經何以有異不知南陽有二熊耳盧氏之外宜陽陝俱有之作水經者恐其混而無別乃據山經云蔓渠之山伊水出焉以立文又恐蔓渠之名不顯人或疑之

故云南陽魯陽縣西也盧氏熊耳山在魯陽縣之西縣西北九十里有歇馬嶺道出盧氏惟舉此爲名始無遊移矣不然淮南子以爲伊水出上魏山而括地志又有出鸞山一名悶頓嶺元和志則有出鸞掌山之別此水經之所以精覈而取校古書之所以可貴也世本水經注乃云出南陽縣西試思兩漢南陽郡治宛隋人始廢南陽郡改宛縣曰南陽縣至今因之在漢魏六朝無有是名也以胡東樵吳任臣之好辨悉心研究禹貢錐指山海經補註皆不能指其缺失信乎讀書之難也

山海經曰蔓渠之山伊水出焉淮南子曰伊水出上魏山地理志曰出熊耳山卽麓大同陵巒互別耳伊水自熊耳東北朱無伊字趙增刊誤曰水上落伊字逕鸞川亭北蔞水出蔞山北流際其城東而北入伊水世人謂伊水爲鸞水蔞水爲交水孫校曰見山海經故名斯川爲鸞川也又東爲淵潭潭渾若沸亦不測其深淺也伊水又東北逕東亭城南又屈逕其亭東東北流者也朱無北字箋曰宋本作東北流趙增北字

東北過郭落山

陽水出陽山陽溪世人謂之太趙作大陽谷水亦取

名焉東流入伊水〔朱箋曰山海經作北流〕伊水又東北鮮水入焉〔孫校曰見山海經〕水出鮮山北流注于伊伊水又與蠻水合水出盧氏縣之蠻谷東流入于伊

又東北過陸渾縣南〔孫校曰地理志宏農郡縣有陸渾元和郡縣志陸渾縣伊水在縣西南自虢州盧氏縣界流入伊陽縣本陸渾縣南界之地伊水在縣西南出鸞掌山東流〕

山海經曰滽滽之水出于釐山〔孫校曰釐山在今嵩縣西〕南流注于伊水今水出陸渾縣之西南王母澗澗北山上有王母祠故世因以名溪 東流注于伊水卽滽滽之水也伊水歷崖口山峽也翼崖深高壁立若闕崖上有塢伊水逕其下歷峽北流 卽古三塗山也杜預釋地曰山在縣南闞駰十三州志云山在東南今是山在陸渾故城東南八十許里周書武王問太公曰吾將因有夏之居南望過于三塗北瞻望于有河〔官本曰案近刻脫此二十七字 案朱趙無〕春秋昭公四

年司馬侯曰四嶽三塗陽城太室荊山中南九州之險也服虔曰三塗大行轘轅崤澠官本曰案近刻作黽案朱趙作黽非南望也京相璠著春秋土地名官本曰案近刻脫土字案朱脫又璠下有之字趙刪增刊誤曰之字衍文春秋下落土字亦云山名也以服氏之說官本曰案近刻作服氏之言云案朱趙同塗道也準周書南望之文輯釋曰一清案漢志註臣瓚引周書度邑篇曰武王問太公曰吾將有夏之居南望過于三塗北瞻望于有河冊府元龜引周書度邑曰武王問太公曰吾將因有夏之居也南望過于三塗北詹望于清河郎道元所稱引者或言宜爲轘轅大谷伊闕官本曰案近刻或訛作服谷訛作道案朱趙同皆爲非也春秋晉伐陸渾請有事于三塗知是山明矣有七谷水注之水西出女几山之南七溪山官本曰案几宋本作机近刻訛作桃案朱趙作机下同又趙以山字下屬釋曰一清案女几仙人姓名太霄經云朱中嘗以素書倚酒于女几家几盜寫學其術女几陳市酒婦也寰宇記陝縣女几山九州要紀云富祿縣有女几年八十居陳留沽酒得道後飛昇于此山蓋山因人得名後人加木作机非也富祿郎郡國志酒泉郡之福祿地理志曰祿福也上有西王母祠東南流注于伊水又北蚤谷水注之水出女几山之東谷東逕故亭南東流入于伊水伊水又東北逕伏流嶺東嶺上有崑崙祠民猶祈焉劉澄之永初記稱陸渾縣西有伏流

坂者也今山在縣南崖口北二十里許西則非也北與溫泉水合水出新城縣之狼皋山西南阜下官本曰案狼皋山西近刻作狼睪山之西　案朱同趙刪之字刊誤曰下之字衍文西南流會于伊水伊水又東北逕伏睹嶺左納焦澗水水西出鹿髆山官本曰案髆近刻訛作髆　案朱訛趙改東流逕孤山南官本曰案近刻脫逕字　案朱脫趙增刊誤曰箋曰宋本作孤山案東流下落逕字其山介朱箋曰一作分立豐上單秀孤峙故世謂之方山即劉中書澄之所謂縣有孤山者也東歷伏睹嶺南東流注于伊伊水又東北涓水注之水出陸渾西山即陸渾都也官本曰案陸渾下近刻衍山字都訛作者　案朱衍訛趙刪改刊誤曰山字衍文者當作都全氏校尋郭文之故居訪胡昭之遺像世去不停莫識所在朱箋曰晉書郭文字文舉河內軹人也少愛山水尙嘉遯父母服畢辭家遊名山洛陽陷乃步擔入吳興餘姚大辟山中而居焉魏志云胡昭字孔明潁川人居陸渾山中躬耕樂道以經籍自娛閭里敬而愛之寇賊到陸渾南長樂亭自相約誓言胡居士賢者也一不得犯其部落一川賴昭咸無怵惕其水有二源俱導而東注虢略在陸渾縣西九十里也司馬彪郡國志曰縣西虢略地官本曰案近刻訛作池　案朱虢作號地作池趙改刊誤曰箋曰號當作虢案池當作地春

秋所謂東盡虢略者也 朱盡下有于字趙刪刊誤曰于字衍文何焯校 北水東流合侯
澗水水出西北侯溪 官本曰案水近刻作澗 案朱同趙改又增西北二字刊誤曰澗當作水出下黃省曾本有西北二字
東南流注于涓水涓水又東逕陸渾縣故城北
平王東遷辛有適伊川見有被髮而祭于野者曰不及百年此
其戎乎魯僖公二十二年秦晉遷陸渾之戎于伊川 官本曰案秦近刻訛作春 案朱訛趙改刊誤曰春當作秦左氏傳校 故縣氏之也涓水東南流左合南水水
出西山七谷亦謂之七谷水阻澗東逝 官本曰案阻近刻作祖 案朱同趙改刊誤曰祖當作阻 歷其縣南又東南左會北水亂流左合
禪渚水 官本曰案水近刻訛作渚 案朱趙同孫校曰禪渚在陸渾縣東 水上承陸渾縣東禪
渚 趙渚改陂刊誤曰禪渚之渚當作陂 渚在原上 官本曰案在近刻訛作左 案朱訛趙改 陂方十里佳
饒魚葦 朱作蘆箋曰一作葦趙改葦 即山海經所謂南望禪渚禹父之所化郭
景純注云禪一音暖 官本曰案一字近刻訛在禪字上 案朱訛趙乙刊誤曰箋曰郭景純云墠音壇案今道元引郭注云禪一音暖足正世本之
誤一禪二字當倒互 鯀化羽淵而復在此然已變怪亦無往而不化矣世

謂此澤爲慎望陂陂水南流注于涓水官本曰案近刻訛作涓陽水下同案朱趙同涓水又東南注于伊水昔有莘氏女采桑于伊川得嬰兒于空桑中言其母孕于伊水之濱夢神告之曰臼水出而東走毋顧視而見臼水出焉告其鄰居而走顧望其邑咸爲水矣其母化爲空桑子在其中矣莘女取而獻之命養于庖長而有賢德官本曰案長而近刻訛作而長案朱訛趙乙刊誤曰而長二字當倒互殷以爲尹曰伊尹也

又東北過新城縣南

馬懷橋長水出新城西山東逕晉使持節征南將軍宗均碑南官本曰案宗近刻訛作宋案朱趙作宋均字文平縣人也其碑太始三年十二月立其水又東流入于伊又有明水孫校曰見山海經出梁縣西狼皋山官本曰案近刻作狼睪山案朱作睪趙改睪下同俗謂之石澗水也西北流逕楊亮壘南西北合康水水亦出狼皋山東北流逕范塢北朱趙不重水字與明水合官本曰案

近刻此下衍北汝二字　案朱同趙改北注無又字刊誤曰箋曰孫云汝字疑誤案孫云當作北注又西南流入于伊山海經曰放皐之山朱箋曰舊本作放睪郭景純注山海經放皐山云放或作効又作牧明水出焉南流注于伊水是也伊水又與大戟水會水出梁縣西朱趙水在西下朱梁作渠箋曰一作梁趙改梁有二源北水出廣成澤西南逕楊志塢北朱作出廣城西南西南逕楊志塢北趙改同官本刊誤曰城當作成廣成下落澤字西南二字重文宜衍與南水合水源南出廣成澤西流逕陸渾縣南官本曰案近刻訛作西流陸渾　案朱無逕縣南三字趙增刊誤曰西流下落逕字陸渾下落縣南二字孫潛校增河南十二縣境簿曰官本曰案近刻脫境字　案朱脫趙增刊誤曰縣下落境字後同廣成澤在新城縣界黃阜西北流屈而東逕楊志塢南官本曰案近刻脫志字　案朱脫趙增刊誤曰當作楊志塢落志字又北屈逕其塢東又逕塢北同注老倒澗俗謂之老倒澗水西流入于伊伊水又北逕新城東與吳澗水會水出縣之西山東流南屈逕其縣故城西又東轉逕其縣南故蠻子國也縣有鄤聚今名蠻中是也漢惠帝四年

置縣其水又東北流注于伊水伊水又北逕當階城西官本曰案近刻訛作又逕西北當階城西　案朱訛趙乙刊誤曰逕字當移在西北之下又朱趙北上並有西字大狂水入焉孫校曰狂枉也水獨西流失其性故為枉星衍說水東出陽城縣之大𦵔山官本曰案近刻訛作大苦口　案朱趙作大𦵔口孫校曰寰宇記引作大苦又作大𦵔山海經曰大𦵔之山多㻬琈之玉其陽狂水出焉西南流趙有注于伊水四字刊誤曰西南流下落注于伊水四字山海經校補其中多三足龜人食之者無大疾可以已腫狂水又西逕綸氏縣故城南竹書紀年曰楚吾得帥師及秦伐鄭圍綸氏者也左與倚薄山水合水北出倚薄之山南逕黃城朱箋曰舊本作城黃西又南逕綸氏縣故城東官本曰案近刻脫縣字　案朱脫趙增刊誤曰綸氏下落縣字而南流注于狂水狂水又西朱作東箋曰宋本作西趙改西八風溪水注之水北出八風山南流逕綸氏縣故城西官本曰案近刻脫縣故二字　案朱脫趙增刊誤曰綸氏下落縣故二字西南流入于狂水狂水又西得三交水口水有三源官本曰案三近刻訛作二　案朱訛趙改刊誤曰二當作三下云故世有

三交之名也可證各導一溪竝出山南流合舍（官本曰案此四字近刻訛作南合流三字 案朱趙不誤趙刊誤曰箋曰宋本作竝出山南合流衍一舍字案非也於文竝出山句南流合舍句宋本之妄不待言）故世有三交之名也（趙釋曰一清案寰宇記潁陽縣下引水經注云三交水石上菖蒲一寸九節爲藥最妙服久化仙校勘云案水經洛水注有三交水不見石菖蒲事恐近世水經本有脫遺耳）石上菖蒲一寸九節爲藥最妙服久化仙（官本曰案近刻脫此十六字 案朱趙無）其水西南流注于狂水狂水又西逕缶高山北西南與湮水合水出東北湮谷西南流逕武林亭東北又屈逕其亭南其水又西南逕湮陽亭東蓋藉水以名亭也又東南流入于狂狂水又西逕湮陽城南又西逕當階城南而西流注于伊伊水又北土（朱作上箋曰古本上溝一作上溝趙改土）溝水出玄望山西（官本曰案山西近刻訛作西山 案朱同箋曰一作山西趙改山西）東逕玄望山南又東逕新城縣故城北東流注于伊水伊水又北板橋水入焉水出西山東流入于伊水伊水又北會厭澗水水出西

山東流逕邥垂亭南〔朱箋曰邥音審〕春秋左傳文公十七年秋周甘歜敗戎于邥垂者也服虔曰邥垂在高都南杜預釋地曰河南新城縣北有邥垂亭司馬彪郡國志曰新城有高都城今亭在城南七里遺基存焉〔官本曰案近刻作猶在　案朱趙同朱箋曰一本有焉字〕京相璠曰舊說言邥垂在高都南今上黨有高都縣余謂京論疏遠未足以證無如虔說之指密矣〔官本曰案如虔近刻訛作知羣　案朱趙不誤〕其水又東注于伊水

伊水又北逕高都城東徐廣史記音義曰今河南新城縣有高都城竹書紀年梁惠成王十七年東周與鄭高都利者也又來儒之水〔官本曰案儒近刻作需　案朱趙作需下同孫校曰見山海經〕出于半石之山西南流逕斌輪城北西歷艾澗〔朱趙艾並作芟朱箋曰一作艾澗〕以其水西流〔官本曰案水字近刻訛在以其上　案朱趙同〕又謂之小狂水也〔孫校曰釋狂水真足啓予酈君可人〕其水又西南逕大石嶺南開山圖所謂大石山也山下有大石嶺碑河南隱士通明以漢靈帝中平六年八月戊辰

于山堂立碑文字淺鄙殆不可尋魏文帝獵于此山虎超乘輿孫禮拔劍投虎于是山山在洛陽南而劉澄之言在洛東北非也山阿有魏明帝高平陵王隱晉書曰惠帝使校尉陳總仲元詣洛陽山請雨總盡除小祀惟存大石而祈之七日大雨即是山也來儒之水又西南逕赤眉城南又西至高都城東西入伊水謂之曲水也

又東北過伊闕中

伊水逕前亭西左傳昭公二十二年官本曰案近刻訛作三十二年案朱同箋曰三十二年左傳作二十二年趙改晉箕遺樂徵右行詭濟師取前城者也官本曰案詭近刻訛作跪案朱作跪箋曰左傳跪作詭趙改詭京相璠曰今洛陽西南五十里伊闕外前亭矣服虔曰前讀為泉周地也伊水又北入伊闕昔大禹疏以通水兩山相對望之若闕伊水歷其閒北流故謂之伊闕矣春秋之闕塞也官本曰案近刻作焉案朱趙作焉昭公二十六年

後穀水注內摯仲治三輔決錄至我卜澗水東者是也原本及近刻並訛在此下又其上引山海經之文截取山海經曰北流注于穀九字重出于此今訂正　案朱下有山海經曰北流注于穀摯仲治三輔決錄注云馬氏兄弟五人共居穀澗二水之交作五門客因舍以為名今在河南西四十里以山海經推校里數不殊仲治所記水會尚有故居處斯則澗水也即周書所謂我卜澗水東言水者是也九十字趙刪山海經曰北流注于穀九字刊誤曰九字衍文穀澗趙作澗穀言水者是也趙作言是水者也餘同

東南入于洛

孔安國曰澗水出澠趙作黽下同池山今新安縣西北有一水北出澠池界東南流逕新安縣而東南流入于穀水安國所言當斯水也然穀水出澠池下合澗水得其通稱或亦指之爲澗水也並未之詳耳官本曰案近刻訛作詳之耳　案朱趙同今孝水東十里有水世謂之慈澗又謂之澗水按山海經則少水也而非澗水蓋習俗之誤耳孫校曰證古至酈君吾無間然又按河南有離山水謂之爲澗水水西北出離山東南流官本曰案此下近刻有注于離山澗水也又東南流共十一字係上下文訛舛致衍　案朱同趙止刪離山二字刊誤曰離山二字衍文歷郟山于穀城東而

南流注于穀舊與穀水亂流官本曰案此下近刻衍流同二字案朱衍趙刪流存同刊誤曰箋曰一作同流案全氏曰流字重文宜衍南入于洛今穀水東入于金渠澗水與之俱東入洛矣或以是水竝爲周公之所相卜也呂忱曰今河南死水官本曰案穀水注云南出爲死穀北出爲湖溝案朱死作使趙改刊誤曰使當作死卽死穀也見穀水篇孫校曰呂君云河南死水死古文伊字卽謂伊水耳酈君求一水以當之非也疑其是此水也官本曰案是下近刻衍卽字案朱趙有然意所未詳故竝書存之耳

水經注卷十五

水經注卷十六　長沙王氏校本

後魏酈道元撰

穀水　甘水　漆水

滻水　沮水趙沮作濜又下有補洛水三字

穀水出宏農黽池縣南墦冢林穀陽谷孫校曰通志永寧縣穀水所出元和郡縣志永寧縣漢澠池縣之西境穀陽山在縣西北五十里

山海經曰傅山之西有林焉曰墦冢穀水出焉東流注于洛其中多珚朱作珉箋曰山海經作珚御覽引作珚趙改珚玉今穀水出千崤東馬頭山穀陽谷官本曰按千近刻訛作于案朱趙作于東北流歷黽池川本中鄉地也漢景帝中二年官本曰按近刻脫中字二訛作三案朱趙同趙釋曰一清按漢志是景帝中二年初城徙萬戶爲縣官本曰按近刻脫城字縣字地理志黽池縣下云景帝中二年初城徙萬家爲縣案朱脫趙增刊誤曰漢書初下落城字爲下落縣字因崤黽之池以目縣焉亦或謂之彭池故徐廣史記音義曰黽或作彭穀水出處也官本曰按近刻脫出字案朱脫趙增刊誤曰穀水下落出字孫潛校增

穀水又東逕秦趙二城南司馬彪續漢書曰赤眉從
黽池自利陽南欲赴宜陽者也孫校曰元和郡縣志東城在澠池縣西十二里西城在縣西四十里世謂之
俱利城者彥曰官本曰按彥近刻訛作喭案朱訛趙改刊誤曰喭當作彥昔秦趙之會各據一城秦
王使趙王鼓瑟藺相如令秦王擊缶處也馮異又破赤眉于是
川矣故光武璽書曰始雖垂翅回溪終能奮翼黽池可謂失之
東隅官本曰按近刻作陽案朱趙作隅收之桑榆矣穀水又東逕土崤北趙刊誤曰
箋曰孫云土字疑誤蓋有東西二崤此或作西崤也按非也玉海云呂氏春秋九塞崤其一也
左傳晉敗秦師于殽公羊傳云殽之嶔巖穀梁傳云殽巖崟之下春秋正義曰俗呼為土殽石
殽其阸道在兩殽之間土字不誤所謂三崤也官本曰按三近刻訛作二案朱作二趙改三刊誤曰二當作三胡渭云河水篇云河之右則崤水
注之水出河南盤崤山東北流與石崤水合水出石崤山山有二陵南陵北陵也又云河水又
東千崤之水注之水南導于千崤之山即所謂三崤山也史記正義亦曰殽三殽山也在洛州
永寧縣西北二十八里北史崔宏傳云三崤地險人多寇刦指謂此也穀水又東左會北溪溪水北
出黽池山東南流注于穀官本曰按南近刻訛作西案朱訛趙改刊誤曰西當作南案疑即
孔安國所謂澗水也穀水又東逕新安縣故城
南北夾流而西接崤黽昔項羽西入秦坑降卒二十萬

于此國滅身亡宜矣榖水又東逕千秋亭南其亭累石爲垣世謂之千秋城也官本曰按近刻脫千秋二字　案朱趙無潘岳西征賦曰亭有千秋之號子無七旬之期謂是亭也又東逕雍谷溪朱逕下有于字趙刪刊誤曰于字衍文回岫縈紆石路阻峽故亦有峽石之稱矣榖水歷側官本曰按榖近刻訛作晉　案朱作晉趙改嵴刊誤曰晉當作嵴左與北川水合水有二源並導北山東南流合成一水自乾注巽入于榖榖水又東逕缺門山山阜之不接者里餘故得是名矣二壁爭高斗聳相亂西瞻雙阜右望如砥朱作始低箋曰一本作如砥趙改如砥榖水自門而東官本曰按門上近刻衍缺字　案朱趙有廣陽川水注之水出廣陽北山東南流注于榖榖南望微山雲峯相亂榖水又逕白超壘南官本曰按朱謀㙔云當作白起考元和志白超壘一名白超塢漢末黃巾賊起白超築此壘以自固朱氏說非也　趙刊誤曰箋曰白超字誤當作白起按非也元和郡縣志云白超故城一名白超壘一名白超塢漢末黃巾賊起白超築此以自固周書魏元傳除白超防主又隋韓擒虎嘗爲白超防主見其碑文蓋南北阻兵嘗爲戍鎮據此則非秦之白起明矣戴延之西征記云次至白超壘去函谷十五里築壘

當大道左右有山夾立官本曰按近刻訛作夾至　案朱作夾至箋曰宋本作浹至趙改浹至相去百餘步
從中出北乃故關城非所謂白超壘也是壘在缺門東朱趙有一字十
五里壘側舊有塢故治官所在官本曰按治官近刻訛作治宮　案朱訛趙改刊誤曰治宮當作治官下水治之治亦誤作治
魏晉之日引穀水爲水治官本曰按近刻訛作治　案朱訛趙改以經國用遺跡尚存官本
曰按近刻訛作有　案朱趙作有穀水又東石默溪水出微山東麓石
默溪東北流入于穀穀水又東宋水北流注于
穀穀水又東逕魏將作大匠毌邱興墓南官本曰按與下近刻
衍盛字下同　案朱趙有盛字下同趙釋曰一清按魏書毌邱儉傳及裴松之注引魏名臣奏議張既表俱作毌邱興無盛字二碑存焉儉父也管
輅別傳曰輅嘗隨軍西征過其墓而歎謂士友曰玄武藏頭青
龍無足白虎銜朱作衡箋曰衡魏志作銜趙改銜尸朱雀悲哭四危已備法應滅族
果如其言穀水又東逕函谷關南東北流皁澗水
注之水出新安縣東南流逕毌邱興墓東又南
逕函谷關西關高險陿官本曰按近刻訛作峽　案朱趙作陿路出廛郭漢元鼎三

年樓船將軍楊僕數有大功恥居關外請以家僮七百人築塞徙關于新安即此處也昔郭丹西入關感慨于其下曰不乘駟馬高車終不出此關也去家十二年果如志焉 皁澗水又東流入于穀穀水又東北逕函谷關城東右合爽水 官本曰按近刻訛作合桑爽之水 案朱趙同趙釋曰一清按山經桑爽二字不相連屬此是善長誤證 山海經曰自石山西五十里曰穀山其上多穀其下多桑爽水出焉 官本曰按爽下近刻衍之字 案朱同箋曰山海經穀山其上多穀其下多桑爽水出焉桑爽不得相連趙刪之字 世謂之紵麻澗 趙釋曰一清按此句是善長所增加非山經原文下百答水句同 北流注于穀 官本曰按此下近刻有山海經曰四字 案朱衍趙刪說見下 其中多碧綠 官本曰按近刻脫綠字 案朱脫趙增刊誤曰山海經曰四字重文宜衍碧下落綠字今校補 穀水又東澗水注之山海經曰婁涿山西四十里曰白石之山澗水出焉北流注于穀 官本曰按山海經曰北流注于穀九字原本及近刻又見澗水注內謂之八特坂下係重出衍文 案朱同趙刪彼存此 摯仲治三輔決錄注云馬氏兄弟五人共居澗穀二水之交作五門客因舍以爲名今在河南西四十里

以山海經推校里數不殊仲治所記水會尚有故居處斯則澗水也即周書所謂我卜澗水東言是水也官本曰按此七十九字原本及近刻並訛在澗水注內上連山海經曰北流注于穀九字接八特坂下今改正移于此又澗水東下近刻衍言水二字　案朱趙並在澗水注內朱末句作言水者是也趙刊誤曰箋曰御覽引此無言水二字按于文當作言是水者也孫潛校正自下通謂澗水爲穀水之兼稱焉官本曰按謂下近刻衍之字　案朱衍趙刪刊誤曰謂之之字羨文故尚書曰伊洛瀍澗既入于河而無穀水之目是名亦通稱矣劉澄之云新安有澗水源出縣北官本曰按近刻訛作北縣　案朱訛趙乙刊誤曰北縣二字當倒互又有淵水未知其源余考諸地記並無淵水但淵澗字相似時有字錯爲淵也故闞駰地理志曰禹貢之澗水是以知傳寫書誤字謬舛真澄之不思所致耳既無斯水何源之可求乎穀水又東波水注之山海經曰瞻諸山西三十里趙有曰字婁涿之山無草木多金玉波水出于其陰趙刊誤曰箋曰山海經作陂水按爾雅釋

水云水自洛出爲波今本山海經波字乃傳刻之誤世謂之百答水官本曰按世近刻訛作也朱作也箋曰疑作世趙改世 案北

流注于穀官本曰按此下近刻有山海經曰四字案朱衍趙刪刊誤曰四字重文宜衍其中多茈石文

石穀水又東少水注之山海經曰瘣山西三十

里曰瞻諸之山其陽多金其陰多文石少水出

于其陰控引衆溪積以成川趙釋曰一清按八字亦是善長所增加東流注

于穀世謂之慈澗也穀水又東俞隨之水注之

山海經曰平逢山西十里趙有曰字瘣山其陽多瑦趙作㻬

琈之玉俞隨之水出于其陰北流注于穀世謂

之孝水也潘岳西征賦曰澡孝水以濯纓嘉美

名之在茲趙釋曰一清按五臣注文選曰澡水經注作濟可見唐時官本原是濟字古隸齊作亝形與喿似故濟澡互異耳是水在

河南城西十餘里故呂忱曰孝水在河南而戴

延之言在函谷關西劉澄之又云出檀山官本曰按檀近刻訛

作擅下同案朱訛趙改刊誤曰擅當作檀檀山見洛水注檀山在宜陽縣西在穀水南無

南入之理 官本曰按上所引不言南入當有脫文 考尋茲說當承緣生述征謬誌耳緣生從戍行旅征途訊訪既非舊土故無所究今川瀾北注澄映泥濘何得言枯涸也 官本曰按上所引無枯涸之語當有脫文 皆爲疏僻矣

東北過穀城縣北

城西臨穀水故縣取名焉穀水又東逕穀城南不歷其北又東 官本曰按此下近刻衍逕字 案朱趙有逕字趙下增河南王城西五字刊誤曰洛水注云枝瀆東北歷制鄉逕河南縣王城西又北入于穀又東逕下落河南王城西五字 洛水枝流入焉今無水也

又東過河南縣北東南入于洛

河南王城西北 官本曰按近刻脫王字 案朱脫趙增刊誤曰河南下落王字 穀水之右有石磧磧南出爲死穀北出爲湖溝魏太和四年 官本曰按近刻訛作七年 案朱趙作七 暴水流高三丈 趙釋曰一清按魏書明帝太和四年九月大雨伊洛河漢溢流晉宋五行志並同無七年暴水事下云太和五年于九龍渠上立千金堨修張王故績則四年伊洛暴水爲是此七年當因下晉泰始七年大水暴出而誤也胡朏明曰按曹魏明帝元魏孝文皆有太和年號明帝之太和

終于六年故方輿紀要謂穀水入瀍經王城北自元魏時始瀍水出穀城山東南流至王城東北而南入洛周靈王雍穀使東注勢必與之合韋昭云穀在王城之北東入瀍是也其元魏所決者積北之湖水耳澗瀍之合不自元魏始也此地下停趙作渟流以成湖渚造溝以通水東西十里決湖以注瀍水穀水又逕河南王城西北官本曰按近刻脫西字　案朱趙無所謂成周矣公羊曰成周者何東周也何休曰名為成周者周道始成王所都也地理志曰河南河南縣故郟鄏地也京相璠曰郟山名鄏地邑也卜年定鼎朱卜訛十趙改刊誤曰十當作卜為王之東都謂之新邑是為王城其城東南名曰鼎門蓋九鼎所從入也故謂是地為鼎中楚子伐陸渾之戎問鼎于此述征記曰穀洛二水本于王城東北合流所謂穀洛鬭也今城之東南缺千步世又謂之穀洛鬭處俱為非也余按史傳周靈王之時穀洛二水鬭毀王宮王將堨之太子晉諫王不聽遺堰三堤尚存左傳襄公二十五年齊人城郟穆叔如周賀韋昭曰洛水在王城南穀水在王城北東入于瀍至靈王時穀水盛

出于王城西而南流合于洛兩水相格有似于鬬而毀王城西南也穎容朱趙有之字著春秋條例朱箋曰隋經籍志云漢公車徵士穎容著春秋釋例十卷言西城梁門枯水處世謂之死穀是也始知緣生行中造次入關經究故事與實違矣考王封周桓公于是爲西周及其孫惠公封少子于鞏爲東周故有東西之名矣秦滅周以爲三川郡趙釋曰全氏曰按秦本紀滅周在滅韓之後滅韓已置三川郡及滅周以其地幷入三川耳善長所言未覈項羽封申陽爲河南王漢以爲河南郡王莽又名之曰保忠信鄉官本曰按近刻訛作鄉 案朱趙作鄉趙釋曰一清按漢書王莽傳曰分三輔爲六都尉河東河內宏農河南穎川南陽爲六隊郡置大夫職如太守屬正職如都尉更名河南大尹曰保忠信鄉益河南屬縣滿三十置六郊州長各一人人主五縣及他官名悉改大郡至分爲五郡縣以亭爲名者三百六十以應符命也是莽所改是官名非地名且莽方營建東都欲宏其制豈肯改郡曰鄉鄉字是鄉字之誤地理志作鄉字道元又引之其由來舊矣光武都洛陽以爲尹尹正也所以董正京畿率先百郡也穀水又東流逕乾朱箋曰一作軋祭門北官本曰按王城北門曰乾祭門子朝之亂晉所開也趙釋曰全氏曰按晉未嘗開門是誤讀左傳而妄言之者東至千金堨河南十二縣境簿曰河南縣城東十五里有千金堨洛陽記曰千

金塌舊堰穀水魏時更脩此堰謂之千金塌積石爲塌而開溝渠五所謂之五龍渠渠上立塌塌之東首立一石人石人腹上刻勒云太和五年二月八日庚戌造築此塌更開溝渠此水衡渠上其水朱箋曰此有誤當云此水衡渠止其水趙依箋改助其堅也必經年歷世是故部立石人以記之云爾蓋魏明帝脩王張故績也官本曰按明近刻訛作文　案朱趙同趙釋曰何氏曰亭林云文當作明全氏曰太和是明帝年號亭林之言是也王即王梁張即張純塌是都水使者陳協所造官本曰按此下近刻衍也字　案朱趙有語林曰陳協數進阮步兵酒後晉文王欲脩九龍堰阮舉協文王用之掘地得古承水銅龍六枚堰遂成水歷塌東注謂之千金渠逮于晉世大水暴注溝瀆泄壞又廣功焉石人東脇下文云太始七年六月二十三日大水迸瀑官本曰按迸近刻訛作幷　案朱訛趙改刊誤曰名勝志引此文作迸瀑出常

流上三丈蕩壞二堨五龍泄水南注瀉下加歲久漱齧每澇即壞歷載消棄大功今故無令過官本曰按近刻作今故爲今堨朱謀瑋云宋本作捐棄大功故爲今堨皆係後人臆改 案朱同趙改從宋本更于西開泄名曰代龍渠地形正平誠得爲朱箋曰宋本作瀉趙改瀉泄至理千金不與水勢激爭無緣當壞由其卑下水得踰朱作輸箋曰宋本作踰趙改踰上漱齧故也今增高千金于舊一丈四尺五龍自然必歷世無患若五龍歲久復壞可轉于西更開二堨二渠合用二十三萬五千六百九十八功以其年十月二十三日起作功重人少到八年四月二十日畢代龍渠即九龍渠也趙釋曰全氏曰按五龍渠與九龍渠不同五龍渠即千金渠若九龍渠作于魏明帝青龍三年是時崇華殿災郡國九龍見明帝因更營九龍殿引穀水爲九龍池而築渠以堰之善長誤矣後張方入洛破千金堨永嘉初汝陰太守李矩汝南太守袁孚修之以利漕運官本曰按近刻脫此二十一字 案朱脫趙增破千金堨下更

有京師水碓皆涸六字刊誤曰全氏云張方破堨何以反云公私賴之據晉書李矩傳補京師水碓皆涸永嘉初汝陰太守李矩汝南太守袁孚修之以利漕運二十七字公
私賴之水積年趙釋曰一清按此處有脫文渠堨頹毀石砌殆盡遺
基見存朝廷太和中脩復故堨按千金堨石人
西脇下文云若溝渠久疏深引水者當于河南
城北石磧西更開渠北出使首狐邱官本曰按近刻訛作孤立案朱訛趙改
故溝東下因故易就磧堅便時事業已訖然後
見之加邊方多事人力苦少又渠堨新成未患
于水是以不敢預脩通之若于後當復興功者
宜就西磧故書之于石以遺後賢矣雖石磧淪
敗故跡可憑準之于文北引渠趙北上增穀水二字刊誤曰北上落穀水二字全氏校補
東合舊瀆舊瀆又東晉惠帝造石梁于水上官本曰按梁近刻訛作渠案朱訛趙改刊誤曰渠當作梁按橋西門之南頰文稱晉元康二
年十一月二十日改治石巷水門除豎朱作竪箋曰宋本作豎趙改豎

枋更爲函枋立作覆枋屋前後辟級續石障使南北入岸築治漱處破石以爲殺矣到三年三月十五日畢訖官本曰按近刻訛作記　案朱訛趙改刊誤曰記當作訖下弁紀之紀是記字弁紀趙改記說見上列門廣長深淺于左右巷東西長七尺南北龍尾廣十二丈巷瀆口高三丈謂之皐門橋官本曰按皐近刻作睪下同　案朱作睪趙改皐下同潘岳西征賦曰朱有又字趙刪刊誤曰又字羨文駐馬皐門官本曰按近刻訛作秣馬睪門　案朱趙作秣卽此處也穀水又東又結石梁跨水制城西梁也穀水又東左會金谷水水出太白原東南流歷金谷謂之金谷水官本曰按近刻脫谷字　案朱脫趙增刊誤曰當作金谷水落谷字東南流逕晉衞尉卿石崇之故居官本曰按此下近刻衍也字　案朱趙有石季倫金谷詩集敘曰余以元康七年從太僕出爲征虜將軍有別廬在河南界金谷澗中有清泉茂樹衆果竹柏藥草備具官本曰按近刻訛作蔽翳　案朱趙同朱箋曰此以上是金谷詩集敘文而宋本至今俱脫錯以第十七卷渭水又東過上邽縣注中渭水又東至郎洋水也北三百二十二字入此趙釋曰朱氏謀㙔箋曰此下宋本至今俱脫錯一清按此處失去一葉

無從補正中尉雖引季倫詩敘以補其缺軼而與下西北角之文終不屬也金谷敘爲晉長所裁取已非其舊故不錄金谷水又東南流入于穀穀水又東逕金墉城北魏明帝于洛陽城西北角築之官本曰按近刻脫金谷水至此句洛陽城止共二十六字 案朱趙無謂之金墉城官本曰按此下近刻有魏文帝三字係衍文 案朱趙有起層樓于東北隅趙釋曰寰宇記西京洛陽縣下云金墉城在故城西北角魏明帝所築也洛陽地圖云金墉城內有百尺樓一清按西北角之上當是敘洛陽故城今本失之又城爲明帝築則層樓不應云文帝起也蓋亦明帝之誤文晉宮閣名曰金墉有崇天堂卽此地上架木爲樹故白樓矣官本曰按白近刻訛作曰 案朱趙作曰皇居創徙宮極未就止蹕于此構宵樹于故臺所謂臺以停停也南曰乾光門夾建兩觀觀下列朱桁于塹以爲御路東曰含春門北有還門官本曰按還近刻訛作退 案朱訛趙改刊誤曰退門當作還門城上西面列觀五十步一睥睨屋臺置一鐘以和漏鼓西北連廡函蔭官本曰按近刻脫函字 案朱西誤函廡下脫函字趙刊誤曰函北當作西北連廡下落函字孫潛校正墉比廣榭官本曰按比近刻訛作北 案朱趙作北炎夏之日高視常以避暑官本曰按朱謀㙔云高視當作高歡考道元以孝昌中死高寶寅之亂安得及神武時事魏書高祖紀常幸洛陽視乃祖字之訛 案朱作視趙改祖刊誤曰箋曰視字誤當作高祖按非也何焯云道元卒于孝昌二年不及神武時全氏曰當作高祖卽後魏孝文帝也爲綠水池一所在金墉者也穀水

逕洛陽小城北因阿舊城憑結金墉故向城也官本曰按城近刻訛作地 案朱訛趙改刊誤曰地當作城永嘉之亂官本曰按近刻脫之字 案朱脫趙增刊誤曰永嘉下落之字結以爲壘號洛陽壘官本曰按號下近刻有曰字 案朱衍趙刪刊誤曰曰字衍文名勝志校故洛陽記曰陵雲臺西有金市金市北對洛陽壘者也又東歷大夏門下官本曰按北城之西頭曰大夏門 夏廈通故夏門也陸機與弟書云門有三層高百尺魏明帝造門內東側際城有魏明帝所起景陽山官本曰按明帝近刻訛作文帝下同 案朱趙作文下同餘基尚存孫盛魏春秋曰景初元年官本曰按近刻訛作黃初元年 案朱趙作黃明帝愈崇宮殿雕飾觀閣取白石英及紫石英及五色大石于太行穀城之山起景陽山于芳林園樹松竹草木捕禽獸以充其中于時百役繁興官本曰按時近刻訛作是 案朱趙作是帝躬自掘土率羣臣三公已下莫不展力趙釋曰全氏曰按孫盛之記事疏矣此乃明帝景初元年之事楊阜高堂隆交章爭之者也山之東舊有九江陸機洛陽記曰九江直作圓水水中作圓壇三破之夾水得相逕通東京賦曰官本曰按近刻脫東京二字 案朱趙無濯龍芳林九谷八溪芙蓉覆水秋蘭被涯官本曰按近刻訛作崖 案朱趙作崖

今也山則塊阜獨立江無復髣髴矣趙刊誤曰箋曰謝云詳上文當作九江或作溪谷按何焯云江可該九不煩增
改穀水又東官本曰按穀近刻訛作渠　案朱趙作渠枝分南入華林園歷疏
圃南趙刊誤曰疏亦作蔬二字通用圃中有古玉井井悉以珉玉爲之以緇石爲
口官本曰按緇近刻訛作錙　案朱訛趙改刊誤曰錙當作緇瀫水注云是洛陽八風谷之緇石也蓋黑石也趙釋曰一清按北堂書鈔引注作績石工作精密
猶不變古璨焉如新又逕瑤華宮南官本曰按近刻脫逕字　案朱脫趙增刊誤曰又下落逕字
歷景陽山北山有都亭官本曰按有近刻訛作在　案朱趙作在堂上結方湖湖中起
御坐石也御坐前建蓬萊山曲池接筵飛沼拂席南面射侯夾
席武峙背山堂上則石路崎嶇巖嶂峻險雲臺風觀纓巒帶阜
遊觀者升降阿閣官本曰按阿近刻訛作耶　案朱作耶箋曰疑作阿閣趙改阿出入虹陛望之狀鳧沒
朱箋曰古本作鳧沒一作鳥沒吳本改作鳧沒鸞舉矣其中引水飛臯官本曰按近刻訛作睪　案朱趙作睪傾瀾瀑
布或枉渚聲溜潺潺不斷竹柏蔭于層石繡薄叢于泉側微飈
暫拂則芳溢于六空實爲神居矣官本曰按實近刻訛作入　案朱訛趙改刊誤曰入當作實其水
東注天淵池池中有魏文帝九華臺官本曰按近刻訛作九花叢朱謀㙔云當作九華殿考臺以皇

初七年築臺殿原屬一地　案朱作九花叢趙改九華臺刊誤曰箋曰九花叢當作九華殿洛陽宮殿簿有明光殿式乾殿九華殿蔬圃殿而魏志曰青龍三年還洛陽復崇華殿改名九龍殿按非也程大昌演繁露云水逕洛陽天池池中有魏文帝九華樓樓字亦誤據魏書黃初七年三月築九華臺今校正殿基悉是洛中故碑累之今造釣臺于其上池南直魏文帝茅茨堂官本曰按直近刻訛作置　案朱訛趙改刊誤曰置當作直前有茅茨碑是黃初中所立也趙釋曰羊氏衒之洛陽伽藍記曰華林南有石碑一所魏明帝所立也題云苗茨之碑高祖子碑北作苗茨堂永安中莊帝馬射于華林園百官皆來讀碑疑苗字誤國子博士李同軌曰魏明帝英才世稱三祖公幹仲宣爲其羽翼但未知本意如何不得言誤也衒之時爲奉朝請因即釋曰以蒿覆之故曰苗茨何誤之有衆咸稱善以爲得其旨歸陳氏耀文天中記曰衒之魏人親釋苗茨之義道元謂黃初所立誤矣一清按天淵池黃初五年所穿九華臺黃初七年所築或茅茨堂亦丕所建特其碑是叡所立未可知也又李同軌以公幹仲宣羽翼明帝亦未是劉王皆丕客至叡時二人之骨朽久矣其水自天淵池東出華林園逕聽訟觀南故平望觀也魏明帝常言獄天下之命也每斷大獄恒幸觀聽之以太和三年更從今名朱箋曰唐六典云都官者本漢置司隸校尉屬官掌諸奴男女男子入於罪隸女子入於舂饎之事都官郎中掌配沒隸簿錄俘囚以給衣糧藥療以理訴競雪冤觀西北接華林隸簿昔劉楨磨石處也文士傳曰文帝之在東宮也宴諸文學酒酣命甄后出拜官本曰按出拜近刻訛作拜坐　案朱趙同坐者咸伏惟劉楨平視之官本曰按近刻訛作平仰觀之　案朱趙同太祖以爲不敬送徒隸簿後太

祖乘步牽車乘城降閱朱作闕趙改觀簿作諸徒咸敬而楨拒坐磨石不
動官本曰按拒坐未詳近刻作掘坐朱謀㙔云一作匡坐　案朱趙作掘坐趙刊誤曰箋曰一作匡坐案掘坐掘衣而坐作徒磨石故其坐若此若匡坐則正坐也何以磨石太
祖曰此非劉楨也趙刊誤曰箋曰也當作邪按閻若璩云唐韻正古也與邪通用晉書魏舒傳有主人婦夜產俄聞有車馬之音相問曰男也女也今
注中多以邪爲也　石如何性楨曰石出荊山玄巖之下外炳五色之章內
秉堅貞之志雕之不增文磨之不加瑩稟氣貞正稟性自然太
祖曰名豈虛哉復爲文學　池水又東流入洛陽縣之
南池官本曰按入近刻訛作于　案朱趙作于池即故翟泉也南北百一十步
東西七十步　皇甫謐曰悼王葬景王于翟泉今洛陽太倉
中大冢是也春秋定公元年晉魏獻子合諸侯之大夫于翟泉
始盟城周班固服虔皇甫謐咸言翟泉在洛陽東北周之墓地
今案周威烈王葬洛陽城內東北隅景王冢在洛陽太倉中翟
泉在兩冢之間側廣莫門道東建春門路北路即東宮街也于
洛陽爲東北後秦封呂不韋爲洛陽十萬戶侯大其城并得景

王冢矣是其墓地也及晉永嘉元年洛陽東北步廣里地陷有二鵝出蒼色者飛翔沖天白色者止焉陳留孝廉董養曰步廣周之翟泉盟會之地今色蒼胡象矣其可盡言乎後五年劉曜王彌入洛帝居平陽陸機洛陽記曰官本曰按近刻脫陽字曰字　案朱脫趙增刊誤曰箋曰脫一陽字按記下又脫一曰字黃省曾本校步廣里在洛陽城內宮東是翟泉所在不得于太倉西南也京相璠與裴司空彥季脩晉輿地圖作春秋趙有土字地名亦言今太倉西南池水名翟泉官本曰按池近刻訛作地　案朱訛趙改刊誤曰地當作池又曰舊說言翟泉本自在洛陽北萇宏城成周乃繞之官本曰按近刻脫城字　案朱無城字趙成改城杜預因其一證謂必是翟泉官本曰按近刻脫謂字　案朱脫趙增又上五翟字朱作狄趙改刊誤曰必是上落謂字狄泉當依傳文作翟泉而卽實非也後遂為東宮池晉中州記曰惠帝為太子出聞蝦蟇聲問人為是官蝦蟇私蝦蟇侍臣賈允對曰在官地為官蝦蟇在私地為私蝦蟇令曰若官蝦蟇可給廩先是有讖云蝦蟇當貴昔晉朝歿愍懷太子于後池卽是池也　其一水

自大夏門東逕宣武觀憑城結構不更增墉官本曰按增近刻訛作層　案朱訛趙改刊誤曰層當作增左右夾列步廊參差翼跂南望天淵池北矚宣武場竹林七賢論曰王戎幼而清秀魏明帝于宣武場上爲欄苞虎牙官本曰按近刻訛作阱　案朱趙作阱使力士袒裼迭與之搏縱百姓觀之戎年七歲亦往觀焉虎乘間薄欄而吼其聲震地觀者無不辟易顛仆戎亭然不動帝于門上見之使問姓名而異之場西故賈充宅地穀水又東逕廣莫門北官本曰按北城之東頭曰廣莫門漢之穀門也北對芒阜官本曰按芒邙古字通用　趙刊誤曰籤曰當作邙阜卽北邙也按北邙之邙亦作芒晉太安二年成都王穎自鄴舉兵內向帝軍于芒山以拒之是也下芒壟北芒竝如字連嶺脩亘官本曰按近刻訛作垣　案朱訛趙改刊誤曰垣當作亙黃省曾本校苞總衆山始自洛口西踰平陰悉芒壟也官本曰按壟近刻訛作龍　案朱訛趙改魏志曰明帝欲平北芒令登臺見孟津侍中辛毗諫曰若九河溢涌洪水爲害邱陵皆夷何以禦之帝乃止穀水又東屈南官本曰案近刻訛作東出屋南宋本南訛作而　案朱訛趙改屋爲屈刊誤曰籤曰謝云宋本作屈而逕建春門按南字不誤蓋穀水東出折而南流也逕建春門石橋下官本曰按東城之北頭曰建春門

即上東門也阮嗣宗詠懷詩曰步出上東門者也一曰上升門晉曰建陽門百官志曰洛陽十二門一官本曰按二近刻訛作一案朱訛趙改每門候一人官本曰按近刻脫每門二字　案朱趙無六百石朱箋曰後漢志洛陽十二門每門候一人漢官儀云十二門皆有亭東觀漢記曰郅惲為上東門候光武嘗出夜還詔開門欲入惲不內上令從門間識面惲曰火明遼遠遂拒不開由是上益重之亦袁本初挂節處也橋首建兩石柱橋之右柱銘云朱右作石趙改刊誤曰石當作右陽嘉四年乙酉壬申詔書以城下漕渠東通河濟南引江淮方貢委輸所由而至使中謁者魏郡清淵馬憲監作石橋梁柱敦敕工匠盡要妙之巧攢立重石累高周距橋工路博流通萬里云云河南尹邳崇隴趙釋曰一清按河南尹官也邳郡望也崇隴人姓名也漢志魯國薛縣下云夏車正奚仲所國後遷于邳又東海郡下邳縣臣瓚云有上邳故曰下邳也王子侯表呂后三年封楚元王子郢客為上邳侯即薛也續志註云臨淮郡永平十五年更為下邳國此單稱邳銘勒于陽嘉年其為下邳無疑也丞渤海重合雙福水曹掾中牟任防史王蔭

史趙興將作吏睢陽申翔道橋掾成皐朱趙作皋皐國洛陽令江雙丞平陽降監掾朱作椽趙改刊誤曰椽當作掾王騰之主石作右北平朱右作左趙改刊誤曰左當作右山仲三月起作八月畢成其水依柱又自樂里道屈而東出陽渠官本曰按又近刻訛作文案朱趙作文昔陸機爲成都王穎入洛敗北而返官本曰按北近刻訛作此案朱訛趙改刊誤曰此當作北水南卽馬市官本曰按此下近刻衍也字案朱趙有舊洛陽有三市斯其一也朱箋曰陸機洛陽記云洛陽舊有三市一曰金市在宮西大城內二曰馬市在城東三曰羊市在城南亦嵇叔夜爲司馬昭所害處也官本曰按近刻脫亦字案朱脫趙增刊誤曰嵇叔夜上名勝志引此文有亦字北則白社故里官本曰按此下近刻有也字案朱趙有昔孫子荊會董威輦于白社謂此矣以同載爲榮故有威輦闕朱箋曰晉書董京字威輦初與隴西計吏俱至洛陽被髮行吟常宿白社中時乞於市得殘碎繒絮結以自覆孫楚時爲著作郎數就社中與語勸之仕京以詩答之遂遁去又東逕馬市石橋橋南有二石柱並無文刻也漢司空漁陽王梁之爲河南也將引穀水以溉京都渠成而水不流故以坐免後張純堰洛以通

漕官本曰按以近刻訛作而趙改刊誤曰而御覽引此文作以 案朱訛洛中公私穰贍官本曰按近刻訛作懷贍 案朱作懷贍趙改穰贍刊誤曰懷全氏校改穰是渠今引穀水蓋純之創也 按陸機洛陽記劉澄之永初記言城之西面有陽渠孫校曰陽渠在今偃師境內周公制之也昔周遷殷民于洛邑城隍偪狹卑陋之所耳晉故城成周以居敬王秦又廣之以封不韋以是推之非專周公可知矣 亦謂之九曲瀆河南十二縣境簿云官本曰按河上近刻衍故字復脫境字 案朱衍脫趙刪增刊誤曰故字衍文縣下落境字九曲瀆在河南鞏縣西西至洛陽又按傅暢晉書云都水使者陳狼朱作艮箋曰舊本作狼趙改狼鑿運渠從洛口入注九曲至東陽門 是以阮嗣宗詠懷詩所謂朝出上東門遙望首陽岑又言遙遙九曲間裴徊欲何之者也 陽渠水南暨閶闔門官本曰按西城之北頭曰閶闔門漢之上西門者也漢宮記曰上西門所以不純白者漢家厄于戌故以丹鏤之太和遷都徙門南側 其水北乘高渠枝分上下歷故

石橋東入城逕望先寺中有碑碑側法子冉碑作龍矩勢官本曰按書中曰雲矩曰螭矩曰龍矩凡屢見朱謀㙔云當作龍矩非也　案朱箋曰疑當作龍距猶龜趺也趙依改龍距于今作則佳方古猶劣渠水又東歷故金市南直千秋門右官本曰按宮城西門曰千秋門　案趙右改古下屬刊誤曰右當作古宮門也又枝流入石逗伏流注靈芝九龍池魏太和中皇都遷洛陽經構宮極修理街渠務窮朱箋曰疑脫幽字趙增幽字隱發石視之曾無毀壞朱曾作嘗趙改刊誤曰嘗全氏校改曾又石工細密非今之所擬亦奇爲精至也遂因用之其一水自千秋門南流逕神虎門下東對雲龍門二門朱作水箋曰疑作二門趙改門衡枅之上皆刻雲龍風虎之狀皆刻朱作皆列箋曰初學記引此作刻趙改皆刻以火齊薄之及其晨光初起夕景斜輝霜文翠照陸離眩目又南逕通門掖門西又南流東轉逕閶闔門南官本曰按此乃宮城正南門下云改雉門爲閶闔門是也與前後所言閶闔門同名異地　案禮王有五門謂皋門庫門雉門應門路門路門一曰畢門亦曰虎門也魏明帝上法太極于洛陽南宮起太極殿

于漢崇德殿之故處改雉門爲閶闔門昔在漢世洛陽宮殿門題多是大篆言是蔡邕諸子自董卓焚宮殿魏太祖平荊州漢吏部尚書安定梁孟皇善師宜官八分體求以贖死太祖善其法常仰繫帳中愛翫之以爲勝宜官北宮牓題咸是鵠筆南宮旣建明帝令侍中京兆韋誕以古篆書之皇都遷洛始令中書舍人沈含馨以隸書書之景明正始之年又敕符節令江式以大篆易之今諸桁榜題皆是式書周官太宰以正月懸治法于象魏廣雅曰闕謂之象魏風俗通曰魯昭公設兩觀于門是謂之闕從門欮朱趙作厥聲爾雅曰觀謂之闕說文曰闕門觀也漢官典職曰偃師去洛四十五里望朱雀闕其上鬱然與天連是明峻極矣洛陽故宮名有朱雀闕白虎闕蒼龍闕北闕南宮闕也東觀漢記曰更始發洛陽李松奉引車馬奔觸北闕鐵柱門三馬皆死卽斯闕也白虎通曰門必有闕者何闕者所以飾門別

尊卑也今閶闔門外夾建巨闕以應天宿雖不如禮猶象而魏之官本曰按而字近刻訛在下句上字之下　案朱趙不誤刊誤曰箋曰孫云此當作猶象魏之上而加復思以易觀矣按困學紀聞云楊植許由廟碣云堯而許之日而月之獨孤及仙掌銘云日而月之星而辰之同一句法楊慎曰唐文粹日而月之星而辰之本莊子尸而祝之社而稷之語然日月星辰語若出今人其不見笑也幾希是注象而魏之句本古法非誤文上加復思以易觀矣廣雅曰復思謂之屏釋名曰屏自障屏也罘思在門外罘復也臣將入請事于此官本曰按近刻請訛作言　案朱訛趙改復重思之也漢末兵起壞園陵罘思曰無使民復思漢也故鹽鐵論曰垣闕罘思言樹屏隅角所架也頌容又曰闕者上有所失下得書之于闕所以求論譽于人故謂之闕矣今闕前水南道右置登聞鼓以納諫朱趙有也字昔黃帝立明堂之議堯有衢室之問舜有告善之旌禹有立鼓之訊湯有總街之誹武王有靈臺之復皆所以廣設過誤之備也　渠水又枝分夾路南出逕太尉司徒兩坊間官本曰按出字近刻訛在逕字下　案朱訛趙改刊誤曰逕出二字當倒互謂之銅駝街舊魏明帝置銅駝諸獸朱箋曰獸古本作獵吳改作獸于閶闔南街陸機云

駝高九尺脊出太尉坊者也官本曰按脊近刻訛作郎案朱趙作郎水西有永寧寺熙平中始創也作九層浮圖趙釋曰一清按魏書藝術傳永寧寺九層浮圖郭安興爲匠浮圖下基方朱趙有一字十四丈自金露盤朱趙作柈下至地四十九丈取法代都七級趙釋曰一清按七級浮圖在代都是元魏所拁九層在前七級在後何云取法耶而又高廣之朱箋曰洛陽伽藍記云永寧寺熙平元年靈太后胡氏所立也中有九層浮圖一所架木爲之舉高九十丈有刹復高十丈合去地一千尺去京師百里遙已見之初掘基至黃泉下得金像三十軀太后以爲法信之徵刹上有金寶瓶容二十五石寶瓶下有承露金盤三十重周帀皆垂金鐸雖二京之盛五都之富利刹靈圖未有若斯之構按釋法顯行傳西國趙作域有爵離浮圖趙刊誤曰箋曰爵一作鬱按非也爵離寺見河水注引釋氏西域記其高與此相狀東都西域俱爲莊妙矣其地是曹爽故宅經始之日于寺院西南隅得爽窟室下入土可丈許官本曰按土近刻作地案朱趙作地地壁悉壘方石砌之石作細密都無所毀其石悉入法用自非曹爽庸匠亦難復制此桓氏有言曹子丹生此豚犢信矣渠左是魏晉故廟地今悉民居無復遺墉也渠水又西歷廟社之間南注南渠廟社各以物色辨方周禮廟及路寢皆如明

堂而有燕寢焉惟祧廟則無官本曰按則近刻訛作別案朱訛趙改刊誤曰別當作則後代通爲一廟列正室于下無復燕寢之制禮天子建國左廟右社以石爲主祭則希冕今多王公攝事王者不親拜焉咸寧元年官本曰按寧近刻訛作陵案朱訛趙改洛陽大風帝社樹折青氣屬天元王東渡魏社代昌矣趙刊誤曰箋曰王一作皇魏一作晉按非也道元生于拓跋朝是時魏都洛陽記此正以表晉衰魏興之兆安得云晉社代昌乎元王字亦不作皇例以稱劉裕爲劉武王知之耳渠水自銅駝街東逕司馬門南魏明帝始築闕崩壓殺數百人遂不復築故無闕門南屏中舊有置銅翁仲處金狄既淪故處亦褫惟壞石存焉自此南直宣陽門經緯通達官本曰按經近刻訛作徑案朱訛趙改皆列馳道往來之禁一同兩漢曹子建嘗行御街犯門禁以此見薄渠水又東逕杜元凱所謂翟泉北今無水坎方九丈六尺深二丈餘似是人功而不類于泉陂是驗非之一證也又皇甫謐帝王世紀云王室定遂徙居成周小不受王都故壞翟泉而廣之泉源既塞明無故處是驗非之二

證也杜預言翟泉在太倉西南既言西南于洛陽不得爲東北是驗非之三證也稽之地說事幾明矣不得爲翟泉也 渠水歷司空府前逕太倉南出東陽門石橋下 官本曰按出東近刻訛作東出 案朱訛趙乙刊誤曰方輿紀要雒陽城正東曰東中門魏晉以後曰東陽門東出二字當倒互 注陽渠穀水自閶闔門而南逕土山東 官本曰按此閶闔門乃上西門也近刻訛作逕閶闔而南土山東 案朱訛趙改刊誤曰逕當作自閶闔下落門字而南下落逕字黃省曾本校正 水西三里有坂坂上有土山漢大將軍梁冀所成築土爲山植木成苑 官本曰按木近刻訛作林 案朱趙作林 張璠漢記曰山多峭坂以象二崤積金玉採捕禽獸以充其中有人殺苑兎者迭相尋逐死者十三人 南出逕西陽門 官本曰按正西曰西陽門 舊漢氏之西明門也亦曰雍門矣舊門在南太和中以故門邪出 官本曰按邪近刻訛作卯 案朱訛趙改刊誤曰卯當作邪 故徙是門東對東陽門穀水又南逕白馬寺東昔漢明帝 官本曰按昔近刻訛作是 案朱訛趙改刊誤曰是孫潛校改昔 夢見大人金色項佩白光以問羣臣或對曰西方有神名曰佛形如陛下所夢得無

是乎于是發使天竺寫致經像始以榆欓盛經白馬負圖表之中夏故以白馬爲寺名此榆欓朱箋曰榆欓未詳考之袁宏漢紀及牟子俱不言其事唯吳越春秋嘗有甘蜜丸欓文篋七枚之文解者以爲欓與甀通而齊民要術云榆十五年後中爲車轂及蒲萄甀知以榆木爲甀遠致蒲萄也甀甀欓三字互通則榆欓乃以榆木爲經函耳後移在城內愍懷太子浮圖中近世復遷此寺然金光流照法輪東轉創自此矣穀水又南逕平樂觀東李尤平樂觀賦曰乃設平樂之顯觀章祕偉之奇珍華嶠後漢書曰朱無後字趙增刊誤曰隋志後漢書十七卷本九十七卷今殘缺晉少府卿華嶠撰漢書上校增後字靈帝于平樂觀下起大壇上建十二重五采華蓋高十丈壇東北爲小壇復建九重華蓋高九丈列奇兵騎士數萬人天子住大蓋下禮畢天子躬擐甲稱無上將軍行陣三帀而還設祕戲以示遠人故東京賦曰其西則有平樂都場示遠之觀龍雀蟠蜿天馬半漢應劭曰飛廉神禽能致風氣古人以良金鑄其象官本曰按近刻作形案朱同趙改明帝永平五年長安迎取飛廉并銅馬置上西門外平樂觀今于上西門外無他基觀惟西明

門外獨有此臺巍然廣秀疑即平樂觀也又言皇女稚 朱作雅箋曰當作稚趙改稚 殤埋于臺側故復名之曰皇女臺晉灼曰飛廉鹿身頭如雀有角而蛇尾豹文董卓銷爲金用銅馬徙于建始殿東階下胡軍喪亂此象遂淪穀水又南逕西明門 官本曰按西城南頭曰西明門近刻訛作西門門 案朱訛趙改刊誤曰方輿紀要其南一門曰廣陽門亦曰西陽門後魏主宏改曰西明門上門字誤當作明 故廣陽門也門左枝渠東派入城逕太 朱作木箋曰一作太趙改太 社前又東逕太廟南又東于青陽門右下注陽渠穀水又南東屈逕津陽門南 官本曰按南城西頭曰津陽門 故津門也 官本曰按近刻津下衍陽字 案朱衍趙刪刊誤曰方輿紀要又西曰津門以洛水從此而入城魏晉以後曰津陽門 昔洛水泛洪漂害者衆 官本曰按近刻漂下衍落字 案朱衍趙刪刊誤曰落字衍文何焯校 津陽城門校尉 官本曰按近刻脫尉字 案朱脫趙增刊誤曰校下落尉字何焯校補 將築以遏水諫議大夫陳宣止之曰王尊臣也 官本曰按近刻宣訛作宜尊訛作遵 案朱訛趙改刊誤曰陳宜當作陳宣實字記引後漢書曰建武十年洛水泛漲諫議大夫陳宣云云是也 水絕其足朝廷中興必不入矣水乃造門而退穀水又東逕宣陽門南 官本曰按南城西頭次門曰宣陽門 故苑門也皇都遷洛

移置于此對閶闔門南直洛水浮桁故東京賦曰泝洛背河左伊右瀍者也夫洛陽考之中土卜惟洛食實爲神也官本曰按此語有舛誤門左卽洛陽池處也池東舊平城門所在矣今塞北對洛陽南宮官本曰按洛近刻訛作南 案朱訛趙改刊誤曰括地志洛陽故城內有南宮北宮南陽字誤當作洛陽故蔡邕曰平城門正陽之門與宮連屬郊祀法駕所由從出門之最尊者洛陽諸宮名曰南宮有謻臺趙釋曰一清按說文云周景王作謻臺尺氏切臨照臺東京賦曰其南則有謻門曲榭邪阻城洫官本曰按邪近刻訛作依 案朱訛趙改注云謻門冰室門也阻依也洫城下池也皆屈曲邪行依城池爲道故說文曰隍城池也有水曰池無水曰隍矣謻門卽宣陽門也門內有宣陽冰室周禮有冰人日在北陸而藏之西陸朝覿而出之冰室舊有宣陽門內故得是名門旣擁塞冰室又罷

穀水又逕靈臺北望雲物也漢光武所築高六丈方二十步世祖嘗宴于此臺得鼮鼠于臺上朱鼮作走箋曰走鼠當作鼮鼠竇氏家傳云竇攸治爾雅舉孝

廉爲郎世祖與百僚遊於靈臺得鼠身如豹文熒有光輝羣臣莫有知者唯攸對曰此名鼮鼠事見爾雅乃賜絹百匹趙改鼮亦諫議大夫第五子陵之所居倫少子也趙釋曰一清按三輔決錄注云名頡以清正官本曰按朱謀㙔云此下疑脫爲郡功曹四字朱箋曰此下疑脫爲郡功曹四字三輔決錄云第五頡字子陵以清正爲郡功曹趙補四字洛陽無主人鄉里無田宅寄止靈臺或十日不炊司隸校尉南陽左雄尚書廬江朱孟興等孫校曰朱下依後漢書注增建字皆倫故孝廉功曹官本曰按近刻脫皆倫二字案朱脫趙增刊誤曰故上落皆倫二字全氏校補各致禮餉竝辭不受永建中卒穀水又東逕平昌門南官本曰按正南門曰平昌門故平門也又逕明堂北漢光武中元元年立尋其基構上圓下方九室重隅十二堂蔡邕月令章句同之故引水于其下爲辟雝也穀水又東逕開陽門南官本曰按南城東頭曰開陽門晉宮閣名曰故建陽門也漢官曰官本曰按漢官下朱謀㙔云宋本有儀字趙刊誤曰箋曰漢官下宋本有一儀字按何焯云不當有儀字陳振孫書錄解題曰漢官儀一卷後漢軍謀校尉汝南應劭仲遠撰按唐志有漢官五卷漢官儀十卷今惟存此一卷載三公官名及名姓州里而已其全書亡矣道元及見舊籍故宜無舛而猥云宋本此所以不免爲閻百詩馮定遠所誚也開陽門始成未有名宿昔有一柱來在樓上瑯琊開陽縣上言縣南城門官本曰按近刻脫縣字案朱趙無一柱飛去光武皇帝使

來識視良是遂堅縛之官本曰按縛近刻訛作傳　案朱訛趙改刊誤曰箋曰堅當作豎按何焯云堅字不誤傳當作縛刻記上落因字以後漢書註文選註參校因朱脫趙補說見上刻記年月日以名焉何湯字仲弓官本曰按此五字近刻訛作湯仲弓三字　案朱趙無字字朱箋曰謝承漢書曰何湯字仲弓受學於桓榮爲高弟嘗爲門候上微行夜還湯閉門不內朝廷嘉之又東逕國子太學石經北周禮有國學教成均之法學記曰古者家有塾黨有庠遂有序國有學亦有虞氏之上庠下庠夏后氏之東序西序殷人之左學右學官本曰按近刻脫此二字　案朱脫趙增刊誤曰左學下落右學二字以禮記王制校補周人之東膠虞庠王制云趙作曰養國老于上庠養庶老于下庠故有太學小學教國之子弟焉謂之國子漢魏以來置太學于國子堂東漢靈帝光和六年刻石鏤碑載五經立于太學講堂前悉在東側蔡邕以熹平四年官本曰按熹近刻訛作嘉　案朱訛趙改刊誤曰嘉平當作熹平與五官中郎將堂谿典光祿大夫楊賜諫議大夫馬日磾議郎張馴韓說太史令單颺等官本曰按近刻脫楊賜諫議大夫馬日八字又磾訛作彈馴訛作訓　案朱訛趙改刊誤曰箋曰漢書光祿大夫馬日磾按後漢書蔡邕傳云光祿大夫楊賜諫議大夫馬日磾朱氏所引何疏謬也奏求正定六經

文字靈帝許之邕乃自書丹于碑使工鐫刻立于太學門外于是後儒晚學咸取正焉及碑始立其觀視及筆寫者車乘日千餘輛朱趙作兩填塞街陌矣今碑上悉銘刻蔡邕等名魏正始中又立古篆隸三字石經古文出于黃帝之世倉頡本鳥跡爲字取其孳乳相生故文字有六義焉自秦用篆書焚燒先典古文絕矣魯恭王得孔子宅書不知有古文謂之科斗書蓋因科斗之名遂效其形耳言大篆出于周宣之時史籀創著平王東遷文字乖錯秦之李斯及胡母敬又朱作有箋曰當作又趙改改籀書謂之小篆故有大篆小篆焉然許氏字說專釋于篆而不本古文孫校曰謂許氏不本古文之說官本曰按近刻起於善長然可謂不達六書矣言古隸之書起于秦代而篆字文繁無會劇務訛作蕪會劇者案朱訛趙改刊誤曰箋曰宋本作劇務按黃省曾本蕪作無言于劇務則無會也故用隸人之省謂之隸書或云即程邈于雲陽增損者是言隸者篆捷也孫暢之嘗見青州刺史傅宏仁朱作什箋曰初學記引此作傅宏仁趙改仁說臨淄人發古冢得桐棺前和外

隱朱箋曰脫一起字趙增起字起爲隸字言齊太公六世孫胡公之棺也惟三字是古餘朱作隸箋曰初學記隸作餘趙改餘同今書證知隸自朱箋曰一作字出古非始于秦孫校曰此必不然好事者爲之也酈君小學最疏故取此委巷之說魏初傳古文出邯鄲淳石經古文轉失淳法樹之于堂西石長八尺廣四尺列石于其下碑石四十八枚官本曰按十近刻訛作千案朱訛趙改廣三十丈魏明帝官本曰按近刻訛作文帝案朱趙作文又刊典論六碑附于其次趙釋曰隸釋石經殘碑曰水經光和六年立石于太學其上悉刻蔡邕名魏正始中又刻古篆隸三字石經蓋諸儒受詔在熹平而碑成則光和年也隋志有一字石經七種三字石經三種其論云漢鐫七經皆蔡邕書又云魏立一字石經其說自相矛盾新舊唐志有今字石經七種而注論語云蔡邕作又有三字石經古篆兩種蓋唐史以隸爲今字也蓋遺經字畫之妙非蔡中郎輩不能爲以黃初後來碑刻比之相去不啻霄壤豈魏人筆力可到當以水經爲據三體者乃魏人所刻儒林傳云爲古文篆隸三體者非也又隸續三體石經左傳遺字曰石經見于范史帝紀及儒林宦者傳皆曰五經蔡邕張馴傳則曰六經惟儒林傳云爲古文篆隸三體書法酈氏水經云漢立石經于太學魏正始中又刻古文篆隸三字石經唐志有三字石經古篆兩種曰尚書曰左傳獨隋志所書異同其目有一字石經七種三字石經三種既以七經爲蔡邕書矣又云魏立一字石經乃其誤也范蔚宗時三體石經與熹平所鐫並列于學宮故史筆誤書其事後人襲其譌錯或不見石刻無以考正趙氏雖以一字爲中郎所書而未嘗見三體者歐陽氏以三體爲漢碑而未嘗見一字者近世方勺作泊宅編載其弟匋所跋石經亦爲范史隋志所惑指三體爲漢字至公羊碑有馬日磾等乃云魏世用其所正定之本因存其名可爲謬論一清按景伯據水經之事實辨後漢書隋志之牴牾定一字爲漢刻三字爲魏碑其言簡而核他說紛紜不足錄也吾杭杭編修世駿撰石經考異薈萃羣籍足補亭林顧氏之缺四明全庶常祖望更增廣之搜剔益無遺漏石經之陳迹一日顯于千

百年之後也又按酈氏之言亦非也據陳壽三國志魏志明帝紀太和四年春二月戊子詔太傅三公以文帝典論刊石立于廟門之外不云于太學也搜神記乃云詔刊石于廟門之外及太學裴世期曰昔從征西至洛陽歷觀舊物見典論石經在太學者尚存而廟門外無之問諸長老云晉初受禪即用魏廟移此石于太學非兩處立也竊謂此言不然蓋以搜神記所云爲非也蓋石經立于太學典論自在廟門之外道元以晉移爲魏立恐不如世期目覩耳聞之較實也又三少帝紀注引搜神記以典論爲魏明帝立詔三公曰先帝昔著典論不朽之格言其刊石于廟門之外及太學與石經並以永示萬世至齊王紹位之初西域獻火浣布子桓夙謂不然于是刊滅此論而天下笑之今云文帝刊附亦誤也　陸機言太學贊別一碑在講堂西下列石龜碑載蔡邕韓說堂谿典等名　官本曰按近刻訛作高堂谿等名　案朱訛趙改刊誤曰後漢書作堂谿典此文誤也　太學弟子贊復一碑在外門中今二一碑竝無石經東有一碑是漢順帝陽嘉元年立　官本曰按元近刻訛作八　案朱訛趙改刊誤曰閻若璩云陽嘉止四年八是元字之誤蓋作畢即立碑也下九年亦當是元年　碑文云建武二十七年造太學年積毀壞永建六年九月詔書修太學刻石記年用作工徒十一萬二千人　官本曰按近刻作字在工字下　案朱趙同　陽嘉元年八月作畢　官本曰按元近刻訛作九　案朱訛趙改說見上　碑南面刻頌表裏鏤字猶存不破漢石經北有晉辟雝行禮碑是太始二年立其碑中折但世代不同物不停故石經淪缺存半毀幾　趙刊誤曰箋曰當作存毀幾半按存半毀幾言所存者如此而毀者凡幾也朱氏以意妄改所未安矣　篤言永久

諒用憮焉考古有三雝之文今靈臺太學竝無辟雝處晉永嘉中王彌劉曜入洛焚毀二學尚髣髴前基矣　穀水于城東南隅枝分北注逕青陽門東官本曰按東城南頭曰青陽門　案朱作清趙改青刊誤曰清當作青故清明門也亦曰稅門朱趙有也字　亦曰芒門　又北逕東陽門東官本曰按正東門曰東陽門　故中東門也　又北逕故太倉西　洛陽地記曰大城東有太倉倉下運船常有千計即是處也　又北入洛陽溝穀水又東左迆爲池又東右出爲方湖東西朱趙有一字　百九十步南北七十步　故水衡署之所在也穀水又東南轉屈而東注謂之阮曲　云阮嗣宗之故居也穀水又東注鴻池陂孫校曰在偃師　百官志曰鴻池池名也在洛陽東二十里丞一人二百石　池東西千步南北千一百步四周有塘池中又有東西橫塘水溜徑通官本曰按徑近刻訛作逕　案朱趙作逕　故李尤鴻池陂銘曰鴻澤之陂聖王

所規開源東注官本曰按源近刻訛作水朱謀㙔云舊本作又　案朱作水箋曰開水東注舊本作開又東注玉海引此亦作開又其誤久矣按藝文類聚張載鴻池陂銘曰開源東注出自城池蓋本李語也趙改源出自城池也其水又東左合七里澗晉後略曰成都王穎朱無穎字箋曰宋本有穎字趙增使吳人陸機爲前鋒都督伐京師輕進爲洛軍所乘官本曰按近刻訛作爲治軍所處　案朱訛趙改刊誤曰治當作洛處當作乘名勝志引此文校正大敗于鹿苑人相登躡死于塹中及七里澗澗爲之滿卽是澗也澗有石梁卽旅人橋也昔孫登不欲久居洛陽知楊氏榮不保終思欲遯跡林鄉隱淪妄死官本曰按妄近刻訛作忘　趙刊誤曰箋曰宋本作忘死按非也妄死謂詐死耳字不誤楊駿埋之于此橋之東駿後尋亡矣搜神記曰大康末京洛始爲折楊之歌有兵革辛苦之辭駿後被誅太后幽死折楊之應也官本曰按楊下近刻衍爲字　案朱趙有凡是數橋皆累石爲之亦高壯矣制作甚佳雖以時往損功而不廢行旅朱超石與兄書云橋去洛陽宮六七里悉用大石下圓以通水可受大舫過也官本曰按此下近刻有奇制作三字係衍文　案朱趙有趙刊誤曰箋曰奇制作未詳玉海引此注無此三字按奇制作謂橋之制作甚奇卽上制作甚佳之意豈可以玉海所引無之而遂疑之題其上云太康

三年十一月初就功日用七萬五千人至四月末止此橋經破落復更修補今無復文字陽渠水又東流逕漢廣野君酈食其廟南官本曰按穀水自閶闔門而南以下並陽渠水原本及近刻獨此處及下逕亳殷忽兩稱陽渠後復稱穀水考其地相比次非有錯紊而稱名參差或後人臆改使然今姑仍之趙刊誤曰箋曰逕當作經按前後注文俱作逕此等實爲辭費廟在北山上成公綏所謂偃師西山也山上舊基尚存廟宇東向官本曰按近刻作東面案朱趙作面門有兩石人對倚北石人胸前銘云門亭長石人西有二石闕雖經頹毀猶高丈餘闕西即廟故基也基前有碑文字剝缺不復可識子安仰澄芬于萬古讚清徽于廟像文字趙釋曰一清按朱氏謀㙔箋曰文字下有脫誤當是載字謂成公子安集中有酈生廟碑文也未知然否姑存之厥集矣陽渠水又東逕亳殷南朱無水字趙增刊誤曰陽渠下落水字昔盤庚所遷改商曰殷此始也班固曰尸鄉故殷湯所都者也故亦曰湯亭薛瓚漢書注皇甫謐帝王世紀並以爲非以爲帝嚳都矣晉太康記地道記官本曰按近刻訛作晉太康地理記案朱訛趙改刊誤曰晉太康下落記字地理記當作地道記兼引二書故曰並言也並言田橫死于是亭故改曰尸鄉非也余

按司馬彪郡國志以爲春秋之尸氏也其澤野負原夾郭多墳隴焉即陸士衡會王輔嗣處也袁氏王陸詩叙機初入洛次河南之偃師時忽結陰望道左若民居者（朱若作右箋曰異苑作左右若有民居無者字趙改若加有字）因往逗（朱作退箋曰宋本作逗異苑作投趙改逗）宿見一少年姿神端遠與機言玄機服其能而無以酬折（朱箋曰異苑作抗）前致一辯（官本曰按近刻訛作前至一辯文　案朱趙同）機（朱箋曰異苑有乃字）題緯古今綜檢名實此少年不甚欣解將曉去稅駕逆旅（朱無二字趙增刊誤曰稅駕下黃省曾本有逆旅二字）嫗曰君何宿而來自東數十里無村落止有山陽王家墓（官本曰按止近刻訛作上　案朱訛趙改刊誤曰上孫潛校改止）機乃怪悵還睇昨路空野（朱趙有昏字又朱箋曰異苑衍昏字）霾雲攢木蔽日（朱趙無木字朱箋曰異苑有木字）知所遇者審王弼也（朱箋曰異苑無前至一辯文機六字餘文並同其譌脫者依異苑補之）此山即祝雞翁之故居也搜神記曰祝雞翁者（官本曰按近刻脫祝字　案朱脫趙增）洛陽人也居尸鄉北山下養雞百年餘雞至千餘頭皆有名字欲取呼之名則種別而至後之吳山莫知所去矣（趙釋曰全氏曰此下不敘陽渠水入穀之處疑有脫文且原流分合多有錯誤無從攷正一清按洛水篇經云又東至偃師城南注云洛水又北陽渠水注之則陽渠水于偃

師城南由穀入洛寰宇記引輿地志云洛陽城外四面有陽渠水卽周公所置也上源注函谷東流注城西北角仍分流繞城至建春門外合流又折而東注于池是也穀水

又東逕偃師城南 皇甫謐曰帝嚳作都于亳偃師是也

王莽之所謂師氏者也 孫校曰今地理志作師成也 穀水又東流注于洛

水矣 趙釋曰禹貢錐指曰穀水有二道一在洛陽城北自阜門橋屈南逕建春門下蓋卽王梁之所引道元所謂舊瀆者也一在洛陽城南自閶闔門屈東歷開陽門又東逕偃師城南又東注于洛卽張純所穿此皆周靈王壅穀洛後歷代遞遷之水道非禹迹也

甘水出宏農宜陽縣鹿蹏山

山在河南陸渾縣故城西北俗謂之縱山水之

所導發于山曲之中故世人目其所爲甘掌焉 官本曰按掌近刻訛作棠 案朱訛趙改刊誤曰甘棠黄省曾本作甘掌如華掌鸞掌之類元和郡縣志河南府壽安縣下本漢宜陽縣地後魏分新安置甘掌縣是也

東北至河南縣南北入洛

甘水發源東北流北屈逕一故城東 在非山上世

謂之石城也京相璠曰或云甘水西山上夷汙而平 官本曰按夷汙近刻訛作夢汁 案朱訛趙改刊誤曰箋曰孫云夢汁疑作廣闊按全氏云先司空本是夷汙二字 有故甘城在河南城西二十五里

指謂是城也余按甘水東朱趙有一字十許里洛城南有故甘城焉北對河南故城世謂之鑒洛城鑒甘聲相近即故甘城也爲王子帶之故邑矣是以昭叔有甘公之稱焉趙釋曰全氏曰按王子帶稱太叔死後稱甘昭公不稱昭叔甘水又與非山水會孫校曰非山即鹿蹏山水出非山東谷東流入于甘水甘水又于河南城西北入洛經言縣南非也官本曰按此下近刻衍故字案朱趙有京相璠曰今河南縣西南官本曰按近刻重河南二字脫西南二字案朱同趙增說見下有甘水趙刊誤曰河南縣下落西南二字郡國志河南尹河南縣有甘城劉昭補註曰杜預曰縣西南有甘泉即此水也趙釋曰一清按杜元凱謂之甘泉北入洛斯得之矣

漆水出扶風杜陽縣俞山孫校曰杜陽今麟游屬鳳翔漢漆縣故城在縣西杜陽故城即今治東北入于渭

山海經曰揄次之山漆水出焉北流注于渭蓋自北而南矣尚書禹貢太史公禹本紀云導渭水東北至涇又東過漆沮入于河官本曰按近刻過訛作逕河訛作洛案朱同趙改

洛不改逕刊誤曰箋曰克家云東逕史記作東過按尚書本作東過不獨史記也且道元注例用逕字以別于經文之過入于洛當从經文作入于河蓋渭水至華陰入河而洛水則至華陰入渭今云渭入洛其舛甚矣朱氏顧遺其大而摘其細何也黃省曾本原作河孔安國曰漆沮一水名矣官本曰按今書傳作二水名案朱趙作二水名無矣字亦曰洛水也出馮翊北周太王去邠度漆踰梁山官本曰按近刻訛作上　案朱訛趙改刊誤曰上當作山止岐下故詩云民之初生自土沮漆官本曰按近刻訛作漆沮　案朱訛趙乙刊誤曰依經文當作沮漆又曰率西水滸至于岐下是符禹貢本紀之說許慎說文稱漆水出右扶風杜陽縣岐山東入渭從水桼聲又云一曰漆城池也潘岳關中記曰關中有涇渭灞滻酆鄗漆沮之水酆鄗漆沮四水在長安西南鄠縣朱作西有桼縣箋曰宋本作在長安西南鄠縣趙依改漆沮皆南注官本曰按近刻脫漆沮南三字　案朱趙無酆鄗水北注官本曰按此下近刻有渭字　案朱趙有開山圖曰麗山西北有溫池官本曰按近刻訛作地朱謀㙔云吳本改作池考永樂大典內已作溫池非吳氏改也　案朱趙作池朱箋曰古本作地吳本改作池然三秦記及漢武故事並云驪山湯泉又稱溫泉不言溫池也孫校曰開山圖之說符于山海經溫池西南八十里岐

山官本曰按近刻訛作川　案朱訛趙改刊誤曰按岐川字亦誤當作岐山見渭水注孫校曰此岐山當在鄠縣故潘岳亦云漆在鄠也在杜陽北官本曰按近刻訛作在杜陵塴　案朱訛趙改刊誤曰箋曰孫云杜陵當作杜陽塴宋本作北字長安西有渠謂之漆渠朱趙漆渠作柒渠趙刊誤曰箋曰當作漆按古字通用不必改也班固地理志云漆水在漆縣西官本曰案在近刻訛作出　案朱趙作出闞駰十三州志又云漆水出漆縣西北至岐山官本曰按近刻脫至字　案朱脫趙增刊誤曰西北下落至字詩地理攷引此文校增東入渭今有水出杜陽縣岐山北漆朱作柒溪謂之漆渠西南流注岐水孫校曰西疑非但川土奇異今說互出趙刊誤曰箋曰舊本作牙按黄省曾本作互古文互字若作牙音其義乖矣考之經史各有所據識淺見浮無以辨之矣趙釋曰王應麟詩地理攷曰沮漆名稱相亂水經云沮水出北地郡直路縣東過馮翊祋祤縣北東入于洛此沮水之源流也漢志扶風有漆縣漆水在縣西東入渭又闞駰十三州記云漆水出漆縣西北至岐山東入渭此漆水之源流也沮水出北地入洛漆水出扶風入渭沮自沮漆自漆也至孔氏引水經云沮水俗謂之漆水又謂之漆沮此則名稱相亂矣諸家書解以出扶風之漆水與出北地之沮水爲二謂扶風之漆水至岐山入渭在灃之上流而書言渭水會灃會涇之後乃過漆沮則漆沮在灃水涇水之下流故以書之漆沮爲出北地之漆沮與詩扶風之漆別也但水經出北地者止是沮水而謂之漆沮耳如上所言則詩之漆沮自是二水書之漆沮止是一水即詩之沮也然水經之沮入洛書之漆沮則入渭沮水若爲漆沮一名洛水則沮漆即洛也而又云入洛何也姑闕之以俟知者程氏大昌雍錄曰禹貢止有漆沮秦漢以後始有洛水諸家言洛即漆沮所謂洛水者地理志

曰出北歸縣戎夷中今按其水自入塞後逕鄜坊同之三州乃始入渭孔安國輩謂自馮翊懷德縣入渭者是也漢懷德同州衙縣也所謂沮水者長安志曰自邠州東北來至華原縣南流乃合漆水入富平縣石川河石川河者沮水正派也所謂漆水者長安志曰漆水自華原縣東北同官縣界來南流入富平縣石川河是爲合漆之地此三水分合之詳也若槩三水而命其方則漆在沮東至華原而西乃始合沮沮在漆西既已受漆則遂南東而合乎洛洛又在漆沮之東至同州白水縣則遂混爲一流故自孔安國班固以後論著此水者皆指懷德入渭之水以爲洛水而曰洛卽漆沮者言其本同也洛之㮣名不知起自何世秦用鄭國鑿谷口渠已曰鑿涇注洛則洛久出秦前矣若其立洛名而蓋掩漆沮則難究其始也一清按程文簡公辨洛漆沮三水甚詳足破羣疑其云洛之㮣名不知何始周禮雍州浸曰渭洛具載職方豈所論于嬴氏之朝乎又北歸縣是地理志北地郡歸德縣之誤

滻水出京兆藍田谷北入于灞

地理志曰滻水出南陵縣之藍田谷西北流與一水合水出西南莽谷東北流注滻水孫校曰滻水出藍谷則今所稱藍水是也莽谷水卽輞川矣酈故以長水爲非滻水也滻水又北歷藍田川北流注于灞水地理志曰滻水北至霸朱趙作灞下同陵入霸水趙釋曰全氏曰漢志京兆尹南陵縣沂水出藍田谷北至霸陵入霸師古曰沂音先歷反按酈注首尾再引班志似是沂水之卽滻水也但不知何以誤滻爲沂而沂又何以有涅音也一清按此是今本漢書傳刻之訛宏農郡析縣師古音先歷反沂與析字形相近先歷之音于析則是而沂則非也行間斷爛何人塡補致斯巨繆若師古不應如是之貿貿也沂水字亦作涅見渭水注霸陵縣可知本字不誤而其音則非

沮水出北地直路縣東過馮翊祋祤縣北東入于洛趙沮改瀘下同釋曰一清按古本水經瀘水今俗誤作沮史記索隱曰沮水地理志無文而水經以瀘水出北地直路縣東過馮翊祋祤縣入洛說文瀘水出北地直路西東入洛从水虘聲側加切沮水出漢中房陵東入江从水且聲子余切今北地之瀘與漢中之沮更無分別覵小司馬所引猶見唐時水經之善與許氏字說合也

地理志曰沮出直路縣西東入洛官本曰按近刻訛作出纖縣西東入洛案朱趙同趙釋曰一清按地理志北地郡直路縣沮水出東西入洛不云纖縣也纖縣之名不見漢志東西之文又互相異酈氏所引未知何據而司馬貞云沮水地理志無文更不解其義也今按孔穎達尚書正義導渭又東過漆沮下云彼漆則扶風漆水也彼沮則未聞蓋孔傳以漆沮爲二水名亦曰洛水而後之言洛水者總以漆沮之名當之此是不與班志之漆沮同故胡朏明曰本疏引扶風漆水蓋未定之論失于刊正耳然則雍州及導渭之漆沮當依顏師古漢書注漆沮卽馮翊之洛水爲據而與班志扶風漆縣下之漆水北地直路下之沮水不相扶同此小司馬所以云地理志無文孔仲達亦云彼沮則未聞也今水自直路縣東南逕譙石山官本曰按譙近刻作燋案朱趙作燋東南流歷檀臺川孫校曰此是今中部入洛之水俗謂之檀臺水屈而夾山西流孫校曰此是今臨潼入洛之水文合爲一又西南逕宜君川世又謂之宜君水又得黃嶔水口孫校曰酈以二沮爲一原水西北出雲陽縣石門山黃嶔谷東南流注宜君水又東南流逕祋祤縣故城西縣以漢景帝三年置官本曰按

朱謀㙔云宋本以下有溪名二字今以文義考之乃衍文　趙刊誤曰箋曰宋本以字下有溪名二字按于立不當有此二字漢書地理志左馮翊祋栩縣景帝二年置其水南合銅官水水出縣東北官本曰按近刻脫縣字又此句之下衍而字　案朱脫衍趙增刪刊誤曰出下落縣字而字衍文孫潛校正西南逕銅官川謂之銅官水又西南流逕祋栩縣東西南流逕其城南原下孫校曰華原去城在路東北一里而西南注宜君水宜君水又南出土門山西又謂之沮水又東南歷土門南原下東逕懷德城南城在北原上趙釋曰一清按寰宇記懷德故城在今富平縣西南十一里非漢懷德縣也蓋後漢及三國時因漢舊名于此立縣今有廢城存括地志懷德故城在同州朝邑縣西南四十三里據此則是漢縣與此城有別又東逕漢太上皇陵北陵在南原上沮水東注鄭渠昔韓欲令秦無東伐使水工鄭國間秦鑿涇引水謂之鄭渠渠首上承涇水于中山西邸瓠口官本曰按近刻脫邸字　案朱脫趙增刊誤曰西下落邸字史記河渠書校補所謂瓠中也爾雅以爲周焦穫朱作誤箋曰宋本作穫趙改穫矣爲渠竝北山官本曰按近刻脫爲字　案朱脫趙增刊誤曰渠上史記河渠書漢書溝洫志皆有爲字東注洛三百餘里欲以溉田

中作而覺秦欲殺鄭國官本曰按近刻脫而字秦字　案朱脫趙增朱箋曰史記作中以漑田中作而覺秦欲殺鄭國鄭國曰鄭國曰官本曰按近刻脫鄭國二字　案朱趙無始臣爲間然渠亦秦之利官本曰按近刻渠下有成字　案朱趙有卒使就渠渠成而用注填閼之水漑澤鹵之地四萬餘頃官本曰按近刻脫之地二字　案朱脫趙增刊誤曰澤鹵下落之地二字史記河渠書校補又朱箋曰史有收字趙頃下增收字皆畮一鍾關中沃野無復凶年秦以富彊卒并諸侯命曰鄭渠渠瀆東逕宜秋城北又東逕中山南河渠書曰鑿涇水自中山西官本曰按近刻訛作而　案朱訛趙改刊誤曰而當作西史記云鑿涇水自中山西邸瓠口爲渠道元蓋割裂引之封禪書漢武帝獲寶鼎于汾陰將薦之甘泉鼎至中山氤氳有黃雲蓋焉徐廣史記音義曰關中有中山非冀州者也指證此山俗謂之仲山非也趙釋曰一清按顧祖禹曰圖經中山北接嵯峨西距冶谷南竝九嵏涇河自中而出故名中山一云以山在冶谷水西涇水東也俗訛仲山云漢高祖兄仲居此道元以爲非得之矣鄭渠又東逕捨車宮南絕冶谷水官本曰按冶近刻訛作治　案朱絕作紀冶作治趙改刊誤曰箋曰紀當作絕按治當作冶方輿紀要云冶谷在涇陽縣西北五十餘里亦謂之谷口雲陽宮記曰冶谷去雲陽八十里山出鐵有冶鑄之利故因名有水曰冶谷水分渠十二是也鄭渠故瀆

又東逕巀嶭山南池陽縣故城北又東絕清水

又東逕北原下濁水注焉趙釋曰一清按孔氏尚書正義引注作濯水自濁水

以上今無水官本曰按近刻脫今字水字趙同趙釋曰一清按下有脫文案朱濁水上承雲陽

縣東大黑泉東南流謂之濁谷水孫校曰長安志華原濁谷河水自縣西北孝義鄉大

海村來經縣四十五里南流入三原縣界今耀州卽華原又東南出原注鄭渠又東歷原

逕曲梁城北孫校曰長安志三原縣黃白城在縣西南五十里秦曲梁宮在黃白城內又東逕太上陵

南原下北屈逕原東與沮水合分爲二水一水

東南出卽濁水也至白渠與澤泉合俗謂之漆

水又謂之爲漆沮水孫校曰地形志萬年有漆沮水絕白渠東逕萬年

縣故城北爲櫟陽渠城卽櫟陽宮也漢高帝葬皇考于

是縣起墳陵署邑號改曰萬年也地理志曰馮翊萬年縣高帝

置王莽曰異赤也故徐廣史記音義曰櫟陽今萬年矣闞駰

曰縣西有涇渭北有小河謂此水也官本曰按謂近刻訛作渭案朱訛趙改

刊誤曰箋曰一作此渭按非也渭當作謂其水又南屈更名石川水又西南逕郭獲城西與白渠枝渠合又南入于渭水也其一水東出卽沮水也東與澤泉合水出沮東澤中與沮水隔原相去十五里俗謂是水爲漆水也朱作渠趙改柒刊誤曰渠水當作柒水東流逕薄昭墓南冢在北原上又逕懷德城北東南注鄭渠合沮水又自沮直絕注濁水至白渠合焉故濁水得漆沮之名也沮循鄭渠東逕當道城南孫校曰今富平城在頻陽縣故城南頻陽宮也秦厲公置城北有頻山山有漢武帝殿以石架之縣在山南故曰頻陽也孫校曰頻陽者瀕陽也古字如此應劭曰縣在頻水之陽今縣之左右無水以應之所可當者惟鄭渠與沮水又東逕蓮芍縣故城北孫校曰今渭南十三州志曰縣以草受名也沮水又東逕漢光武故城北又東

逕粟邑縣故城北孫校曰今白水王莽更名粟城也後漢封騎都尉耿夔爲侯國其水又東北流注于洛水也官本曰按近刻作矣案朱同趙改刊誤曰矣黃省曾本作也孫校曰按注沮自富平又分爲二一自富平逕臨潼北竟入渭一自富平至白水入洛今白水縣沮水則爲泥川之下流蓋富平之流已絕也

趙補洛水

禹貢錐指曰禹貢豫有洛而雍無洛洛水之名其昉於殷周之際乎周禮雍州之浸曰渭洛水經無洛水之目唯沮水渭水注中一見然寰宇記慶州安化縣尉李城下引水經注云洛川南逕尉李城東北合馬嶺水號白馬水華池縣子午山舊名翟道山一謂之雞山引水經云有烏雞水出焉西北注於洛水樂蟠縣有水出縣西北引水經注云與青山水合寧州安定縣洛水下引水經一名馬嶺川水注云洛水又南逕栒

邑故城北與新陽川水合珊瑚谷水下引水經
云珊瑚水東南至栒邑入洛襄樂縣大延水下
引水經注云大延小延水出油水南延溪西南
流逕襄樂南於延城西二水合流油水下引水
經云與追語川水並出東翟道山鄜州洛交縣
白水下引水經云白水源出分水嶺三川縣葦
谷水下引水經注云自葦谷東南流入三川黃
原水下引水經注云砂羅谷水南流逕黃原祠
東合葦川坊州中部縣石堂山下引水經注云
豬水西出翟道縣西石堂山本名翟道山穆天
子傳曰癸酉天子命駕八駿之駟造父爲御南
征朔野逕絶翟道升於太行翟道卽縣之石堂
山也郭璞以爲隴右狄道非也淺石川下引水

經二云淺石川水出翟道山香川水下引水經注
二云香川水出中部縣北香山在縣西南二十七
里自宜君縣界來南香水在縣南三十五里出
遺谷泥水下引水經二云泥水出翟道縣泥谷蒲
水下引水經注二云蒲谷水源出中部縣蒲谷原
丹州宜川縣丹陽川下引水經二云蒲川水自鄜
州洛川縣流入丹陽川延州膚施縣清水下引
水經注二云清水出上郡北流至老人谷俗謂老
人谷水又東逕高奴縣合豐林水同州馮翊縣
商原下引水經注二云洛水南逕商原西俗謂許
原也一清按許原疑祖禹引水經注作滸原云志云沮水之滸也沙阜下引水經注二云洛水
東逕沙阜北其阜東西八十里南北三十里俗
名之曰沙苑澄城縣新城下引水經注二云雲門

谷水源出澄城縣界朝邑縣朝坂下引水經注
云洛水東南歷彊梁原俗所謂朝坂此皆言洛
水而今本無之是水經原有洛水篇宋初尚存
後乃亡之耳一清按胡氏所引寰宇記清水一
條已見卷三河水注蓋偶有不照也漢志北地
郡郁郅縣泥水出北蠻夷中有牧師苑官又有
泥陽縣莽曰泥陰蓋泥水所逕也說文作沂水
沂泥字通用蒲谷水亦見渭水注中又寰宇記
安化縣下云周地圖記云郁郅城今名尉李城
注水經云尉李城亦曰不窋城澄城縣溫泉下
引水經注云水有三源奇川鴻瀉西注於洛亦
曰帝嚳泉丹州汾川縣下引水經注云汾川縣
西有殺狗嶺初學記丹州引水經注云烏川水

出汾川縣西北按汾川縣本漢上郡地魏太和八年置安平縣屬北汾州其州在河西三堡鎮東更有南汾州魏大統十八年省北汾州乃取丹陽川號立汾川縣道元卒於孝昌三年下距大統十八年已歷二十六年何緣知有置縣事乎且西魏文帝殂於大統十七年三月明年廢帝欽元年亦非十八年也汾川縣之文得無誤耶魏書地形志云汾州延和三年爲鎮太和十二年置州治蒲子城孝昌中陷移治西河事見北史裴延儁傳延儁從祖弟良稍遷尚書考功郎中時汾州吐京胡薛羽等作逆以良兼尚書左丞爲西北道行臺山胡劉蠡升自云有聖術胡人信之咸相影附以良爲汾州刺史加輔國

將軍行臺如故良以城人飢窘夜率衆奔西河汾州之居西河自良始也又初學記引水經注云丹州豬水流逕柏城遼州兎川西南流注洛水蒲州小蒲川水東南流入坊州太平御覽引水經曰白於山今名女郎山上多松柏下多樗櫟其獸多㸲牛羬羊鳥多白鴞洛水出於其陽東注於渭也又洛水源出縣北白於山按括地志曰白於山在慶州洛源縣所謂縣北即洛源縣之北也山海經曰盂山西百五十里曰白於之山其鳥多鴞郭璞曰鴞似鳩而青色盛宏之荆州記云有鳥如嶋雞其名爲鴞楚人謂之鵩史記索隱引水經曰洛水出上郡彫陰泰冒山過華陰入渭此眞漢代經文洛水之源委具焉

漢志北地郡歸德縣下云洛水出北蠻夷中入河左馮翊褱德縣下云洛水東南入渭蓋由渭以達於河也又河水注云河水又南洛水自獵山枝分東派東南注於河全祖望曰此洛水即雍州北地之所出也經流則合漆沮以入渭而支流則自上郡入河史記晉文公攘戎翟居於圁洛之閒是洛水地望之見於七國之先者地理志引職方冀州之寖曰汾潞酈𨻰以爲潞即濁漳是也而師古曰潞出歸德蓋以潞爲洛繆之甚矣

武進謝鍾英補洛水

水經注逸洛水水篇胡氏渭趙氏一清輯洛水遺文數十條然其中舛誤百出可據爲洛水者無

幾如寰宇記慶州安化縣水經注云尉李城亦

曰不窋城洛川南逕尉李城東北合馬嶺水號

白馬水華池縣雞山水經注有烏雞水出焉西

北流注於洛水樂蟠縣有水出縣西北水經注

云與青山水合考泥水一名馬嶺水尉李城今

慶陽府治雞山在合水縣東南五十里馬嶺青

山均在今合水縣西一里自白於山南至翟道

山山東水入洛山西水皆入泥注涇卽古今水

道變遷而山不容移也然則所謂洛水皆泥水

之譌顧宛溪知其誤而不知其所以誤胡氏渭

不審地望遂據爲洛水遺文貽誤後學不少安

定縣引水經注云洛水又南逕栒邑故城北與

栒陽水合珊瑚谷水東南至栒邑入洛考栒邑

故城在三水縣北二十五里無論洛水不逕其地卽泥水亦不逕也寰宇記所引洛水並不知何水之譌矣又襄樂縣引水經注云大延小延水出油水南延溪西南流逕襄樂縣南於延城西二水合流油水與追語川並東出翟道山考襄樂縣今甯州東六十里翟道山又在其東水經注明言延水西南流洛水在翟道山東豈有自襄樂縣西南流可以入洛者耶此實涇水篇文而誤以爲洛水也又丹州宜川縣引水經注云蒲川水自鄜州洛川縣流入丹陽川考洛川在今洛川縣北宜川縣有丹陽水東流入河水經注云河水又南得丹陽水口水出丹陽出俗謂之丹陽城覆宛溪曰蒲川水丹陽川均入黃

河然則此爲河水篇逸文而誤以爲洛水也至於丹州汾川縣引水經注云汾川縣西有殺狗嶺初學記丹州引水經注云烏川水出汾川縣西北此條趙氏已辨其非寰宇記蒲州洛川縣引水經注云白水源出分水嶺考汾川縣今宜川縣東北七十里殺狗嶺當在延安甘泉之閒洛交縣今鄜州治丹州下既云蒲川水流入丹陽川鄜州下復云南流入坊州豈水異而名偶同耶凡此數條或彼此相舛或源流不備入洛與否皆不可知今取可知者編爲洛水篇疑非是者缺焉隋唐以下所見之水皆不取甯缺無妄蓋其愼也若今洛水及所受之水源流備於水道提綱矣故不贅

洛水出上郡雕陰秦冒山過華陰入渭史記匈奴傳注引水經原文按班志上郡秦置治膚施括地志元和志竝云故城在上縣東五十里今綏德州治雕陰應劭曰雕山在西南山海經曰琉屬山也括地志故城在洛交縣北三十里元和志甘泉縣南四十里今延安府甘泉縣南四十里雕山在縣南二十里

洛水源出洛源縣北白於山太平御覽白於山引水經注原文按元和志洛源縣本漢歸德縣地寰宇記云因洛水所出處爲名方輿紀要故城在慶陽府東北二百七十里元和志白於山在洛源縣北三十里水道提綱山在邊城甯塞堡南靖邊縣之西南山海經曰孟山西北五十里曰白於之山其鳥多鴞補注白於山今名女郎山上多松柏下多櫄櫟其獸多㸲牛羬羊鳥多白鴞洛水出其陽東注於渭也太平御覽洛水下引水經注原文地理志云洛水出北地歸德蠻夷中闕駰謂之漆沮水也補注東南流逕上郡雕陰縣秦望山南引寰宇記慶州樂蟠縣下洛水文補按秦望山今甘泉縣南二十里雕陰山也洛水逕其東南流爲三川水引方輿紀要鄜州洛水文補葦谷水自葦谷東南流破羅谷水南流逕黃原祠東合葦川葦谷水東南流入三

川寰宇記鄜州三川縣下引水經注原文按寰宇記三川縣本漢翟道縣地華池水黑水洛水同會謂之三川水三川城在今鄜州南六十里豬水西出翟道縣西石堂山本名翟道山穆天子傳曰癸酉天子命駕八駿之駟造父為御南征翔野逕絕翟道升於太行翟道卽縣之石堂山郭璞以為隴西狄道非也寰宇記坊州中部縣下引水經注原文按翟道故城在今中部縣西北四十里石堂山在翟道縣西北豬水流逕柏城遼川兎川西南流注洛水初學記引水經注原文按汪士鐸洛水圖以為卽華池水柏城遼川兎川無考洛水又南逕中部縣東據寰宇記補按寰宇記坊州治中部縣洛水在州東四十里中部縣今屬鄜州縣志云縣東十里有古川口卽沮洛交會處胡氏渭曰此不過沮水之枝津至近世下流壅塞不由富平入洛則此遂為二水交會之通川沮水入焉故洛水亦名漆沮水寰宇記同州白水縣引水經注原文按胡氏渭曰沮水舊循鄭渠東注洛今自富平縣界已絕沮水出子午嶺俗號子午水禹貢云漆沮二水出馮翊北卽子午水也引寰宇記中部縣沮水文補東南流據汪士鐸洛水圖補淺石川水合南北二香水注之引方輿紀要中部縣文補淺石川水出翟道山寰宇記中部縣引水經注原文與泥谷水及南北二

香水合流方輿紀要中部縣引水經注原文泥谷水出翟道泥谷寰宇記中部縣下引水經注原文按寰宇記泥谷水在中部縣西北五十里源自㭬栳谷來東流入淺石川據方輿紀要汪士鐸洛水圖補香川水出中部縣香山在縣西南三十七里自宜君縣界來香水在縣南三十五里出遺谷寰宇記中部縣引水經注原文按今宜君縣有玉華川慈烏水疑卽古之香水也與淺石川水合流入沮水方輿紀要中部縣引水經注原文沮水又東少北入洛水引水道提綱洛水文補洛水又東南逕馮翊衙縣地引寰宇記慶州樂蟠縣洛水文補按衙縣今同州府白水縣東北六十里左合雲門谷水據汪士鐸洛水圖補雲門谷水源出澄城縣界寰宇記同州澄城縣下引水經注原文按澄城今縣屬同州府南流注洛水據汪士鐸洛水圖補洛水又南得溫泉水口據汪士鐸洛水圖補水有三源奇川鴻瀉西注於洛亦曰帝嚳泉寰宇記澄城縣下引水經注原文洛水又南甘泉水自東北白水自西北來注之據水道提綱補甘泉水出甘谷中其水尤甘美甚造酒泉東至新里僖公十八年梁伯益其國而

不能實也命曰新里秦取之卽此也寰宇記澄城縣下引水經注原文下流注洛水據水道提綱補白水出白水縣北據水道提綱補其境東南谷多白土因名白水寰宇記白水縣下引水經注原文按白水今縣屬同州府東南流至甘泉口南入洛水據水道提綱補洛水東逕商原西俗謂之許原也寰宇記同州馮翊縣下引水經注原文按方輿紀要引此作滸原志云沮水之滸也在同州府北三十五里通典曰商原亦謂之商顏洛水東逕沙阜北其阜東西八十里南北三十里俗名之曰沙苑寰宇記同州馮翊縣引水經注原文按沙苑在同州南十里洛水東南歷强粱原俗謂之朝坂寰宇記同州朝邑縣下引水經注原文按朝邑今縣屬同州府朝坂在縣南洛水又東逕懷德縣故城東南入渭據地理志補按懷德在朝邑縣西南三十里漢志歸德下云洛入河懷德下云入渭胡氏渭曰入河者以二水合流渭亦可稱洛耳王念孫曰入河二字衍文胡渭說非今從王說

水經注卷十六

水經注卷十七　長沙王氏校本

後魏酈道元撰

渭水〔朱趙有上字〕

渭水出隴西首陽縣渭谷亭南鳥鼠山

渭水出首陽縣首陽山渭首亭南谷山在鳥鼠山西北此縣有高城嶺嶺上有城號渭源城渭水出焉三源〔朱作川箋曰宋本作源趙改源〕合注東北流逕首陽縣西與別源合水南出鳥鼠山渭水谷〔官本曰按南出近刻訛作出南又谷上衍出字　案朱同趙乙下出字未刪刊誤曰出南二字當倒互〕尚書禹貢所謂渭出鳥鼠者也地說曰〔官本曰按地近刻訛作他趙改刊誤曰他說當作地說　案朱訛〕鳥鼠山同穴之枝榦也渭水出其中東北〔朱重一過字箋曰疑作流趙改流〕過同穴枝閒既言其過明非一山也〔官本曰按山近刻訛作水　案朱趙作水〕又東北流而會于殊源也渭水東南流逕首陽縣南右得封溪水

官本曰按溪近刻訛作湲朱訛趙改刊誤曰湲當作溪 案 次南得廣相溪水次東得共谷水左則天馬溪水次南則伯陽谷水孫校曰五水當在今渭源境竝參差翼注亂流東南出矣

東北過襄武縣北官本曰按東北原本及近刻竝作又北考注云渭水常若東南不東北也可證又乃東之訛 案朱趙作又北孫校曰襄武故城在今隴西縣東南五里又曰當是今鞏昌府之地元和志渭州襄武縣漢故縣渭水北自渭源縣界流入又六泉水在縣東北原上泉源有六因以爲名

廣陽水出西山孫校曰水在今隴西縣西西山在府西九十里二源合注共成一川官本曰按近刻脫共字 案朱脫趙增刊誤曰成上落共字東北流注于渭渭水又東南逕襄武縣東北荊頭川水入焉水出襄武西南鳥鼠山荊谷孫校曰谷在鞏昌府南三十里東北逕襄武縣故城北王莽更名相桓漢護羌校尉溫序行部爲隗囂部將苟宇所拘官本曰按苟近刻訛作茍 案朱訛趙改刊誤曰後漢書溫序傳是苟字朱氏誤引作茍字銜鬚自刎處也其水東北流注于渭渭水常若東南不東北也又東臬水注之水出西南雀富谷東北逕襄武縣南東北流

入于渭魏志稱咸熙二年襄武上言大人見身長三丈餘跡長三尺二寸官本曰按近刻訛作一寸案朱訛趙改刊誤曰一寸魏書作二寸白髮著黃單衣巾柱杖呼民王始語云今當太平十二月天祿永終歷數在晉遂還魏而事晉

又東過獂道縣南孫校曰當是今通渭之境獂道故城在今隴西縣東南三十五里

右則岑溪水次則同水俱左注之官本曰按近刻脫注之二字案朱趙無趙俱改其刊誤曰全氏云俱當作其次則過水右注之官本曰按近刻脫次字案朱趙無右改合刊誤曰全氏云右當作合渭朱作源箋曰一作渭趙改渭水又東南逕獂道縣故城西官本曰按近刻脫又字縣字案朱趙無又字朱脫縣趙增昔秦孝公西斬戎之獂王官本曰按此下近刻有于此二字案朱趙有應劭曰獂戎邑也漢靈帝中平五年官本曰按近刻脫中平二字案朱脫趙增刊誤曰續志漢陽郡下劉昭補註引秦州記曰中平五年分置南安郡此落二字別爲南安郡赤亭水孫校曰後漢書注赤亭故城在今渭州襄武縣東南有赤亭水也出郡之東山赤谷官本曰按近刻脫郡之二字案朱脫趙增刊誤曰出下落郡之二字通鑑注引此文校增西流逕城北南入渭水渭水又逕城南得粟水水出西南安

都谷東北流注于渭孫校曰粟水以上皆在今隴西縣渭水又東新興
川水孫校曰以下漳縣出西南鳥鼠山孫校曰今岷州界二源合舍趙刊誤曰舍宋
本作注按舍字不誤未可因上有二源合注之文而託爲宋本以妄改之也東北流與彰川合水出西
南溪下東北至彰縣南本屬故道候尉治朱箋曰漢地理志晉地志武都郡有
故道縣後漢縣之永元元年和帝封耿秉爲侯國也官本曰按近刻脫和字案朱脫趙增刊
誤曰帝上落和字萬年川水出南山東北流注之又東北注
新興川又東北逕新興縣北晉書地道記南安之屬
縣也其水又東北與南川水合水出西南山下
朱無水字趙增刊誤曰出上落水字東北合北水又東北注于渭水渭水
又東逕武城縣西孫校曰並在今隴西界武城川水入焉孫校曰水在寧遠縣西
津源所導出鹿部西山兩源合注東北流逕鹿
部南亦謂之鹿部水又東北昌邱水出西南邱
下東北注武城水亂流東北注渭水渭水又東

入武陽川又有闞城川水出南安城谷水出北兩川參差注渭水官本曰按兩近刻訛作邱 案朱趙作邱渭水又東有落門西山東流三谷水注之官本曰按有近刻訛作與又谷上衍府字 案朱作與趙改逕並有府字趙刊誤曰與當作逕胡渭校改趙釋曰一清按章懷後漢書註曰隴西縣東南有落門山落門水出焉三川統一東北流注于渭水有落門聚孫校曰聚在今伏羌縣西十里本漢冀縣昔馮異攻落門未拔而薨建武十年來歙又攻之擒隗囂子純隴右平渭水自落門東至黑水峽左右六水夾注左則武陽溪水次東得土門谷水官本曰按次東近刻訛作東門 案朱作東門趙改東北刊誤曰東門字當作北俱出北山南流入渭右則温谷水官本曰按近刻則下衍有字又脫水字 案朱衍脫趙刪增朱右作左趙改刊誤曰箋曰左宋本作右按有字衍文温谷下落水字次東有故城溪水次東有閭里溪水亦名習溪水次東有黑水並出南山北流入渭渭水又東出黑水峽官本曰按原本及近刻並脫峽字今據下文補 案朱脫趙增刊誤曰黑水下落峽字歷冀川

又東過冀縣北趙釋曰一清按說文驥下云天水有驥縣是驥字孫校曰故城在今伏羌縣東元和志渭水經縣北去縣一里

渭水自黑水峽（朱自作至趙改刊誤曰至當作自孫潛校）至岑峽南北十一水注之（官本曰按十一近刻訛作一十　案朱趙作一十）北則温谷水（官本曰按此下近刻有注之其水四字　案朱趙有又下導朱作道趙改導又增源字刊誤曰當作其水導源）導平襄縣南山温溪東北流逕平襄縣故城南（官本曰按近刻脫故字城南訛作南城　案朱脫訛趙增改刊誤曰當作故城南孫潛校改）故襄戎邑也王莽之所謂平相矣（官本曰按近刻訛作之謂平襄縣矣　案朱訛趙改刊誤曰箋曰之當作所按之下落所字非之字當作所也漢志莽曰平相襄字誤縣字衍文）其水東南流歷三堆南又東流南屈歷黃槐川（官本曰按流下近刻衍而字歷訛作入　案朱趙同趙釋曰一清按此處有脫字）梗津渠冬則輟流春夏水盛則通川注渭次則牛谷水（官本曰按近刻作午谷水　案朱趙作午）南入渭水南有長塹谷水次東有安蒲溪水次東有衣谷水並南出朱圉（趙作圄）山山在梧中聚有石鼓不擊自鳴鳴則兵起漢成帝鴻嘉三年天水冀南山有大石自鳴聲隱隱如雷有頃止聞于平襄二百四十里野雞皆鳴（官本曰按皆近刻訛作自　案朱訛趙改刊誤曰自黃省曾本作皆）石長丈三尺廣厚略等著崖脅（官本曰按著近刻作在　案朱趙作在）

去地趙有二字百餘丈民俗名曰石鼓石鼓鳴則有兵是歲廣漢鉗子攻死囚盜庫兵略吏民衣繡衣自號爲仙君黨與漫廣朱箋曰前漢五行志云廣漢鉗子自號山君黨與浸廣趙仙改山漫改浸明年冬伏誅自歸者三千餘人信而有徵矣官本曰按近刻脫矣字刊誤曰徵下落矣字名勝志校增 案朱脫趙增其水北逕冀縣趙有故字城北秦武公十年伐冀戎縣之故天水郡治王莽更名鎭趙作填戎縣曰冀治漢明帝永平十七年改曰漢陽郡城即隗囂稱西伯所居也後漢馬超之圍冀也官本曰按近刻脫漢字刊誤曰後下落漢字孫潛校補 案朱脫趙增涼州別駕閻伯儉潛出水中將告急夏侯淵爲超所擒令告城無救伯儉曰大軍方至咸稱萬歲超怒數之伯儉曰卿欲令長者出不義之言乎官本曰按義近刻訛作利 案朱訛趙改刊誤曰利當作義魏書校遂殺之渭水又東合冀水水出冀谷次東有濁谷水官本曰按近刻脫有字 案朱脫趙增刊誤曰次東下落有字次東有當里溪水次東有託里水次東有渠谷水次東有黃土川水官本曰按近刻脫有字 案朱脫趙增刊誤曰次東下落有字俱出南山北逕

冀城東(趙山北倒)而北流注于渭(官本曰按近刻脫注字案朱脫趙增刊誤曰流下落注字孫潛校增)渭水又東出岑峽(朱箋曰古作岑吳改岑與前異誤)入新陽川逕新陽下城南溪谷赤蒿二水並出南山東北入渭水渭水又東與新陽崖水合即隴水也(孫校曰新陽水今出平涼府隆德縣東此隴水真山海經濫水)東北出隴山其水西流右逕瓦亭南(官本曰按流下近刻衍隴字案朱趙有)隗囂聞略陽陷使牛邯守瓦亭即此亭也一水亦出隴山(官本曰按一近刻訛作其案朱趙作其)東南流歷瓦亭北又西南合為一水謂之瓦亭川(趙釋曰一清按寰宇記引郡國志曰烏氏縣有瓦亭一名薄落亭今本續志云烏枝有瓦亭出薄落谷蓋有缺文枝當作氏枝有瓦亭一名薄落亭瓦亭水出薄落谷也)西南流逕清賓溪北又西南與黑水合水出黑城北西南逕黑城西西南流莫吾南川水注之水東北出隴垂西南流歷黑城南注黑水黑水西南出懸鏡峽又西南入瓦亭水(官本曰按近刻作川案朱趙作川)又有滋水自西來會(官本曰按來近刻訛作東案朱訛趙改刊誤曰東當作來)世

謂之鹿角口趙釋曰一清按漢志安定郡烏氏縣烏水出西北入河都盧山在西莽曰烏亭劉昭郡國志補註曰本傳有龍池山地道記曰烏水出焉為水即黑水之異名乎寰宇記潘原縣烏水出都盧山有西烏水又東北逕烏氏縣東注于涇謂之閣川水然涇水間有石巖東會兩川也西烏水即所謂瀎水自西來會者也懸鏡峽即所謂石巖乎又隴西記曰襄武縣有鋅鏡峽即黑水所經其峽四望花木明媚炤影其中因名漢志云入河而此注云入渭寰宇記云入涇涇渭合流蓋由渭以達于河也又南逕阿陽縣故城東中平元年北地羌胡與邊章侵隴右漢陽長史蓋勳官本曰按史近刻訛作吏　案朱訛趙改刊誤曰吏當作史屯阿陽以拒賊即此城也其水又南與燕無水合水源延發東山西注瓦亭水瓦亭水又南左會方城川西注瓦亭水瓦亭水又南逕成紀縣東孫校曰元和志成紀縣漢舊縣瓦亭川水東去縣一百里歷長離川謂之長離水右與成紀水合水導源官本曰按此三字近刻作源導二字　案朱訛趙改刊誤曰當作水導源孫潛校正西北當亭川東流出破石峽津流遂斷故瀆東逕成紀縣故帝太皞庖犧所生之處也漢以為天水郡縣官本曰按近刻脫郡字　案朱脫趙增漢下並有氏字趙刊誤曰漢志天水郡武帝元鼎三年置莽曰填戎明帝改曰漢陽續志漢陽郡永平十七年更名蓋未嘗以天水名縣也天水下落郡字漢以為天水郡句縣句王莽之阿陽郡治也阿陽郡蓋王莽之支郡氏字衍趙釋曰縣句王莽之阿陽郡

治也趙釋曰一清按漢志莽改天水郡爲塡戎此又云阿陽蓋是支郡所謂大郡至分爲五者也又東潛源隱發通入成紀水官本曰按入近刻訛作之案朱趙作之東南入瓦亭水官本曰按近刻作川案朱趙作川瓦亭水又東南官本曰按瓦亭水近刻作川水案朱趙同與受渠水相會水東出大隴山西逕受渠亭北又西南入瓦亭水官本曰按近刻作川案朱趙作川瓦亭水又西南流官本曰按瓦亭水近刻作川水案朱趙同歷僵人峽路側巖上有死人僵尸巒穴故岫壑取名焉釋簪就穴直上可百餘仞石路逶迤劣通單步僵尸倚窟枯骨尚全惟無膚髮而已訪其川居之士云其鄉中父老作童兒時官本曰按近刻訛作兒童時案朱已聞其長舊傳此當是數百年骸矣其水又西南與略趙同陽川水合水出隴山香谷西西流趙不重西字右則單溪西注左則閤川水入焉官本曰按閤近刻訛作閣脫川字案朱訛脫趙改增刊誤曰閣當作閤寰字記所謂閤川水也落川字其水又西歷蒲池郊石魯水出東南石魯溪西北注之其水又西歷略陽川趙歷改入刊誤曰歷黃省曾本作入西

得破社谷水次西得平相谷水又西得金里谷水又西得南室水又西得駹谷水並出南山北流于略陽城東揚波北注川水又西逕略陽道故城北湼渠水出南山官本曰按湼近刻訛作湼 案朱訛趙改 刊誤曰湼當作湼下云湼峽是也北逕湼峽北入城建武八年中郎將來歙與祭遵所部護軍王忠右輔將軍朱寵將二千人皆持鹵刀斧自安民縣之楊城元始二年平帝罷安定滹沱苑以爲安民縣起官寺市里官本曰按元始二年至此乃注內之小注近刻元始訛作永始平帝訛作成帝滹沱作呼他 案朱趙同趙釋曰全氏曰永始二年以下二十二字是注中注按漢書此是平帝元始二年事師古曰中山之安定也平帝以中山王入正大統則官是中山之安定呼他即呼池舊長所引誤矣班志無安民縣蓋暫置而即省者一清按劉昭郡國志補注安定郡臨涇縣下引謝承書曰宣仲爲長史民抜留改宜民見李固傳而志無此改豈承之妄乎宜民疑即安民之訛蓋西京已有是稱不始于宣仲昭以承說爲妄當矣又地理志鉅鹿郡有[illegible]安縣其故城在今祁州東鹿縣西七里此即中山之安定也元和志深州鹿城縣東至州二十五里本漢安定縣地屬鉅鹿郡隋開皇三年改爲鹿城取縣東故鹿城爲名滹沱河在縣西北四十二里苑蓋取水爲名從番須回中伐樹木開山道至略陽官本曰按從番須回中本直接上自安民縣之楊城句近刻從字上有來歙二字乃後人妄增入 案朱同趙改又朱作審傾趙改番須 刊誤曰籤曰里下脫來歙二字審傾當作番須按朱氏改審傾爲番須是也其云市里下脫來歙二字非也永始二年以下至市里二十

二字是釋安民縣乃注中注後人轉寫作大字致文義多不可通若依原本則云自安民縣之楊城從番須回中文從字順今欲于番須上再加來歙二字不且與上文有隔礙耶 夜襲擊囂拒守將金梁等 官本曰按近刻訛作拒守將軍金梁城等 案朱同趙刪城字刊誤曰後漢書來歙傳作守將金梁城字衍文 皆殺之因保其城隗囂聞略陽陷悉衆以攻歙激水灌城光武親將救之 官本曰按近刻脫此二字 案朱脫趙增刊誤曰親將下落救之二字全氏校增 囂走西城世祖與來歙會于此其水自城北注川一水二川蓋囂所堨以灌略陽也川水西得白楊泉又西得蒲谷水又 朱趙無又字 西得蒲谷西川又西得龍尾溪水與蒲谷水合 官本曰按蒲近刻訛作渭 案朱訛趙改刊誤曰渭當作蒲 俱出南山飛清北入川水川水又西南 朱不重川字趙並刪水字刊誤曰水字重文宜衍 得水洛口水源東導隴山西逕水洛亭西南流又得犢奴水口水出隴山西逕犢奴川又西逕水洛亭南西北注之亂流西南逕石門峽謂之石門水西南注略陽川略陽川水又西北流入瓦亭水 孫校曰元和志略陽川水北去縣三十步大隴山在

縣東一百里瓦亭山在縣東北二百餘里瓦亭水又西南出顯親峽石宕水注之官本曰按宕近刻訛作巖趙改刊誤曰巖孫潛校改宕 案朱訛水出北山山上有女媧祠庖羲之後有帝女媧焉與神農爲三皇矣其水南流注瓦亭水瓦亭水又西南逕顯親縣故城東南漢封大鴻臚竇固爲侯國自石宕次得蝦蟆溪水次得金黑水官本曰按近刻脫次字 案朱脫趙增又字刊誤曰得上落又字又得宜都溪水咸出左右參差相入瓦亭水又東南合安夷川口水源東出胡谷官本曰按出下近刻衍更字 案朱衍趙删刊誤曰更字衍文西北流歷夷水川趙作夷川水與東陽川水會謂之取陽交又西得何宕川水又西得羅漢水竝自東北西南注夷水夷水又西逕顯親縣南西注瓦亭水瓦亭水又東南得大華谷水又東南得折里溪水又東得六谷水官本曰按谷近刻訛作合 案朱訛趙改刊誤曰六合當作六谷谷名也魏書地形志正始初改置南秦州治駱谷城方輿紀要鞏昌府成縣有洛谷川古字音同通用皆出

近溪湍峽注瓦亭水又東南出新陽峽崖岫壁立水出其閒謂之新陽崖水又東南注于渭也（官本曰按近刻訛作流于渭是也　案朱同趙增入不删是刊誤曰流下落入字）

又東過上邽縣

渭水東歷縣北邽山之陰流逕固嶺東北（官本曰按近刻脫流字東字　案朱作封山流之陰逕固嶺北東趙移流於陰下北東作東北刊誤曰箋曰孫云封山當作邽山宋本無流字固嶺北東下云一本無北東字按魏書地形志秦州天水郡上封縣云犯太祖諱改蓋本漢隴西郡之上邽縣後魏避其主珪嫌名改上邽曰上封道元從新制書之卷中邽字皆後人所改改之不盡尚留此遺跡耳流字當移在之陰下北東二字當互易均非義文孫校曰邽山見山海經）東南流蘭渠川水出自北山帶佩衆溪南流注于渭渭水東南與神澗水合開山圖所謂靈泉池也俗名之爲萬石灣淵深不測實爲靈異先後漫遊者多罹（朱趙作離朱箋曰宋本作罹）其斃渭水又東南得歷泉水水北出歷泉溪（官本曰按近刻脫一水字及出字　案朱同趙增出不增水刊誤曰北下落出字）東南流注于渭渭水又東南出橋亭西（官本曰按近刻訛作

出橋西亭西案朱衍趙刪刊誤曰上西字衍文又南得藉水口孫校曰藉水出今秦州固城山水出西山百澗聲流趙刊誤曰箋曰當作羣流按聲流言泉流有聲也總成一川東歷當亭川卽當亭縣治也左則當亭水右則會席水注之官本曰按注之二字近刻訛在上當亭水下案朱趙同趙下句增入焉二字刊誤曰水下落入焉二字孫潛校增孫校曰地形志上邽縣有席水又東與大弁川水合官本曰按川近刻訛作州脫水合二字案朱同箋曰謝云此有脫誤當云又東與大弁川水合水出西山趙依改水出西山二源合注東歷大弁川東南流注于藉水藉水又東南流與竹嶺水合水出南山竹嶺二源同瀉東北入藉水藉水又東北逕上邽縣官本曰按近刻又下衍次字逕作入案朱衍趙刪逕竝作入刊誤曰次字衍文左佩四水官本曰按近刻訛作五水案朱趙作五東會占溪水次東有大魯谷水官本曰按谷近刻訛作溪刊誤曰溪當作谷下有小魯谷水案朱訛趙改次東得小魯谷水次東有楊反谷水咸自北山流注藉水官本曰按近刻脫流字案朱作自北山注離注藉水趙改注離爲流注刪下注字刊誤曰箋曰宋本作咸自北山注藉水無離注二字按非也注離乃流注字之誤孫潛校改下注字重文宜衍藉水右帶四水官本曰按近刻訛作又帶五水案朱同趙改右不改五刊誤曰又當作右竹嶺東

得亂石溪水次東得木門谷水官本曰按木近刻訛作水 案朱訛趙改次東得羅城溪水次東得山谷水皆導源南山北流入藉水藉水又東黃瓜水注之其水發源黃瓜西谷東流逕黃瓜縣北又東清溪白水左右夾注又東北大旱谷水南出旱溪歷㵎北流泉溪委漾同注黃瓜水黃瓜水又東北歷赤谷咸歸于藉藉水又東得毛泉谷水官本曰按得近刻作合 案朱趙作合又東逕上邽趙有縣故二字城南官本曰按此下近刻衍又字 案朱趙有得覈泉水竝出南山北流注于藉藉水水即洋水也朱箋曰古本作涄吳改作洋北有濛水注焉水出縣西北邽山翼帶衆流積以成溪東流南屈逕上邽縣故城西側城南出上邽故邽戎國也秦武公十年伐邽縣之舊天水郡治趙釋曰一清按晉志魏志天水郡皆治上邽與兩漢之治冀縣異道元故分別言之五城相接北城中有湖水有白龍出是湖

風雨隨之故漢武帝元鼎三年官本曰按近刻訛作二年案朱訛趙改改爲天水郡趙釋曰一清按漢志天水郡師古引秦中記云郡前湖水冬夏無增減因以名焉其鄉居悉以板蓋屋詩所謂西戎板屋也瀭水又南注藉水山海經曰邽山瀭水出焉而南流注于洋謂是水也藉水又東得陽谷水朱得下有其字趙刪刊誤曰其字衍文又得宕谷水官本曰按宕下近刻衍水字案朱衍趙刪又下增東字刊誤曰又下落東字上水字衍文孫潛校正並自南山北入于藉藉水又東合役溪水水出西南馬門溪朱無水字趙增刊誤曰出上落水字東北流合藉水孫校曰水在今秦州南藉水又東入于渭渭水又歷橋亭南而逕綿諸縣東官本曰按逕近刻訛作入案朱趙作入與東亭水合亦謂之爲橋水也清水又或爲通稱矣水源東發小隴山孫校曰元和志清水縣本漢舊縣小隴山一名隴坻又名分水嶺衆川瀉注朱趙作瀉浪趙刊誤曰箋曰謝云一本作衆川瀉注按瀉浪字不誤統成一水西入東亭川爲東亭水與小祇大祇二水合又西北得南神谷水三川並出東

南差池瀉注又有埋蒲水一本埋誤理翼帶二川與延
水竝西南注東亭水東亭水又西右則歎溝水
官本曰按歎近刻訛作暵 案朱趙作暵朱箋曰古本作嘆次西得麴谷水水出東南官本曰按水下近刻
衍側字 案朱趙有二溪西北流注東亭川東亭川水右則溫
谷水出小隴山又西莎谷水出南山莎溪官本曰按莎近刻訛
作涉南山訛作南北 案朱訛趙改莎並作涉刊誤曰北當作山西南注東亭川水東亭川水
又西得清水口官本曰按近刻此下有清字 案朱趙有水導源東北隴山二
源俱發西南出隴口官本曰按近刻訛作龍谷刊誤曰箋曰谷古本作口按龍當作隴 案朱訛趙改合成
一水西南流歷細野峽官本曰按歷近刻訛作磨朱訛趙改刊誤曰磨當作歷 案逕清池
谷又逕清水縣故城東孫校曰今清水縣卽漢縣王莽之識睦縣矣其
水西南合東亭川自下亦通謂之清水矣官本曰按近刻脫自
下亦通四字及矣字 案朱同趙水下增口字又逕清水城南趙增縣故二字刊誤曰清水下落縣故二字又西與
秦水合水出東北大隴山秦谷二源雙導歷三

泉合成一水而歷秦川川有故秦亭官本曰按近刻訛作有育故亭 案朱訛趙改刊誤曰育故亭誤當作故秦亭史記秦本紀孝王曰朕其分土爲附庸邑之秦徐廣曰今天水隴西縣秦亭也秦仲所封也秦之爲號始自是矣趙釋曰一清按地理志曰孝王曰昔伯益知禽獸子孫不絕乃封爲附庸邑之于秦今隴西秦亭秦谷是也郡國志曰豬坻聚有秦亭秦水西逕降隴縣故城南又西南自亥松多趙釋曰一清按松多胡名也晉大興二年屠各胡松多起兵附晉王保據草壁劉曜攻拔之松多奔隴城是也孫校曰松多水在今秦安二水出隴山合而西南流逕降隴城北又西南注秦水秦水又西南歷隴川逕六盤口孫校曰案盤嶺在今清水縣過清水城西南注清水清水上下咸謂之秦川又西羌水注焉水北出羌谷引納衆流合以成溪溪[illegible]水星會謂之小羌水西南流左則長谷水西南注之官本曰按近刻脫則字 案朱脫趙增刊誤曰左下落則字右則東部水東南入焉羌水又南入清水官本曰按近刻脫又字 案朱脫趙增刊誤曰羌水下落又字清水又西南得綿諸水口其水導源西北綿諸溪官本曰按近刻脫水字綿字 案朱脫趙增刊誤曰當作其水導源西北綿諸溪今校正東南

有長思水官本曰按有近刻訛作與　案朱趙同箋曰謝云水下疑有合字趙增合字北出長思溪官本曰按近刻脫長字　案朱脫趙增刊誤曰思溪上落長字南入綿諸水又東南歷綿諸道故城北官本曰按近刻訛作歷綿諸故道北　案朱訛趙改刊誤曰漢書地理志天水郡有緜諸道縣有蠻夷謂之道此文誤也當作緜諸道故城北孫校曰今西和縣東北五十里有縣諸故城東南入清水清水又東南注渭渭水又東南合涇谷水水出西南涇谷之山東北流與橫水合水出東南橫谷西北逕橫水壙又西北入涇谷水官本曰按近刻訛作入西北涇谷水　案朱同趙入改又刊誤曰入當作又亂流西北出涇谷峽又西北軒轅谷水注之水出南山軒轅溪南安姚瞻以為黃帝生于天水在上邽城東七十里軒轅谷皇甫謐云生壽邱邱在魯東門北未知孰是也孫校曰姚說是也今清水東有軒轅邱其水北流注涇谷水涇谷水又西北白城溪東北流官本曰按城下近刻衍谷字　案朱作北流注涇涇谷水又西北白城谷溪趙刪涇字谷字增合字刊誤曰涇字重文宜衍西北下落合字谷字衍文白娥泉水出其西東注白城水白城水又東北入涇谷

水涇谷水又東北歷董亭下（朱無涇字趙增刊誤曰谷水上落涇字）楊難當使兄子保宗鎮董亭即是亭也其水東北流注于渭山海經曰涇谷之山涇水出焉東南流注于渭是也（孫校曰東南流與東北流相去甚遠是酈誤證也）渭水又東伯陽谷水入焉水出刑馬之山伯陽谷（趙之字移山下）北流白水出東南白水溪（官本曰按近刻訛作白溪水　案朱訛趙刪刊誤曰白溪水之水衍文）西北注伯陽水伯陽水又西北歷谷引控羣流北注渭水渭水（朱趙不重水二字）又東歷大利又東南流苗谷水注之（朱箋曰漢郡國志渭水出隴西鳥鼠同穴山地道記云有三危三苗所處故有苗谷）水南出刑馬山（官本曰按南出近刻訛作出南　案朱訛趙乙刊誤曰出南二字當倒互）北歷平作西北逕苗谷（孫校曰涇谷伯陽谷苗谷三水當在今清水縣界）屈而東逕伯陽城南謂之伯陽川蓋李耳西入往逕所由故山原畎谷往往播其名焉渭水東南流衆川瀉浪（官本曰按川近刻訛作水　案朱訛趙改刊誤曰水當作川）鴈次鳴注（官本曰按鴈近刻訛作邊　案朱趙作邊）左則伯陽東溪水注之次

東得望松水次東得毛六溪水次東得皮周谷水次東得黃杜東溪水出北山（趙出上增並字刊誤曰出南上落並字孫潛校增）南入渭水其右則明谷水（官本曰按明近刻作胡 案朱趙作胡）次東得邱谷水（官本曰按近刻脫得字 案朱脫趙增刊誤曰次東下落得字）次東得邱谷東溪水次東有鉗巖谷水（官本曰按鉗近刻訛作銅 案朱趙作銅）竝出南山東北注渭水又東南出石門（孫校曰石門卽金門山在今隴州西南見山海經）度小隴山逕南由縣南（官本曰按由近刻訛作田 案朱訛趙改刊誤曰元和郡縣志南由縣後魏孝明帝于南由谷置方輿紀要曰屬武都郡西魏廢為南由鎮禹貢錐指曰隴州東南百二十里有南由故城本漢汧縣地後魏析置魏書地形志武都郡有南田縣則字之誤也孫校曰南由故城在今隴州東南百二十里）東與楚水合（孫校曰今渭於寶雞縣東合汧水）世所謂長蛇水（孫校曰元和志隴州南由縣本漢汧縣地長蛇川在縣南一百步）水出汧縣之數歷山也（朱汧作刑趙改刊誤曰刑縣當作汧縣）南流逕長蛇戍東魏和平三年築徙諸流民以遏隴寇楚水又南流注于渭闞駰以是水為汧水焉（官本曰按汧近刻訛作沂 案朱汧作沂焉作言趙改刊誤曰箋曰言宋本作焉按沂水當作汧水）渭水（朱趙無渭水二字）又東汧汙二水入焉余按諸地

志官本曰按諸近刻訛作渭案朱作渭箋曰宋本作諸疑當作漢趙改諸汧水出汧縣西北闞騆十

三州志與此同朱志下有曰字趙刪刊誤曰曰字衍文復以汧水為龍魚水

蓋以其津流逕通而更攝其通稱矣渭水東入

散關朱無渭字趙增刊誤曰水上落渭字孫校曰寶雞縣本秦陳倉縣散關在縣西南五十二里抱朴子神仙傳曰老子

西出關關令尹喜候氣知真人將有西遊者遇老子彊令之著

書耳不得已為著道德二經謂之老子書也有老子廟干寶朱干

作于趙改刊誤曰于當作干搜神記云老子將西入關關令尹喜好道之士覩真

人當西乃要之途也皇甫士安高士傳云老子為周柱下史及

周衰乃以宮隱為周守藏室史積八十餘年好無名接朱箋曰按高士傳云

老子好養精氣貴接而不施而世莫知其真人也至周景王十年孔子年十七遂

適周見老聃然幽王失道官本曰按失下近刻衍其字案朱趙有平王東遷關以捍移

人以職徙尹喜候氣非此明矣官本曰按此下近刻衍而字案朱趙有往逕所由茲焉

或可渭水又東逕西武功北趙改武功縣西北刊誤曰當作武功縣西北今校正俗以為

散關城官本曰按近刻脫爲字城訛作名 案朱作俗以散關城趙增名字刊誤曰箋曰城宋本作名按於文當增名字于散關之下不當改城爲名非也褚先生乃曰武功扶風西界小邑也蜀口棧道近山無他豪易高者是也渭水又與扞水合官本曰按與下近刻衍其字 案朱衍趙刪刊誤曰其字衍文又扞朱趙作捍水出周道谷朱水下脫文箋曰疑脫出字趙增北逕武都故道縣之故城西王莽更名曰善治也故道縣有怒特祠列異傳曰武都故道縣有怒特祠云神本南山大梓也昔秦文公二十七年伐之樹瘡隨合秦文公乃遣四十人持斧斫之猶不斷疲士一人傷足不能去臥樹下聞鬼相與言曰勞攻戰乎其一曰足爲勞矣又曰秦公必持朱作特箋曰一作持趙改持不休荅曰其如我何又曰赤灰跋于子何如乃默無言臥者以告令士皆赤衣隨所斫趙作砍以灰跋樹斷化爲牛入水故秦爲立祠朱箋曰又據錄異傳云秦文公時雍南山有大梓樹文公伐之輒有大風雨樹生合不斷時有一人病夜往山中聞鬼語曰秦若使人被髮以朱絲繞樹伐汝得不困耶樹神無言明日語聞公如言伐樹斷有一青牛出走入豐水中因立怒特祠即此一事而兩說附載以廣異聞

其水又東北歷大散關而入渭水也孫校曰今寶雞縣西南有大散嶺是也

渭水又東南官本曰按近刻訛作而訛趙改刊誤曰而當作南案朱右合南山五溪水

夾朱作諸箋曰宋本作夾趙改夾澗流注之朱趙有也字

又東過陳倉縣西

縣有陳倉山孫校曰元和志寶雞縣本漢陳倉縣東倉山在縣南十里山上有陳寶雞鳴祠官本曰按近刻脫陳字案朱脫趙增刊誤曰西京賦云陳寶雞鳴在焉史記封禪書云文公獲若石云于陳倉北坂城以一牢祠命曰陳寶瓚曰陳倉縣有寶夫人祠蓋廣異名也寰宇記通鑑地理通釋作寶雞祠是注寶雞鳴祠上當有陳字昔秦文公感伯陽之言官本曰按陽近刻訛作道案朱感作咸伯下缺字趙改增刊誤曰箋曰咸當作感伯下脫一道字按清水注作陽伯當是伯陽之誤史記周本紀宣王太史伯陽甫唐固曰伯陽父周柱下史老子也神仙傳老子名重耳字伯陽蓋李耳西入關又與秦文公同時當是也而朱長孺注李義山詩引此文云昔秦文公感伯王之言蓋直以意增耳遊獵于陳倉遇之于此趙作北坂得若石焉其色如肝歸而朱作城如箋曰城如一作歸而趙改歸而寶祠之故曰陳寶其來也自東南暉暉朱作煇煌箋曰古本作暉暉宋本作暉暉趙改暉暉聲若雷野雞皆鳴故曰雞鳴神也地理志曰有上公明星黃帝孫舜妻盲冢祠官本曰按近刻脫祠字案朱脫趙增刊誤曰冢下落祠字漢書地理志校補有羽陽宮朱作隱箋曰漢志陳倉有秦羽陽宮趙改陽秦武王起應劭曰縣氏陳山姚睦趙釋曰一清按上云南安姚瞻此云姚睦未知卽一人也抑誤字也曰黃帝都陳言在此榮朱作營箋曰一作榮趙改

榮氏開山圖注曰伏犧生成紀官本曰按此下近刻重一紀字　案朱作起起趙改紀刪重文刊誤曰箋曰起起宋本作紀紀按下起字重文宜衍徙治陳倉朱趙有也字非陳國所建也魏明帝遣將軍太原郝昭築朱作營箋曰宋本作築趙改築陳倉城成諸葛亮圍之亮使昭鄉人靳祥說之不下亮以數萬攻昭千餘人以雲梯衝車地道逼射昭昭以火射連石拒之亮不利而還今汧水對亮城官本曰按汧近刻訛作溮　案朱訛趙改刊誤曰溮水當作汧水方輿紀要云石鼻城在寶雞縣東北三十里諸葛武侯所築水經注今汧水對亮城是與郝昭相禦處也是與昭相禦處也陳倉水出于陳倉山下東南流注于渭水孫校曰案此則陳倉山當在渭水北今志在渭水南誤也渭水又東與綏陽溪水合官本曰按近刻脫綏字水字　案朱脫趙增刊誤曰陽谿下落水字又正文增綏字刊誤未及其水上承斜水水自斜谷分注綏陽溪北屆陳倉入渭故諸葛亮與兄瑾書曰有綏陽小谷雖山崖絕險官本曰按近刻訛作重　案朱趙作重溪水縱橫難用行軍昔邏候往來要道通入官本曰按近刻昔訛作者入訛作人　案朱同趙改者不改人今使前軍斫治此道以向陳倉足以扳連賊勢使不得分兵東行者也　渭水又東逕郁夷縣

珍倣宋版印

故城南孫校曰郁夷故城在今隴州西五十里地理志曰有汧水祠王莽更之

曰郁平也東觀漢記曰官本曰按記近刻訛作書 案朱訛趙改隗囂圍來歙于

略陽世祖詔曰桃花水出船槃皆至郁夷陳倉

分部而進者也汧水入焉水出汧縣之蒲谷鄉

弦中谷趙刊誤曰箋曰弦舊本作維按非也說見下決爲弦蒲藪趙刊誤曰箋曰弦舊本作絃按周禮職方雍州藪曰弦蒲寰宇記隴州汧源縣下引晉太康地志云汧縣有蒲谷鄉弦中谷朱氏上以維字改弦此又以弦爲絃紛紛牽引總屬辭費爾雅曰水決之

澤爲汧汧之爲名實兼斯舉水有二源一水出

縣西山世謂之小隴山趙刊誤曰箋曰舊本作小龍山按元和郡縣志小龍山一名隴坂又名分水嶺蓋與大隴山連麓朱氏以隴爲龍大繆孫校曰華亭縣本漢涇陽縣地小隴山在縣西四十里巖嶂高險不通軌轍故張衡四愁

詩曰我所思兮在漢陽欲往從之隴坂長其水東北流歷

澗注以成淵潭漲不測趙刊誤曰箋曰孫云漲當作深按漲字不誤出五色魚

俗以爲靈而莫敢採朱作操箋曰宋本作採趙改採捕因謂是水爲龍

魚水自下亦通謂之龍魚川川水東逕汧縣故

城北史記秦文公東獵汧田因遂都其地是也又東歷澤亂流爲一官本曰按近刻脫流字案朱脫趙一下增水字刊誤曰亂爲一下落水字孫潛校增右得白龍泉官本曰按近刻脫得字白訛作曰案朱趙同泉徑五尺源穴奮通官本曰按穴近刻訛作流案朱趙作流趙刊誤曰箋曰奮古本作舊按奮涌言水勢迸暴也作舊字何說乎淪漪四泄東北流注于汧汧水又東會一水水發南山西側朱趙不重水字俗以此山爲吳山孫校曰此下當據御覽增其山二字三峯霞舉疊秀雲天崩巒傾返趙刊誤曰箋曰返一作仄按傾返狀山勢詭脆也仄訓偪仄義有未安山頂相捍望之恆有落勢地理志曰吳山在縣西孫校曰元和志隴州吳山縣本漢隃麋縣地吳山在縣西南五十里古文以爲汧山也官本曰按文近刻訛作之脫以爲二字案朱訛脫趙改增刊誤曰地理志云古文以爲汧山今校補國語所謂虞矢山下石穴廣四尺高七尺水溢石空趙刊誤曰箋曰空宋本作穴按空讀上聲與孔同小穴也韓非子空竅者神明之戶牖史記大宛傳樓蘭姑師小國耳當空道朱氏以穴字箋之殆誤讀平聲耳懸波側注瀰湃震盪官本曰按近刻脫震字案朱脫趙增說見下發源成川官本曰按源下近刻衍穴字案朱作穴川趙改成川刊誤曰箋曰穴川宋本作成川按寰宇記引此作瀰湃震盪發源成川今校補北流注于汧自水會上下咸

謂之爲龍魚川朱趙無爲字汧水又東南逕隃麋縣故城南朱作東南以趙刪以刊誤曰箋曰以宋本作成川按以字衍文此與上所據宋本同一紕繆均不顧文義之通否而此爲尤甚王莽之扶亭也昔郭歙恥王莽之徵而遯跡于斯趙刊誤曰漢書鮑宣傳是郭欽釋詳本卷趙釋曰一清按漢書鮑宣傳是郭欽然郭欽有二一在王莽傳見於鮑宣傳者不受莽徵閉戸而終見于王莽傳者仕莽爲戊己校尉拜填外將軍封剝胡子後列于九虎兵敗守倉隆于更始封侯姓名同而行事絕不相侔今道元以不受莽徵者爲郭歙則是與世本漢書異抑或六朝古本原是歙字而訛而爲欽未可知也建武四年光武封耿況爲侯國矣汧水東南歷慈山東南逕郁夷縣趙釋曰一清按下有脫文平陽故城南朱趙平上有逕字史記秦寧公二年徙平陽徐廣曰故郿之平陽亭也官本曰按郿近刻訛作郁案朱訛趙改刊誤曰史記注作郿之平陽亭郁字誤寰宇記曰地道記郁夷省併郿蓋王莽之亂郁夷之人權寄理郿界因併于郿劉昭郡國志補註郿縣下引帝王世紀秦出公徙平陽是也城北有漢邠州刺史趙融碑靈帝建安元年立趙釋曰一清按靈帝紀元爲建寧獻帝紀元爲建安未知靈字誤也抑安字訛也汧水又東流注于渭官本曰按近刻脫注字案朱脫趙增又朱渭下有水字趙刪刊誤曰東流下落注字下水字衍渭水之右磻溪水注之孫校曰磻溪水在今寶雞縣東南水出南山茲谷乘高激流注于溪中溪中有泉謂之茲泉泉水潭積自成淵渚即

呂氏春秋所謂太公釣茲泉也今人謂之丸谷（官本曰按丸近刻訛作凡　案朱作凡趙改凡刊誤曰几當作凡音桓史記正義校）石壁深高幽隍邃密林障秀阻人跡罕交東南隅有一石室（官本曰按近刻脫一字　案朱脫趙增刊誤曰有下落一字孫潛校增）蓋太公所居也水次平石釣處（官本曰按水下近刻衍流字　案朱衍趙刪刊誤曰流字衍文史記正義校）即太公垂釣之所也其投竿跽餌兩厀遺跡猶存（趙刊誤曰箋曰厀當作膝按厀脛頭節也从卩桼聲徐鍇繫傳曰今俗作膝）是有磻溪之稱也其水清泠神異北流十二里注于渭北去維堆城七十里渭水又東逕積石原（官本曰按近刻脫積字　案朱脫趙增源改原刊誤曰石源字誤當作積石原元和郡縣志云積石原在郿縣西北二十五里方輿紀要云積石原在渭水北亦曰北原五丈原謂之南原也）即北原也青龍二年諸葛亮出斜谷司馬懿屯渭南（朱趙司上有與字趙釋曰一清按下有脫文）雍州刺史郭淮（官本曰按近刻脫刺史二字　案朱脫趙增刊誤曰魏書郭淮傳領雍州刺史此落二字）策亮必爭北原而屯遂先據之亮至果不得上（官本曰按近刻脫此四字　案朱脫趙增刊誤曰寰宇記引此文亮至下有果不得上四字今校補）渭水又東逕五丈原北（朱無東字趙增刊誤曰又下落東字孫潛校增孫校曰元和志郿縣本秦縣積石原在縣西北二十五里五丈原在縣西南二十五里）魏氏春秋曰（朱無氏字趙增刊誤曰隋書經籍志魏氏春秋二十卷孫盛撰落氏字後並同）諸葛亮據渭水南原司

馬懿謂諸將曰亮若出武功依山東轉者是其勇也若西上五丈原諸君無事矣趙刊誤曰箋曰晉書曰諸軍無事矣按御覽引魏氏春秋作諸君元和郡縣志同蓋唐人尚以舊籍爲據不用晉書也亮果屯此原與懿相禦　渭水又東逕郿縣故城南　地理志曰右輔都尉治郿趙增氏字春秋諸葛亮寇郿司馬懿據郿拒亮即此縣也　渭水又東逕郿塢南孫校曰郿塢在今郿縣東北十五里　漢獻帝傳曰董卓發卒築郿塢高與長安城等積穀爲三十年儲自云事成雄據天下不成守此足以畢老其愚如此官本曰按渭水又東逕郿塢南至此原本及近刻並譌在後雍水之末又南流注于渭下今考元和志云郿縣故城在今縣東北十五里董卓塢在縣東北十六里寰宇記云武功故城在今郿縣東四十里郿塢即與郿縣故城比近不得隔越武功方及郿塢今改正　案渭水又東逕郿塢南云云朱趙在後雍水末

水經注卷十七

珍倣宋版印

西元二〇二〇年四月一日重製一版

王氏合校水經注 冊二

（清 王先謙 合校）

平裝四冊基本定價三仟元正
（郵運匯費另加）

發行人　張敏君
發行處　中華書局
臺北市內湖區舊宗路二段一八一巷
八號五樓（5FL., No. 8, Lane 181,
JIOU-TZUNG Rd., Sec 2, NEI HU,
TAIPEI, 11494, TAIWAN)
客服電話：886-2-8797-8396
公司傳真：886-2-8797-8909
匯款帳戶：華南商業銀行西湖分行
179100026931
印　刷：維中科技有限公司
海瑞印刷品有限公司

No. N1021-2

國家圖書館出版品預行編目(CIP)資料

王氏合校水經注 / (清)王先謙合校. -- 重製一版.
-- 臺北市 : 中華書局, 2020.04
冊 ; 公分
ISBN 978-986-5512-04-0(全套 : 平裝)

1.水經注 2.注釋

682 109003702